Beck'sche Elementarbücher

GÜNTER STEMBERGER

Das klassische Judentum

Kultur und Geschichte der rabbinischen Zeit
(70 n. Chr. bis 1040 n. Chr.)

VERLAG C. H. BECK MÜNCHEN

Mit 2 Übersichtskarten im Text

CIP-Kurztitelaufnahme der Deutschen Bibliothek

Stemberger, Günter:
Das klassische Judentum: Kultur u. Geschichte d. rabbin. Zeit (70 n. Chr. – 1040 n. Chr.) / Günter Stemberger. – München: Beck, 1979.
(Beck'sche Elementarbücher)
ISBN 3 406 04112 4

ISBN 3 406 04112 4

Umschlagentwurf: Walter Kraus, München
Umschlagbild: Tierkreis von Beth Alfa, Mosaik. (Ausschnitt)

Gesamtherstellung: C. H. Beck'sche Buchdruckerei, Nördlingen
Printed in Germany

Inhalt

Einführung

Die rabbinische Zeit in einem etwas weiteren Sinn – die Periode von der Zerstörung des Tempels im Jahre 70 bis zum Ende der großen rabbinischen Akademien um etwa 1040 – kann man zu Recht als das „klassische Judentum" bezeichnen. Klassisch deshalb, weil in dieser Periode alles grundgelegt und entwickelt wurde, was dem späteren Judentum die prägende Eigenart gab und bis in unsere Zeit hinein auf das jüdische Leben gestaltend nachwirkt. Die Zeit der Aufklärung ab Moses Mendelssohn und dann vor allem die tiefen Einschnitte in der jüdischen Geschichte – das Aufkommen des jüdischen Nationalismus im 19. Jahrhundert, die Zerstörung des Ostjudentums in der Hitlerzeit und dann die Gründung des Staates Israel – haben zwar tiefgreifende Änderungen bewirkt; die klassischen Fundamente sind jedoch erst langsam immer mehr verlassen worden.

Grundelement der hier darzustellenden Periode ist das Aufkommen und Sichdurchsetzen des Rabbinats mit seinen Idealen: der Rabbi wird Führer eines Judentums, das den Tempel durch die Tora ersetzt, nach und nach die politischen Träume von unabhängiger Eigenstaatlichkeit aufgibt und damit sogar in der palästinischen Heimat immer mehr eine Diasporaexistenz führt. Bei allem Verzicht auf politisches Gestalten begnügt sich dieses Judentum aber nicht, nur verinnerlichte Religion zu sein; vielmehr umfaßt und bestimmt es mit seinem Anspruch immer mehr das gesamte Leben jedes Mitglieds der jüdischen Gemeinde.

G. F. Moore hat dieses rabbinische Judentum als *„normatives Judentum"* verstanden, es als monolithische Bewegung betrachtet und damit lange Zeit Schule gemacht. Eine solche Betrachtungsweise ist nur dann möglich, wenn man allein jene Strömungen des rabbinischen Judentums berücksichtigt, die in der rabbinischen Literatur sich deutlich sichtbar niedergeschlagen haben und dann im Judentum späterer Jahrhunderte immer mehr zum Durchbruch gekommen sind. Diese Strömungen haben sicher im Lauf der Zeit normative Kraft erlangt. Doch ist die als Gesamtwurf noch immer bewundernswerte Darstellung *Moore*'s recht einseitig, wie gerade die Forschung der letzten Jahrzehnte immer deutlicher gemacht hat.

Die Annahme eines monolithischen rabbinischen Judentums ist nur möglich, wenn man die *kulturelle Umwelt* nicht genügend berücksichtigt, in der das Judentum fest eingebettet war; selbstverständlich hat diese Umwelt auf das Judentum eingewirkt, auch wenn dies die Oberfläche der überlieferten rabbinischen Literatur nicht immer sehr deutlich erkennen läßt.

Natürlich hat das rabbinische Judentum sich ebenso wie das Judentum zur

Zeit des zweiten Tempels mit der hellenistischen Weltkultur seiner Zeit auseinandersetzen müssen und viele hellenistische Ausdrucksformen, Denkweisen und Vorstellungen übernommen. Auch den religiösen Strömungen der Gnosis konnte es nicht ausweichen und noch weniger der Auseinandersetzung mit dem jungen Christentum entgehen. Zwar könnte die einseitige Überlieferung der rabbinischen Literatur, die ebenso selektiv war wie früher jene der biblischen Schriften, mit gewissen Abstrichen noch den Glauben an ein normatives Judentum aufrechterhalten. Doch verweisen die Entdeckungen auf dem Gebiet der jüdischen Mystik in der talmudischen Zeit sowie der damaligen liturgischen Dichtung auf eine größere Vielfalt, als man früher annehmen konnte. Vor allem ist hier jedoch die Entdeckung der jüdischen Kunst in der rabbinischen Periode von größter Bedeutung. *E. R. Goodenough* hat als Träger dieser Kunst ein heterodoxes Judentum postuliert; doch wird man eher innerhalb der gewöhnlichen jüdischen Gemeinde mit einer größeren Bandbreite akzeptierter Denk- und Lebensformen rechnen müssen.

Die rabbinische Zeit wird also nur verständlich, wenn die Vielfalt der Einflüsse und Strömungen, die im Judentum gewirkt haben, berücksichtigt wird und man sich nicht nur auf die einseitige Tradition der rabbinischen Schriften verläßt.

Aber auch die *gesellschaftliche Struktur* der jüdischen Gemeinde in der rabbinischen Zeit ist hier genauer zu untersuchen. Es wäre naiv anzunehmen, sofort nach der Zerstörung des Tempels seien die jüdischen Gelehrten von Jabne und dann ihre Nachfolger in den verschiedenen Zentren Palästinas und Babyloniens als die unumstrittenen neuen Führer des Judentums anerkannt worden. Wie hat sich dann aber der Führungsanspruch des Patriarchen mit seinem Hohen Rat in Palästina, jener des Exilarchen in Babylonien sowie in beiden Zentren jüdischen Lebens in talmudischer Zeit jener der Rabbinen tatsächlich durchgesetzt? Hier ist nicht mit einer geradlinigen Entwicklung zu rechnen, vielmehr ein zähes Ringen um die Vorherrschaft vorauszusetzen, das sicher nicht nur unter religiösen Vorzeichen geführt worden ist. Es sind also auch die wirtschaftlichen und realpolitischen Zusammenhänge beim Aufstieg der neuen jüdischen Führungsschicht zu berücksichtigen, auch wenn hier – wiederum bedingt durch die einseitige und die Verhältnisse verklärende Überlieferung – die tatsächliche Entwicklung nur schwer und mit Vorbehalt zu rekonstruieren ist. Denn allzusehr herrscht in der rabbinischen Tradition die Tendenz, langsam gewachsene Verhältnisse in die frühesten Anfänge zurückzudatieren und umstrittene Positionen als von Anfang an geklärt darzustellen, Wunschvorstellungen als soziale Realität zu zeichnen. Dies alles ist zu bedenken, wenn man ein den Tatsachen entsprechenderes Bild der rabbinischen Zeit geben und damit auch verständlich machen will, wie es später aus diesen Ansätzen heraus zu einer solchen legitimen Vielfalt innerhalb des einen Judentums kommen konnte.

Die hier gebotene Darstellung des rabbinischen Judentums sucht daher, den komplexen historischen Tatsachen dadurch gerecht zu werden, daß sie einerseits zumindest skizzenhaft auf die bestimmenden Faktoren der äußeren Geschichte – soziale und wirtschaftliche Entwicklungen wie auch das Verhältnis der regierenden Kräfte zur jüdischen Gemeinschaft – eingeht, ebenso auch den kulturgeschichtlichen Zusammenhang des jüdischen Lebens zu schildern versucht, andererseits aber auch durch eine entsprechende Betonung des Religionsgesetzes, der *Halakha*, gegenüber den vielfältigen Traditionen der *Haggada*. Judentum ist ja primär nicht eine Religion des Glaubens, sondern des Tuns; Rechthandeln ist wesentlicher als Rechtglauben, auch wenn sich diese beiden Bereiche in der Wirklichkeit nicht so klar trennen lassen. Jedenfalls konnten die Rabbinen auf Dauer nur über das Gesetz bestimmenden Einfluß auf die jüdische Lebensgestaltung gewinnen; die religiösen Vorstellungen der Haggada hingegen prägten sich zwar dem Volk tiefer ein, waren jedoch nicht so regulierbar wie äußere Verhaltensweisen. Allerdings erhebt sich auch hier sofort die Frage, wieweit die Halakha, die die Rabbinen entwickelten, auch tatsächlich befolgt wurde. Auch in dieser Frage können wir nicht damit rechnen, daß die rabbinische Tradition uns ein völlig wirklichkeitstreues Bild gibt.

Hier sei auch kurz die *Periodisierung der Geschichte* innerhalb des dargestellten Zeitraums erwähnt. Schon sehr früh – so im Sendschreiben des Gaon Scherira im 10. Jahrhundert und dann voll ausgebaut im „Buch der Tradition" des Abraham Ibn Daud im 12. Jahrhundert – setzt sich eine Einteilung in vier Perioden durch, benannt nach den rabbinischen Lehrern, die in dieser Zeit gewirkt haben: Bis etwa 200 reicht die Zeit der Tannaiten (*tanna* vom hebr. *schana*, wiederholen, lehren), bis etwa 500 die der Amoräer (*amar* sagen); der Zeit der Saboräer im 6. Jahrhundert (*sabar* meinen) folgt die der Geonim (der „erhabenen" Schulhäupter) bis etwa 1040. Die Bezeichnung der einzelnen Lehrergruppen und der nach ihnen benannten Perioden drückt das jeweilige Verhältnis zur Tradition aus. Die Einteilung ist natürlich aus der Perspektive der Rabbinen und ihrer Nachfolger getroffen, deren Traditionen allein in der jüdischen Geschichtsschreibung wirksam geworden sind. Für die Rabbinen war es nur zu natürlich, die Geschichte vom Gesichtspunkt ihres eigenen zentralen Interesses aus einzuteilen, entsprechend der Entwicklung der rabbinischen Lehrtradition. Die Übernahme einer solchen Einteilung kann die Darstellung der Geschichte als Vorurteil beeinflussen, eine Gefahr, der man sich bewußt bleiben muß.

Immerhin ist der hier übernommene zeitliche Ansatz zu rechtfertigen, besonders was Beginn und Ende der Periode betrifft. Die Zerstörung des Tempels im Jahre 70 mag zwar nicht allen Zeitgenossen als das große einschneidende Ereignis bewußt gewesen sein, das die jüdische Geschichte de facto zweiteilte; spätestens in der zweiten Hälfte des 2. Jahrhunderts muß sie jedoch als markanter Neuansatz gesehen worden sein. Der Übergang von einer tempelorientierten Zeit, in der die Priester auch politisch bedeutsam waren, zu einer tempellosen Zeit, der Wechsel vom Pharisäismus zum Rabbinismus auf der anderen Seite – womit die durch die Ereignisse des Jahres 70 bewirkten Veränderungen schematisch angedeutet seien – ist jedenfalls schon sehr bald als tatsächlich entscheidender Einschnitt in der jüdischen Geschichte gesehen worden.

Zwar nicht so deutlich sichtbar, doch nicht weniger bedeutsam ist das Ende der gaonäischen Periode gewesen. Das Werk der Rabbinen ist damit zu einem Abschluß gekommen; ihre Auffassungen haben schriftliche Form gefunden und sind, unterstützt durch ein gut organisiertes babylonisches Schulsystem, weit über den ursprünglichen Einflußbereich der Rabbinen hinaus verbreitet worden. Als die großen Schulen Sura und Pumbedita in Babylonien geschlossen wurden, konnte dies die Ausbreitung der rabbinischen Geistigkeit im Judentum der damaligen Welt schon nicht mehr aufhalten. Und als der erste Kreuzzug 1089 auch einen äußeren groben Einschnitt in der jüdischen Geschichte brachte, war dieser innerjüdisch gewissermaßen schon vorweggenommen worden: das Zentrum des Judentums waren nicht mehr Palästina und Babylonien – die jüdische Diaspora Nordafrikas und Europas war auf den von den Rabbinen geschaffenen geistigen Grundlagen selbständig geworden.

I. Geschichtlicher Überblick

A. Palästina in tannaitischer Zeit

1. Der jüdische Krieg und die Zerstörung des Tempels

Die ersten Kontakte zwischen der Weltmacht Rom und dem kleinen jüdischen Gemeinwesen in Palästina erfolgten während des Makkabäeraufstandes. Von jüdischer Seite aus gesehen schien anfangs alles auf eine gewinnbringende Freundschaft zu weisen. Bald jedoch traten die römischen Machtinteressen deutlich hervor: als die streitenden Hasmonäerbrüder Aristobul II. und Hyrkan II. im Jahr 63 v. Chr. Pompejus als Schiedsrichter anriefen, machte dieser kurzen Prozeß; er eroberte Jerusalem und unterstellte das nach außen unabhängige Judäa der Aufsicht des römischen Legaten in der Provinz Syrien. Ein neuer deutlicher Eingriff Roms war die Ernennung des Herodes zum König der Juden (40 v. Chr.) und die militärische Hilfe für Herodes bei der Einnahme Jerusalems drei Jahre später.

Bald nach dem Tod des Herodes (4 v. Chr.) kam Judäa unter direkte römische Verwaltung (6 n. Chr.), nur kurz unterbrochen von der Herrschaft Agrippas I., eines Günstlings Roms (41–44). Unvermögen und Mißwirtschaft der römischen Statthalter förderten den jüdischen Widerstand, der anfangs nur geringe Teile der Bevölkerung in den Gruppen der Sikarier und Zeloten (der „Dolchmänner" und der „Eiferer") erfaßte, bald jedoch auch auf den radikaleren Flügel der Pharisäer und schließlich auch auf Angehörige des Priesteradels übergriff.

Im Jahr 66 brach dann der Aufstand gegen Rom aus. Die jüdischen Aufständischen konnten optimistisch sein: das römische Reich war weithin mit der Regierung Neros unzufrieden und somit geschwächt; andererseits konnte man auch mit der Unterstützung des Aufstands durch die Juden im Partherreich rechnen, was sich jedoch als Fehlspekulation erwies. Anfangs nahmen die Römer den Aufstand nicht genügend ernst; die Wirren in Rom nach dem Tod Neros im Jahre 68 verzögerten die militärischen Aktionen der Römer noch mehr, und so konnte sich der jüdische Widerstand immerhin vier Jahre lang halten. Erst Titus, der anstelle seines im Jahre 69 zum römischen Kaiser erhobenen Vaters Vespasian den Oberbefehl in Palästina übernahm, konnte Jerusalem einnehmen. Am 9. Tag des Monats Ab im Jahre 70 brachen die Belagerungsmaschinen eine Bresche in die Tempelmauer; am folgenden Tag brannte der Tempel selbst nieder und bald war die ganze Stadt in römischer

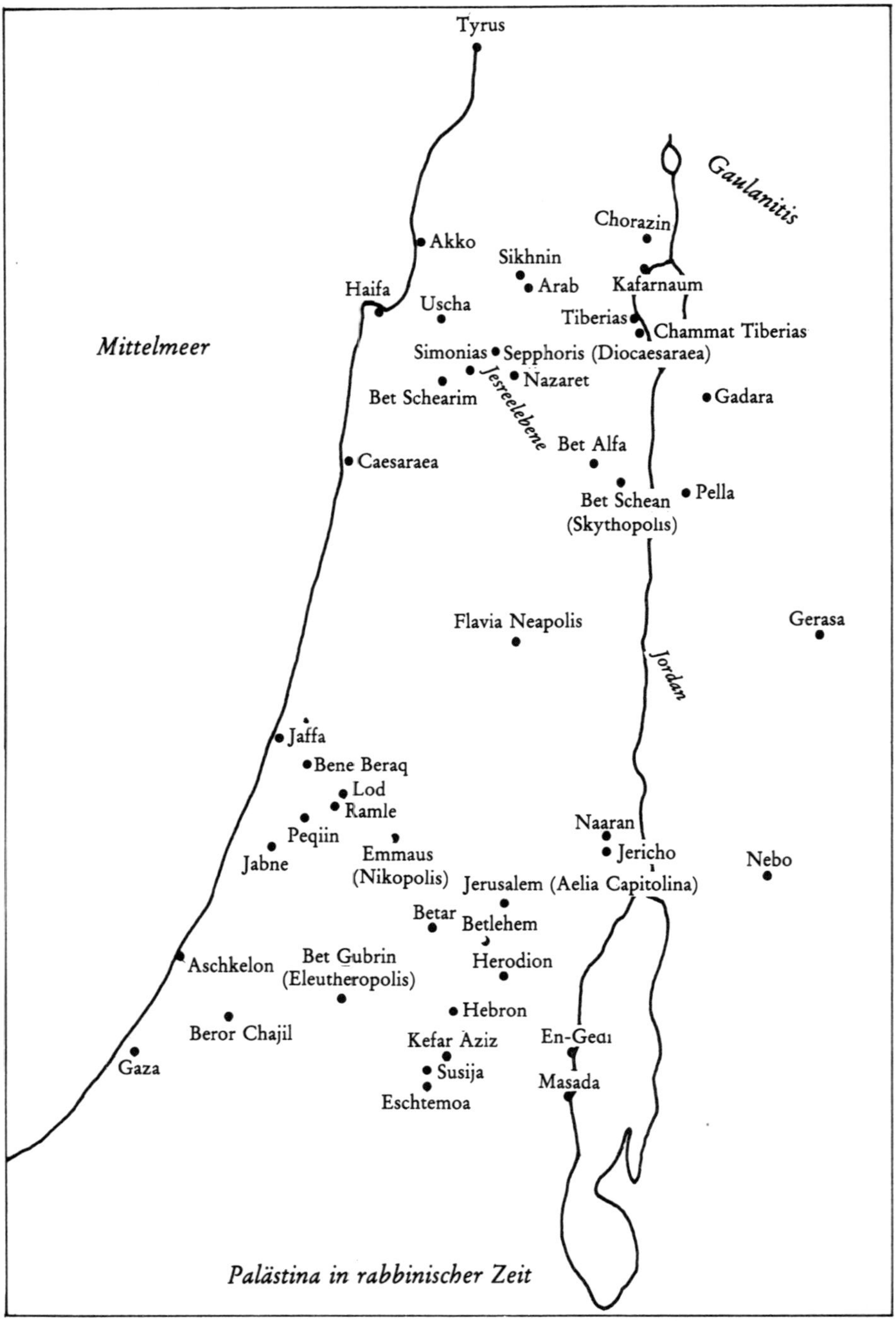

Palästina in rabbinischer Zeit

Hand. Zwar dauerte es noch fast drei Jahre, bis auch die letzten jüdischen Festungen (Herodion, Machaeron, Masada) gefallen waren, doch war das Jahr 70 das eigentliche Ende des jüdischen Staatswesens.

Die *direkten Folgen des Kriegs* gegen die Römer waren vielfältig. Nach ihrem Sieg organisierten die Römer die Verwaltung Judäas neu: Palästina wurde eine eigene Provinz mit einem kaiserlichen Legaten an der Spitze; die römischen Truppen wurden verstärkt – Jerusalem, bisher kein bedeutender römischer Truppenstützpunkt, wurde das Standlager der *legio decima Fretensis,* die außerdem durch Hilfstruppen verstärkt war. Caesarea war so nicht mehr das militärische Hauptquartier, blieb jedoch das administrative Zentrum.

Durch den Krieg war das Land weithin entvölkert. Josephus Flavius (BJ, VI, 420ff) und Tacitus (Historia V, 13) gehen in ihren Angaben über die jüdischen Verluste zwar weit auseinander und übertreiben beide gewaltig; doch rechnet immerhin auch ein Historiker wie *J. Juster* damit, daß der Krieg und seine Folgen die jüdische Bevölkerung Palästinas um etwa ein Drittel reduziert hatten.

Der Bodenbesitz der im Kampf gefallenen oder von den Römern gefangenen Juden (nach Josephus, BJ VII, 216, der Grundbesitz *aller* Juden) fiel an Rom; auch wurde die kaiserliche Güter- und Monopolverwaltung neu organisiert. Das *sikarikon*-Gesetz der Mischna (z.B. Git V, 6), das den Rückkauf des im Verlauf des Aufstandes oder nach diesem verlorengegangenen Bodens durch die rechtmäßigen jüdischen Eigentümer sicherstellen, zugleich jedoch, wo dies nicht möglich war, den jüdischen Besitz solchen Bodens schlechthin sichern wollte, ist wohl im Zusammenhang mit diesen römischen Maßnahmen zu sehen (die übrigens nach dem Bar-Kokhba-Aufstand erneuert wurden; ob sich der Name des Gesetzes von den Sikariern ableitet oder mit der *lex de sicariis,* einem römischen Gesetz, das die Kastration und dann auch die Beschneidung untersagte, zusammenhängt, ist hier unwichtig).

Die römische Verwaltung bemühte sich um den Wiederaufbau verwüsteter Ortschaften, was jedoch mit einer Vermehrung der heidnischen Bevölkerung in Palästina verbunden war. In der Fülle seiner Auswirkungen ist somit das Jahr 70 ein so tiefer Einschnitt in der jüdischen Geschichte, daß man in rabbinischer Zeit sogar gelegentlich eine eigene Zeitrechnung „ab Zerstörung des Tempels" führte (z.B. AZ 9a).

Noch tiefgreifender als die äußeren Veränderungen, die im jüdischen Leben durch den Mißerfolg des Krieges gegen Rom eingetreten waren, waren die inneren Auswirkungen der Zerstörung des Tempels. Die Römer hatten den Wiederaufbau des Tempels zwar nicht direkt verboten; die Tatsache, daß anstelle der Tempelsteuer nun der *fiscus Judaicus* an den Tempel des Jupiter Capitolinus in Rom zu leisten war, konnte jedoch kaum Gedanken an einen solchen Wiederaufbau ermutigen. Die Apokalyptiker der Bücher 4 Esra und 2 Baruch und ebenso auch die Rabbinen deuteten den Fall des Tempels im

Jahre 70 nach dem Vorbild der ersten Tempelzerstörung von 586 v. Chr. Dieser war relativ bald der Neuaufbau und Wiederbeginn gefolgt. War nicht ähnliches auch jetzt zu erwarten? Was sollte sich also grundlegend geändert haben?

Und dennoch war die Stimmung nach 70 hoffnungsloser als jene nach 586. Man tat vorerst nichts für einen Wiederaufbau des Tempels; auch scheint nach 70 niemand die Würde eines Hohenpriesters beansprucht zu haben; damit aber waren Teile des Tempelkults von vornherein nicht mehr vollziehbar. Offenbar hatte die breite Kritik an einer tempelorientierten jüdischen Frömmigkeit – bezeugt sowohl in den Schriften von Qumran wie auch im Neuen Testament – ihre Wirkung nicht verfehlt, und ebensowenig auch der Streit zwischen Pharisäern und Sadduzäern. Der Krieg und die Zerstörung des Tempels hatten nun verschiedenen jüdischen Gruppen ihre Grundlagen geraubt, vor allem natürlich den Aufstandsparteien, aber auch den auf den Tempel hin ausgerichteten Sadduzäern, ebenso auch den auf den gereinigten Tempel wartenden Essenern; die christliche Gemeinde hingegen hatte sich schon selbst von der jüdischen Gemeinschaft ziemlich deutlich abgesetzt. So blieben allein die Pharisäer, die schon vor 70 gelernt hatten, auch ohne den Tempel jüdische Frömmigkeit zu verwirklichen, und die bemüht waren, das ganze Gesetz – auch das, das sich direkt auf den Tempel bezog – in der Familie und im privaten Heim zu verwirklichen und so die Trennmauer zwischen Kult und profanem Leben niederzureißen.

Das Verdienst, das jüdische Volk nach der Katastrophe des Jahres 70 in eine neue Zeit geführt zu haben, schreibt die rabbinische Tradition einhellig Jochanan ben Zakkai zu, der als die Gründergestalt des rabbinischen Judentums gilt. In den rabbinischen Berichten, die von Jochanans Flucht aus dem belagerten Jerusalem, seinem Auftreten vor Vespasian und der Gründung des neuen Zentrums in Jabne erzählen (Git 56a–b und Parallelen) lassen sich zwar Geschichte und Legende nicht mehr genau auseinanderhalten; jedenfalls ist Jochanan nach 70 in Jabne, einer kleinen Stadt am Mittelmeer, die in direktem kaiserlichen Besitz war, und schart dort führende Pharisäer und Schriftgelehrte um sich, die sich daran machen, das jüdische Leben ohne Tempel neu zu organisieren.

Die Tradition hat Jochanan ben Zakkai zu einem der Führer, wenn nicht überhaupt zu *dem* Führer der Pharisäer Jerusalems vor 70 gemacht. Doch läßt sich seine Zugehörigkeit zur Partei der Pharisäer vor 70 keineswegs beweisen, wie vor allem *J. Neusner* gezeigt hat. Jochanan ben Zakkai scheint vielmehr aus dem weiteren Kreis der Schriftgelehrten zu stammen: diese waren nach der Zerstörung des ersten Tempels, also in einer ähnlichen Situation wie nun nach 70, entstanden und hatten sich vor allem in den letzten zwei Jahrhunderten v. Chr. zu einer einflußreichen, vor allem aus Laien bestehenden Schicht entwickelt. Ihr Ideal, das Studium der biblischen Schriften zum Mittelpunkt und wesentlichen Inhalt des gesamten Lebens zu machen, ist dann von den Rabbinen übernommen worden; das Studium der Schrift und der mit ihr verknüpften Tradition galt als vollwertiger Ersatz des Tempeldienstes.

Jochanan ben Zakkai kümmerte sich in Jabne vor allem um Angelegenheiten von Ritus und Liturgie, die nach der Zerstörung des Tempels neu geregelt werden mußten. Dazu gründete er zusammen mit seinen Anhängern eine Art von religiösem Gerichtshof, mit dem er den Sanhedrin in Jerusalem fortzuführen dachte. Doch waren die Entscheidungen dieser Männer in Jabne für die Juden Palästinas kaum allgemein annehmbar: einerseits haben die Römer gewiß nie Jochanan offiziell als Vertreter des Judentums Palästinas anerkannt, seine Tätigkeit vielmehr nur geduldet; andererseits haben sich wohl vor allem die Priester, über deren Vorrechte sich der neue Führer hinweggesetzte, gegen diesen gestellt; schließlich werden ihn auch nicht alle Pharisäer anerkannt haben, war er doch aus der belagerten Stadt Jerusalem geflüchtet und zu den Römern übergelaufen. Was die gewöhnliche jüdische Bevölkerung betrifft, haben wohl viele vom Unterfangen Jochanans gar nichts gewußt. Die überragende Bedeutung des in Jabne gewagten Neuanfangs sollte sich erst später herausstellen.

Es ist unbekannt, wielange Jochanan ben Zakkai das von ihm in Jabne geschaffene Zentrum geleitet hat. Ist er im Amt gestorben, von den traditionellen Führungskräften abgesetzt oder verdrängt worden oder hat er sich freiwillig zurückgezogen? Jedenfalls tritt bald, wohl zwischen 80 und 90, Gamaliel II., der Sohn Simeons ben Gamaliel I., des Führers der Pharisäer in den Jahren vor 70, an seine Stelle. Als Nachfahre des großen Hillel hatte Gamaliel genügend Prestige, um dem Unternehmen von Jabne in der jüdischen Welt größeren Rückhalt zu verleihen, als dies dem von vielen als Überläufer verachteten Jochanan ben Zakkai gelungen war. Mit dem Wirken Gamaliels, dessen ungestüme und verletzende Art zu seiner zeitweiligen Absetzung führte (Ber 27b–28a und Parallelen) – an seine Stelle trat nochmals ein Vertreter der alten Führungsschicht, der Priester und Nachkomme Esras Eleasar ben Asarja –, verbindet die Tradition vor allem zwei Ereignisse, die beide der Festigung des Unternehmens von Jabne dienten.

Zusammen mit anderen Rabbinen unternahm Gamaliel eine in der rabbinischen Literatur oft erwähnte Reise nach Rom (z. B. Sifre Dtn § 43, F. 94f; BB 74b und öfter). Als Anlaß dieser Reise betrachtet man gewöhnlich eine drohende Judenverfolgung unter Domitian, welche die jüdische Delegation abwenden sollte. Historisch ist dies allerdings sehr fraglich: eine eigentliche „Judenverfolgung" hat jedenfalls unter Domitian nicht stattgefunden; bewiesen ist nur, daß dieser Kaiser Angehörige seiner eigenen Familie hinrichten ließ, weil sie dem Judentum zuneigten. Das Bemühen Gamaliels, sich mit der römischen Behörde gut zu stellen, könnte sich auch in der Überlieferung von Ed VII, 7 spiegeln, wonach er sich nach Syrien begibt, um dort bei der Regierung eine Erlaubnis einzuholen (allerdings könnte der Text auch von seinem Großvater Gamaliel I. sprechen, unterstand doch nach 70 die Provinz Palästina nicht mehr der Aufsicht des römischen Statthalters in Syrien; andererseits ist von einer politischen Funktion Gamaliels I. nichts bekannt).

Innerjüdisch ist vor allem die sogenannte „*Synode von Jabne*" zu erwähnen. Eine „Synode" im eigentlichen Sinn ist zwar nicht belegt. Dieser in der Geschichtsschreibung oft verwendete Ausdruck ist vielmehr als eine Zusammenfassung der verschiedenen wichtigen Entscheidungen zu verstehen, die die Lehrer von Jabne innerhalb eines größeren Zeitraums getroffen haben. Wesentlich ist vor allem die Neufassung des „Ketzersegens" im Achtzehngebet unter Gamaliel II., die auf eine Frontbegradigung innerhalb des Judentums abzielte. Der Wiederaufbau der jüdischen Gemeinschaft nach der Niederlage von 70 erforderte eine größtmögliche Einheit, die zu erzwingen der öffentliche Fluch gegen die *minim*, die von der gemeinsamen Linie „Abweichenden", ein geeignetes Mittel schien. Dazu kam das Bemühen der Leute von Jabne, die Liste der für den Gottesdienst bzw. für den öffentlichen Unterricht geeigneten biblischen Bücher abzugrenzen; dies bedeutete allerdings noch nicht eine endgültige Festlegung des biblischen Kanons. Beide Maßnahmen sind nach Meinung vieler eine direkte Reaktion gegen das aufkommende Christentum gewesen; tatsächlich zielten sie jedoch gegen alle Gefährdungen der jüdischen Einheit und nicht ausschließlich gegen eine einzige Gruppe.

Wir wissen nicht, wann Gamaliel II. gestorben ist. Gegen die gelegentlich geäußerte Meinung, er habe bis zum Bar-Kokhba-Aufstand gelebt, nimmt man im allgemeinen seinen Tod in den Jahren zwischen 100 und 120 an. Die Leitung des Zentrums von Jabne ist dann nicht direkt auf seinen ältesten Sohn Simeon übergegangen. In den Jahren bis zum Ausbruch des Bar-Kokhba-Aufstandes 132 steht weniger Jabne als vielmehr die Autorität anderer Schulen im Vordergrund. Vor allem sind es die von Aqiba und Jischmael geleiteten Zentren. Jischmael lehrte im Süden Judäas, an der Grenze zu Edom, Aqiba vor allem in Bene Baraq in der Gegend des heutigen Tel Aviv. Daneben gab es noch eine Reihe anderer Zentren rabbinischer Gelehrsamkeit, vor allem Lod.

Aqiba und Jischmael haben sich vor allem um die Methodik der Schriftauslegung verdient gemacht; ihre stark divergierenden Prinzipien dienen der systematischen Ableitung des Religionsgesetzes, der „Halakha", aus der Bibel. Ihnen und den anderen großen Gelehrten ihrer Zeit ist es zuzuschreiben, daß die Halakha immer mehr zu einem allumfassenden Lebensgesetz wurde, das über die engen Grenzen Jabnes hinaus zunehmend bekannt und anerkannt wurde.

2. *Der Bar-Kokhba-Aufstand*

Während des Partherfeldzugs Trajans brach im Jahr 115 ein großer Aufstand der jüdischen Diaspora aus, der offenbar messianisch orientiert war. Dieser Aufstand erfaßte die jüdischen Gemeinden Ägyptens, der Zyrenaika, Zyperns und schließlich auch der von Trajan gerade erst eroberten parthischen Gebiete, wo der Aufstand übrigens nicht ausschließlich oder auch nur vorwiegend jüdisch war. Erst im Jahr 117 konnten die römischen Truppen die Erhebung niederschlagen.

Ob auch die jüdischen Gemeinden Palästinas an diesem Aufstand teilgenommen haben, ist umstritten. Dafür spricht vor allem eine Notiz in der Hadriansvita V, 2 der Historia Augusta: bei Regierungsantritt Hadrians (im Jahre 117) sollen demnach auch Libyen und Palästina ihren rebellischen Geist demonstriert haben. Diese vage Angabe und ebenso unklare Anspielungen in Kirchenvätertexten könnten durch die Tatsache bestätigt werden, daß Trajans General Lusius Quietus, dem zusammen mit Q. Marcius Turbo das Verdienst zukam, den Aufstand niedergeschlagen zu haben, anschließend zum Statthalter Palästinas ernannt wurde. Auch sprechen rabbinische Texte mehrmals von einem Krieg des Qitos (Sota IX, 14 und öfter), der vielfach als die Unterdrückung eines jüdischen Aufstands in Palästina durch Lusius Quietus verstanden wird. Allerdings gibt es in der rabbinischen Literatur keinen einzigen sicheren Beleg für römische Kampfmaßnahmen in Palästina zu dieser Zeit. Die rabbinische Tradition hatte keinen Grund, einen solchen Kampf in Palästina zu verschweigen: so ist eher anzunehmen, daß sich die Juden Palästinas aus diesem Aufstand herausgehalten haben und die Entsendung des Quietus als Statthalter Palästinas eine reine Vorsichtsmaßnahme gewesen ist.

Der letzte große jüdische Aufstand gegen Rom brach im Jahr 132 los. Es ist umstritten, was zu dem Aufstand geführt hat. Manche vermuten, daß eine seit dem Diasporaaufstand von 115–117 schwelende Unruhe schließlich in diesen Aufstand der Jahre 132–135 mündete, was jedoch sehr hypothetisch ist. Am ehesten dürften wohl jene Zeugnisse recht haben, nach denen der Beschluß Hadrians, der im Jahre 130 Jerusalem besuchte, die Stadt als römische Kolonie Aelia Capitolina wieder aufzubauen, die Juden zu ihrem letzten verzweifelten Widerstand herausforderte (so Cassius Dio LXIX, 12, 1–2), auch wenn nach anderen Texten (z.B. Eusebs Kirchengeschichte IV, 6, 4) der Bau der Aelia Capitolina nicht Ursache, sondern Folge des Aufstands gewesen sein soll. Auch das von Hadrian verschärfte Verbot der Beschneidung, die der Kastration gleichgesetzt wurde, dürfte ein Mitgrund für den Aufstand gewesen und nicht erst als Strafe nach dem Sieg über die aufständischen Juden erlassen worden sein.

Nach Hadrians Abreise blieb zunächst alles ruhig. Erst im Jahr 132 brach der Aufstand los, den die Römer – wie schon im Jahr 66 – zuerst nicht genügend ernst nahmen. So konnten die Aufständischen Jerusalem einnehmen und eine ganze Reihe von befestigten Städten in ganz Judäa besetzen. Galiläa scheint hingegen vom Aufstand kaum erfaßt worden zu sein.

Führer der Aufständischen war Simeon bar Kosiba, den seine Anhänger für den Messias hielten. Der große Rabbi Aqiba anerkannte ihn ebenfalls als den Messiaskönig und sah in ihm die messianische Weissagung vom Stern aus dem Hause Juda (Num 24, 17) erfüllt (jTaan IV, 8, 68d). In Anlehnung an Num 24, 17 änderte man den Namen des Führers der Aufständischen in Bar Kokhba, „Sternensohn", um. In den letzten Jahrzehnten wurden in der Gegend des Toten Meeres (in Wadi Murabaat und Nachal Chever) eine Anzahl von Briefen mit der Unterschrift des Rebellenführers gefunden, ein wertvolles Zeugnis für die Tätigkeit eines Mannes, den die rabbinische Tradition nach seinem Scheitern fast völlig totgeschwiegen hat.

Wie aus den Briefen hervorgeht, hat sich Bar Kokhba sofort nach den ersten Erfolgen daran gemacht, eine straffe jüdische Verwaltung aufzubauen und die großen kaiserlichen Landgüter in Judäa für die Bedürfnisse seines Heeres einzusetzen. Als Symbol der neugewonnenen Unabhängigkeit ließ er in Jerusalem eine Münzprägestätte errichten. Die dort geprägten Münzen, zu einem Großteil einfach Umprägungen römischer Geldstücke, sind nach der neuen Zeitrechnung datiert, die mit der jüdischen Wiedereroberung von Jerusalem einsetzt.

Von besonderem Interesse ist eine Münze Bar Kokhbas, die einen stilisierten Tempel zeigt. Nach verschiedenen rabbinischen Texten hat man tatsächlich sofort nach Eroberung der heiligen Stadt damit begonnen, auf dem Tempelgelände wieder den Kult aufzunehmen. Das bedeutet allerdings nicht unbedingt, daß man sich auch sofort an den Wiederaufbau des Tempels gemacht hat. Für den Anfang war Dringenderes zu tun: die Tempelmünze ist somit eher als ein Programm für die Zukunft zu verstehen. Immerhin erwähnen die Münzaufschriften neben Bar Kokhba noch einen zweiten Mann, den Priester Eleasar. Er führt zwar nicht den Titel eines Hohenpriesters, doch hat man sicher die Einsetzung eines Hohenpriesters zum erstmöglichen Zeitpunkt geplant gehabt.

Die römische Reaktion war langsam. Der Statthalter Tineius Rufus konnte mit seinen Truppen der Lage nicht Herr werden. So wurden aus den umliegenden Provinzen Truppenverstärkungen herangeholt und der syrische Legat C. Publius Marcellus trat dem Statthalter von Palästina als Truppenkommandant zur Seite. Doch der Erfolg stellte sich noch immer nicht ein. So wurde, wohl im Jahr 134, einer der besten römischen Generäle, der Statthalter von Britannien, S. Julius Severus, an die Front geschickt. Er war es wohl auch, der Jerusalem zurückeroberte (134 wurden dort die letzten Münzen der Aufständischen geprägt). Es folgte ein langwieriger Guerillakrieg. Die einzige befestigte Stadt in den Händen der Aufständischen war Betar, nur wenige Kilometer von Jerusalem entfernt; im Jahr 135, der Tradition nach am 9. Ab, dem

Jahrestag der Einnahme beider Tempel durch Nebukadnezzar bzw. Titus, konnte auch diese Festung von den römischen Belagerern eingenommen werden. Dies war zugleich das Ende des Aufstands, der beiden Seiten einen ungeheuren Blutzoll abverlangt hatte.

Die Probleme der ersten Nachkriegsjahre waren dieselben wie nach 70, nur gewaltig verstärkt. Julius Severus blieb als Statthalter der Provinz, die es neu zu organisieren galt. Ihr Name wurde von „Judaea" in „Syria Palaestina" geändert. Ebenso verschwand auch der Name Jerusalem aus dem offiziellen Gebrauch: die Römer verwirklichten nun ihren alten Plan und errichteten auf dem Boden des zerstörten Jerusalem ihre Stadt Aelia Capitolina, benannt nach Aelius Hadrianus und dem Jupiter Capitolinus. Auf der Stätte des ehemaligen jüdischen Tempels stellten die Römer eine Statue des Jupiter auf. Juden war der Zutritt zur Stadt und ihrer nächsten Umgebung unter Todesstrafe untersagt; einzig am Jahrestag der Zerstörung des Tempels durften sie nach Jerusalem kommen, um ihr Unglück zu beklagen.

Auch die wirtschaftlichen Folgen des Aufstands waren erdrückend. Zwar sind die Zahlenangaben der rabbinischen Tradition, was die Toten des Aufstands betrifft, wie immer übertrieben. Doch läßt sich der Eindruck, den diese drastischen Schilderungen machen (z.B. jTaan IV, 8, 68d–69a), auch durch nüchterne Feststellungen belegen. Zahlreiche Namen jüdischer Siedlungen aus der Zeit vor dem Aufstand werden nachher nie mehr erwähnt. Diese Siedlungen sind offenbar völlig untergegangen. *M. Avi-Yonah* schätzt, daß fast die Hälfte der Juden Palästinas, ungefähr eine halbe Million, den Aufstand nicht überlebt haben.

Jüdischer Landbesitz war nun verstärkt in römischer Hand (wie auch die rabbinische Erzählung vom riesengroßen Weinberg Hadrians nahelegt, an dessen Grenzen die Toten von Betar aufgetürmt wurden). Das Sikarikon-Gesetz und ähnliche Maßnahmen waren nun notwendiger denn je, um das Land wieder in jüdische Hände zu bringen.

Verschärft wurde die Lage durch eine starke Abwanderung der verzweifelten Bevölkerung in die Länder der Diaspora, vor allem in das benachbarte Syrien. Die Rabbinen suchten sich dagegen mit religionsgesetzlichen Entscheidungen zu wehren, die zum Bleiben im Heiligen Land anreizen sollten; in derselben Absicht entwickelten sie eine ausgeprägte Theologie von den Vorzügen Israels. Wie erfolgreich diese Bemühungen waren, läßt sich kaum sagen. Jedenfalls hatte der Bar-Kokhba-Aufstand eine bleibende Wirkung: in Judäa sind nunmehr die Juden eine verschwindende Minderheit der Bevölkerung; das Zentrum der jüdischen Welt hatte sich nun nach Galiläa verlagert, wo die Juden immer noch etwa Dreiviertel der Bevölkerung ausmachten.

Die ersten Nachkriegsjahre waren außerdem durch verschiedene Maßnahmen der Römer gegen die Ausübung der jüdischen Religion gekennzeichnet; wie die rabbinische Tradition vielleicht übertreibend vielfach betont, setzte eine „Zeit der Verfolgung" ein. Nicht nur das Verbot der Beschneidung wurde strikt überwacht; auch die feierliche Verkündigung des Kalenders wurde untersagt, die Sabbatheiligung behindert, die Ordination *(semikha)* von Rabbinen durch ihre Lehrer und allgemein der Unterricht in der Tora verboten. Gar manche, die sich nicht an diese Verbote hielten, starben als Märtyrer, unter ihnen auch Aqiba, der Anhänger Bar Kokhbas.

3. Uscha und Bet Schearim: Stabilisierung der Verhältnisse

Nach dem Tod des Kaisers Hadrian im Jahr 138 wurden die Maßnahmen gegen die Juden bald wieder zurückgenommen. Die Lage beruhigte sich: die Juden Palästinas sahen endgültig die Nutzlosigkeit ihrer Aufstände gegen Rom ein und die Römer waren ihrerseits an einer Religionsverfolgung als solcher (und nicht als politischer Notstandsmaßnahme, die die Ruhe und Einheit des Reiches stützen sollte) nicht interessiert. Zwar berichtet die Historia Augusta (Anton. Pius V, 4–5) von einem Aufstand der Juden unter Antoninus Pius (138–161); doch findet diese Angabe sonst keine Bestätigung und so wird es sich also höchstens um lokal begrenzte Unruhen gehandelt haben.

Antoninus Pius erlaubte den Juden wieder die Durchführung der Beschneidung. Doch durfte dieses Privileg nicht ausgeweitet werden; die Beschneidung von Nichtjuden war strafrechtlich weiterhin der Kastration gleichgestellt und wurde, je nach sozialem Status des Täters, mit der Todesstrafe oder der Beschlagnahmung des Besitzes und Verbannung geahndet. Der Übertritt von Männern zur jüdischen Religion war damit theoretisch unmöglich gemacht worden; tatsächlich scheint man sich jedoch um dieses Verbot kaum gekümmert zu haben – die Aufnahme von Proselyten ging weiter.

Das Betreten Jerusalems war den Juden allerdings weiterhin verboten. Doch war dieses Verbot nicht lückenlos kontrollierbar, und so gab es trotzdem jüdische Wallfahrten nach Jerusalem. Eine asketisch orientierte Gruppe, die „Trauernden um Zion“, scheint sich sogar, wie man den rabbinischen Texten entnehmen kann, in Jerusalem fest niedergelassen zu haben, ohne Anstoß zu erregen. Eine größere Ansiedlung von Juden oder auch Judenchristen war jedoch in Aelia Capitolina nicht mehr möglich.

Doch im Augenblick war Jerusalem nicht das wichtigste Problem; und auch mit der Rücknahme des Beschneidungsverbotes und anderer römischer Maßnahmen gegen die Ausübung der jüdischen Religion war noch nicht alles gewonnen. Der Bar-Kokhba-Aufstand hatte das Werk der Lehrer von Jabne zu einem großen Teil zunichte gemacht; Aqiba, einer der größten Meister von Jabne, hatte seinen Widerstand gegen die römischen Herrscher mit dem Tode gebüßt. Nun mußte der Versuch gemacht werden, wieder bei Jabne einzusetzen, hatte sich doch das dort entwickelte Modell einer Organisation des jüdischen Gemeinwesens ohne Tempel und ohne politische Ambitionen als geeignet erwiesen.

Nach 135 war also die Wiederaufnahme der Tätigkeit der von Jochanan ben Zakkai gegründeten Schule von größter Wichtigkeit. Jabne war jedoch als Zentrum nicht mehr geeignet, nachdem Judäa nicht mehr der Mittelpunkt des jüdischen Lebens in Palästina war. Auch waren zahlreiche Rabbinen außer Landes geflüchtet; im Land selbst war die öffentliche Lehre der Tradition und die Aufnahme in den Sanhedrin durch die Semikha bis zum Tod Hadrians verboten. Als Jehuda ben Baba in der Nähe von Uscha in Obergaliläa fünf Schülern Aqibas die Ordination erteilte, wurde er von den Römern ertappt und getötet (Sanh 14a, AZ 8a).

Zu den von Jehuda ben Baba Ordinierten gehörten u.a. Rabbi Meir und Rabbi Simeon bar Jochai, zwei der größten Lehrer der Generation nach Bar Kokhba. Ihnen und anderen Lehrern, die in Uscha zusammenkamen, gelang es, die rabbinische Schule und den Sanhedrin in diesem kleinen Ort wieder zu neuem Leben zu erwecken. Simeon, der Sohn Gamaliels II., der anfangs in Uscha nicht dabei war, sondern wie andere Lehrer erst später zur Gruppe stieß, wurde hier zum Vorsitzenden, zum „Patriarchen", gewählt, seine beiden Rivalen R. Natan und R. Meir wurden ihm zur Seite gestellt.

Dem offenbar von den Römern gestützten Patriarchen gelang es, seine Stellung in Uscha auszubauen. Er war der Garant für das Wohlverhalten der Juden und wurde entsprechend gestärkt. Ganz allgemein setzte sich innerhalb der Gruppe der Rabbinen eine eher pragmatische Haltung gegenüber Rom durch; Ausdrücke offener Feindschaft werden in der zweiten Hälfte des Jahrhunderts ziemlich selten.

Ausdruck des gewandelten Verhältnisses zwischen Juden und Römern sind die rabbinischen Erzählungen über die Beziehungen zwischen „*Antoninus und Rabbi*" (z.B. AZ 10a–b). Man hat viel herumgerätselt, um den Gesprächspartner von Rabbi, d.h. Jehuda ha-Nasi, dem Sohn und Nachfolger von Simeon ben Gamaliel II., zu identifizieren. Manche sind, überzeugt von der Aussichtslosigkeit des Unterfangens, zur Ansicht gelangt, es handle sich hier gar nicht um historische Begebenheiten. Offenbar haben diese Erzählungen historische Erinnerungen typisiert und übersteigert; soweit ein historischer Kern vorhanden ist, könnte mit Antoninus wohl am ehesten Caracalla gemeint sein (dessen offizieller Name Antoninus war), vielleicht in Verbindung mit anderen Erzählungen über Mark Aurel. Jedenfalls wären diese Erzählungen, seien sie nun teilweise historisch oder nicht einmal das, in einer Atmosphäre gespannter Beziehungen zwischen der obersten Vertretung des Judentums in Palästina und Rom undenkbar.

Problematischer als das Verhältnis zu Rom dürfte die Beziehung des Patriarchen und des Sanhedrin zur jüdischen Bevölkerung Galiläas gewesen sein. Schon immer galt die hier ansässige Bevölkerung als wenig gesetzestreu. Nach der Verlegung des rabbinischen Zentrums in den Norden setzten daher

Bemühungen ein, die rabbinische Halakha auch hier durchzusetzen und in allen Fragen des täglichen Lebens, vor allem auch in der Landwirtschaft und im Handel zur Geltung zu bringen. Doch haben sich die Rabbinen damit nur sehr langsam durchgesetzt und sicher nie den vollen Erfolg erzielt, sich vielmehr selbst in so manchen Punkten den gegebenen Verhältnissen anpassen müssen.

Dennoch gelang es den rabbinischen Gelehrten von Uscha und später von Bet Schearim, wohin unter Simeons Sohn Rabbi Jehuda ha-Nasi der Sanhedrin übersiedelte, das Fundament für ein geeintes Judentum unter rabbinischen Vorzeichen zu schaffen. Schon die Sorge um den einheitlichen Festkalender durch den Sanhedrin ermöglichte ein äußeres Zeichen der Einheit für die Juden Palästinas und der Diaspora, die alle zum selben Datum, wie es der Patriarch verkündete, die traditionellen Feste feierten. Äußerlich nicht so wirksam, dafür jedoch eine „Zeitbombe", war die Kodifikation des traditionellen Religionsgesetzes in Uscha und Bet Schearim. Diese Arbeit, die in die großen tannaitischen Werke der Mischna und der Tosefta mündete, auf denen dann die weiteren Bemühungen der talmudischen Zeit aufbauten, war zwar schon in Jabne grundgelegt worden; erst jetzt aber kam das Unternehmen in die entscheidende Phase: noch von Gelehrten wie Aqiba vorbereitet, wurde diese Arbeit der Gesetzesableitung, -sammlung und -redaktion in Uscha vor allem von den Leuten um R. Meir weitergetrieben und gelangte unter Rabbi, den die Tradition als den Redaktor der Mischna ansieht, zu Beginn des dritten Jahrhunderts zur Vollendung. Es ist gleichgültig, ob Rabbi das Werk, das nach ihm nur noch geringfügig überarbeitet und ergänzt wurde, als Gesetzessammlung, als Lehrbuch für die rabbinischen Schulen oder als Codex des geltenden Religionsgesetzes beabsichtigt hat: spätestens fünfzig Jahre nach ihm betrachten jedenfalls die Rabbinen die Mischna als das verpflichtende religiöse Gesetz (auch wenn große Teile davon in der Praxis nicht zu verwirklichen waren); neben der Bibel ist die Mischna nun der zweite Grundpfeiler, auf dem das jüdische Leben ruht. Das Überleben des Judentums ohne Tempel und ohne eigenen Staat ist gesichert.

B. Palästina in amoräischer Zeit

1. Die Krise des römischen Reichs im dritten Jahrhundert

Die unter Rabbi erreichte Stabilisierung der Verhältnisse wurde sehr schnell durch die Verschlechterung der allgemeinen Lage des römischen Reiches im dritten Jahrhundert zunichte gemacht. Die Dynastie der Severer (193–235) war den Juden im allgemeinen zwar positiv gesinnt und auch die wirtschaftliche Lage Palästinas schien anfangs entsprechend günstig. Davon zeugen eine

Reihe von Synagogenbauten in Galiläa, die auf einen gewissen Wohlstand der Gemeinden schließen lassen, die sich diese Bauten im Stil der römischen Basiliken leisten konnten.

Positiv konnte zunächst auch ein Ereignis gedeutet werden, das nicht nur die Juden, sondern das ganze römische Reich betraf: die Proklamation der *Constitutio Antoniniana* durch Caracalla im Jahre 212; durch dieses Gesetz erhielten alle Provinzbewohner und damit auch die Juden das römische Bürgerrecht. Allerdings stand hinter dieser Maßnahme ein wirtschaftliches Motiv, nämlich die Absicht, die Basis der Steuerzahler im Reich zu verbreitern und somit die schon wankende Wirtschaft des Landes zu stützen. Nun konnten auch Juden in größerer Zahl Mitglieder der Stadträte werden. Dies war eine sehr kostspielige Ehre, waren doch die Mitglieder der Kurien für das Steueraufkommen ihrer Gemeinde verantwortlich; auch mußten sie gewisse Ausgaben für ihre Gemeinden aus eigener Tasche leisten, sodaß R. Jochanan um die Mitte des 3. Jahrhunderts jedem zur Kurie Erwählten den Rat gibt, über den Jordan zu fliehen: „Wenn sie dich zur *boulē* (dem Stadtrat) ernannt haben, sei der Jordan deine Grenze" (jSanh VIII, 2, 26a–b); denn Gen 32, 12 „Entreiß mich der Hand meines Bruders, der Hand Esaus" (d.h. Roms) bezieht sich nach Jochanan auf „das frevelhafte Reich; welches ein böses Auge auf den Besitz des Menschen wirft: dieser ist reich, machen wir ihn zum Archonten (Stadtvorsteher), jener ist reich, machen wir ihn zum *bouleutēs* (Mitglied des Stadtrats)" (GenR 76, 6, Th–A 904).

Zu Beginn des dritten Jahrhunderts waren die Kaiser noch stark genug, in Palästina eine kontinuierliche Politik durchzusetzen. Sie gründeten eine Reihe von Städten in Judäa und Samaria, was eine rege Bautätigkeit mit sich brachte, zugleich jedoch die nichtjüdische Bevölkerung in diesem Gebiet weiter stärkte und das tägliche Leben fortschreitend hellenisierte. Die früheren Kolonien Aelia Capitolina, Caesarea und Flavia Neapolis wurden neu gefördert; Neugründungen waren u.a. Eleutheropolis an der Stelle von Bet Gubrin im Süden sowie Diocaesarea (das jüdische Sepphoris); auch das schon zur Zeit von Jabne bedeutende rabbinische Zentrum Lod wurde nun eine hellenistische Stadt namens Diospolis. Diese von militärischen Straßenbauten begleitete Urbanisierung des Landes betraf allerdings nicht Galiläa, das nun das Zentrum der jüdischen Siedlung war.

Die schon in den letzten Jahren Rabbis einsetzende Verschlechterung der wirtschaftlichen Lage des Reiches wurde unter den Soldatenkaisern, die einander bis Diokletian (284–305) in schneller Folge ablösten, äußerst bedrohlich. Sie traf Palästina nicht mehr als andere Teile des römischen Reiches, auch wenn die umfangreiche rabbinische Literatur uns besonders zahlreiche Zeugnisse dafür überliefert. Die schnelle Aufeinanderfolge der einzelnen Herrscher erlaubte kein langfristiges Wirtschaftsprogramm; die ständigen militärischen Ausgaben überstiegen die Staatseinnahmen bei weitem, was zu einer immer schnelleren Inflation und bald zur fast völligen Aufgabe der

Geldwirtschaft führte. Neben die verschiedenen in Geld zu leistenden Steuern, die vor allem die städtische Bevölkerung betrafen, traten nun immer mehr Abgaben in Naturalien, mit denen die römischen Truppen auf ihren häufigen Feldzügen gegen das Perserreich versorgt werden mußten, die aber auch die sonstigen Bedürfnisse der staatlichen Verwaltung weitgehend dekken mußten. Diese Abgaben betrafen vor allem die Bauernschaft, die in der jüdischen Bevölkerung Galiläas die überwiegende Mehrheit war. Dazu kamen häufige Frondienste; auch wurden immer mehr Juden, die bisher vom Militärdienst befreit waren, in das Heer gezwängt. Als Folge dieses wirtschaftlichen Druckes gaben viele die Landwirtschaft auf; so manche der Landflüchtigen schlossen sich Räuberbanden an, die das Land immer unsicherer machten. Hungersnöte und ihnen folgende Epidemien gehörten nun zur Tagesordnung.

Die Maßnahmen, die die jüdische Führung unter dem Patriarchen in einer solchen Lage ergreifen konnte, halfen nur bedingt. Anfangs begannen die Patriarchen, die um die Mitte des 3. Jahrhunderts Tiberias zu ihrem Sitz gewählt hatten, mit der Verteilung von Lebensmittelreserven aus ihren eigenen Lagern; eine solche Hilfe konnte jedoch nur kurzfristig sein. Auf längere Sicht mußte man tiefgreifende Änderungen in der Halakha vornehmen bzw. nachträglich bestätigen, was das Volk in Anpassung an die Verhältnisse schon vorweggenommen hatte. Vor allem das Gesetz über das Sabbatjahr, das die Bearbeitung des Bodens in jedem siebenten Jahr verbietet (Ex 23, 10f), wurde nun wirtschaftlich völlig untragbar, da die Naturalleistungen an die römische Verwaltung und das Heer auch in Sabbatjahren erbracht werden mußten. Das biblische Gebot wurde so immer mehr vernachlässigt und schließlich auch offiziell aufgehoben.

Andererseits sah sich aber auch der Patriarch genötigt, seine eigenen Einkünfte zu steigern. So griff er immer mehr zur Notlösung, die verschiedensten Funktionen, die er vergeben konnte, zu verkaufen; darunter litt selbstverständlich sein Ansehen im Volk. Ein weiterer Anstoß für die gewöhnliche jüdische Bevölkerung war die Steuerfreiheit der Rabbinen.

Eine wichtige Folge dieser gesamten Entwicklung war eine Abnahme der jüdischen Bevölkerung, da sie angesichts der wirtschaftlichen Lage nicht kinderfreudig genug war; zu einem großen Teil verließ sie aber andererseits auch einfach das Land und wanderte in die umliegenden Provinzen oder gar in das Perserreich aus. Besonders betroffen waren davon die schwachen jüdischen Siedlungen in Judäa und in der Küstenebene; in der zweiten Hälfte des dritten Jahrhunderts griff dieser Niedergang der jüdischen Bevölkerung dann auch auf Galiläa über. Eine ganze Reihe von Siedlungen werden von nun an nicht mehr erwähnt, wurden also offenbar in dieser Periode aufgegeben.

In diesem Zusammenhang verdient eine Episode besondere Erwähnung: als Kaiser Valerian auf seinem Perserfeldzug in Gefangenschaft geriet, erhielt für kurze Zeit die syrische Handels- und Karawanenstadt Palmyra große

Bedeutung. In der Zeit zwischen 260 und 273 verwaltete der Fürst von Palmyra, Odenat, und nach ihm seine Witwe Zenobia weithin selbständig große Gebiete im Osten des römischen Reiches; auch Palästina gehörte zu Palmyras Einflußgebiet. Ursprünglich setzten die Juden, die auch in der Stadt Palmyra stark vertreten waren, große Hoffnungen auf das semitische Herrscherhaus Palmyras. Bald jedoch waren sie enttäuscht. So finden sich in der rabbinischen Literatur wiederholt erbitterte Aussprüche gegen Palmyra, mit dessen Fall man wieder einmal das Hereinbrechen des messianischen Reiches erwartete.

Eine Stabilisierung des römischen Reiches und damit auch der politischen und wirtschaftlichen Verhältnisse Palästinas kam erst mit dem Regierungsantritt Diokletians (284). Dieser Kaiser bekämpfte nicht nur erfolgreich die Inflation und reformierte das Geldwesen; er führte auch eine große Verwaltungsreform durch, in der er auch die Grenzen der Provinz Palästina abänderte. Diese Provinz verlor einige Gebiete im Norden, bekam aber dafür im Süden Teile der Provinz Arabia dazu.

Als erster Kaiser seit Caracalla besuchte Diokletian die Provinz Palästina: er hielt sich dort im Jahr 286 auf, dann wieder im Jahr 297. Er hinterließ damals bei der jüdischen Bevölkerung einen nachhaltigen Eindruck. Er wird in (ausschließlich palästinischen) rabbinischen Quellen öfter erwähnt und als einziger römischer Kaiser recht sachlich und ohne allzuviel legendarische Zutaten geschildert. Mit besonderer Genugtuung berichtet der Talmud davon, daß die Juden als einzige religiöse Minderheit unter Diokletian von den sonst allgemein als Zeichen politischer Loyalität geforderten Trankopfern befreit wurden (jAZ V, 4, 44d); die Samaritaner hingegen brachten damals die geforderten Trankopfer dar, weshalb die Rabbinen die Verwendung des von Samaritanern erzeugten oder verkauften Weins aus religiösen Gründen verboten.

2. Die Christianisierung des römischen Reiches: Folgen in Palästina

Ein tiefer Einschnitt in der Geschichte des römischen Reiches allgemein, besonders aber auch für die Juden, erfolgte mit der Hinwendung Konstantins zum Christentum. Schon seit 305 Caesar im Westen des Reiches, war er 312 durch seinen Sieg an der Milvischen Brücke im Westen Alleinherrscher geworden. Schon 311, gerade vor seinem Tod, hatte der Augustus Galerius ein Toleranzedikt erlassen; 313 kam es dann zur allgemeinen Toleranz (die natürlich vor allem dem Christentum nützte) im sogenannten „Edikt von Mailand“, auf das sich Konstantin mit Licinius, dem Augustus des Ostens, einigte. 324 besiegte dann Konstantin nach längeren Streitigkeiten Licinius bei Chrysopolis gegenüber dem späteren Konstantinopel und wurde dadurch Alleinherrscher über das gesamte römische Reich. Seine christenfreundliche

Politik wirkte sich von nun an auch in Palästina aus. Zuerst herrschte eine allgemeine Religionsfreiheit, in der das Christentum wie das Judentum den Status einer *religio licita*, einer erlaubten Religion erhielt; tatsächlich wurde jedoch das Christentum gegenüber allen anderen Religionen gefördert.

In Palästina waren die Christen bis in die Zeit Konstantins nicht besonders zahlreich gewesen. Die hauptsächlich judenchristliche Urgemeinde war, wie Hegesipp berichtet, beim Ausbruch des jüdischen Aufstandes gegen Rom in das Ostjordanland nach Pella geflüchtet; wenn sich später in Jerusalem wieder eine christliche Gemeinde konstituierte, litt sie jedenfalls unter dem Druck Bar Kokhbas, und mit der Gründung der Aelia Capitolina im Jahr 135 war selbstverständlich auch den Judenchristen der Zutritt zur Stadt verboten; lediglich Christen nichtjüdischer Herkunft durften dort bleiben. Erst im dritten Jahrhundert erhielt die christliche Gemeinschaft in Palästina größeren Zuwachs, als besonders Caesarea zu einem christlichen Zentrum wurde, wo Origenes lehrte und Eusebius später Bischof wurde.

Unter der Herrschaft Konstantins breiteten sich christliche Gemeinden in ganz Palästina, besonders jedoch in der Küstenebene aus. Nun kam es auch zu einem christlichen Pilgerwesen größeren Ausmaßes: der älteste erhaltene Bericht eines Pilgers ist der eines Mannes aus Bordeaux von 333. An den christlichen Gedenkstätten wurden große Kirchen errichtet, die Konstantin bzw. seine Mutter Helena finanzierten: unter anderem entstanden damals die Grabeskirche in Jerusalem und die Geburtskirche in Betlehem. Pilgerfahrten und Kirchenbau brachten an sich dem Land einen wirtschaftlichen Aufschwung, an dem sicher auch die Juden teilhatten, die als Führer und Auskunftspersonen für Pilger gebraucht wurden. Zugleich wurden jedoch die Juden durch die christliche Zuwanderung in den Hintergrund gedrängt und immer mehr zu Fremdlingen im eigenen Land.

Wie reagierten die Juden auf diesen Wandel? Vor allem ist ein Wiederaufleben der messianischen Erwartung festzustellen. Ein späterer Zusatz zur Mischna (Sota IX, 15) betrachtet die Hinwendung der Regierung zur *minut*, womit in diesem Zusammenhang das Christentum gemeint ist, als eines der Vorzeichen des Messias. Auch verbindet eine Reihe von Texten den erhofften Fall der neuen Hauptstadt Konstantinopel mit dem Kommen des messianischen Reiches (z.B. Tg PsJon zu Num 24, 19.24; MidrPs 9, 8, B. 85f). Diese messianische Hoffnung wirkte sich jedoch nicht in Taten aus. Zwar berichtet Johannes Chrysostomus (Adversus Judaeos V, 11) von einem jüdischen Aufstand unter Konstantin. Ein solcher ist aber sonst nirgends belegt. Somit ist ein Irrtum des Kirchenvaters, vielleicht eine Verwechslung mit dem späteren Aufstand unter Gallus, anzunehmen, oder nur an eine kleine, nur örtlich bedeutsame Episode zu denken.

Ebensowenig sind Juden – zumindest nicht in größerem Umfang – aufgrund der neuen Lage zum Christentum übergetreten. Eine bekannte Ausnahme ist der Comes Joseph, von dem Epiphanius von Salamis, der selbst aus

Palästina stammte, berichtet (Panarion XXX, 4ff, GCS XXV, 338–348). Dieser Joseph gehörte dem Patriarchenhaus in Tiberias an, trat heimlich zum Christentum über und wurde auf einer Reise nach Zilizien von den dortigen Juden als Christ entlarvt. Der Kaiser ernannte ihn zum Comes – ein sehr hoher Beamtentitel – und beauftragte ihn mit der Verbreitung des Christentums in Galiläa, wobei er allerdings keine Erfolge hatte.

In den Jahren 352/53 kam es dann zu einem Aufstand von Juden Palästinas gegen Gallus; dieser war von Konstantius II. (337–361) zum Caesar des Ostens ernannt worden und somit auch für Palästina zuständig. Sextus Aurelius Victor berichtet von der Niederschlagung eines Aufstandes der Juden, die einen gewissen Patricius als eine Art König eingesetzt hatten (Liber de Caesaribus XLII, 9–12). Hieronymus (Chronikon, 282. Olymp., GCS XXIV, 238) ergänzt diese Nachricht mit weiteren Details: Juden hatten in einem nächtlichen Überfall römische Soldaten getötet und deren Waffen erbeutet; doch Gallus schlug die Aufständischen unter großem Blutvergießen nieder und ließ dabei zahlreiche Ortschaften niederbrennen, darunter Diocaesarea (Sepphoris), Tiberias und Diospolis (Lod). Rabbinische Texte spielen mehrmals auf die Ereignisse unter Gallus an. So deutet PesR 8, 3 (F. 29b) Zef 1, 12 darauf: Gott sucht vier Orte – Akko, Lod, Sepphoris und Tiberias – wegen Götzendienst heim, bevor er sich daran macht, den Götzendienst in Jerusalem zu ahnden. Die hier genannten Ortsnamen stimmen – abgesehen von Akko, wo es nur eine geringe jüdische Bevölkerung gab – mit den von Hieronymus erwähnten überein.

Doch sind die verschiedenen Texte nicht deutlich genug, um daraus ein klares Bild von Ursachen und Verlauf der Revolte zu erhalten. So ist unklar, ob Patricius überhaupt ein Jude war; wenn ja, könnte seine Ausrufung zum König als Akt messianischer Erhebung verstanden werden; doch kann Patricius auch ein römischer Offizier gewesen sein, den die Truppen in Sepphoris zum neuen Herrscher ausriefen; Usurpatoren traten damals ja häufig auf: dann hätten sich vielleicht nur nachträglich Juden der Meuterei der römischen Garnison angeschlossen.

Nicht sicher sind auch die Folgen des Aufstandes: einzig in Bet Schearim haben Ausgrabungen ergeben, daß die Ortschaft mit ihrer Synagoge kurz nach 350 zerstört wurde, wahrscheinlich eben in diesem Aufstand. Für die anderen genannten Orte gibt es keinen Beweis, daß sie ernster unter dem Aufstand gelitten hätten. Ein in der Geniza von Kairo gefundenes Klagelied über die Zerstörung jüdischer Gemeinden in Palästina bezieht sich vielleicht auf die Ereignisse unter Gallus, doch ist auch eine Deutung auf das Ende der byzantinischen Herrschaft im frühen siebten Jahrhundert vorgeschlagen worden.

Insgesamt dürften die verschiedenen Hinweise der Tradition kaum genügen, um von einem Aufstand der Juden Palästinas (und nicht höchstens geringer Teile der jüdischen Bevölkerung) gegen Rom zu sprechen. Der Großteil der Juden und vor allem auch die rabbinische Führung haben sich wohl ruhig verhalten. Darauf weist unter anderem eine Angabe im palästinischen Talmud (jSchebi IV, 2, 35a), wonach die Rabbinen Jona und Jose der jüdischen Bevölkerung erlaubten, die Truppen des Ursicinus – des Kommandanten unter Gallus – auch am Sabbat mit Brot zu versorgen; denn – so begründen die Rabbinen, – die Römer hätten nicht die Absicht, die Juden zur Gesetzesübertretung zu verleiten, sondern wollten einfach etwas zu essen.

Ein anderes Ereignis verdient hier noch besondere Erwähnung, nämlich die Einführung eines festen jüdischen Kalenders unter dem Patriarchen Hillel II. im Jahr 358/9. Bisher war es das Privileg des Patriarchen mit dem Sanhedrin gewesen, den liturgischen lunisolaren Kalender von Zeit zu Zeit an den Sonnenkalender anzupassen, sodaß die vorwiegend agrarischen Feste des jüdischen Kalenders auch in die richtige Jahreszeit fielen. Die einheitliche Verkündigung der Festdaten durch den Patriarchen war für diesen ein wichtiges Mittel, auf die jüdischen Gemeinden, auch jene der Diaspora, Einfluß zu nehmen. Nun mußte der Patriarch schweren Herzens darauf verzichten. Anlaß dazu war eine innerchristliche Auseinandersetzung, der Osterfeststreit zwischen jenen Christen, die Ostern mit den Juden am 14. Nisan feiern wollten (den „Quartodecimanern"), und den anderen, nach denen Ostern jeweils am Sonntag als dem Auferstehungstag zu feiern sei. Konstantin entschied in einem Brief an die Konzilsväter von Nizäa im Jahr 325 für den Sonntagstermin. Damit sich die hartnäckigen Quartodecimaner nun nicht weiter an den jüdischen Kalender halten konnten, verhinderte die römische Regierung die Aussendung der Boten des Patriarchen, die in den jüdischen Gemeinden den Ostertermin zu verkünden hatten und so auch den Quartodecimanern als Anhaltspunkt dienen konnten.

3. Julian und der Wiederaufbau des Tempels

Die ständige Machtzunahme des Christentums im römischen Reich fand eine jähe Unterbrechung, als im Jahr 361 Julian – in der christlichen Tradition als der „Abtrünnige" geschmäht – Kaiser wurde. Bald nach seinem Regierungsantritt erließ der aszetische Anhänger der antiken heidnischen Religion ein Toleranzedikt, das völlige Religionsfreiheit mit Bevorzugung der griechischen Kulte brachte, das Christentum jedoch insofern schwächte, als Julian den Streit der verschiedenen Gruppen innerhalb des Christentums förderte und so auf eine innere Zerfleischung der Kirche hoffte.

In seiner Schrift „Gegen die Galiläer" anerkennt Julian den Gott des Alten Testaments als den höchsten kosmischen Gott. Er ist für ihn der jüdische Volksgott: doch müßten die Juden auch die Götter der anderen Völker verehren. Den Gedanken vom auserwählten Volk lehnt Julian vor allem im Hinblick auf die geringen Leistungen des Judentums und seine unglückliche

Geschichte ab. Doch preist er die Treue der Juden zu ihrem Gott und lobt vor allem auch ihren Tempelkult. Hier findet er Parallelen zur hellenischen Religion: „Tempel, heilige Stätten, Opferaltäre, Reinigungen, Regeln, in denen wir uns überhaupt nicht oder nur wenig unterscheiden." Julian bekennt sich ausdrücklich zum Gott Abrahams, Isaaks und Jakobs, während er mit den Christen nichts zu tun haben will.

Eine logische Folgerung aus dieser Einschätzung der jüdischen Religion war Julians Auffassung, die Juden müßten Gelegenheit erhalten, ihren Opfergottesdienst von neuem aufzunehmen. So beschloß er, den Juden den Wiederaufbau des Tempels in Jerusalem zu gestatten. Die näheren Einzelheiten dieser Episode in der jüdischen Geschichte sind nur noch mit Schwierigkeiten zu rekonstruieren. Das Unternehmen scheiterte gleich zu Beginn, und so wurde es in jüdischen Quellen nicht erwähnt; Christen verwendeten es nur zu antijüdischer Propaganda, und das Archiv Julians selbst ist nicht überliefert, da dieser mit seinem frühen Tod im Perserreich im Jahr 363 und der folgenden christlichen Restauration einer allgemeinen *damnatio memoriae* verfiel. Somit gibt es keinen klaren zusammenhängenden Bericht über die Ereignisse – die christlichen Erzählungen sind ja wegen ihrer stark polemischen Tendenz nur mit größter Vorsicht zu verwerten.

Soweit noch feststellbar, sind die Ereignisse etwa so abgelaufen: Als Julian im Jahr 362 nach Antiochien kam, war der Wiederaufbau des Tempels von Jerusalem für ihn offenbar schon fest beschlossen; doch wollte er mit Rücksicht auf die Öffentlichkeit von den Juden darum erst gebeten werden. So empfing er in Antiochien eine jüdische Delegation. Vor versammeltem Hofstaat fragte er sie, warum sie keine Opfer darbrächten, und erhielt als Antwort, dies sei den Juden nur im Tempel zu Jerusalem erlaubt. So gab dann Julian die Erlaubnis, diesen Tempel wieder aufzubauen.

Der jüdische Patriarch war bei dieser Audienz offenbar nicht anwesend. Er dürfte auch über ein solches, von heidnischer Seite gestartetes Unterfangen nicht sehr erfreut gewesen sein, auch wenn er sich offiziell nicht dagegen stellen konnte. Das Gelingen dieses Vorhabens hätte die Wiedereinsetzung der priesterlichen Führung des Judentums und damit die Entmachtung des Patriarchen und der Rabbinen bedeutet. Vielleicht hat Julian den Patriarchen brieflich von seinem Vorhaben informiert und ihn um seine Mitwirkung gebeten; doch läßt sich dies nicht mit Sicherheit feststellen.

Ein hoher kaiserlicher Beamter, Alypius, wurde als Bauleiter eingesetzt. Im Mai 363 begann man, den Tempelplatz für die Bauarbeiten vorzubereiten. Doch gleich zu Beginn unterbrach ein Erdbeben die Arbeit; in einem durch das Erdbeben verursachten Brand auf dem Tempelgelände kamen mehrere Arbeiter ums Leben. Dieser unglückliche Beginn war ein willkommener Anlaß, die Arbeiten vorläufig einzustellen; man sandte einen Bericht an Julian nach Persien, doch dürfte ihn dieser Brief nicht mehr erreicht haben. Nach Julians Tod kehrten die alten Verhältnisse wieder und so blieb, was den Lauf der jüdischen Geschichte noch einmal hätte ändern können, eine ziemlich unbeachtete Episode.

4. Die Judengesetzgebung der christlichen Kaiser

Seit Konstantin sich dem Christentum zuwandte, machte sich auch in der Gesetzgebung des Reiches bald christlicher Einfluß geltend: dies wirkte sich natürlich auf die Rechtsverhältnisse der Juden aus. Diese neue Judengesetzgebung wurde nicht systematisch erarbeitet, sondern war eher eine Sammlung von Rechtsentscheidungen in konkreten Fällen und noch stark von der früheren römischen Rechtstradition geprägt. Erst der Codex Theodosianus aus dem Jahr 438 und der Codex Justinianus vom Jahr 529, später durch die Novellen ergänzt, fassen die ganze Materie systematisch zusammen. Eine zusätzliche Quelle der Rechtsgeschichte sind die Constitutiones Sirmondianae, eine zwischen 425 und 438 in Gallien oder Nordafrika redigierte Sammlung von sechzehn Kirchengesetzen.

Eine Reihe dieser neuen Judengesetze betrafen die Teilnahme der Juden an den Kurien, d.h. den Stadträten, wie auch ihre Verwendung im öffentlichen Dienst. Wie schon erwähnt, waren seit der Constitutio Antoniniana Caracallas von 212 auch die Juden römische Staatsbürger und somit auch zur Mitwirkung in den Stadträten verpflichtet. Immer wieder bemühten sie sich um Befreiung von dieser kostspieligen Ehrenpflicht. Ein Gesetz Konstantins aus dem Jahr 330 stellte die jüdischen Religionsdiener gleich den heidnischen und den christlichen Priestern von den *munera* in den Stadträten frei. Davon betroffen waren das Patriarchenhaus, die Mitglieder des Sanhedrin, Synagogenvorsteher und andere. Ab 383 galt diese Befreiung jener Juden, die hauptamtlich ihrer Religion dienten, nur noch, wenn sie Ersatzleute stellten. 397 wurde die Freistellung nochmals bestätigt, 398 hingegen im Westreich wegen der besonderen Umstände für die Angehörigen aller Religionen aufgehoben. 527 kam dann ein Gesetz Justinians, das *M. Avi-Yonah* als völligen Ausschluß der Juden aus den Kurien interpretiert; der Grund dafür war nach ihm, daß die Kurien inzwischen nicht mehr für die Steuern verantwortlich waren und daher auch die Mitgliedschaft in ihnen nur noch Ehre und nicht mehr Belastung war. Doch ist diese Auslegung des Gesetzes anfechtbar und weder der Ausschluß der Juden aus den Kurien noch die angebliche Entlastung der Kurien von der Steuerverantwortung klar zu beweisen.

Immerhin setzte schon bedeutend früher eine Reihe von Gesetzen ein, die die Juden aus den öffentlichen Ämtern ausschlossen. Schon 404 wurden Juden und Samaritaner aus dem kaiserlichen Dienst ausgeschlossen, 418 dann allgemein aus den staatlichen Ämtern. 527 erneuerte Justinian dieses Gesetz, das übrigens auch die christlichen Häretiker betraf: Staatsdienst und Militär waren ihnen untersagt, ebenso auch der Unterricht an den hohen Schulen.

Lediglich völlig untergeordnete Funktionen durften sie im öffentlichen Dienst weiterhin ausüben. Diese Gesetze betrafen wohl nicht allzuviele Juden, weder in Palästina noch in der Diaspora, und kamen irgendwie sogar der steigenden Tendenz der Juden entgegen, sich vom öffentlichen Leben abzusondern. Hinter diesen Gesetzen stand die Auffassung, ein Ungläubiger dürfe nicht über Christen herrschen und Macht ausüben.

Im Kapitel über die Institution des Patriarchats wird noch ausführlicher davon die Rede sein, daß die kaiserliche Gesetzgebung auf der anderen Seite die jüdische Selbstverwaltung stärkte, solange sie im Interesse des Staates war; sobald jedoch der Staat diese jüdischen Selbstverwaltungsorgane nicht mehr zu brauchen glaubte, schaffte er sie kurzweg ab.

Mindestens ebenso wichtig wie die freie Selbstverwaltung war den Juden das Recht, für ihren Glauben werben und Mission treiben zu dürfen. Hierhin hatte es schon seit frühesten Zeiten Einschränkungen gegeben. Rom hatte sich schon immer gegen das Vordringen orientalischer Kulte zumindest in der Aristokratie gewehrt. Die Vertreibung der Juden aus Rom unter Claudius wie auch die „Judenverfolgung" unter Domitian – beides übrigens sehr beschränkte Aktionen – waren wohl in einer zu aggressiven Missionstätigkeit der Juden begründet. Die Beschneidung von Nichtjuden war gesetzlich mit der Strafe für Kastration bedroht. Dieses von Antoninus Pius (138–161) erneuerte Gesetz galt auch in christlicher Zeit weiter.

Schon 329 erließ Konstantin ein Gesetz gegen den Übertritt zum Judentum und nahm zugleich Juden, die zum Christentum übertraten, unter seinen Schutz. Als man später erkannte, daß so mancher Jude aus rein materiellen Interessen oder nur, um der Strafverfolgung zu entgehen, zum Christentum übertrat, wurden die römischen Behörden in der Begünstigung dieser Konvertiten etwas vorsichtiger. 416 wurde solchen Konvertiten sogar unter bestimmten Umständen gestattet, wieder zum Judentum zurückzukehren, 426 allerdings auch festgestellt, daß Juden ihre Kinder, die zum Christentum übertreten, deshalb nicht enterben dürfen; sogar dann, wenn sie von einem Gericht wegen schwerer Verbrechen gegen die Eltern verurteilt worden waren, hatten sie noch immer ein Viertel des Pflichterbes zu erhalten.

Ein besonderes Problem waren die Mischehen. 339 wurde der Übertritt von Frauen zum Judentum – bisher vom Beschneidungsverbot nicht erfaßt – und die Mischehe einer christlichen Frau mit einem Juden verboten. Ein wesentlicher Anlaß für dieses Gesetz war der Konkurrenzkampf zwischen den kaiserlichen „Frauenhäusern", d.h. staatlichen Textilmanufakturen, und jüdischen Textilfabrikanten.

335 oder 336 verbot Konstantin den Juden, christliche Sklaven zu beschneiden, 337 überhaupt solche Sklaven zu besitzen. Wenn ein Sklave eines Juden trotzdem beschnitten wurde, erhielt er die Freiheit. Ebenso erlangte er nach einer Novelle Justinians von 533 die Freiheit, wenn er zum Christentum übertrat. Aus der Notwendigkeit heraus, in der damaligen Wirtschaftsord-

nung in gewissen Industriezweigen Sklaven einzusetzen, um konkurrenzfähig zu sein, übertraten Juden immer wieder diese Gesetze; aber auch das Beharren auf Missionsfreiheit für die eigene Religion ließ eine jüdische Anerkennung dieser Gesetze nicht zu. Deshalb mußten sie auch immer wieder von neuem erlassen werden, was allein schon ihre Unwirksamkeit bezeugt.

Als das Christentum unter Theodosius 380 Staatsreligion wurde, verschärfte sich der Kampf gegen das Judentum noch mehr. Immer häufiger zerstörten Christen, oft angeführt von Mönchen, Synagogen oder wandelten sie auch in christliche Kirchen um. Der erste bekannte Fall ist die Zerstörung der Synagoge von Kallinikon am Eufrat (388), worüber Theodosius eine schwere Auseinandersetzung mit Bischof Ambrosius von Mailand hatte, der das Einschreiten des Kaisers gegen die für diese Tat Verantwortlichen nicht begreifen wollte. Im Jahre 393 erließ Theodosius ein Gesetz zum Schutz der Synagogen. Wie unwirksam dieses war, ist schon daraus zu ersehen, daß entsprechende Gesetze sehr häufig erlassen werden mußten. Theodosius begründete sein Gesetz damit, daß „es hinreichend feststeht, daß die jüdische Religion durch keinerlei Gesetz verboten ist", ein Grundsatz, den Justinian ebenso wie die Schutzbestimmungen für die Synagogen in seinen Codex nicht übernommen hat.

In einem gegen den Patriarchen Gamaliel 415 gerichteten Gesetz wurde der Neubau von Synagogen verboten und sogar verlangt, Synagogen in einsamen Gegenden niederzureißen, wenn dies ohne Volksaufruhr geschehen könne. Nach einer Welle von Synagogenzerstörungen durch die Mönche des Barsauma in Palästina kam es 423 zu mehreren Gesetzen, die die Synagogen schützten und auch Ersatz vorsahen, wenn eine Synagoge in eine Kirche umgewandelt worden war und deshalb nicht mehr zurückgegeben werden durfte. Doch Neubauten und auch Vergrößerungen bestehender Synagogen blieben weiterhin verboten, wie auch Justinian noch 545 wiederholt. Der archäologische Befund beweist allerdings, daß man sich um dieses Verbot in Palästina nicht viel gekümmert hat.

Hier ist auch die Novelle 146 Justinians vom Jahr 553 zu erwähnen, auch wenn sie primär die jüdischen Gemeinden der griechischsprechenden Diaspora betraf. Dieses Gesetz betont nicht nur die Notwendigkeit, die Schriftlesung in der Synagoge auch in griechischer Sprache zu halten, wenn dies vom Volk gewünscht werde, sondern erstellt auch unter Strafandrohung Normen für die jüdische Rechtsgläubigkeit – Glaube an Engel und Auferstehung – und verbietet die *deuterōsis* in den Synagogen, womit wohl nicht nur der Unterricht in der Mischna gemeint ist, sondern der Vortrag aller über die Bibel hinausgehenden rabbinischen Traditionen. So mischt sich also der Staat in die innersten religiösen Angelegenheiten des Judentums; allerdings darf man nicht übersehen, daß dies auf Intervention einer jüdischen Gruppe geschehen ist.

Wie reagierte das palästinische Judentum auf diese gesetzgeberischen Maßnahmen? Dies können wir nur noch zum Teil feststellen. Abgesehen von den Ereignissen von 352/53 wagten die Juden jedenfalls nicht mehr den Aufstand. Doch leisteten sie passiven Widerstand. Sicher haben so manche Juden auch aus Resignation ihrem Glauben den Rücken gekehrt. Zahlreicher dürften jene gewesen sein, die in das persische Gebiet auswanderten. Die in Palästina verbleibenden Juden neigten immer mehr dazu, sich von der nichtjüdischen Umwelt abzukapseln und sich immer stärker auf die eigenen Traditionen zu konzentrieren. Besonders das Ende des Patriarchats um 425 ließ das Ende einer Epoche ahnen. Man machte sich daran, das geistige Erbe der vergangenen Jahrhunderte zu sammeln und für die Zukunft zu sichern. So kam es im fünften Jahrhundert zur Redaktion des palästinischen Talmud, der allerdings in so mancher Beziehung unvollendet blieb. Zwar blieb Tiberias auch nach dem Aufhören des Patriarchats ein bedeutendes geistiges Zentrum des Judentums; hier kam es auch zur ersten Blüte der liturgischen Dichtung, des Pijjut, sowie zu wichtigen Arbeiten für die Überlieferung des Bibeltextes durch die Masoreten; die Glanzzeit der rabbinischen Gelehrten war jedoch unwiederbringlich vorbei.

5. Die persische Invasion und die arabische Eroberung

Die zweimalige Einnahme Roms durch die Barbaren im fünften Jahrhundert hatte Signalwirkung: das Ende einer Epoche war gekommen. Auf christlicher Seite rechneten viele mit der baldigen Wiederkunft Christi zum Ende der Zeiten, und auch auf jüdischer Seite lebten die Messiashoffnungen wieder auf. Zahlreiche selbsternannte Messiasse traten auf und fanden Anhänger; auch die lange Zeit vorsichtig vermiedene literarische Gattung der Apokalyptik erlebte eine neue Blüte.

Die jüdische Hoffnung auf den baldigen Untergang des byzantinischen Reiches wurde durch die verschärften Spannungen und neuerlichen Feldzüge zwischen dem römischen und dem persischen Reich seit 565 verstärkt. Als 602 Kaiser Mauritius ermordet wurde, sah der Perserkönig Chosroes II. darin den Anlaß für einen neuen Angriff gegen das römische Reich; und als er keinen ernstzunehmenden Widerstand fand, eroberte er Ägypten und Kleinasien und gefährdete sogar Konstantinopel.

Die durch die römische Gesetzgebung erbitterten Juden, unter Mauritius und dann unter Phokas (602–610) sogar von Zwangstaufen bedroht, standen mit ihren Herzen auf der Seite der Perser, in deren Reihen wohl auch so mancher babylonischer Jude diente. In mehreren Städten im Frontgebiet empörten sich die Juden gegen die römische Herrschaft. Bald brach auch in Palästina der jüdische Aufstand aus, diesmal sogar von den Führern der Schule in Tiberias unterstützt. Endlich konnte man wieder hoffen, in Palästina einen jüdischen Staat gründen zu können.

Mit Unterstützung der Juden, die damals in Palästina nur noch eine kleine Minderheit waren – *M. Avi-Yonah* schätzt sie auf etwa 10–15% der Bevölkerung –, drangen die Perser 614 von Damaskus über Tiberias nach Sepphoris und Caesarea und von dort weiter nach Jerusalem vor. Zuerst ergab sich Jerusalem. Doch wenig später erhob sich ein Teil der christlichen Bevölkerung, worauf die Perser hart durchgriffen, zuerst die Kirchen in der Umgebung Jerusalems zerstörten und dann die Stadt stürmten, plünderten und ein großes Blutbad anrichteten.

Nun betrauten die Perser die Juden mit der Herrschaft über Jerusalem. Diese glaubten, nun gebe es eine jüdische Restauration wie nach dem Edikt des Cyrus, der 538 v. Chr. den Juden die Heimkehr aus der babylonischen Gefangenschaft und die Wiedererrichtung des Tempels gestattet hatte. Wie aus dem *Sefer Serubbabel,* einer bald nach diesen Ereignissen entstandenen apokalyptischen Schrift, hervorgeht, nahm der jüdische Führer denn auch den symbolträchtigen Namen Nehemia an und ließ in der Stadt Opfer darbringen. Und ähnlich den Bemühungen um einen rein jüdischen Staat zu Zeiten des biblischen Nehemia, zugleich jedoch in Umkehrung der Politik der byzantinischen Kaiser, stellten die jüdischen Herrscher Jerusalems die dort verbliebenen Christen vor die Wahl, zum Judentum überzutreten oder hingerichtet zu werden.

Doch dann kam ein plötzlicher Umschwung. Die Juden waren nicht imstande, den Persern jene militärische Unterstützung zu gewähren, die diese erwartet hatten. Auch dürfte den Persern das jüdische Regime in Jerusalem zu radikal gewesen sein. So entzogen sie 617 den Juden die Macht über Jerusalem und erneuerten sogar das römische Verbot für Juden, in der Stadt zu wohnen. Der von vielen für den Messias gehaltene Nehemia wehrte sich dagegen mit seinen Anhängern und wurde von den Persern besiegt und bei Emmaus hingerichtet; andere jüdische Führer wurden deportiert. Die Hoffnung auf ein eigenes jüdisches Staatswesen war wieder einmal fehlgeschlagen. Tiefe Resignation folgte; und auch die Wiedereroberung Palästinas durch Heraklius im Jahre 628 wurde daher nicht mehr als die große Tragödie betrachtet.

Heraklius hatte den Ernst der politischen Lage erkannt. Er dachte nicht daran, an den aufständischen Juden Rache zu nehmen und sich damit ihren noch größeren Haß zuzuziehen. Schon in Edessa begnadigte er die Juden, die dort auch nach dem Abzug der Perser noch immer gegen seine Truppen Widerstand geleistet hatten. In Tiberias empfing er eine jüdische Abordnung, der er schriftlich und unter Eid seine Amnestie zusagte. Doch in Jerusalem überredeten dann die christlichen Führer den Kaiser, trotzdem gegen die Juden vorzugehen. Ein jährliches öffentliches Fasten wurde Heraklius als angemessene Sühne für seinen Eidbruch zugesagt. Daraufhin wurden zahlreiche Juden wegen ihres Verhaltens während der kurzen Perserherrschaft über Palästina hingerichtet; andere mußten aus dem Land fliehen.

Ab 632 zeichnete sich dann schon das endgültige Ende der byzantinischen Herrschaft über Palästina ab. Nun bedrohten die Araber das Reich. In einem letzten Versuch wollte Heraklius seine Untertanen einen und befahl deshalb im Jahr 632 die Zwangstaufe aller Juden, was jedoch keine größeren Auswirkungen mehr haben konnte. Übrigens waren sich ja auch die Christen nicht einig, und die Monophysiten drängten weg vom byzantinischen Reich. Schon 634 standen die Araber vor Gaza; andere arabische Heere zogen gegen Damaskus. 636 fiel Tiberias und im August desselben Jahres gab Heraklius Syrien und Palästina völlig auf. 637 begann die arabische Belagerung Jerusalems, das sich 638 ergab; 640 fiel auch Caesarea. Die Juden verhielten sich beim arabischen Vormarsch abwartend. Zwar hatten sie von einer arabischen Herrschaft keine Verschlechterung ihrer Lage zu erwarten; doch durften sie auch nicht auf einen eigenen jüdischen Staat in Palästina hoffen. Somit bestand kein Grund zu Begeisterung.

C. Babylonien bis zur arabischen Eroberung

1. Die Anfänge der babylonischen Diaspora

Ägypten und Babylonien waren die ersten Länder der „Zerstreuung" (Diaspora) des Judentums. Die ersten Ansiedlungen von Israeliten im Zweistromland gehen auf das achte Jahrhundert v. Chr. zurück, als Salmanassar V. 722 Samaria eroberte und die Oberschicht der Bevölkerung des Nordreiches in den Norden Assyriens deportieren ließ. Diese ersten Zwangsansiedler gingen so spurlos in ihrer assyrischen Umgebung auf, daß man später eine Erklärung für ihren Verbleib suchen mußte: so entstand der Mythos von den zehn verlorenen Stämmen Israels (schon in 4 Esr 13; Sanh X, 3).

Im Gegensatz zu diesen ersten Gruppen von Israeliten in Assyrien erlangten jene der „babylonischen Gefangenschaft", die Nebukadnezzar nach der Eroberung Jerusalems in den Jahren 598, 587 und 582 nach Babylonien verschleppen ließ, in der Geschichte des Judentums bleibende Bedeutung (2 Kön 24f; Jer 52, 28–30). Ihnen ist es gelungen, die Voraussetzungen zu schaffen, um als eigene Volksgruppe und Religion auch ohne eigenen Staat überleben zu können. Mit ihnen beginnt die eigentliche „jüdische" Geschichte im Unterschied zur Geschichte Israels als Staatswesen. Die großen Führer der Exilszeit, zu denen vor allem Ezechiel zählt, betonen die Bedeutung von Beschneidung, Sabbat und Speisegesetzen als Mittel, wodurch sich der Jude von seiner andersgläubigen Umwelt unterscheidet und so seine religiöse Identität in einer Zeit ohne eigenen Staat und ohne Tempel erhalten kann. An die Stelle kollektiver Verantwortlichkeit tritt die Betonung einer individuellen Moral und Vergeltung; den Kult ersetzt das Studium der heiligen Schriften, das

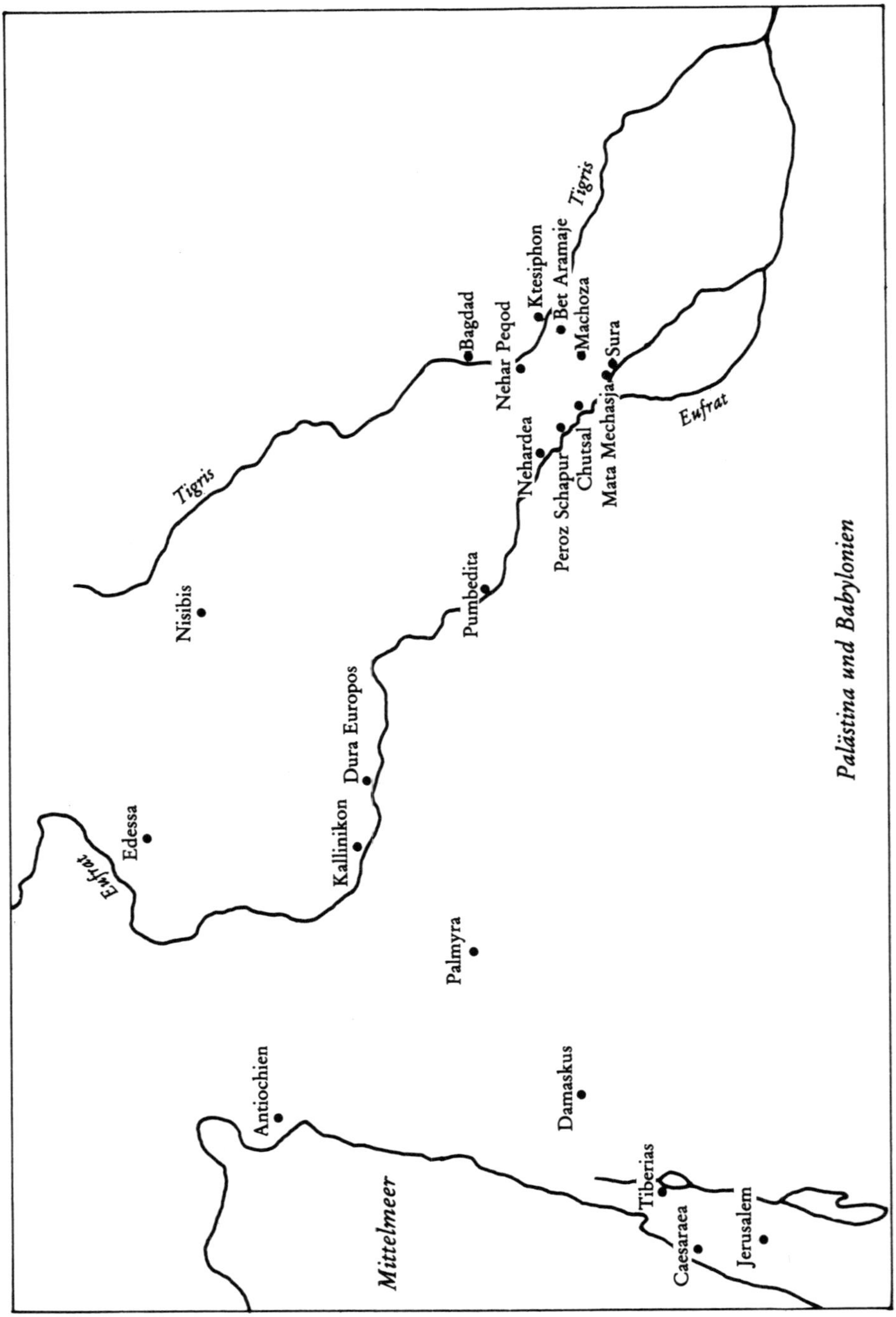

Palästina und Babylonien

Sammeln der heiligen Traditionen: der „Schriftgelehrte" nimmt den Platz des Priesters ein, die Synagoge als Ort des Gebets und der Besinnung auf die religiösen Überlieferungen des Volkes tritt an die Stelle des Tempels. Mit Esra als dem großen Reformer des Judentums nach dem Exil erlangen diese Errungenschaften der nach Babylonien Verschleppten dann auch im neuen Tempelstaat um Jerusalem ihre Bedeutung.

Als Cyrus 538 den verbannten Juden die Heimkehr gestattete, hatten sich viele schon so an das Leben in ihrer neuen Heimat gewöhnt, daß sie freiwillig dort blieben. Allerdings sind fast keine Nachrichten über die Juden Babyloniens in den folgenden Jahrhunderten erhalten. Sie scheinen unter den Achämeniden und Seleukiden keine Rolle gespielt zu haben. Erstaunlicherweise haben sie sich auch am Makkabäeraufstand nicht beteiligt: offenbar hatten sie gegen die seleukidischen Herrscher keine Beschwerden.

Ab Mitte des 2. Jahrhunderts v. Chr. nahmen dann die parthischen Arsakiden den Seleukiden immer mehr Gebiete von deren Reich ab. Erst spät scheinen die Juden die Seite gewechselt zu haben und zu den Parthern übergegangen zu sein. Einzelne Juden haben es wohl im parthischen Feudalsystem weit gebracht, wie unter anderem die Geschichte eines gewissen Zamaris zeigt, der mit fünfhundert berittenen Bogenschützen über den Eufrat kam und in den Dienst des Herodes trat (Josephus, Ant. XVII, 23 ff). Herodes ließ übrigens die Behauptung verbreiten, er stamme von einer babylonisch-jüdischen Familie ab (Ant. XIV, 9); auch ernannte er einen babylonischen Juden zum Hohenpriester in Jerusalem (Ant. XV, 22).

Unter Herodes kam der berühmte Hillel aus Babylonien, von dem sich die Dynastie der Patriarchen ableitete. In Palästina wurde er einer der berühmtesten Gelehrten der Pharisäer. Ob er seine Ausbildung in Babylonien erfahren oder erst in Palästina erlangt hat, läßt sich jedoch nicht beweisen; somit kann man auch nicht von Hillel auf den Stand der jüdischen Gelehrsamkeit in Babylonien schließen.

Nach dem Bericht des Josephus waren die Städte Nehardea und Nisibis am Eufrat damals bedeutende jüdische Zentren. Die babylonischen Juden sammelten dort die Gelder ihrer Tempelsteuer und sonstige Gelder für Opfer im Tempel; in regelmäßigen Abständen brachte man von dort diese Gelder unter starkem Geleitschutz nach Jerusalem.

Nehardea war auch der Ausgangspunkt der Brüder Anilai und Asinai, denen es in der ersten Hälfte des ersten Jahrhunderts n. Chr. gelang, sich für einige Jahre eine Art Kleinstaat innerhalb des parthischen Reiches zu errichten (Ant. XVIII, 310ff). Am ehesten paßt diese Episode, die für die Juden der Gegend schlecht enden sollte, in die Regierungszeit Artapans III. (16–44), der ein recht schwacher Herrscher war und unter dem wohl so manche Feudalherren sich möglichst selbständig zu machen versuchten. Auf Dauer gesehen hatte diese Episode jedoch keine bösen Folgen für die Juden des Partherreiches, die offenbar in viel größerer Freiheit und Unabhängigkeit als ihre Brüder unter römischer Herrschaft leben konnten. Ob sie allerdings auch in der Lage waren, sich eine Form von Selbstverwaltung aufzubauen, läßt sich nicht feststellen. Es ist auch fraglich, wieweit sie das überhaupt für nötig hielten, wenn man einmal von den sicher vorhandenen Synagogengemeinschaften absieht.

Im ersten Jahrhundert n.Chr. konnte das babylonische Judentum einen großen politischen Erfolg verzeichnen, als Izates II. von Adiabene, einem halb selbständigen Pufferstaat zwischen dem Partherreich und Armenien, ebenso wie seine Mutter Helena zum Judentum übertrat. In den rabbinischen Quellen hat die Bekehrung des Königshauses von Adiabene gewaltigen Eindruck gemacht (Joma III, 10; Joma 37a–b; BB 11a u.ö.). Sicher war sie politisch mitbegründet – als Akt der religiösen Unabhängigkeit und zur Gewinnung der in dieser Gegend zahlreichen Juden –, zugleich war sie jedoch ein aufrichtiger religiöser Akt. Izates und sein Nachfolger Monobazes pflegten ebenso wie die Königinmutter Helena rege Kontakte mit Jerusalem; während der unter Claudius ausgebrochenen Hungersnot sandten sie auch ihre Unterstützung dorthin. Ebenso spendete das Königshaus für den Jerusalemer Tempel und errichtete in Jerusalem auch einen Palast und ein prunkvolles Grabdenkmal (Josephus BJ V, 147; VI, 355). Im Jahr 66 unterstützte es den jüdischen Aufstand gegen Rom (BJ II, 520) – vielleicht in der Hoffnung, im Falle eines jüdischen Erfolgs als Königshaus über Israel anerkannt zu werden? –, während die babylonischen Juden im allgemeinen ihren aufständischen Brüdern trotz deren Bitten (BJ VI, 343) nicht zu Hilfe kamen.

Der große Diasporaaufstand, der während Trajans Feldzug gegen die Parther im Jahr 115 ausbrach, scheint in Babylonien im Gegensatz zu Ägypten, der Zyrenaika und Zypern keine primär jüdische Angelegenheit gewesen zu sein. Zwar erwähnen Eusebius in seiner Kirchengeschichte und auch Orosius entsprechend ihrer Perspektive eine ausschließlich jüdische Beteiligung; der heidnische Geschichtsschreiber Dio Cassius hingegen spricht von einem allgemeinen Aufstand der von Trajan eroberten parthischen Gebiete, ohne die Juden direkt zu nennen. Es liegt natürlich nahe, daß sich die Juden am allgemeinen Aufstand beteiligt haben: sie zogen jedenfalls die parthische Herrschaft jener des verhaßten Rom vor, das man für den Verlust des nationalen Heiligtums in Jerusalem verantwortlich machte. Auch Handelsinteressen mögen eine Rolle gespielt haben. Anders als in den übrigen aufständischen Gebieten der Diaspora hat die jüdische Gemeinschaft durch die Niederschlagung des Aufstands in Babylonien durch den römischen General Lusius Quietus nicht übermäßig gelitten: die Ereignisse haben in der Tradition des babylonischen Judentums keine Spuren hinterlassen.

Wichtiger für die Geschichte des babylonischen Judentums war ein Geschehen, das es nur am Rande betraf, nämlich der Bar-Kokhba-Aufstand. Im Zusammenhang mit dem Aufstand und den römischen Maßnahmen gegen das rabbinische Judentum in den darauf folgenden Jahren flohen zahlreiche

Rabbinen nach Babylonien und legten dort den Grund für ein rabbinisches Zentrum, das bald jenes von Palästina an Bedeutung übertreffen sollte.

Vor dem Bar-Kokhba-Aufstand war nämlich die pharisäische Ausprägung der jüdischen Religion und ihre Fortsetzung in der rabbinischen Geistigkeit, wie sie vor allem in Jabne sich ausprägte, in Babylonien kaum vertreten. Die babylonische Herkunft Hillels kann, wie schon betont wurde, nicht als Gegenargument dienen. Aus dem ersten Jahrhundert sind uns lediglich Jehuda ben Batyra in Nisibis, der vor 70 mit den Tempelbehörden in Jerusalem Kontakt pflegte, und Nehemia von Bet Dali in Nehardea als Vertreter der pharisäischen Richtung bekannt. Ein anderer Jehuda ben Batyra dürfte in Sanh 32b gemeint sein: dort wird sein Lehrhaus in Nisibis neben jenen des R. Elieser in Lod und des Jochanan ben Zakkai in Beror Chajil usw. empfohlen. Dieser Jehuda ben Batyra kam auch mit dem Neffen des R. Jehoschua, R. Chanania in Kontakt, der in der ersten Hälfte des zweiten Jahrhunderts von Palästina nach Babylonien auswanderte und dort unterrichtete. Diese wenigen Namen, die die rabbinische Tradition des babylonischen Judentums der Überlieferung für wert befunden hat, zeigen allein schon, wie unbedeutend die pharisäisch-rabbinische Richtung dort in der Frühzeit gewesen sein muß.

Nun aber kamen die von Jehuda ben Baba illegal ordinierten Schüler Aqibas nach Nisibis, ebenso mehrere Schüler des R. Jischmael nach Chutsal. Sie brachten die rabbinische Lehre und Geistigkeit nach Babylonien. Als die Schüler Aqibas nach der Verfolgungszeit wieder nach Palästina zurückkehrten, während Schüler Jischmaels auch später die Tradition in Babylonien aufrecht erhielten, kam mit ihnen auch schon ein Babylonier, nämlich R. Natan: dieser erlangte am Patriarchenhof in Uscha bald eine bedeutende Stellung; unter Simeon ben Gamaliel wurde er *Ab Bet Din*, d.h. wohl Leiter des rabbinischen Gerichts. Sicher hat er davor seine Ausbildung in Palästina vertiefen müssen. Doch großen Einfluß auf seine Ernennung hatte offenbar auch sein im Partherreich hochgestellter Vater, wie dies Hor 13b ausdrücklich sagt. Auch R. Chijja, ein Zeitgenosse Rabbis und an dessen Hof sehr einflußreich, war ein Babylonier. So hat offenbar eine wohl kleine Schicht des babylonischen Judentums sehr schnell den Anschluß an die Gelehrsamkeit der palästinischen Rabbinen gefunden und den Einfluß ihrer eigenen Traditionen und besonderen Kenntnisse – so etwa in Astronomie und Medizin – auch in Palästina geltend gemacht.

Das gewöhnliche jüdische Volk im Partherreich dürfte von diesen Entwicklungen kaum etwas gemerkt haben. Vielmehr scheint die Bewegung anfangs nur die Kreise um den Exilarchen erfaßt zu haben, zu dessen Familie wohl Natan ebenso wie Chijja gehörte. Der Exilarch, Oberhaupt der Juden im babylonischen Gebiet, scheint seit der Mitte des ersten Jahrhunderts n.Chr. der offizielle Vertreter des Judentums gegenüber dem parthischen König geworden zu sein. Wahrscheinlich geschah dies im Rahmen der allgemeinen Verwaltungsreform unter Vologases (51–79). In der Beamtenschaft des Exilarchen sollte auch in Zukunft der Haupteinflußbereich der Rabbinen liegen.

2. Babylonien zur Zeit der Amoräer

Die rabbinischen Traditionen berichten äußerst wenig über die Geschichte des babylonischen Judentums vor dem Erstarken der rabbinischen Strömung ab dem dritten Jahrhundert; so ist es schwer, den Ausgangspunkt dieser Entwicklung entsprechend zu skizzieren. Sozial scheint sich das babylonische Judentum gut in seine Umwelt integriert zu haben. Haupttätigkeiten, doch nicht ausschließliche Bereiche der Juden waren die Landwirtschaft und der Handel, aber auch gewisse handwerkliche Berufe wie etwa die Weberei. Ganze Gebiete waren fast geschlossen jüdisch besiedelt und zwar vor allem das Land zwischen Tigris und Eufrat etwa von der Höhe des heutigen Bagdad bis zum Zusammenfluß der beiden Ströme. Die wichtigsten Zentren waren Sura, Pumbedita, Nehardea, Machoza und Nehar Peqod. In diesem Gebiet hatten die Juden selbstverständlich eine völlig normale Berufsstruktur mit allen für das Gemeinwesen notwendigen Berufen.

Wo die große Mehrheit der Bevölkerung jüdisch war, waren die Juden sicher auch für die Ortsverwaltung verantwortlich und waren auch in der Gerichtsbarkeit entsprechend vertreten. Allerdings ist uns über die Formen der jüdischen Selbstverwaltung in Babylonien abgesehen vom Exilarchat aus tannaitischer Zeit nichts bekannt. Die Juden haben sich wohl in der Verwaltungshierarchie der Parther selbst emporgearbeitet. So heißt es, daß Natans Vater die *kamara* innehatte, den Gürtel der hohen parthischen Würdenträger (Hor 13b); Git 14a–b spricht von Juden in Babylonien, deren „Hüte so lang sind wie sie selbst ... wenn sie befehlen, dich zu verhaften, wirst du verhaftet, dich zu töten, wirst du getötet"; damit meint der Text wohl hohe jüdische Beamte.

Der erfolgreiche Aufstand des persischen Satrapen Ardaschir gegen seinen König Artapan V. brachte dann eine radikale Änderung. 226 wurde Ardaschir zum König gekrönt, im Jahr darauf fiel Artapan in der Schlacht gegen die Perser. Die Juden wußten, daß damit das Ende einer Epoche gekommen war: „das Band ist zerbrochen", soll Rab bei der Nachricht vom Tode Artapans gesagt haben (AZ 10b–11a). Die neue Dynastie der Sassaniden setzte an die Stelle des parthischen Feudalsystems eine straffe Zentralverwaltung mit Ktesiphon als Hauptstadt. Der Einfluß der Juden in der Verwaltung und Gerichtsbarkeit ging verloren.

Noch viel wichtiger war der religiöse Umschwung. Die Sassaniden stammten aus einer Familie zoroastrischer Priester, die nun ihre mazdäische Religion zur Staatsreligion erhoben. Zwar gab es keine direkte Verfolgung der jüdischen Religion, doch zerstörten immerhin die persischen Truppen bei ihrem Vordringen einige Synagogen (Joma 10a). Auch wurden, was noch schwerer wog, verschiedene religiöse Bräuche der Juden verboten, die mit mazdäischen Auffassungen in Widerspruch standen: dies galt vor allem für das rituelle Schlachten, die rituellen Bäder und auch für die Bestattung der Toten (Jeb 63a). So sehr beklagte man die Veränderung, daß Rab auf einmal seine Hoffnungen auf die Herrschaft Roms setzte (Schab 11a).

Doch bald verbesserten sich wieder die Beziehungen zwischen den Juden und ihren neuen Herrschern. Schapur I. (241–273) erkannte, daß er die mazdäische Religion nicht gewaltsam als einigendes Band des Reiches durchsetzen konnte. So gewährte er dem Manichäismus, aber auch dem Judentum wieder größeren Freiraum. Die Rabbinen antworteten ihrerseits mit Nachgiebigkeit; Samuel wird der dann immer wieder vorgetragene Grundsatz zugeschrieben: *dina de-malkuta dina* (BB 54b) – „das Recht des Staates gilt", sofern dadurch nicht die Grundinteressen der Religion angetastet werden. Der Jude will ein loyaler Bürger seines Staates sein. Die rabbinische Tradition gibt den neuerdings guten Beziehungen der Juden zur Regierung in Erzählungen Ausdruck, die von der Freundschaft Schapurs zu Samuel wissen (z.B. Ber 56a, Suk 53a, Sanh 98a).

Unter Schapur I. erlangte auch die jüdische Selbstverwaltung unter dem Exilarchen ihren Einfluß wieder, nachdem sie sich unter das geltende persische Recht gestellt hatte, was nicht alle Juden ohne weiteres akzeptierten (vgl. BQ 58b, wo sich ein Jude darüber beschwert, daß sich der Exilarch an das persische Recht hält).

In der Zeit Schapurs kam es auch zu einer ersten großen Blüte der babylonischen Rabbinen, deren Zentren vor allem Sura und Nehardea waren. Rab, Samuel und Schila waren die herausragenden Gestalten. Sie versuchten die Lehre der Mischna, die sie aus Palästina mitgebracht hatten, auch in Babylonien heimisch zu machen. Sie bemühten sich, auf das tägliche jüdische Leben vor allem über die Gerichte des Exilarchen, aber auch in den Synagogen Einfluß zu gewinnen.

Nach Schapur kam wieder eine schwierigere Zeit für die babylonischen Juden. Eine Reihe schwacher Herrscher konnte den ständigen Einfällen römischer Truppen nicht standhalten. Der mazdäische Oberpriester Kartir gewann immer mehr Einfluß; er ließ nicht nur Mani hinrichten, sondern kämpfte auch gegen alle anderen nicht-mazdäischen Religionen. In einer Inschrift rühmte er sich, „Juden, Schamanen, Brahmanen, Nazaräer, Christen ..." niedergeschlagen zu haben. Die rabbinische Tradition hat wenig Spuren dieser schweren Zeit erhalten: so erzählt Git 16b–17a, wie während einer Krankheit des Rabba bar bar Chana ein Magier ihm das Licht wegnahm, während er gerade mit Rabbinen diskutierte; vielleicht geschah dies in Zusammenhang mit einem zoroastrischen Fest. MQ 26a weiß von der Zerstörung von Tora-Rollen durch Magier. Von einer echten Verfolgung der Juden unter Kartir finden wir aber in den talmudischen Texten kein Zeugnis.

Ordnung und Ruhe traten erst mit Schapur II. (309–379) wieder ein, als dieser schon vor seiner Geburt gekrönte Herrscher – man hatte einfach seiner hochschwangeren Mutter die Krone auf den Leib gelegt – um 325 selbst die Regierung in die Hand nahm. Der Seder Olam Zutta notiert zwar für das Jahr 313 eine Judenverfolgung durch die Perser; diese ist jedoch sonst nirgends belegt. In seinem Bemühen, die unter seinen Vorgängern verlorenen Westgebiete seines Reiches wieder zu gewinnen, hat Schapur zwar die Christen als mögliche Sympathisanten des feindlichen Rom verfolgt, die vom christlichen römischen Reich unterdrückten Juden hingegen bewußt gefördert. So schildert der Talmud nicht nur Schapurs Mutter Ifra Hormiz als sehr judenfreundlich (BB 8a–b; Zeb 116b usw.), sondern weiß auch von guten Beziehungen zwischen den Rabbinen und Schapur II. selbst (Sanh 46b; AZ 76b). Die einzige Störung des guten Verhältnisses erfolgte 363, als Julian auch die persischen Juden mit seinem Erlaß, den Tempel in Jerusalem wieder aufzubauen, für sich gewinnen wollte, da er sich davon Vorteile in seinem Perserfeldzug erwartete. Als damals ein jüdischer Messiasprätendent sich anschickte, die babylonischen Juden nach Jerusalem zu führen, griff Schapur natürlich hart durch.

Unter Schapur II. wurde der Exilarch von den persischen Behörden begünstigt und sah eine ständige Ausweitung seiner Kompetenzen in der jüdischen Selbstverwaltung; die Rabbinen hingegen konnten offenbar ihren Einfluß nicht steigern, vielleicht auch gar nicht halten. Dies führte zu Spannungen zwischen den Rabbinen und dem Hof des Exilarchen ähnlich jenen zwischen Rabbinen und Patriarchen in Palästina. In beiden Fällen stand der Anspruch der Rabbinen, das jüdische Volk zu einer großen traditionsbewußten rabbinischen Gemeinde zu machen, gegen die weltliche Gesinnung der obersten Führung.

Die Zeit nach Schapur II. war wieder durch schwache persische Herrschergestalten gekennzeichnet. Doch sicherte die gleichzeitige Schwäche von Byzanz in diesen Jahrzehnten die innere Ruhe. Die Juden lebten weiterhin in Frieden und ohne Schwierigkeiten; ja, die persische Tradition weiß sogar davon, daß König Jezdegird I. (399–420) eine Tochter des Exilarchen geheiratet habe; der Talmud schildert die freundliche Aufnahme des Exilarchen Huna bar Natan bei Jezdegird (Zeb 19a). In diesen Rahmen paßt auch die Aussage von R. Aschi, man dürfe den Persern Eisen verkaufen, da diese für die Juden eintreten (AZ 16a).

Doch nach Bahram V. (420–439), der den Juden ebenfalls wohlgesinnt war und sogar die hebräische Sprache beherrscht haben soll, änderte sich die Lage zu Ungunsten der Juden. König Jezdegird II. (439–457) verfolgte die Juden ebenso wie sein Nachfolger Peroz (459–484). Der Sabbat wurde verboten, ebenfalls das *Schema* als das wichtigste jüdische Gebet. Der Exilarch Huna bar Mar Zutra wurde getötet und der rabbinische Unterricht behindert. Im Jahr 470 wurden alle Synagogen in Babylonien geschlossen und die jüdischen

Kinder von den Magiern Nichtjuden anvertraut (vgl. Chul 62b und vor allem den Brief des Scherira Gaon, Lewin 94–96, sowie das „Buch der Tradition" des Abraham Ibn Daud, Cohen 41f).

Was war die Ursache dieser Judenverfolgung? War es einfach das Bemühen, von inneren und äußeren Schwierigkeiten abzulenken – Hungersnöte suchten das Land heim, auch kam es ständig zu Einfällen der Hephthaliten – und einen Sündenbock zu suchen? Dies mag zum Teil stimmen. Dazu kamen sicher Bestrebungen, wieder einmal den Mazdaismus als die Einheitsreligion durchzusetzen (doch endete 464 die Christenverfolgung!); den Ausschlag gaben jedoch messianische Unruhen innerhalb des Judentums. So weiß der persische Historiker Hamza Isfahani zu berichten, daß die Juden von Isfahan zwei Magier auspeitschten und darauf die halbe jüdische Bevölkerung ermordet wurde und die jüdischen Kinder dem Feuertempel von Harvan zur Dienstleistung übergeben worden seien. *J. Neusner* sieht AZ 9b als Beleg für die Erwartung des Messias im Jahr 468: nach diesem Text soll man vierhundert Jahre nach Zerstörung des Tempels – nach jüdischer Berechnung also im Jahr 468 – ein Feld, das sonst tausend Denare wert ist, nicht einmal um einen einzigen kaufen.

Unter Kavad I. (488–531) sollen die Juden dann offen den Aufstand gegen die persische Regierung gewagt haben. Nach dem allerdings sehr problematischen Bericht des Seder Olam Zutta hat Mar Zutra mit vierhundert Kriegern ein Reich gegründet und sieben Jahre regiert, bis ihn die Perser ergriffen und zusammen mit dem Führer der rabbinischen Schule auf der Brücke von Machoza kreuzigten. Mar Zutras gleichnamiger Sohn sei daraufhin 520 nach Israel gezogen und habe dort die Leitung des Sanhedrin übernommen. Entgegen diesem jüdischen Text sprechen christliche Chronisten von jüdischer Unterstützung für Kavad in dessen Feldzügen gegen Rom!

Die Einzelheiten sind somit nicht mehr zu rekonstruieren. Dennoch steht fest, daß die zweite Hälfte des fünften und der Beginn des sechsten Jahrhunderts für die Juden Babyloniens eine schwierige Zeit waren. Die Redaktion des babylonischen Talmud, die in eben dieser Zeit erfolgte, dürfte also ähnlich jener des palästinischen Talmud einige Jahrzehnte früher eine Reaktion auf die verschärfte politische Lage gewesen sein. Die drohende Katastrophe der jüdischen Gemeinde ließ jeweils ihre Gelehrten in konzentriertem Bemühen die im Lauf der Jahrhunderte angesammelten Traditionen, die man der Überlieferung wert hielt, redigieren und für eine bessere Zukunft retten.

3. Die Zeit der Saboräer

Nach Kavad besserte sich jedoch die Lage der Juden Babyloniens wieder. Anders als in Palästina konnte man sich hier an eine gründliche Revision der ersten Talmudredaktion machen. Diese Revision war das Werk der Saboräer, nach denen die jüdische Tradition das sechste Jahrhundert benennt (nach Scherira Gaon dauerte die Zeit der Saboräer von 499/500 bis 588/89, nach Abraham Ibn Daud hingegen von 476/77 bis 688/89).

Doch bald kam die jüdische Gemeinde Babyloniens wieder in Schwierigkeiten, als sie bei einem Thronfolgestreit im Perserreich die verlierende Seite unterstützte, nämlich Bahram VI., gegen den sich der vom byzantinischen Kaiser Mauritius unterstützte Chosroes II. (591–628) durchsetzen konnte. Im Zuge der Machtergreifung durch Chosroes sind auch Juden umgekommen; vielleicht wurde damals sogar der Exilarch getötet. Etwa bis in die Mitte des siebten Jahrhunderts war es dann nicht mehr möglich, einen neuen Exilarchen zu ernennen. Dennoch haben sich die Juden bald mit den Tatsachen abgefunden und Chosroes unterstützt, als dieser nach der Ermordung des Kaisers Mauritius durch Phokas bei einer Meuterei im Jahr 602 Byzanz den Krieg erklärte.

Von der jüdischen Unterstützung der persischen Truppen bei der Eroberung Palästinas war schon die Rede. Diese Allianz dauerte nicht lange, und auch in Babylonien besserte sich die jüdische Lage nicht auf Dauer. Die Bedrohung des persischen Reiches zuerst durch die Feldzüge des Heraklius (628), dann auch schon bald durch die Einfälle der mohammedanischen Truppen führte zu einem verstärkten Bemühen der Perser um innere Einheit, analog zur oströmischen Reaktion angesichts von Gefahren. Die Perser verfolgten Christen und behinderten auch die Juden in ihrer Selbstverwaltung. Diese mußten nicht nur auf die Moslems warten, bis sie wieder einen Exilarchen einsetzen durften, sondern auch das rabbinische Schulwesen erfuhr schwere Behinderungen, wie Scherira Gaon für die letzten Jahre vor der arabischen Machtübernahme zu berichten weiß. In dieser Situation flammten auch die messianischen Hoffnungen wieder auf; ein babylonischer Jude aus Bet Aramaje gab sich als Messias aus und erhob sich mit seiner Anhängerschar von etwa vierhundert Mann, doch bald wurde er besiegt und gekreuzigt.

D. Die Zeit der Geonim

Die nachtalmudische Zeit, benannt nach den Geonim, den Leitern der großen rabbinischen Schulen vor allem in Babylonien, wird durch zwei wichtige geschichtliche Ereignisse abgegrenzt: zu ihrem Beginn steht die arabische Expansion, an ihrem Ende der erste Kreuzzug. Es ist eine Zeit, aus der wir nur sehr wenige Zeugnisse besitzen, die meisten von ihnen aus der zweiten Hälfte der Periode. Neben verstreuten Notizen bei arabischen Historikern, dem berühmten Brief des Scherira Gaon, dem Werk des Natan ha-Babli und einer Reihe von halakhischen Texten sind es vor allem Dokumente, die gegen Ende des 19. Jahrhunderts in der Geniza von Kairo entdeckt und erst zu einem Bruchteil veröffentlicht und ausgewertet worden sind. So ist diese Periode von tiefem Dunkel umhüllt, das sich erst langsam hier und dort etwas aufhellt. Doch ist diese Zeit für unsere Darstellung von großer Wichtigkeit: erst in ihr wurden nämlich die Errungenschaften der talmudischen Gelehrten in einer Weise interpretiert, den neuen Lebensumständen angepaßt und dem jüdischen Volk so sehr eingeprägt, daß sie am Ende der gaonäischen Zeit zur Lebensform der gesamten Diaspora werden konnten. Damit erst ist das rabbinische Judentum zum „klassischen Judentum" geworden, zur gestaltenden Kraft jüdischen Lebens für die kommenden Jahrhunderte.

1. Babylonien

Die Schwierigkeiten, denen die jüdische Bevölkerung Babyloniens in den letzten Jahrzehnten der persischen Herrschaft ausgesetzt war, führten zu einem langsamen Niedergang der einst blühenden jüdischen Zentren Babyloniens. Zahlreiche Juden sind damals ausgewandert; viele von ihnen sind, wie man annehmen kann, in die arabische Halbinsel gezogen, wo Mohammed mit ihnen in Kontakt kam und sich anfangs sehr bemühte, sie für seine neue Lehre zu gewinnen, in der das Judentum erst zur Vollendung komme.

Es ist hier nicht der Ort, die zahlreichen direkten und indirekten jüdischen Einflüsse auf Denken und Lehre Mohammeds zu erörtern. Jedenfalls war Mohammeds Werben um die Juden erfolglos, so daß sich seine Beziehungen zu ihnen bald ziemlich verschlechterten. So wurden die Juden von den Anhängern Mohammeds auf der arabischen Halbinsel unterdrückt und zahlreiche Juden in Medina getötet. Wie gewöhnlich in solchen Situationen, reagierten die Juden auch damals mit einer Verstärkung der messianischen Hoffnungen, wie aus jüdischen und arabischen Quellen hervorgeht.

Die ungünstige Lage der Juden sowohl im byzantinischen wie auch im persischen Reich zu Beginn des siebten Jahrhunderts brachte es jedoch mit sich, daß die Juden ihre neuen Herren mit offenen Armen aufnahmen, als nach Mohammeds Tod 632 seine Gläubigen unter Abu Bakr (632–634) und dann vor allem unter Omar (634–644) ihre Lehre mit Waffengewalt verbreiteten und nach zahlreichen Einfällen ins Perserreich dieses bald endgültig eroberten. Eine Verschlechterung der Lage der Juden war nach der Regierung der letzten Sassaniden einfach nicht mehr vorstellbar.

Die Annahme der arabischen Herrschaft wurde den Juden auch dadurch erleichtert, daß die Moslems Andersgläubige unter bestimmten Bedingungen zu tolerieren bereit waren. Der sogenannte „Omarvertrag", der die Lage der Nichtmoslems in den von den Arabern eroberten Gebiete regelte, ist zwar nicht, wie die Tradition es will, 638 nach der Eroberung Jerusalems unter Omar abgefaßt worden; wahrscheinlich ist er vielmehr eine unter Omar II. (717–720) erfolgte Kompilation der bis dahin angesammelten Regelungen für die geduldeten Anhänger von Buchreligionen – doch seine wesentlichen Bestimmungen wurden sicher schon von Beginn der arabischen Expansion an angewandt.

Das Verhältnis der Juden zur arabischen Herrschaft über Babylonien wird durch zwei Ereignisse aus den Anfängen dieser Zeit gekennzeichnet. Wie Abraham Ibn Daud im „Buch der Tradition" (Cohen 45) überliefert, hat der Exilarch Bustanai bar Chaninai (ca. 610–670) von Omar eine Tochter des persischen Königs Jezdegird III. (640–657), nach anderer Überlieferung eine Tochter von Chosroes II., zur Braut erhalten. An derselben Stelle berichtet Ibn Daud, wie schon Scherira Gaon (Lewin 101) vor ihm, daß der Leiter der rabbinischen Schule zu Peroz Schapur, R. Isaak (ca. 630–660), den arabischen Eroberer Ali Ibn Abu Talib im Jahr 657 an der Spitze von neunzigtausend Juden begrüßt habe.

Diese sicher übertriebene Zahlenangabe führt uns zur Frage nach der Stärke der damaligen jüdischen Bevölkerung in Babylonien und nach der Bevölkerungsstruktur. Unter Omar sollen in Babylonien etwa eine halbe Million Einwohner die Nichtmoslems auferlegte Kopfsteuer bezahlt haben; die Mehrzahl davon waren sicher Juden. Demnach wäre Babylonien damals noch immer die bedeutendste jüdische Gemeinschaft gewesen, viel wichtiger als etwa Palästina. Doch ergaben sich in der arabischen Periode wichtige Veränderungen in der Art der jüdischen Siedlung. Bisher waren ganze Landstriche fast geschlossen jüdisch besiedelt; das wirtschaftliche Schwergewicht lag auf der Landwirtschaft. Nun kam es hingegen zu einer schnellen Abwanderung der Juden aus der Landwirtschaft; so konnte man schon im neunten Jahrhundert sagen, daß in Babylonien fast kein Jude Land besitzt. Ursache dieser jüdischen Abwanderung in die Städte waren einerseits die ständigen Kämpfe und Kriege zwischen den verschiedenen Gruppen innerhalb des Islam, die die Landwirtschaft verunsicherten; vor allem war es jedoch die den Nichtmoslems auferlegte Bodensteuer, die den Ackerbau wirtschaftlich uninteressant werden ließ. So wurden die babylonischen Juden Städter, immer mehr auf den Handel und auf bestimmte Formen des Handwerks ausgerichtet.

Diese jüdische Wanderbewegung innerhalb des Landes brachte es auch mit sich, daß die alten jüdischen Städte – Sura, Nehardea, Pumbedita und andere – bald an Bedeutung verloren und dann völlig aufgegeben wurden, so daß es heute fast unmöglich geworden ist, auch nur ihre genaue Lage anzugeben. Wichtige jüdische Gemeinden entstanden hingegen in Kufa, kurze Zeit Hauptstadt des Kalifenreiches und dann nach der Verlegung des Zentrums unter Muawija (661–680) nach Damaskus, Hauptstadt des Irak. Wichtig wurden auch die Siedlungen in Basra und Mossul, vor allem jedoch in Bagdad, das 762 zur Hauptstadt des neuen Abbasidenreiches geworden war (751 waren die Abbasiden an die Stelle der omajadischen Kalifen getreten). Der jüdische Mathematiker und Astronom Mascha'alla war zusammen mit einem

Perser für die Vermessung der neuen Hauptstadt verantwortlich gewesen. Im neunten Jahrhundert zogen die Geonim von Sura und Pumbedita mit ihren Schulen nach Bagdad (Saadia Gaon, Scherira Gaon u.a.), wo sich auch der Exilarch schon niedergelassen hatte. Wie bedeutend die jüdische Gemeinde von Bagdad wurde, geht aus dem Reisebericht des Benjamin von Tudela hervor, der lange nach der Glanzzeit dieser Gemeinde im Jahr 1168 in Bagdad war: nach seinem Bericht lebten dort vierzigtausend Juden, die achtundzwanzig Synagogen besaßen.

In der Zeit der Geonim hatten die Juden Babyloniens eine straffe Gemeindeorganisation, deren Führer auch von der Regierung als Vertreter dieser Minderheit anerkannt waren. An der Spitze stand der Exilarch als der politische Vertreter der Juden. Neben ihm waren die Geonim von Sura und Pumbedita – nach dem Brief des Scherira seit 588/89, nach anderen erst seit der arabischen Eroberung im Jahr 657; diese Geonim wurden anfangs von den Exilarchen ernannt, übertrafen diesen aber in der zweiten Hälfte der gaonäischen Periode an Einfluß.

Aus den von den Geonim geleiteten Schulen gingen die Richter der einzelnen Gemeinden und auch die Mitglieder der zentralen jüdischen Gerichtshöfe hervor. Die Juden hatten nämlich unter dem Islam ihre eigene Gerichtsbarkeit mit sehr weitreichenden Befugnissen. Es war streng verpönt, in einem innerjüdischen Rechtsstreit ein weltliches Gericht anzurufen. Wenn ein Jude der Vorladung vor ein jüdisches Gericht nicht Folge leisten wollte, konnte man ihn durch Verhängung des Bannes wirksam zur Beachtung des Gerichtes zwingen. Auch Christen riefen übrigens gern diese Gerichte der Juden an; denn die staatlichen Gerichte waren zu teuer und bestechlich und arbeiteten auch viel zu langsam. Ursprünglich war Babylonien in drei Gerichtssprengel eingeteilt, die der Gerichtsbarkeit des Exilarchen bzw. der beiden Geonim unterstanden. Doch mit dem Sinken des Einflusses des Exilarchen in späterer Zeit wurde es üblich, daß Rechtsentscheide des Exilarchen von einem Gaon bestätigt werden mußten, was natürlich oft zu Streitigkeiten führte. Schließlich gab es offenbar nur noch die beiden Gerichte der Geonim. 1058 starb mit Hiskija der letzte allgemein anerkannte Exilarch, während die Zeit der Geonim und ihrer Schulen schon einige Jahre früher geendet hatte.

Die straffe jüdische Gemeindeführung und die eigene Gerichtsbarkeit sowie eine Reihe interner Gesetze – so sollte z.B. ein Jude sein Haus in einem jüdischen Viertel nicht an einen Nichtjuden verkaufen – führten zu einer freiwilligen Absonderung des Judentums und zu einer Art Getto-Bildung. Dazu trugen auch verschiedene Vorschriften der Kalifen bei. Schon von Beginn der arabischen Herrschaft an waren immer wieder Kleidervorschriften für Nichtmoslems erlassen worden. Harun al-Raschid (786–809) erneuerte diese Vorschriften und Mutawakkil (847–861) verschärfte sie im Jahr 850 beträchtlich: demnach mußten Juden gelbe Hüte tragen oder zumindest durch einen gelben Fleck auf ihrer Kleidung als Juden erkenntlich sein. Auch regelte der Kalif, wo Juden wohnen durften, was der innerjüdischen Tendenz zum Getto entgegenkam.

Diese Absonderung der Juden bzw. der innerjüdische Kampf gegen jede Form der Assimilation ist jedoch nur *ein* Aspekt. Die Kleidervorschriften wurden wohl, wie schon ihre häufige Wiederholung zeigt, nicht strikt eingehalten. Abgesehen von dem Verbot der Mischehen, das im Interesse der mohammedanischen Mehrheit wie auch der jüdischen Minderheit lag, herrschten de facto wohl rege soziale Kontakte zwischen Moslems und Juden.

Wichtigste Voraussetzung dafür war die Annahme der arabischen Sprache durch die Juden anstelle des bisher gesprochenen babylonischen Aramäisch. Der Einfluß der arabischen Kultur, die ihrerseits nicht nur das klassische Erbe des Hellenismus, sondern auch das der Perser und des christlichen Byzanz aufgenommen hatte, bestimmte immer mehr das geistige Leben der Juden Babyloniens neben ihrer eigenen talmudischen Tradition. So entstand ein neuer Typus des babylonischen Juden: den arabischen Herren an Bildung gleich, bald auch in der Verwaltung des Kalifen unentbehrlich (besonders unter Kalif Mutassim, 892–902), waren die Juden immer mehr auch im Fernhandel zuhause, in dem sie ihre weitgespannten Familienbeziehungen spielen lassen konnten. Für einige Zeit waren die Juden des Irak, wie das Land nun hieß, die hervorragendsten Vertreter ihres Volkes.

Doch dann kam relativ rasch der Niedergang des babylonischen Judentums. Unter dem Einfluß der Buhawiden (945–1055), die praktisch im Namen der schwach gewordenen Abbassiden herrschten, verschlechterte sich die Lage der Juden Babyloniens derart, daß schließlich immer mehr Juden nach Westen auswanderten – nicht nur Kaufleute und Handwerker, sondern auch zahlreiche Talmudgelehrte: so entstanden neue Zentren rabbinischer Lehre, vor allem Kairowan, aber auch Fes, Granada usw. Das Ende des Exilarchats und der Untergang der Geonim mit ihren Schulen von Sura und Pumbedita um die Mitte des elften Jahrhunderts besiegelten nur eine Entwicklung, die schon lange zuvor eingesetzt hatte. Babylonien hatte hiemit aufgehört, geistiges Zentrum des Judentums zu sein. Das Schwergewicht des jüdischen Lebens hatte sich in den Westen verlagert und dort das talmudische Erbe weitergetragen.

2. *Palästina*

Auch in Palästina hat die arabische Eroberung vor allem eine weitreichende Veränderung in der Bevölkerungsstruktur bewirkt. Auch hier wurden die Juden immer mehr aus der Landwirtschaft gedrängt, konzentrierten sich in den Städten und spezialisierten sich im Handel und in gewissen Handwerken (vor allem als Färber und Gerber). Die wichtigsten Siedlungen der Juden

Palästinas in gaonäischer Zeit waren Tiberias, Jerusalem, Ramle, Gaza, Aschkelon und Haifa.

Die allgemeine jüdische Wanderbewegung Richtung Westen in der gaonäischen Zeit brachte in Palästina den Zuzug von zahlreichen Juden vor allem aus Babylonien. Diese Babylonier versuchten auch in Palästina ihre Bräuche durchzusetzen, was ihnen schließlich auch weithin gelang. Sie errichteten in den größeren jüdischen Siedlungen Palästinas ihre eigenen Synagogen und fühlten sich im allgemeinen den Juden Palästinas überlegen. Aber auch palästinische Juden begaben sich auf die Wanderschaft vor allem aus wirtschaftlichen Gründen; viele zog es nach Ägypten, wo palästinische Juden die Synagoge in Fustat (Kairo) gründeten, deren Geniza zu einer so bedeutenden Quelle für die Erforschung der jüdischen Tradition werden sollte. Andere zogen weiter nach Nordafrika und bis nach Europa und verbreiteten so immer mehr die talmudisch geprägte Geistigkeit.

Was die jüdische Ansiedlung in Jerusalem betrifft, berichten zwar arabische Historiker, ein Übereinkommen zwischen Omar und Sophronius, dem christlichen Patriarchen von Jerusalem, habe diese verboten. Doch gibt es genügend Belege für eine jüdische Gemeinde in dieser Stadt. Ein in der Geniza von Kairo gefundener Text erzählt, die Juden von Tiberias hätten Omar um die Erlaubnis gebeten, in Jerusalem zweihundert jüdische Familien anzusiedeln. An den christlichen Patriarchen verwiesen, wurden ihnen nur zwanzig Familien zugestanden, doch Omar selbst erhöhte diese Zahl auf siebzig. Die Details dieser dreiseitigen Verhandlungen sind historisch unwahrscheinlich; doch spiegelt das Dokument die historische Tatsache, daß die ersten jüdischen Bewohner Jerusalems nach 638 aus Tiberias gekommen sind, ebenso auch, daß sie mit dem Widerstand der christlichen Führung zu rechnen hatten.

Bald kamen in das nun wieder den Juden zugängliche Jerusalem Juden aus aller Welt. Doch war die jüdische Gemeinde nicht in der Lage, sich selbst zu erhalten, da Jerusalem abseits der Handelswege lag und andere Berufszweige, abgesehen von einzelnen Handwerken wie Weberei und Färberei, den Juden, wie es scheint, damals in Jerusalem nicht offenstanden. Die jüdische Gemeinde Jerusalems war daher immer mehr auf die finanzielle Hilfe der Diaspora, vor allem Ägyptens, angewiesen, wo man für die Juden Jerusalems, die „Trauernden um Zion", ein offenes Herz hatte. Zum Unterhalt der jüdischen Gemeinde trug auch das nun wieder anwachsende jüdische Pilgerwesen bei; Pilger kauften unter anderem gerne in Jerusalem angefertigte Bibelhandschriften. Wie schon in früherer Zeit, war Palästina nun wieder als Begräbnisstätte beliebt und so mancher Toter wurde aus Ägypten, ja sogar aus Italien und anderen Ländern nach Jerusalem und Hebron überführt.

Geistig war Jerusalem bald wieder ein wichtiges Zentrum. Die rabbinische Schule von Tiberias übersiedelte, wohl im neunten Jahrhundert, nach Jerusalem, und der Leiter dieser Schule, der den Titel eines Gaon annahm, wurde offenbar von den arabischen Behörden als Vertreter der Juden anerkannt. Um dieselbe Zeit entstand in Jerusalem auch eine starke karäische Gemeinde – die Karäer hatten sich in Babylonien vom rabbinischen Judentum abgespalten und lehnten vor allem dessen Betonung der mündlichen Tora ab. Nach zeitgenössischen Berichten kam es bei der jährlichen Prozession der Juden zum Laubhüttenfest auf dem Ölberg immer wieder zu Streitigkeiten zwischen den beiden jüdischen Gemeinden.

Tiberias, unter den Arabern die Hauptstadt von Nordpalästina (der römischen Palaestina Secunda), war auch in gaonäischer Zeit und auch nach Verlegung der talmudischen Akademie nach Jerusalem die Heimat vieler jüdischer Gelehrter. Die besten Bibelausleger, Grammatiker und liturgischen Dichter waren hier zuhause. Die Bibelhandschriften aus Tiberias waren wegen ihrer Genauigkeit berühmt, wie wir von Abraham Ibn Esra wissen. Ebenso war Tiberias eine Pflegestätte der reinen hebräischen Sprache, welche dort sogar Frauen beherrschten, was für die damalige Zeit als große Ausnahme zu betrachten ist. Einen gewissen Eindruck von der Bedeutung von Tiberias für das jüdische Leben der damaligen Zeit gibt auch die Notiz bei Michael dem Syrer, daß beim Erdbeben im Jahr 748 in Tiberias achtunddreißig Synagogen zerstört worden sind.

Wohl noch wichtiger als die Gemeinden von Jerusalem und Tiberias war jedoch die jüdische Gemeinde von Ramle, das, 716 von Suleiman gegründet, Lod als Hauptstadt von Südpalästina (Palaestina Prima der byzantinischen Zeit) abgelöst hatte und als wichtiger Etappenort der Handelskarawanen bald auch große wirtschaftliche Bedeutung erlangte. Hier hatte der Gaon von Jerusalem einen ständigen Vertreter bei den arabischen Behörden, und auch der Sanhedrin sowie die Talmudschule von Jerusalem tagten hier von Zeit zu Zeit.

Die Verlegung des Kalifats von Damaskus nach Bagdad um die Mitte des achten Jahrhunderts bewirkte eine Verschlechterung der politisch-wirtschaftlichen Lage Palästinas und damit auch der dortigen Juden. Nicht nur das Interesse der Kalifen an Palästina ließ damals naturgemäß nach, während die Omajaden hier viel investiert, Städte, Straßen, Paläste gebaut hatten. Die nunmehrigen Statthalter Palästinas konnten sich der zentralen Kontrolle weithin entziehen und verwalteten das Land recht willkürlich, nur zu sehr von Bestechungen geleitet.

Mit dem Niedergang des Kalifats kam es dann zu einer fast völligen Anarchie, zu wiederholten Aufständen und häufigen Beduineneinfällen. Im neunten Jahrhundert schuf sich der Türke Achmed Ibn Tulun in Ägypten ein eigenes Reich, dem er 878 auch Palästina und Syrien anschließen konnte. Syrien gelang es aber bald, sich wieder von Ägypten loszulösen, und die politische Zugehörigkeit Palästinas war in der Folgezeit lange umstritten.

Diese ständigen Unruhen und Kämpfe führten zu einer bedrohlichen Entvölkerung des Landes, vor allem des Negeb; auch schwächten sie die islamische Herrschaft in Palästina so sehr, daß der byzantinische Kaiser Nikephoros II. Phokas (963–969) plante, Palästina und Syrien wieder seiner Herrschaft zu unterwerfen. Dieses Ziel konnte er im sogenannten „byzantinischen Kreuzzug" weitgehend verwirklichen; doch kam er zu keinem dauerhaften Erfolg, weil auch Byzanz zu schwach und uneinig war.

Die nun folgende Herrschaft der Fatimiden begann für die Juden erfolgverheißend. Das aus Kairowan stammende Herrscherhaus, das sich von Mohammeds Tochter Fatima ableitete, eroberte 969 Ägypten und brachte bald auch Syrien und Palästina unter seinen Einfluß. Unter ihnen herrschte eine weitreichende Religionsfreiheit. Juden und Christen konnten in bedeutende Staatsämter aufsteigen. Der Jude Paltiel war Berater am Hof und sein zum Islam übergetretener Sohn Samuel – als Moslem Jakob Quillis genannt – erlangte sogar die Stellung eines Wesirs. Auch nach seinem Übertritt zum Islam bleib er den Juden wohlgesinnt. Unter seiner Verwaltung wurde z. B. die Talmudschule von Jerusalem, bisher hauptsächlich von Spenden ägyptischer Juden finanziert, offiziell von der moslemischen Regierung in Kairo subventioniert.

Diese Zeit der Ruhe währte jedoch nicht lange. Al Hakim (996–1021) hob nach friedlichen Anfängen die Religionsfreiheit auf. Auf seinen Befehl wurden damals in Palästina zahlreiche christliche Kirchen (u. a. die Grabeskirche in Jerusalem) zerstört und auch viele Synagogen vernichtet; viele Juden und Christen wurden getötet, doch nur wenige traten zum Islam über, um dadurch ihr Leben zu retten.

Nach kurzem Sturm trat wieder Ruhe ein, als der offenbar geisteskranke Herrscher 1012 seine Religionsedikte widerrief. Doch zwei Erdbeben (1034 und 1067) zerstörten weite Landstriche Palästinas und richteten besonders in Ramle gewaltige Schäden an. 1071 erfolgte die Eroberung Palästinas durch die Seldschuken – Vorspiel der bald folgenden Eroberung durch die Kreuzfahrer. Die Talmudschule von Jerusalem wanderte 1071 nach Tyrus und bald darauf (1099) nach Damaskus aus. Das durch die Wirren der letzten zwei Jahrzehnte schon äußerst geschwächte Judentum Palästinas hatte damit für lange Zeit seine letzte Bedeutung verloren.

II. Die Organisation des rabbinischen Judentums

Nach dem geschichtlichen Überblick über die rabbinische Zeit sollen nun die wesentlichen Formen der jüdischen Selbstverwaltung dargestellt werden. Insofern diese Selbstverwaltung primär politische Funktionen hatte, müssen wir zwischen den beiden Hauptgebieten des rabbinischen Judentums unterscheiden, da sie ja verschiedenen politischen Mächten unterstellt waren, Palästina dem römischen Reich, Babylonien den Parthern bzw. den Persern. Die spätere gemeinsame arabische Verwaltung hat an den einmal herauskristallisierten Strukturen nicht mehr viel geändert. Im Anschluß an Patriarchat, Sanhedrin und Exilarchat sind dann Rabbinat, Schulwesen und Synagogenleben als jene Formen der rabbinischen Organisation darzustellen, die vor allem das innere Leben des jüdischen Volkes in rabbinischer Zeit beeinflußt und geprägt haben.

A. Die jüdische Selbstverwaltung in Palästina

1. Der Sanhedrin

a) Die Entwicklung vor 70

Der Sanhedrin (die hebraisierte Form von griech. *synedrion*, „Ratsversammlung") geht als politische Institution des Judentums in die hellenistische Zeit zurück, vielleicht sogar in die der persischen Herrschaft. In seinem Selbstverständnis ist der Sanhedrin die Weiterführung des Rates der siebzig Ältesten, die Mose in der Wüste zur Seite standen. Wie sich die Institution aber tatsächlich entwickelt hat, ist in der Forschung ebenso umstritten wie die Mehrzahl der organisatorischen Fragen um den Sanhedrin.

Die Vielfalt an Meinungen hinsichtlich der Geschichte des Sanhedrin, die wegen seiner Bedeutung im Prozeß Jesu auch von Spezialisten des Neuen Testaments immer wieder diskutiert wird, beruht auf der Quellenlage. Während Josephus Flavius und das Neue Testament den Sanhedrin als primär politische Institution des Judentums unter Vorsitz des Hohenpriesters darstellen, sprechen die rabbinischen Quellen (z. B. Chag II, 2) vom Sanhedrin als einer vornehmlich religiösen Einrichtung unter Leitung des Führers der Pharisäer, des „Patriarchen".

Eine Reihe von Historikern gibt einfach der einen oder anderen Quellengruppe den Vorrang. Andere versuchen, die divergierenden Quellen dadurch zu erklären, daß es eben nicht nur einen Sanhedrin, sondern mehrere gegeben habe, zumindest zwei, nämlich einen politischen Sanhedrin unter dem Hohenpriester sowie einen religiösen Sanhedrin unter den pharisäischen Gelehrten (so schon *A. Büchler,* jetzt v.a. *H. Mantel*). Andere hingegen nehmen die Quellentexte als Spuren der geschichtlichen Entwicklung einer einzigen Institution, die zu bestimmten Zeiten unter Führung der Pharisäer stand, zu anderen Zeiten jedoch oder bei bestimmten Tagesordnungspunkten (*S. Safrai:* Kapitalgerichtsfälle von politischer Bedeutung) vom Hohenpriester geleitet wurde. Diese zweite Richtung ist wahrscheinlicher und den Quellen gerechter, auch wenn die Gefahr einer künstlichen Harmonisierung nicht zu übersehen ist.

Im allgemeinen verdienen die griechischen Quellentexte, nämlich Josephus und das Neue Testament, größeres Vertrauen: sie stehen den tatsächlichen Verhältnissen zeitlich näher; auch ist bei ihnen kein Interesse zu erkennen, die Tatsachen zu verfälschen. Freilich geben diese Quellen nicht das ganze Bild. Hier können die rabbinischen Texte manches ergänzen; doch müssen wir hier immer mit einer Rückdatierung späterer Verhältnisse in die Zeit vor 70 rechnen, sei es in einer vereinfachten Geschichtsschau, die die eigene Zeit verabsolutiert, sei es bewußt als Legitimation der eigenen Verhältnisse, denen man eine ehrwürdige Geschichte zuschreiben will.

Soweit dies die Quellen zulassen, können wir folgendes Bild rekonstruieren: Der Sanhedrin zur Zeit des Tempels war die Fortsetzung des Ältestenrates, der seit der Zeit des Antiochus IV. Epiphanes (175–164) belegten *gerousia* (Ant. XII, 138), die unter Hyrkan II. (63–40) als *synedrion* aufscheint (Ant. XIV, 167ff). Diese Institution stand unter der Leitung des Hasmonäerfürsten, der zugleich Hoherpriester war, ab Herodes dann unter dem Hohenpriester allein. Sie war die politische Vertretung des jüdischen Volkes in Palästina und dann wohl auch im ganzen römischen Reich. Als Höchstgericht war sie für Kapitalprozesse wie auch allgemein für Gerichtsfälle zuständig, die für das ganze Volk von Bedeutung waren. Außerdem war der Sanhedrin auch eine religiöse Institution (Religion, Politik und Recht lassen sich ja im Judentum kaum trennen): ihr stand die Aufsicht über den Tempel und die Entscheidung in Fragen der religiösen Praxis zu. Wichtig war hier vor allem die Kalenderregelung, die dem Judentum in der ganzen Welt eine einheitliche Feier der religiösen Feste ermöglichte.

Der Sanhedrin bestand aus siebzig Mitgliedern (einundsiebzig nach manchen Texten wie Sanh I, 6 und Sanh 88b: hier ist der Vorsitzende hinzugezählt; möglich ist auch, daß der Sanhedrin aus drei kleineren Kollegien von je dreiundzwanzig Mitgliedern zusammengesetzt war, zu denen der Vorsitzende und sein Stellvertreter hinzukamen). Die Zusammensetzung hing von den politischen Verhältnissen ab: es gehörten Priester dazu, die in der Mehrheit Sadduzäer waren, dann Pharisäer (vor allem seit Salome Alexandra, 76–67), zu denen die meisten Schriftgelehrten zählten, schließlich auch die

Ältesten als Vertreter der Honoratioren in den jüdischen Gemeinden (vgl. Apg 5, 17ff). Es ist unbekannt, wie die Mitglieder des Sanhedrin gewählt oder ernannt wurden. Am ehesten scheint eine Ergänzung des Sanhedrin durch Kooptation möglich, wobei die Mitglieder dem Gremium gewöhnlich auf Lebenszeit angehörten. In vielen wichtigen Fragen trat übrigens nicht der gesamte Sanhedrin zusammen, sondern überließ die Entscheidung Kommissionen, in denen dann natürlich gelegentlich auch Pharisäer den Vorsitz haben konnten.

Mit dem Ausbruch des Aufstands gegen Rom ist der Sanhedrin offenbar nicht mehr einberufen worden. Die Führer des aufständischen Jerusalem, zu denen nach Josephus (Vita 190) auch Simeon ben Gamaliel gehörte, der nach rabbinischer Tradition Patriarch und Vorsitzender des Sanhedrin war, handelten, soweit das den Quellen zu entnehmen ist, ohne das jüdische „Parlament" zu befragen (vgl. Sota IX, 11).

b) Die Erneuerung des Sanhedrin in Jabne

Welche Probleme die Rekonstruktion der jüdischen Geschichte in den Jahren nach 70 aufweist, haben wir schon betont. Für die Institution des Sanhedrin ist von Bedeutung, daß Jochanan ben Zakkai die von ihm geleitete Versammlung zu Jabne als Nachfolgeorganisation des Sanhedrin betrachtete. Seine „Schule" sollte sämtliche Rechte übernehmen, die bisher dem Sanhedrin vorbehalten waren, soweit dies politisch durchführbar war: natürlich entfiel die Aufsicht über den Tempel, aber auch Fragen des Vermögensrechtes sowie praktisch alle Gerichtsverfahren, vor allem solche, die nach jüdischem Recht bei Verurteilung die Todesstrafe erforderten, waren nicht mehr in der Hand dieses neuen Sanhedrin.

Mit welchem Recht hat Jochanan ben Zakkai den Anspruch erhoben, in seiner Gelehrtenversammlung den Sanhedrin fortzuführen? Sicher hat ihn nicht das Volk zu dieser nationalen Aufgabe bestimmt. Er hat wohl auch keinen offiziellen Auftrag von den Mitgliedern des früheren Sanhedrin erhalten, auch nicht von einer Gruppe in diesem Sanhedrin, etwa den Pharisäern (wie schon gesagt, hat Jochanan vor 70 wahrscheinlich gar nicht zu den Pharisäern gehört). Wie Jochanan der Weg an die Spitze des jüdischen Volkes gelungen ist, können wir nicht beantworten, da uns seine Position vor 70 fast völlig unbekannt ist. Die rabbinischen Erzählungen von seiner Flucht aus Jerusalem zeichnen ihn zwar als einflußreichen Lehrer in Jerusalem und als Onkel eines der Führer der Aufständischen. Doch wie weit hat hier die spätere Überlieferung die Fakten verklärt? Immerhin wird man, soll nicht die Entwicklung nach 70 völlig unverständlich sein, annehmen dürfen, daß er ein Mitglied des Sanhedrin gewesen ist, wie auch MidrTannaim (H. 175f) vorauszusetzen scheint. Ebenso liegt nahe, daß zumindest ein Teil der früheren Mitglieder des Sanhedrin sich seiner Führung angeschlossen hat, sodaß eine gewisse personelle Kontinuität zwischen Jerusalem und Jabne gegeben war. Nur so läßt sich Jochanans Erfolg erklären.

Doch auch unter Annahme dieser Voraussetzungen muß es große Anlaufschwierigkeiten gegeben haben. Die Gruppe um Jochanan konnte nicht auf die politische Anerkennung durch Rom rechnen. Auch hatte sie sicher keinen Einfluß auf die Diaspora; ja auch der Einfluß auf die Führer der örtlichen jüdischen Gemeinden mußte erst langsam aufgebaut werden. Wenn Jochanan ben Zakkai ans Ziel gelangen wollte, mußte er Kompromisse schließen, zwischen den Schriftgelehrten und Pharisäern auf der einen Seite sowie den Priestern und damit auch den Resten der sadduzäischen Partei auf der anderen vermitteln. Wenn er, wie manche aus TPara IV, 7 (R. 196) und anderen Texten schließen, als führender Schriftgelehrter zugleich auch Mitglied einer priesterlichen Familie gewesen ist, erleichterte dies seine Mittlerfunktion.

Die Angehörigen der Priesterfamilien konnten für eine Neuordnung vor allem deswegen gewonnen werden, weil die für sie bestimmten Abgaben, Hebe und Zehnter, auch nach Zerstörung des Tempels beibehalten wurden (Sifre Zutta, H. 297), vor allem, wenn sich Priester der rabbinischen Gruppe anschlossen und in den Dienst des Volkes stellten. Andere *Taqqanot* (Notverordnungen ohne biblische Grundlage), die Jochanan ben Zakkai als Führer der Gelehrtenversammlung in Jabne erlassen hat und die vor allem liturgische Angelegenheiten betrafen (RH IV, 1–4; RH 31 b), müssen dagegen den Priestern als Einmischung in ihre eigenen Angelegenheiten vorgekommen sein, besonders, wenn Privilegien des Tempels nun verallgemeinert wurden: so durfte z. B. vor 70 das Schofar, wenn das Neujahrfest auf einen Sabbat fiel, nur im Tempel geblasen werden; jetzt war es in allen Orten erlaubt, die einen Gerichtshof hatten; auch sollten die Priester nun wie im Tempel ganz allgemein beim Priestersegen die Sandalen ablegen.

Etwas genauer sind wir über Organisation und Funktionen des Sanhedrin unter Gamaliel II. informiert. In dieser Zeit scheinen die Römer auch offiziell von diesem Gremium Kenntnis genommen haben. Daran erinnert wohl die rabbinische Erzählung, römische Gesandte seien, um das Gesetz zu studieren, zu Gamaliel gekommen; sie fanden nichts Anstößiges, ausgenommen einzelne Vorschriften, die den Nichtjuden gegenüber den Juden benachteiligten. Doch versprachen sie, dies nicht ihrer vorgesetzten Behörde zu melden; nach einer anderen Fassung vergaßen sie es, bevor sie nach Tyrus gekommen waren (Sifre Dtn § 344, F. 400 f; jBQ IV, 1, 4 b; BQ 38 a: außer in jBQ wird als Schauplatz der Erzählung Uscha genannt, wo es sich jedoch nur um Simeon ben Gamaliel II. und nicht um seinen Vater Gamaliel II. handeln könnte).

Über die Organisation des Sanhedrin unter Gamaliel scheint einiges aus der Erzählung über seine zeitweilige Absetzung (jBer IV, 1, 7 c–d; Ber 27 b–28 a) und rabbinischen Hinweisen auf diesen denkwürdigen Tag (z. B. Jad III, 5; IV, 2) hervorzugehen: demnach war die Zahl der Mitglieder wie in der Zeit des Tempels siebzig plus den oder die Vorsitzenden (TKelim BB II, 4, R. 73, spricht jedoch von fünfundachtzig Gelehrten vor Gamaliel!). Zumindest in dieser frühen Zeit hatten die Mitglieder noch entscheidenden Einfluß auf den Vorsitz des Gremiums, dessen Kompetenzen noch nicht klar abgegrenzt und entsprechend umkämpft waren. Eleasar ben Asarja, der zeitweilig Gamaliel verdrängt hatte, wurde nach diesen Texten nach Beilegung des Streites zum *Ab Bet-Din* („Vater des Gerichtshofes") eingesetzt: später war dies der übliche Titel für den Stellvertreter des Patriarchen. Ob jedoch diese Funktion oder auch nur der Titel zur Zeit Gamaliels schon existiert hat, ist ungewiß. Vielleicht ist auch hier die Erzählung anachronistisch.

Die Sitzungen des Sanhedrin waren auch Studenten zugänglich; diese waren durch eine Schranke von den abstimmungsberechtigten Mitgliedern getrennt. Wie schon zur Zeit des Tempels hat also auch jetzt noch der Sanhedrin zugleich als die hohe Schule des jüdischen Rechts gedient. Die Mitglieder des Sanhedrin, durch Ordination *(semikha)* auf Lebenszeit eingesetzt, mußten nicht alle anwesend sein, um gültige Entscheidungen zu treffen; das war auch aus praktischen Gründen schwierig, da sie ja in den verschiedenen Ortschaften im Lande wohnten. So erwähnt z. B. Sifre Num § 124 (H. 158) eine von nur achtunddreißig Gelehrten im Weinberg zu Jabne getroffene Entscheidung, die Tosefta (TMiqw VII, 11, R. 286) eine andere von zweiunddreißig Ältesten in Lod. Nicht einmal die Anwesenheit des Vorsitzenden war unbedingt erforderlich, auch wenn eine in Abwesenheit Gamaliels vorgenommene Einfügung des Schaltmonats durch den Sanhedrin nur unter dem Vorbehalt seiner späteren Zustimmung erfolgte (Ed VII, 7).

Was den Inhalt der Entscheidungen zu Jabne unter Gamaliel betrifft, ist gegenüber der Zeit Jochanans eine große Erweiterung festzustellen. Zwar war es auch weiterhin nicht möglich, politische Funktionen jenseits einer sehr beschränkten Volksvertretung vor der römischen Behörde auszuüben. Doch beschäftigte sich der Sanhedrin nunmehr auch wieder z. B. mit Fragen des Vermögensrechtes und versuchte allgemein, seine Auffassung in der innerjüdischen Gerichtsbarkeit durchzusetzen. Dies war nur möglich, wenn die Ältesten in den einzelnen jüdischen Gemeinden mitmachten und das Volk nicht gegen die jüdische Gerichtsbarkeit an die römische Behörde appellierte. In sich nur moralische Kraft konnten in Jabne erlassene Verbote wie das der Kleintierzucht (BQ VII, 7) oder das des Verkaufs bzw. der Verpachtung oder Vermietung von Grund und Boden, Häusern und Großvieh an Nichtjuden haben (AZ I, 8). Diese Verbote zielten auf ein Wiedererstarken der fest ansässigen jüdischen Bauernschaft und gegen eine weitere Überfremdung Palästinas. Ihre Einhaltung konnte natürlich nicht erzwungen werden.

c) Die weitere Entwicklung des Sanhedrin

Der Bar-Kokhba-Aufstand und die darauf folgenden Jahre der römischen Repression waren ein schwerer Rückschlag im Aufbau des Sanhedrin als des nationalen Zentrums. Erst gegen Ende der Regierungszeit Hadrians oder nach dem Regierungsantritt des Antoninus Pius im Jahr 138 konnte sich der Sanhedrin wieder konstituieren, und zwar in Uscha in Galiläa.

Ein bekannter rabbinischer Text (RH 31a–b) spricht von zehn Wanderungen des Sanhedrin, auf denen diesen stets die Schekhina, die Wesensgegenwart Gottes, begleitete. Als Stationen sind aufgezählt: die Quaderkammer im Tempel – Kaufhalle – Jerusalem – Jabne – Uscha (– Jabne – Uscha) – Bet Schearim – Sepphoris – Tiberias. Die Verdoppelung von Jabne und Uscha in den gedruckten Talmudausgaben ist ein eindeutiger Fehler der Textüberlieferung und ein Versuch, die in den Handschriften gebotene Liste auf zehn Glieder aufzufüllen. Weder tagte der Sanhedrin vor dem Bar-Kokhba-Aufstand in Uscha noch kehrte er nach diesem nochmals nach Jabne zurück. Für die weiteren Verlegungen des Sanhedrin lassen sich jedoch nur ungefähre Daten schätzen. Die Periode von Uscha muß bis etwa 170 gedauert haben; Rabbi oder noch sein Vater Simeon ben Gamaliel übersiedelte mit dem Sanhedrin in das besser gelegene Bet Schearim und schließlich um etwa 200 in das wichtige römische Verwaltungszentrum Sepphoris (jKil IX, 32b). Um die Mitte des dritten Jahrhunderts muß dann die Verlegung des Sanhedrin nach Tiberias erfolgt sein, wo dieses Gremium bis zum Ende der rabbinischen Zeit seinen Sitz hatte.

Die Entwicklung des Sanhedrin hing in dieser Periode sehr stark von der Persönlichkeit des jeweiligen Patriarchen ab. Die Periode von Uscha begann ohne Patriarchen als Vorsitzenden. In dieser Zeit dürften sich demokratische Tendenzen in dieser Körperschaft gefestigt haben. Jedenfalls konnte Simeon ben Gamaliel, als er dann die Leitung des Sanhedrin übernahm, seine Position nur mit Mühe sichern. Die Rabbinen stellten ihm zwei Männer zur Seite, R. Natan als Ab Bet-Din und R. Meir als Chakham. Was ihre genauen Funktionen gewesen sind, läßt sich nicht sagen; die Annahme mancher (z.B. *H. Mantel*), der Chakham sei überhaupt kein eigenes Amt, sondern nur der allgemeine Titel für die Rabbinen im Sanhedrin gewesen, läßt sich jedoch nicht halten. Vielleicht vertrat der Ab Bet-Din den Patriarchen bei dessen Abwesenheit im Sanhedrin, während der Chakham mehr für den Lehrbetrieb verantwortlich war. Dazu müßte jedoch auch erst geklärt sein, ob man schon in der Periode von Uscha den Sanhedrin als Leitungsgremium und Gerichtshof von der daran angeschlossenen rabbinischen Schule unterscheiden muß.

Wie schwer der Stand des Patriarchen im Sanhedrin damals war, geht aus dem in Hor 13b–14a geschilderten Versuch hervor, Simeon ben Gamaliel II. abzusetzen. Die Rabbinen behaupteten ihre Unabhängigkeit auch mit dem in Uscha beschlossenen Grundsatz, daß man über einen Ältesten nicht den Bann verhängen darf (jMQ III, 1, 81d; MQ 17a). Damit war dem Patriarchen ein wichtiges Druckmittel genommen. Aber auch in Zukunft ging zwischen Sanhedrin und Patriarchen das Tauziehen um Kompetenzen weiter, wobei es besonders um das Recht der Ordination (Semikha) von Gelehrten ging, um die Kalenderfestsetzung und die Entscheidung der Halakha. Besonders im letztgenannten Punkt konnte sich der Sanhedrin im Lauf der Zeit immer mehr durchsetzen.

Ein starker Patriarch wie Rabbi konnte Sanhedrin und Schule ohne offizielle Stellvertreter monarchisch leiten; aber schon sein Sohn und Nachfolger Gamaliel mußte sich wieder mit einem Ab-Bet-Din und einem Chakham abfinden. Später sind diese Ämter nicht mehr belegt; das beweist jedoch nicht, daß sie damals zu existieren aufgehört haben. Jedenfalls hat sich schon sehr bald die rabbinische Schule von der Leitung des Patriarchen freigemacht, dem nur noch die nominelle Oberaufsicht zustand. Dies geht besonders daraus deutlich hervor, daß die Schule unter R. Jochanan nach Tiberias übersiedelte, während der Patriarch noch Jahre in Sepphoris residierte. Wieweit auch der Sanhedrin sich vom Patriarchen loslöste, läßt sich nicht sicher sagen. Jedenfalls hat es die relative Selbständigkeit dieser Institutionen ermöglicht, daß sie weiterleben konnten, als zu Beginn des fünften Jahrhunderts das Patriarchat abgeschafft wurde.

2. *Der Patriarch*

a) Die Dynastie Hillels

Patriarch ist die bei den Kirchenvätern und in der römischen Gesetzgebung übliche Bezeichnung für den Führer der Juden in der rabbinischen Zeit. Es ist die Übersetzung des hebräischen Titels *Nasi*, „Fürst". Daneben kennen die Kirchenväter auch noch die Bezeichnung *Ethnarch*, die schon für die Makkabäer verwendet worden war.

Die Funktion des Patriarchen war in der Familie Hillels erblich. Zur besseren Übersicht beginnen wir mit einer Tabelle der Patriarchen. Dieser Stammbaum entspricht der rabbinischen Tradition. Doch ist sein Anfang etwas unsicher: nicht nur ist die Annahme eines Simeon zwischen Hillel und Gamaliel nicht eindeutig zu belegen; sogar die Abstammung von Hillel ist für Gamaliel nicht klar beweisbar. Ebenfalls unsicher sind die Zeitangaben, die nur eine ungefähre zeitliche Einordnung ermöglichen sollen.

Hillel	unter Herodes d. Großen	Jerusalem
Simeon (?)		–
Gamaliel I.	Lehrer des Paulus	–
Simeon ben Gamaliel I.	vor dem Krieg gegen Rom	–
Gamaliel II.	etwa 80–120	Jabne
Simeon ben Gamaliel II.	ab etwa 140 oder später	Uscha
Jehuda ha-Nasi (Rabbi)	etwa 175–217	Bet Schearim Sepphoris
Gamaliel (beRabbi) III.	etwa 217–230	Sepphoris

Jehuda (Nesia) II.	Mitte 3. Jahrh.	Sepphoris/Tiberias
Gamaliel IV.		Tiberias
Jehuda III.	etwa 280–320	–
Hillel II.	Kalenderreform von 358	–
Gamaliel V.		–
Jehuda IV.		–
Gamaliel VI.	vor 429 gestorben	–

b) Die Anfänge des Patriarchats

Wenn die Tradition die Patriarchenliste mit Hillel beginnen läßt (andere lassen sie noch weiter zurückreichen), kann dies nur im Sinn eines Vorsitzenden der Partei der Pharisäer gelten. Patriarchen im eigentlichen Sinn – Vorsitzende des Sanhedrin und zugleich oberste Repräsentanten des jüdischen Volkes gegenüber der römischen Regierung – kann es jedoch zur Zeit des Tempels noch nicht gegeben haben, wenn man nicht den Hohenpriester als solchen betrachten wollte. Auch Jochanan ben Zakkai als Gründer der Schule von Jabne – er ist kein Mitglied der Patriarchenfamilie! – kann kaum als Patriarch bezeichnet werden: dazu waren seine Funktionen und sein Geltungsbereich zu sehr beschränkt. Somit nennen viele Gamaliel II. den ersten eigentlichen Patriarchen (z. B. *G. Allon*); andere hingegen lassen das Patriarchat erst mit seinem Sohn Simeon ben Gamaliel in Uscha einsetzen (z. B. *M. Avi-Yonah*) oder sehen gar erst Rabbi als den ersten Patriarchen (so *E. Schürer*). Tatsächlich ist eine Entwicklung des Amtes anzunehmen: Gamaliel hat schon weithin die Funktionen eines Patriarchen inne; Simeon ben Gamaliel bekleidet dann das Amt auch rechtlich, während Rabbi es zum Höhepunkt seiner Möglichkeiten führt.

Für die Bezeichnung Gamaliels als Patriarchen stützt man sich auf den schon genannten Text Ed VII, 7 (siehe S. 17), wonach er bei der römischen Behörde eine *reschut* einholt, was man als die Bestätigung in der „Autorität" des Patriarchen verstanden hat, was jedoch auch bloß die „Erlaubnis" der Kalenderverkündigung bedeuten kann. Die ebenfalls schon erwähnte Erzählung von Gamaliels Ab- und Wiedereinsetzung in Jabne ist ebenfalls eine fragliche Stütze der These, da dieser Text sehr anachronistisch zu sein scheint. Jedenfalls ist die Position Gamaliels in Jabne noch keineswegs voll gesichert. Die amtliche Duldung des Gremiums, dem er vorsteht, bedeutet nicht notwendig auch seine persönliche Anerkennung durch Rom.

Unter Gamaliel ist das Amt auch noch nicht eindeutiger Familienbesitz. Nach seinem Tod müssen andere, die nicht aus seiner Familie stammten, die Leitung des Sanhedrin übernommen haben; der Aufständischenführer Bar Kokhba hat in den Jahren 132–135 dann selbst den Titel eines Nasi beansprucht. Immerhin hat Gamaliel durch seine Amtsführung im Sanhedrin und durch seine Versuche, auch nach außen den Einfluß der von ihm geleiteten

Institution zu erweitern (Visitation der jüdischen Ortschaften, Romreisen), das Bild der kommenden Patriarchen schon entscheidend vorbereitet.

Nach dem Scheitern des Bar-Kokhba-Aufstandes trafen sich in Uscha kleine Gruppen von Gelehrten ohne Simeon ben Gamaliel, der von den römischen Behörden gesucht wurde (Taan 29a: der Text nennt fälschlich Gamaliel). Die Neugründung der nationalen Führung erfolgte also ohne die Mitwirkung des prädestinierten Vorsitzenden. So konnte er sich verständlicherweise dann auch nur schwer durchsetzen, sobald er die Leitung des inzwischen an Selbständigkeit gewohnten Kollegiums übernahm.

Andererseits dürfte es Simeon ben Gamaliel in der für die Juden positiven Zeit der Antoninen gelungen sein, als Führer der jüdischen Nation von den römischen Behörden anerkannt zu werden und so die Funktion eines Ethnarchen auch de jure zu übernehmen. Dies ist zwar nicht ausdrücklich bezeugt, doch aus der allgemeinen politischen Lage zu erschließen. Diese römische Anerkennung Simeons als Volksvertreter der Juden machte die Funktion in der Familie auch im rechtlichen Sinn erblich (wie die Erblichkeit der Vasallenkönige im römischen Reich allgemein üblich war). Somit war die Nachfolge in Zukunft keine umstrittene Frage mehr. Strittig waren nur noch die Kompetenzen, die dem Patriarchen bzw. dem Sanhedrin zustanden.

c) Jehuda ha-Nasi: die Blütezeit des Patriarchats

Simeon ben Gamaliel hat die Institution des Patriarchats im eigentlichen Sinn begründet; doch erst sein Sohn Jehuda ha-Nasi („der Patriarch" schlechthin), kurz Rabbi genannt, hat sie zur größten Macht geführt und gezeigt, was diese Funktion leisten kann.

Nach der Tradition von Qid 72b ist Rabbi geboren, als Aqiba starb, d.h. um 135 (auch wenn die Formel an sich nur die Kontinuität zwischen diesen beiden großen Lehrern des Judentums besagt). Seine Erziehung und Ausbildung bei verschiedenen Rabbinen hat wohl nicht nur seine Bereitschaft zur Synthese in der Lehre, sondern auch ein gutes Verhältnis zu den Rabbinen gefördert, eine gewisse Kompromißbereitschaft gebildet, die es ihm dann auch erlaubte, sein Amt ohne allzugroße Widerstände auszuüben. Seine umfassende Gelehrsamkeit gab ihm die notwendige Autorität als Vorsitzender des Sanhedrin wie auch der rabbinischen Schule; die Tradition schreibt Rabbi wohl zu Recht die Redaktion der Mischna (wenn auch nicht ihre endgültige Form) zu.

Der Sanhedrin ist aber nur ein Teil der Macht Rabbis. Er ist der erste Patriarch, dessen Anerkennung durch Rom eindeutig gesichert ist (vor allem durch die rabbinische Tradition über „Antoninus und Rabbi"). Er ist der unbestrittene politische Vertreter seines Volkes. Die Propagandisten des Patriarchenhauses stellen die Behauptung auf, seine Familie stamme von David ab. So beruft sich z.B. R. Levi auf einen in Jerusalem gefundenen Stammbaum, in dem steht: „Hillel stammt aus dem Haus Davids" (jTaan IV, 2, 68a; vgl. auch GenR 97, 10, Th-A 1219). Damit wird nicht nur die königliche Würde der Patriarchen begründet, sondern auch ein fast messianischer Anspruch erhoben. Nach Meg 11a (Samuel bar Abba) gilt so der Patriarch als nationale Retterfigur gleich Daniel oder den Makkabäern.

Allerdings wehren sich einzelne Rabbinen gegen diese Propaganda. So sagen die Söhne des einflußreichen R. Chijja bei einem Gastmahl Rabbis: „Der Sohn Davids wird nicht kommen, ehe zwei Dynastien aus Israel verschwunden sind, und zwar der Exilarch in Babylonien und der Patriarch in Israel" (Sanh 38a, begründet mit Jes 8, 14). Auch die eigenartige Angabe bei Theodoret, daß die Patriarchen von Herodes abstammen, könnte aus dem patriarchenfeindlichen jüdischen Lager kommen und somit jüdische Gegenpropaganda sein (so schon *A. Büchler*). Doch bleiben solche kritische Gegenstimmen ziemlich selten.

Daß Rabbi tatsächlich wie ein König verehrt wurde, geht aus verschiedenen Quellen hervor. Wenn Origenes in seiner Epistola ad Africanum § 14 schreibt, daß sich der jüdische Patriarch in nichts von einem König unterscheide, kann dies mit einer Reihe rabbinischer Überlieferungen belegt werden. Schon zu Lebzeiten Rabbis betete man in den Synagogen öffentlich für ihn; nach seinem Tode verbrannte man Weihrauch wie nach dem Tod eines Königs (so schon nach dem Tod Gamaliels II.: TSchab VII, 18, L. 28). Entgegen den sonstigen Reinheitsvorschriften durften Priester an den Trauerfeierlichkeiten für ihn teilnehmen; auch wurde für Rabbi ein volles Trauerjahr gehalten (Ket 103b).

In späterer Zeit, als das natürliche Prestige des Patriarchen schon wieder sank, weitete man dieses königliche Zeremoniell noch weiter aus: unter dem Enkel Rabbis Jehuda Nesia versammelten sich allmorgendlich die Häupter der großen Familien im Patriarchenhaus zur offiziellen Begrüßung; einzelne Rabbinen drängten sogar den Patriarchen, nie öffentlich ohne Purpur aufzutreten, offenbar auch dies, um die königliche Würde des Patriarchen zu unterstreichen.

Die diesen königlichen Ansprüchen angemessene Hofhaltung kostete natürlich viel Geld; doch war zur Zeit Rabbis das Patriarchenhaus schon sehr reich. Dieser Reichtum gründete sich vor allem auf ausgedehnten Grundbesitz sowie auf den Handel mit den dort erzeugten landwirtschaftlichen Produkten. Einen Teil dieser Besitzungen mag Rabbi geerbt haben, besaß doch schon sein Großvater Gamaliel II. Weinberge und Olivenhaine um Lod (die aber wohl im Bar-Kokhba-Aufstand verlorengegangen sind); wichtiger dürften dagegen die Rabbi vom Kaiserhaus zur Verwaltung übergebenen Ländereien gewesen sein: ausdrücklich erwähnt werden Güter in der Jesreelebene und in der Gaulanitis; die in Ber 43a erwähnten Balsampflanzungen lagen vielleicht in der Jordansenke. Berühmt waren die Maultiere Rabbis, die wohl die Produkte seiner verpachteten bzw. von Lohnarbeitern bestellten Güter auf die Märkte brachten. Auch besaß Rabbi eigene Handelsschiffe (jAZ II, 10, 42a). Zu diesen Einkünften kommt die im Rahmen der römischen Gesetzgebung noch näher zu besprechende Patriarchensteuer, die er durch seine Sendboten einheben ließ.

Durch seine wirtschaftlichen Aktivitäten kam Rabbi in engen Kontakt mit der wohlhabenden Schicht unter den Juden, was natürlich auch Kritik hervorrief (Er 85b–86a), ihm aber andererseits half, auch dort auf die Verwaltung der jüdischen Gemeinden Einfluß zu nehmen, wo diese noch nicht in der Hand der von ihm abhängigen Rabbinen war – und das war in der Zeit Rabbis sicher noch die Mehrzahl der Gemeinden. Gleichzeitig konnten Rabbi und seine Nachfolger durch ihre wirtschaftliche Macht auch die Rabbinen enger an sich binden, sie in den Notzeiten unterstützen und so von sich abhängig machen (BB 8a; Ket 10b).

Rabbi verstand es, eine Reihe von Vorrechten, die sich unter seinem Vater angebahnt hatten, zur festen Regel werden zu lassen. Er ernannte die Mitglieder des Sanhedrin aus eigener Autorität (jSanh I, 19a), ebenso auch die Mitglieder des Gerichts, das die Schaltjahre festlegte, und gewann so direkten Einfluß auf das gesamte Judentum. Er kontrollierte die Lehrtätigkeit der Rabbinen und hielt so auch die religiöse Führung des Volkes unter seiner Aufsicht (z.B. MQ 16a).

Auch visitierte Rabbi gelegentlich die Gemeinden Palästinas und setzte manchmal auf Wunsch der Gemeinden auch Richter ein; vor allem jedoch sicherte er sich seinen Einfluß im In- und Ausland durch seine Sendboten. Diese hatten eine mehrfache Aufgabe: sie verkündeten im Namen des Patriarchen und seines besonderen Gerichts den Festkalender, benützten diese Gelegenheit aber auch, auf eine lehrmäßige Einheit des Judentums zu achten, wie schon Justinus in seinem „Dialog mit dem Juden Tryphon" (§ 108) berichtet, daß die Juden von Jerusalem aus auserwählte und durch Handauflegung bestellte Leute senden, die in der ganzen Welt die Häresie der Christen verleumden (dies erinnert an Apg 8, 2, wonach Saulus als Beauftragter des Hohenpriesters die Christen verfolgt).

Der Einfluß des Patriarchen auf die jüdische Diaspora ist aber auch durch die starke Beweglichkeit der Rabbinen gegeben: zahlreiche Babylonier halten sich oft jahrelang am Hof des Patriarchen zum Studium auf bzw. dienen oft direkt als Kontaktleute zum Exilarchen in Babylonien; palästinische Gelehrte wiederum ziehen nach Babylonien und verbreiten dort die palästinischen Traditionen; intensiviert wird diese Verbindung durch Rabbinen, die – meist wohl aus geschäftlichen Gründen – ständig zwischen Babylonien und Palästina hin- und herziehen.

Eine solche Häufung von Kompetenzen, wie sie Rabbi vereinte, brachte natürlich Probleme mit sich. Rabbi konnte diese durch seine starke Persönlichkeit überdecken, besonders da auch die politisch günstige Situation unter den Severern die starke Regierung Rabbis begünstigte. Doch konnten seine

Befugnisse nicht so ohne weiteres auf seine Nachfolger übergehen. Dies erkannte offenbar er selbst; denn in seinem letzten Willen ernennt er seinen Zweitältesten Gamaliel, zum Nasi, den Ältesten Simeon zum Chakham und Chanina bar Chama zum Ab Bet-Din, verteilt also seine eigenen Funktionen auf drei Personen (Ket 103 b). Mit Rabbi ist eine unwiederholbare Periode in der Geschichte des Patriarchats zu Ende gegangen, wie dies Git 59 a ausdrückt: „Von den Tagen des Mose bis zu den Tagen Rabbis waren Tora und (profane) Größe nicht in einer Person zu finden".

d) Die Entwicklung nach Rabbi

Die Nachfolger Rabbis hatten an einer schweren Last zu tragen. Die Erblichkeit des Patriarchats führte dazu, daß auch nur durchschnittlich begabte Leute diese höchste Position im Judentum einnahmen; gelegentlich waren es sogar noch Jugendliche, wie aus Kirchenvätertexten hervorgeht (Eusebius und Hieronymus zu Jes 3, 4). Auch wurde die Last der allgemeinen Verwaltung und Repräsentation immer größer; so blieb den Patriarchen nicht mehr die Zeit zu einem entsprechenden Studium von Tora und jüdischer Tradition. Damit verloren sie immer mehr ihren Einfluß auf die Entscheidung der Lehre sowie allgemein im Lehrhaus und Sanhedrin; bei den Gelehrten sank ihr Prestige und stieg die Opposition, gegen die sich die Patriarchen oft nur noch mit Gewalt wehren konnten. Dazu kam eine allgemeine Verschlechterung der Lage der Juden vor allem infolge der Wirtschaftskrise des dritten Jahrhunderts, was die Aufgabe des Patriarchen ebenfalls erschwerte. Besonders deutlich ist diese Abwärtsentwicklung bei Jehuda Nesia, dem Enkel Rabbis, belegt, der nur noch zeitweise Sanhedrin und Lehrhaus leitete. Er (oder vielleicht auch schon Gamaliel III.) erhielt eine vom Staat gestellte „gotische" Leibgarde, die er wohl auch brauchte; so ließ er einmal R. Simeon ben Laqisch durch seine Goten gefangennehmen (jHor III, 2, 47 a).

Konkreter Anlaß zu Streitigkeiten wurde immer wieder die Steuerfrage. Der Patriarch dürfte zwar kaum, wie manchmal angenommen wird, von den Römern für die gesamten Steuern des jüdischen Volksteiles von Palästina verantwortlich gemacht worden sein; doch hatte er Einfluß auf die Verteilung der Steuerlast durch die Ordination von Rabbinen bzw. durch die Befreiung der im Gemeindedienst stehenden Leute, vielleicht auch auf dem Weg über die jüdischen Gemeindeverwaltungen. R. Jehuda Nesia machte sich auch Feinde, indem er die Rabbinen zu gewissen Gemeinschaftsaufgaben wie dem Mauerbau in Tiberias heranzog (BB 7 b). Noch mehr geschah dies, wenn er Gemeindefunktionen verkaufte (Protest gegen solche Richter Schab 139 a, Ket 17 a). Zu solchen Maßnahmen griff der Patriarch jedoch nicht aus bloßer Habsucht, sondern ganz einfach weil seine eigenen Einnahmen aus der Landwirtschaft ebenso wie die Patriarchensteuer in dieser wirtschaftlich unsicheren Zeit stark abnahmen.

Unter diesen Umständen erstarkte die Kritik am Patriarchat (vgl. z.B. jSchab VI, 1, 8a; jSanh II, 1, 19d–20a; GenR 80, 1, Th-A 950f). Große Rabbinen wie Jochanan, der Leiter der Akademie zu Tiberias, machten sich ziemlich selbständig, und der Patriarch war immer mehr auf die Hilfe Roms angewiesen, um sich bei seinen eigenen Volksgenossen durchzusetzen. Ein Edikt Diokletians aus dem Jahr 293 an einen nicht näher bezeichneten Jehuda scheint in diesen Zusammenhang zu gehören: „Die Zustimmung von Privatleuten macht jemanden, der keinem Gericht vorsteht, nicht schon zum Richter, und was ein solcher beschließt, hat nicht die Autorität eines rechtmäßigen Urteils" (CJ III, 13, 3).

Eine weitere Stufe in der Abwärtsentwicklung des Patriarchats war die Zeit Hillels II. (Mitte des vierten Jahrhunderts). Einerseits mußte er unter dem Druck der Regierung auf sein Kalenderprivileg verzichten und einen festen Kalender einführen, was seinen Einfluß in der Diaspora verringerte; auf der anderen Seite mutete ihm Julian in einem Brief im Zusammenhang mit seinem Projekt, den Tempel in Jerusalem wieder aufzubauen, sogar zu, auf die Patriarchensteuer zu verzichten.

e) Die Patriarchen in der römischen Gesetzgebung

Spätestens seit der Zeit Rabbis, wenn nicht schon unter seinem Vater, waren die Patriarchen als jüdische Volksvertreter von Rom anerkannt und wurden von den römischen Behörden in ihrer Amtsausübung unterstützt. Auch die römische Gesetzgebung beschäftigte sich wiederholt mit dem Patriarchenamt. Erstmals scheinen Patriarch und Sanhedrin in einem römischen Gesetz unter Konstantin auf (CTh XVI, 8, 2 vom Jahr 330): Wer sich hauptamtlich der jüdischen Religionsgemeinschaft, nämlich dem Patriarchenhaus und dem Sanhedrin *(patriarchis vel presbyteris)* widmet, ist wie andere Religionsdiener vom Dienst in den örtlichen Kurien befreit. Diese Vorschrift war sicher geeignet, innerjüdisch die zentrale Leitung zu stärken.

Ein Gesetz vom Jahre 392 (CTh XVI, 8, 8) stärkt ebenfalls den Patriarchen: Juden dürfen gegen den Bannspruch des Patriarchen nicht an ein gewöhnliches Gericht rekurrieren. Auch dürfen die Behörden die Urteile jüdischer Gerichte nur dann vollstrecken, wenn diese vom Patriarchen bestätigt sind.

Bezeichnend ist in diesem Gesetz auch die Anrede der Patriarchen *(virorum clarissimorum et inlustrium patriarcharum)*. *Illustris* ist die offizielle Anrede der höchsten Beamtenklasse im Reich. Die Verwendung dieser Bezeichnung in einem offiziellen Text besagt die Verleihung der Ehrenpräfektur an den Patriarchen. Das ist hier erstmals bezeugt, geht aber wahrscheinlich schon auf die Zeit vor Konstantin zurück; in der Widmungsinschrift der wohl um 360 errichteten Synagoge von Chammat Tiberias ist jedenfalls auch schon von den illustren Patriarchen *(lamprotatōn patriarchōn)* die Rede.

Ein Gesetz von 396 (CTh XVI, 8, 11) sieht die Bestrafung derer vor, die den Patriarchen öffentlich beleidigen. 397 werden die Privilegien jener jüdischen Religionsdiener erneuert, die der Jurisdiktion der Patriarchen unterworfen sind (CTh XVI, 8, 13), und im Jahre 404 (CTh XVI, 8, 15) alle bisherigen Privilegien der Patriarchen bestätigt. Der Patriarch Gamaliel V. (oder VI.?) konnte sich, wie Hieronymus berichtet (Ep. 57, 3) gegen die Übergriffe des römischen Statthalters in Konstantinopel erfolgreich beschweren.

Ein erster negativer Ton in den römischen Gesetzen über den Patriarchen kommt dann in einem Erlaß des Kaisers Honorius von 399 (CTh XVI, 8, 14): dieser verbietet die Ausfuhr des Geldes an den Patriarchen, das die von ihm ausgesandten Boten *(apostoli)* in den jüdischen Gemeinden Westroms gesammelt haben. Das Geld soll direkt in den Staatsschatz fließen und in Zukunft soll diese Ausbeutung der Gemeinden durch den Patriarchen ein Ende haben. Dieses Gesetz ist jedoch in einem Streit zwischen den beiden Teilen des römischen Reiches begründet; nach der Versöhnung mit Ostrom hebt Honorius mit Gesetz vom 25. 7. 404 (CTh XVI, 8, 17) den Erlaß wieder auf.

In diesen beiden Erlässen erfahren wir erstmals aus einer offiziellen Quelle von den Sendboten der Patriarchen, die eine eigene Patriarchensteuer einheben. Es ist allerdings nicht eindeutig, ob der Patriarch persönlich oder als Vertreter des Sanhedrin und in dessen Namen die Gelder des jüdischen Volkes sammeln ließ. Vielleicht hat es auch in diesem Punkt eine Entwicklung gegeben. Frühe rabbinische Texte sprechen von Sammlungen zugunsten der Rabbinen in der Zeit Gamaliels II. (jHor III, 7, 48a; LevR 5, 4, M. 110ff: diese Texte sind natürlich aus der Perspektive der Rabbinen geschrieben!); christliche Quellen hingegen nennen regelmäßig den Patriarchen als Empfänger der Gelder. Als Bezeichnung wird sowohl der Ausdruck „Krongeld" (*aurum coronarium* bzw. *deme kelila*) wie auch „Sendbotensteuer" (*apostolē:* so Julian) verwendet.

Die Details sind unsicher. Nach den einen handelt es sich um verschiedene Abgaben: die Kronsteuer als festen Betrag zum Amtsantritt des Patriarchen und zusätzlich freiwillige Spenden an die Sendboten. Nach anderen ist die Kronsteuer eine jährlich zu leistende Abgabe. Soweit ersichtlich, werden die Abgaben für den Patriarchen bzw. das von ihm geleitete jüdische Zentrum nur im römischen Reich eingehoben. Die Bereitschaft, für den Patriarchen einen Beitrag zu leisten, dürfte wohl mit dem Aufhören des *fiscus Judaicus* zusammenhängen, der einst die Tempelsteuer ersetzte; doch ist dies unsicher und auch der Zeitpunkt für das Ende des *fiscus Judaicus* (vielleicht im dritten Jahrhundert: Origenes, Epistula ad Africanum § 14, erwähnt die Steuer als letzter) nicht nachzuweisen.

Nach diesen positiven Gesetzen hinsichtlich des Patriarchen kommt plötzlich CTh XVI, 8, 22 vom 20. 10. 415, „weil Gamaliel (VI.) glaubte, straflos Gesetze übertreten zu können" (*impune delinquere:* offenbar hat sich der Patriarch nicht an verschiedene antijüdische Gesetze gehalten, die u.a. die

Proselytenwerbung und den Besitz christlicher Sklaven durch Juden verbieten). Das Gesetz nimmt Gamaliel die Würde eines Ehrenpräfekten, verbietet den Neubau von Synagogen und befiehlt den Abbruch von Synagogen in einsamen Gebieten.

Ein Gesetz aus dem Jahr 429 (CTh XVI, 8, 29) signalisiert dann das Ende des Patriarchats. Die Vorsteher der Juden in den Sanhedria beider Palästina – die jüdische Selbstverwaltung ist also inzwischen dezentralisiert worden! – und in den anderen Provinzen haben die ihnen nach dem Ende des Patriarchats *(post excessum patriarcharum)* zugeflossenen Gelder an den Staatsschatz abzuliefern. In Zukunft sollen sie jährlich die Summe aufbringen, die einst die Patriarchen unter dem Titel der Kronsteuer eingefordert haben. Staatsbeamte haben die Höhe dieses Betrages sorgfältig auszuforschen. Auch die Beiträge für den Patriarchen aus den westlichen Provinzen sind an die Staatskasse abzuliefern.

Somit ist also das Patriarchat – wohl nach Aussterben der Patriarchenfamilie, zumindest in der geraden Linie – beendet worden. Die Ernennung eines neuen Patriarchen, der nicht direkt von Gamaliel VI. abstammte, hätte – analog zum Verfahren bei Vasallenkönigen – einen neuen expliziten Beschluß der byzantinischen Regierung erfordert, den diese aber offenbar nicht für notwendig ansah. In den Augen der Regierung hatte die jüdische zentrale Selbstverwaltung ausgedient. Nun glaubte man in der Lage zu sein, mit den Juden auch direkt fertigzuwerden. Eine gewisse Nachfolge des Patriarchats übernahmen die in der Novelle 146 Justinians genannten Archipherekiten (im Seder Olam Rabba als *resch pirqa* bezeichnet, was an sich eher ein Schuloberhaupt bedeutet). Es ist fraglich, ob diese Archipherekiten die Vertretung des jüdischen Volkes Palästinas nur in ihrer Funktion als Leiter der rabbinischen Schule ausübten, oder ob unter ihrer Führung auch der Sanhedrin in Tiberias weiter funktionierte. Jedenfalls hatten sie von der byzantinischen Regierung keine Privilegien mehr.

Hier seien auch kurz die sogenannten „kleinen Patriarchen“ erwähnt. Für die Existenz solcher Regionalpatriarchen in der Diaspora zitiert man gelegentlich die Mehrzahl „Patriarchen“ in den römischen Gesetzen: diese ist aber im Sinn von „Patriarchenhaus“ zu verstehen. Ein weiterer vermeintlicher Beleg ist die Inschrift der Synagoge von Stobi in Mazedonien (wohl Ende 3. Jahrh.), die ein Strafgeld zugunsten des Patriarchen vorsieht. Manche denken hier an einen lokalen jüdischen Würdenträger, da sie bezweifeln, daß der palästinische Patriarch in der Diaspora einen solchen Einfluß ausgeübt hat, wie er hier vorausgesetzt scheint (die früher übliche Frühdatierung der Inschrift würde diese Zweifel noch verstärken). Doch müßte die Existenz eines solchen regionalen Oberhauptes der Juden in der Diaspora dieser Zeit erst einmal nachgewiesen werden; solange dies nicht möglich ist, bleibt auch hier ein Bezug auf den palästinischen Patriarchen die wahrscheinlichste Annahme. Für „kleine Patriarchen“ gibt es somit keinen sicheren Beleg.

3. Die jüdische Gerichtsbarkeit

a) Die jüdischen Richter

In einer Theokratie, als die sich Israel immer verstand, gibt es keinen Unterschied zwischen profanem und religiösem Recht. Dieser wurde erst akut, als Judäa 6 n. Chr. unter direkte römische Verwaltung kam. Damals wurde die römische Gerichtsbarkeit zumindest auf dem Gebiet des Strafrechts eingeführt; bei kleineren Delikten behielten allerdings die hellenistischen Städte bestimmte Gerichtsbefugnisse, die dann auch die römischen Kolonien wie die Aelia Capitolina, Nikopolis und Caesarea erlangten. In zivilrechtlichen Fragen waren in der Zeit vor dem Jahre 70 jüdische Gerichte zuständig, wenn beide Teile jüdisch waren, sonst jedoch die römischen Gerichte (Eherecht, Erbrecht, Vermögensrecht usw.). In Fragen des religiösen Rechts blieben die jüdischen Gerichte völlig autonom: das oberste Gericht war der Sanhedrin; dieser konnte Gerichte von dreiundzwanzig Mitgliedern einsetzen, die allein in Fällen entscheiden konnten, in denen die Todesstrafe auf dem Spiel stand. Die unterste Stufe in diesem System waren Gerichte mit je sieben Mitgliedern.

Nach der jüdischen Niederlage des Jahres 70 verloren die Juden Palästinas zunächst jegliche Gerichtsbarkeit, ebenso nochmals nach dem Bar-Kokhba-Aufstand, wie jSanh I, 1, 18a bezeugt: „In den Tagen des R. Simeon bar Jochai wurde Israel die Zivilgerichtsbarkeit *(dine memonot)* genommen." Erst langsam konnte sich wieder eine jüdische Gerichtsbarkeit durchsetzen, und zwar primär auf dem Weg über die Gemeindeverwaltung. Diese jüdischen Gerichte sind nun gewöhnlich Laiengerichte, die von dem Gemeindeältesten geleitet werden. Häufig sind freiwillig gewählte Schiedsrichter bezeugt. Gelegentlich amtieren diese einzeln (so wird Jesus in Lk 12, 13f als Einzelschiedsrichter in einem Erbschaftsstreit aufgefordert), wogegen sich die Rabbinen mit der Begründung aussprechen: „amtiere nicht als Einzelrichter; denn keiner kann dies allein außer dem Einen", nämlich Gott (so R. Jischmael beR. Jose in Abot IV, 8; vgl. TBQ VIII, 14, Z. 362). Gewöhnlich treten diese Schiedsrichter zu dritt auf. Doch kann man auch während des Verfahrens noch weitere Richter hinzuziehen: „Man fügt immer noch Richter hinzu, bis der Rechtsstreit entschieden ist" (TSanh VI, 4, Z. 424; vgl. Sanh III, 1; Sifre Dtn § 12, F. 19f). Die freiwillige Annahme des Gerichts durch die Parteien geht auch daraus hervor, daß man auch selbst nach Beginn des Verfahrens noch weggehen und sein Recht anderswo suchen kann (TSanh I, 7, Z. 413). Neben diesen freiwilligen Schiedsgerichten gibt es aber auch feste Ortsgerichte, die jemanden zum Erscheinen zwingen können, wo man sich den Richter nicht aussuchen kann und auch wider Willen das Urteil annehmen muß. Belege dafür gibt es seit dem späten zweiten Jahrhundert (Sifre Dtn § 17, F. 27).

In der Regel sind die Richter unbezahlt: „Wenn ein Richter dafür Geld nimmt, daß er richtet, ist sein Urteil nichtig" (Bek IV, 6). R. Jehoschua fordert daher, daß nur solche als Richter fungieren, die finanziell unabhängig sind und keinem Beruf nachgehen müssen; R. Eleasar von Modiin ergänzt diese Bestimmung dahingehend, daß sie aber auch in der Lehre bewandert sein sollen (Mekhilta Amaleq 4, L. II 184); zuvor heißt es, daß sie reich sein müssen, um nicht bestechlich zu sein). Die Ehrenamtlichkeit von Gericht und Ortsverwaltung hat natürlich zur Folge, daß beides eine Domäne der Reichen wird. Schon früh bemüht man sich daher von rabbinischer Seite, den Richtern einen gesicherten Lebensunterhalt zu besorgen, damit das Amt auch für die Rabbinen interessant und möglich wird.

Die Patriarchen versuchten, auf die Gerichtsbarkeit Einfluß zu gewinnen und die Ernennung der Richter in die Hand zu bekommen. Sie erteilten die höchste Qualifikation für das Richteramt durch die Ordination. Diese war aber nur eine Befähigung und nicht auch schon die Ernennung zu einem bestimmten Richteramt. Doch es entwickelte sich langsam die Sitte, daß in einem Dreiergericht mindestens einer ordiniert sein muß. Um die Autorität der ordinierten Rabbinen als Richter durchzusetzen, behaupteten die rabbinischen Gelehrten, ein ordinierter Gelehrter sei im Gegensatz zu einem Laienrichter nicht ersatzpflichtig, wenn er bei einer Entscheidung in Vermögensangelegenheiten einen Irrtum begehe. So sagt R. Aqiba in Bek IV, 4: „Jeder, der vor Gericht als erfahrener Mann gilt, ist nicht zu Schadenersatz verpflichtet."

Die Ernennung eines Richters ist Sache der Ortsgemeinde, die sich selbst einen oder mehrere Richter wählen kann. Manchmal wurden wohl Rabbinen ordiniert, weil ihnen ein Richteramt angeboten wurde; andere – oft auch sehr gelehrte Männer – wurden nicht ordiniert, weil sie keinen Posten fanden.

Erst ab Rabbi kann man belegen, daß der Patriarch selbst in den Gemeinden Richter einsetzt. Aber auch Rabbi tut dies nur auf Ansuchen einer Gemeinde. So bittet ihn die Ortschaft Simonias um einen Richter, der zugleich die Schule übernehmen kann. Bald darauf entläßt sie aber wieder den von Rabbi empfohlenen Levi bar Sisi, weil sie mit ihm nicht zufrieden ist (jJeb XII, 6, 13a; GenR 81, 2, Th-A 969f). Es ist eine lange Entwicklung, bis die Patriarchen die jüdische Gerichtsbarkeit unter Kontrolle haben. Dazu kommt, daß sie in der schweren wirtschaftlichen Lage des dritten Jahrhunderts vielfach reiche Laienrichter gegen die Interessen der Rabbinen bevorzugen. Dagegen wehren sich natürlich wieder die Rabbinen, die gegen die schlechten Richter polemisieren, sei es wegen ihrer schlechten Ausbildung (z.B. Mekhilta Kaspa 3, L. III 168), sei es wegen ihrer Bestechlichkeit (z.B. Sifre Dtn § 144, F. 198f). Global stellen sie daher die Behauptung auf: „Jedes Verhängnis, das über die Welt kommt, kommt nur wegen der Richter Israels" (Schab 139a).

b) Zuständigkeit der jüdischen Richter

Im Palästina der rabbinischen Zeit ist das jüdische Gericht im gewöhnlichen Strafrecht zuständig, wo die Juden aufgrund ihrer Mehrheit die Ortsverwaltung innehaben und damit auch die gewöhnliche Stadtgerichtsbarkeit ausüben (Tiberias, Sepphoris, Kafarnaum, Nazaret).

Im Zivilrecht ist der jüdische Richter kompetent, wenn beide Teile jüdisch sind und zumindest einer das jüdische Gericht anruft: dann wird der andere Teil zum Erscheinen gezwungen oder auch in Abwesenheit verurteilt. Doch kann er dem zuvorkommen und ein römisches Gericht anrufen, das im Streitfall immer eine Konkurrenz zur jüdischen Gerichtsbarkeit darstellt (sogar in religiösen Fragen, wie der Fall Tamars in Caesarea zeigt; von R. Chijja wegen ihres unmoralischen Verhaltens verurteilt, wandte sie sich an das römische Gericht: jMeg III, 2, 74a). Andererseits ist es aber auch möglich, sich freiwillig einem jüdischen Gericht zu stellen, auch wenn ein Teil oder gar beide nicht jüdisch sind. So gehen laut jBQ IV, 1, 4b zwei Heiden vor ein rabbinisches Gericht; nach rabbinischer Auffassung mußten jüdische Gerichte Heiden immer nach deren eigenem Recht richten (z.B. Sanh 56a), so daß die Anrufung jüdischer Richter durch Heiden ein Beweis für das Vertrauen ist, das man in die Effizienz und Unparteilichkeit dieser Richter setzt. Erst ein Gesetz von 398 (CTh II, 1, 10) schränkt die Kompetenz der jüdischen Gerichte sogar gegenüber Juden ein. CTh XVI, 8, 22 von 415 wendet sich gegen Gamaliel VI. dann unter anderem auch mit dem Vorwurf, zwischen Juden und Nichtjuden geurteilt zu haben (nach rabbinischer Auffassung, z.B. BQ 113a–b, hatte in solchen Fällen immer der Nichtjude die Wahl des Gerichtsstandes).

Uneingeschränkte Kompetenz stand den jüdischen Richtern natürlich in religiösen Fragen zu. Amtsattribute eines voll befugten jüdischen Richters sind nach Sanh 7b Stock und Peitsche, das Widderhorn zur Verkündung des Bannes sowie die Sandale zum Vollzug der Zeremonie, in der man sich der biblischen Verpflichtung zur Schwagerehe entziehen kann *(Chalitsa).*

c) Die Urteilsvollstreckung

Den jüdischen Gerichten standen eine Reihe von Mitteln zur Verfügung, um ihre Urteile durchzusetzen. An erster Stelle ist hier der Bann zu nennen, eine zeitlich begrenzte (gewöhnlich dreißig Tage) oder unbefristete Exkommunikation. Den unbefristeten Bann konnte nur der aufheben, der ihn verhängt hatte; war dies unmöglich – wenn z.B. der Richter inzwischen gestorben war – so war der Patriarch zuständig. Der Bann war ein äußerst wirksames soziales Druckmittel, war doch der Gebannte innerhalb seiner Gemeinschaft völlig isoliert. Die römischen Behörden haben seine Anwendung nicht verhindert, wie aus einem Gesetz von 392 deutlich wird: „es ist eindeutig, daß sie in ihrer

Religion Urteile fällen können und nach eigenem Urteil und Gutdünken den Bann verhängen" (CTh XVI, 8, 8).

Andere Mittel zur Durchsetzung ihrer Urteile waren das Gefängnis – u.a. für zahlungsunfähige Schuldner –, die Geißelung und die Prügelstrafe. Die Geißelung, von der Bibel auf vierzig und von der rabbinischen Rechtssprechung auf neununddreißig Schläge beschränkt, ist nach der Zerstörung des Tempels wohl bald außer Übung gekommen. Rom hat diese Strafe offiziell nie anerkannt und sie höchstens toleriert. Schon R. Eleasar ben Simon (frühes zweites Jahrhundert) wendet sich gegen ihren Mißbrauch (Schab 139a) und R. Jischmael fordert um dieselbe Zeit, daß nur ein Gericht von dreiundzwanzig Mitgliedern diese Strafe verhängen dürfe; ein solches aber gab es seit 70 gar nicht mehr (Sanh I, 2), womit die Geißelung für R. Jischmael Sache der Vergangenheit war. Zu erwähnen sind schließlich Geldstrafen, die wohl die häufigste Form der Strafe waren (z.B. jBQ VIII, 8, 6c).

Ein besonderes Problem ist die Frage der Todesstrafe in religiösen Prozessen; das biblische Recht sieht ja bei zahlreichen religiösen Vergehen die Todesstrafe vor. Im allgemeinen nimmt man an, daß schon vor 70 der Sanhedrin das Todesurteil zwar verhängen, jedoch nicht vollstrecken durfte; dies war Sache der römischen Behörden. Um so mehr kann man dies für die Zeit nach 70 annehmen. In seinem Kommentar zum Römerbrief schreibt dann auch Origenes, die Juden könnten weder einen Mörder bestrafen noch eine Ehebrecherin steinigen, da sich das die römische Behörde vorbehalten hat. Andererseits schreibt jedoch Origenes in der Epistula ad Africanum § 14: „Sie halten auch geheime Prozesse nach dem (jüdischen) Gesetz und verurteilen auch manche zum Tode. Dabei handeln sie weder mit völliger Kenntnis der Behörden noch völlig im geheimen." Die römische Verwaltung tolerierte also offenbar dieses Vorgehen der jüdischen Gerichtsbarkeit. Der um 240 geschriebene Brief des Origenes blickt dabei vielleicht auf Einzelvorkommnisse zurück, die in der Zeit der großen Machtbefugnisse Rabbis denkbar sind; von einer amtlichen römischen Duldung von Hinrichtungen durch die jüdische Gerichtsbarkeit kann jedoch keine Rede sein.

Sehr oft muß es jedenfalls vorgekommen sein, daß sich die jüdischen Gerichte außerstande sahen, ihre Urteile durchzusetzen. Dann blieb ihnen nur die Möglichkeit, sich an die römischen Behörden um Hilfe zu wenden, wobei sie im allgemeinen erfolgreich waren.

Ein Gesetz aus dem Jahr 398 (CTh II, 1, 10) griff dann aber in die jüdische Gerichtsbarkeit entscheidend ein und beschränkte ihre Zuständigkeit auf religiöse Fragen sowie das freiwillige Schiedsgericht. Beide jüdische Parteien mußten sich diesem Schiedsgericht mit einem formellen Akt unterwerfen: nur dann war das Urteil rechtskräftig und wurde von den römischen Behörden vollstreckt; sonst jedoch war von nun an auch in der Zivilgerichtsbarkeit allein die römische Behörde zuständig und das jüdische Recht auf den rein religiösen Bereich begrenzt. Durch dieses Gesetz und ähnliche Maßnahmen nimmt die Regierung dem Judentum immer mehr den Status einer völkischen Minderheit und begrenzt es auf jenen einer Religionsgemeinschaft.

B. Die jüdische Selbstverwaltung in Babylonien

1. Der Exilarch

„Exilarch", aramäisch *resch galuta,* „Oberhaupt der Diaspora", ist die Bezeichnung für den Führer des babylonischen Judentums in der talmudischen und islamischen Zeit. Sein Herrschaftsbereich ist nicht das gesamte persische Reich, sondern nur das Gebiet von Babylonien (daß die Führer von Juden in anderen Gebieten des persischen Reichs ebenfalls den Titel *resch galuta* führten, ist vielleicht aus Jeb 115b zu entnehmen). „Diaspora" schlechthin ist schon immer Babylonien gewesen (z.B. Esr 1, 11). Gelegentlich bezeichnet man den Exilarchen auch gleich dem palästinischen Patriarchen als *Nasi,* „Fürst" (vgl. Git 14b–15a). Als Ehrenbezeichnung trägt er den Titel *Mar,* „Herr", ähnlich dem Titel Rabban der Patriarchen.

a) Die Anfänge des Exilarchats

Die Urspünge der Institution des Exilarchats liegen im Dunkel. Umfangreiche Nachrichten darüber setzen erst im dritten Jahrhundert ein; doch auch dann sind es immer jüdische Quellen – in offiziellen parthischen oder persischen Texten scheint der Exilarch ebensowenig wie in christlichen Texten seiner Zeit auf.

Der Seder Olam Zutta, die im späten siebten oder frühen achten Jahrhundert entstandene „kleine Weltchronik", bietet eine Exilarchenliste, die mit Jojachin im babylonischen Exil beginnt. Doch ist diese späte Schrift für die Zeit vor 70 völlig unbrauchbar. Ziel des Werkes ist der Nachweis, daß die davidische Linie der Exilarchen mit Mar Zutra aufgehört hat, als dieser zu Beginn des sechsten Jahrhunderts nach Palästina auswanderte. Die späteren Exilarchen sind daher nicht rechtmäßig und können so auch nicht den Rabbinen als vorgesetzte Autorität gelten. Die Angaben der Chronik dürften wohl auf 2 Kön 25, 27 (Begnadigung des Jojachin durch den babylonischen König) und 1 Chron 3, 17–24 (Namensliste der Nachfahren Jojachins) beruhen. Erst der zwanzigste Name der Liste, die durchschnittlich drei Exilarchen je Jahrhundert angibt, könnte eine geschichtliche Gestalt bezeichnen, vorausgesetzt, wir dürfen Anan mit dem aus talmudischen Texten für das Ende des zweiten Jahrhunderts bekannten Huna identifizieren.

Man darf zwar annehmen, daß die babylonische Diaspora, um als jüdische Minderheit überleben zu können, schon immer gewisse Formen der Selbstverwaltung gebraucht hat. Ob diese aber zu einer Zentralgewalt gleich der der späteren Exilarchen führen mußte, ist fraglich – auch in Ägypten ist ohne eine solche zentrale Führung eine blühende Diaspora entstanden. Ebenso offen bleibt, ob in dieser Selbstverwaltung Angehörige der davidischen Dynastie die Führung innehatten, auch wenn dies denkbar und sogar wahrscheinlich ist. Die Schaltjahrbriefe an die babylonische Diaspora, die wir schon für die Zeit vor 70 annehmen können (TSanh II, 6, Z. 416, wo Gamaliel mit Jochanan ben Zakkai auf dem Tempelberg einen solchen Brief an die Juden Babylons und Mediens verfaßt, ist allerdings kein sicherer Beleg dafür), verlangen ebenfalls nicht (wie gelegentlich behauptet wird) als Adressaten eine zentrale Instanz, sondern können den wichtigeren Synagogengemeinden auch direkt überbracht worden sein. Über die weitere Proklamation des Kalenders in Babylonien wissen wir ebenso wie über die in Ägypten nichts; daß diese der Exilarch in die Hand nimmt, sobald dieses Amt besteht, ist allerdings wahrscheinlich.

Die erste sichere Nachricht von einem hohen jüdischen Würdenträger in Babylonien, den man als Exilarchen betrachten könnte, ist der schon erwähnte Text Hor 13b (vgl. S. 41), wo von Natans Vater die Rede ist. Damit stehen wir in den Jahrzehnten nach dem Bar-Kokhba-Aufstand. Natans Vater trägt die *kamara*, die in der parthischen Verwaltung den Inhaber einer religiösen und zugleich juridischen Autorität auszeichnet; ein Jude mit *kamara* ist demnach ein Führer der jüdischen Minderheit gewesen, der in religiösen und auch in rechtlichen Fragen zuständig war. Demnach war der Exilarch – wenn dieser hier tatsächlich gemeint ist – keine rein politische Führergestalt, als die man den Exilarchen gerne darstellt (der Sonderstatus der Juden im parthischen Reich ist ja schließlich auch religiös begründet).

Natans Vater war als jüdische Autorität auch in Palästina bekannt; seine Würde half seinem Sohn Natan am Patriarchenhof weiter. Daraus darf man wohl schließen, daß die Position, die Natans Vater bekleidete, nicht völlig neu war. *J. Neusner* hat daraus sowie aus der Tatsache, daß die Juden Babyloniens im Partherkrieg Trajans (113–117) loyal zu ihrer parthischen Regierung standen, wohl mit Recht geschlossen, daß die jüdische Selbstverwaltung in Babylonien auf frühere Zeit zurückgeht und wohl in der Verwaltungsreform des Vologases I. (51–79) eingeführt worden ist.

Konkreter Anlaß für die Errichtung des Exilarchats könnte der Untergang Jerusalems im Jahre 70 gewesen sein. Die Juden Palästinas waren nun viel stärker als bisher von Rom abhängig; ein zu enger Kontakt ihrer jüdischen Minderheit mit den Juden Palästinas mußte der parthischen Regierung unter diesen Umständen äußerst problematisch erscheinen. Auch stand der Tempel nicht mehr, für den die Juden Babyloniens bisher finanzielle Beiträge geleistet hatten und zu dem sie auch in großer Zahl gepilgert waren. So konnte es der parthischen Regierung nur gelegen kommen, den Juden Babyloniens eine eigene zentrale Organisation zu geben. In diesen Zusammenhang paßt die

Erwähnung der *kamara* von Natans Vater ebenso wie der Hinweis auf jüdische Beamte mit großen Privilegien in Git 14a–b. Ab Ende des zweiten Jahrhunderts ist dann das Amt des Exilarchen unbestreitbar nachzuweisen.

b) Der Stammbaum der Exilarchen

Wie schon erwähnt, ist die Exilarchenliste des Seder Olam Zutta für die Zeit vor 70 unbrauchbar. Aber auch für spätere Zeit kann sie nur eine Hilfe sein, die stets an den talmudischen Angaben zu überprüfen ist. Doch bleibt auch dann noch vieles unsicher. Von einzelnen Exilarchen ist oft kaum mehr als der Name und die eine oder andere Anekdote bekannt. Den Rabbinen als den Vätern der talmudischen Tradition waren die Exilarchen offenbar nicht wichtig genug, und eigene Schriften haben diese nicht hinterlassen. Der hier gebotene Stammbaum ist von *J. Neusner* zusammengestellt (Encyclopaedia Judaica VI, Jerusalem 1971, S. 1024), der sich wiederum auf *F. Lazarus* stützt. Die Jahreszahlen sind nur Annäherungswerte; nicht einmal die historische Existenz aller genannten Exilarchen ist gesichert (so bezweifelt z.B. Neusner selbst an anderer Stelle die Existenz von Huna II.). Die Periode zwischen Bustanai und dem Ende des Exilarchats um 1040 ist für unsere Darstellung nicht so wesentlich und daher auch im Stammbaum nicht berücksichtigt.

Nahum (140–170)
Huna I. (170–210)
Mar Uqba I. (210–240)
Huna II. (240–260)
Natan I. (260–270)
Nehemia (270–313)
Mar Uqba II; (313–337)
Huna Mar I. = Huna III. (337–350)
Abba (350–370)
Natan II. (370–400)
Kahana I. (400–415)
Huna IV. (415–442)
Mar Zutra I. (442–455)
Huna V. (465–470)
Kahana II. (455–465)
Huna VI. (484–508)
Mar Zutra II. (508–520)
Achunai (?–560)
Chofnai (560–580)
Chaninai (580–590)
Bustanai (gestorben 670)...

c) *Autorität und Befugnisse des Exilarchen*

Die Autorität des Exilarchen hatte zwei verschiedene Grundlagen. Offiziell erhielt er Macht und Würde durch die parthische bzw. persische Regierung, die ihn einsetzte und ihm wohl auch entsprechende Mittel zur Verfügung stellte, war doch der Exilarch auch für seinen Reichtum und das luxuriöse Leben an seinem Hof bekannt. Als hoher Staatsbeamter scheint er auch Zutritt zum Königshaus gehabt zu haben (Ket 61 a–b schildert einen Besuch von Amemar und Mar Zutra bei Jezdegird). Der Rückhalt bei den staatlichen Behörden ermöglichte es dem Exilarchen, der wahrscheinlich in Machoza oder Ktesiphon residierte, sich bei seinen jüdischen Mitbürgern notfalls mit Gewalt durchzusetzen (Sanh 5 a).

Mindestens ebensowichtig ist aber das natürliche Prestige, das der Exilarch innerhalb der jüdischen Bevölkerung wegen seiner angeblichen Abstammung von David hatte. Diese wird im Seder Olam Zutta behauptet, ist aber auch in Schab 55 a vorausgesetzt, wenn Jer 21, 11 f: „Haus David, so spricht der Herr, haltet jeden Morgen gerechtes Gericht" von Samuel auf den Exilarchen Mar Uqb bezogen wird. Aufgrund seiner Abstammung ist der Exilarch dem Patriarchen sogar überlegen, wie selbst palästinische Quellen bezeugen. In GenR 33, 3 (Th–A 306, kürzer in jKet XII, 3, 35 a) heißt es, Rabbi würde jederzeit dem Exilarchen Rab Huna den Vorrang gewähren, wenn dieser nach Palästina käme: „denn er stammt von Juda, ich von Benjamin; er stammt von der männlichen Linie, ich von der weiblichen Linie". Die fürstliche Herkunft des Exilarchen betont auch Chul 92 a. Rabba deutet hier Gen 32, 27 (Jakobskampf) so: „Er gab ihm einen Hinweis, daß zwei Fürsten aus ihm hervorgehen würden, der Exilarch in Babylonien und der Patriarch in Israel". R. Chijja, der wohl mit dem Exilarchenhaus verwandt war und dieser Tatsache seine bedeutende Stellung am Patriarchenhof mitverdankt haben dürfte, weist Rabbi in Hor 11 b (in der Parallele Sanh 5 a ist Chijja nicht genannt) auf die höhere Machtbefugnis des Exilarchen gegenüber dem Patriarchen hin: „Dort ist das Szepter, hier ist bloß ein Gesetzgeber; denn man lehrt: ‚Nie weicht von Juda das Szepter', das ist der Exilarch in Babylonien, der Israel mit dem Stab unterjocht; ‚und der Gesetzgeber (so ist für den Zusammenhang hier zu übersetzen anstatt ‚Herrscherstab') von seinen Füßen' (Gen 49, 10), das sind die Nachfahren Hillels, die Israel öffentlich Tora lehren". Der bloß religionsgesetzlichen Autorität des Patriarchen stellt Chijja also die umfassende weltliche und politisch abgesicherte Herrschaftsbefugnis des Exilarchen gegenüber.

Trotz dieser Betonung des höheren Ranges des Exilarchen genießt der Patriarch auch in Babylonien hohes Ansehen und wird seine Ordination hoch geschätzt, obwohl sie in Babylonien keine rechtliche Wirkung hatte. Nach Sanh 5 a gilt die Einsetzung eines Richters durch den Exilarchen in Babylonien und Palästina, die eines Richters durch den Patriarchen – zumindest in

Geldfragen – nur in Palästina. Die Patriarchen sind bemüht, ihren Einfluß durch die von ihnen ordinierten Gelehrten auch in Babylonien geltend zu machen. Die Exilarchen hingegen übernehmen gerne die in Palästina geschulten Kräfte, binden sie fest in ihre Verwaltung ein, lassen sich aber sonst von den Patriarchen nicht dreinreden. Der Exilarch ist der Inhaber der innerjüdischen Gerichtsbarkeit in Babylonien; wenn Rabbinen politisch und in der Gemeinde tätig sein wollen, geschieht dies daher immer in Abhängigkeit vom Exilarchen. Diese gegenseitige Abhängigkeit zwischen Exilarchen und Rabbinen hat zur Folge, daß zumindest in der frühen amoräischen Zeit die Rabbinen praktisch nie am Exilarchen Kritik üben.

Die Rabbinen erkennen dem Exilarchen eine Reihe von Privilegien zu. Wie R. Jose beR. Bun (Mitte 3. Jahrh.) bezeugt, muß der Exilarch nicht zum Toraschrein kommen, wenn er die liturgische Lesung hält; vielmehr „bringt man die Tora zum Exilarchen ... weil er aus dem Geschlecht Davids stammt, verfährt man mit ihm wie mit seinen Vorfahren" (jSota VII, 6, 22a). Aufgrund seiner Stellung ist er auch von einer Reihe von religiösen Vorschriften befreit, während man vom Patriarchen erwartet, daß er sich vorbildlich an die Halakha hält (doch hat auch dieser Privilegien wegen seines Umgangs mit der römischen Regierung: er darf den Spiegel benützen, eine bestimmte modische Frisur tragen und Griechischstudien betreiben: jAZ II, 2, 41a). So darf der Exilarch auch an Sabbaten die Sänfte benutzen, weil ihn die Allgemeinheit braucht und er daher nicht vorschnell ermüden soll (jBetsa I, 6, 60c); seine Frau darf auch am Sabbat bestimmten Schmuck tragen, der anderen Frauen verboten ist (jSchab VI, 1, 7d), und die Diener des Exilarchen dürfen für den traditionellen Sabbatempfang im Haus des Exilarchen ebenfalls sonst verbotene Arbeiten verrichten usw. Wenn ein Exilarch stirbt, verkündet man dies dem ganzen Volk; auch beim Tod eines Familienmitglieds des Exilarchen gibt es bestimmte Ehrenbezeugungen (MQ 22b) und Änderungen in der Liturgie (jBer IV, 6, 8c: das Mussafgebet entfällt in der Synagoge, weil der Sohn des Exilarchen gestorben ist).

Eines der Hauptprobleme in der Entwicklung des Patriarchats war die schnell abnehmende fachliche Kompetenz des Patriarchen in Fragen des Religionsgesetzes; seine anderen Verpflichtungen ließen ihm einfach nicht genügend Zeit zum Studium des Religionsgesetzes. Der Exilarch kam hingegen anders als der Patriarch nicht aus der rabbinischen Bewegung und konnte infolgedessen auch nicht nach dem Standard der Rabbinen gemessen werden. Zwar gehört es auch in Babylonien zur üblichen Polemik, dem Exilarchen und seinem Hof Unkenntnis der jüdischen Tradition und Nichteinhalten des Gesetzes vorzuwerfen; doch gefährdet dies nie seine Stellung innerhalb des Volkes. Häufiger sind die Klagen der Rabbinen, daß die Diener der Exilarchen sich ihnen gegenüber Übergriffe erlauben (Git 67b, AZ 38b u.ö.).

Zur geschichtlichen Entwicklung des Exilarchats läßt sich nur wenig sagen. Schon kurz nach der ersten Blüte dieser Institution unter den letzten Arsakiden (zur Zeit Rabbis) kam es mit der Regierungsübernahme der Sassaniden (Ardaschir I., 226–242) zu einem schweren Einbruch. Die Juden verloren nun zunächst ihre Selbstverwaltung und die gerichtliche Autonomie (Ber 58a, BQ 47a). Das Amt des Exilarchen scheint weiterbestanden zu haben, trat jedoch völlig in den Hintergrund. Scherira Gaon (Lewin 76f) nimmt an, daß Mar Rab Uqba der Nachfolger von Huna war; doch wird Mar Uqba nie mit dem Titel eines Exilarchen bezeichnet. Die wichtigste Gestalt des babylonischen Judentums in dieser schweren Zeit war Samuel, der – vielleicht im Auftrag des Exilarchen – einen Modus Vivendi mit der neuen persischen Regierung aushandelte, indem die jüdische Minderheit sich an das staatliche persische Gesetz zu halten versprach. Mar Uqba wurde von Samuel als die höchste jüdische richterliche Autorität anerkannt (MQ 16b, Schab 55a); er war die führende religiöse und politische Persönlichkeit, nahm also irgendwie die Stellung des Exilarchen ein, auch wenn er vielleicht den Titel nicht führen durfte.

Ab dem späten dritten Jahrhundert kam es immer mehr zu Spannungen zwischen Exilarchen und Rabbinen, die ihm Unkenntnis der jüdischen Tradition vorwarfen. Geniba, ein Schüler des großen Rab, leitete aus Spr 8, 15 („Durch mich [d.h. die göttliche Weisheit] regieren die Könige und entscheiden die Großen nach Recht") ab, daß der Exilarch sich den Tora-kundigen Rabbinen unterwerfen müsse. Es kam zu einem offenen Konflikt, in dem sich der Exilarch nur durch seine politische Macht durchsetzen konnte: er übergab den Kritiker den persischen Behörden zur Hinrichtung (Git 7a). Die Behörden waren ja im eigenen Interesse an einem starken Exilarchen interessiert, der ihnen gegenüber für die jüdische Minderheit verantwortlich war.

Weitere Schwierigkeiten erwuchsen dem Exilarchen, weil die Rabbinen schon bald die Befreiung von der *karga,* der von den Minderheiten eingehobenen Kopfsteuer, verlangten, was der Exilarch aus Rücksicht auf die allgemeine jüdische Bevölkerung nicht gewähren konnte. Besonders Raba tritt in den Texten immer wieder als Sprecher der Steuergegner hervor. Unter Berufung auf Esr 7, 24 – „Niemand ist befugt, irgendeinem Priester, Leviten, ... oder Arbeiter dieses Gotteshauses Steuern, Abgaben oder Zölle aufzuerlegen" – lehnt er jede Form von Steuerleistung durch die Gelehrten ab und vertritt sogar die Meinung, um der Kopfsteuer zu entgehen, dürfe ein Talmudschüler sogar leugnen, daß er ein Jude ist (Ned 62b; vgl. Sota 10a, BB 8a). Der Exilarch konnte hier nicht nachgeben. Ähnlich dem christlichen Katholikos war er ja der persischen Regierung für die Gesamtsumme der Kopfsteuer der von ihm vertretenen Minderheit verantwortlich; bei Befreiung einer Gruppe hätte er die Steuerlast der anderen erhöhen müssen. Dieser Steuerstreit, für den die Belege vor allem aus der ersten Hälfte des vierten Jahrhunderts stammen, dürfte mit einem Sieg des Exilarchen geendet haben, ohne daß dieser die persischen Behörden zu Hilfe rufen mußte.

In der weiteren Entwicklung näherte sich der Exilarch wieder den Rabbinen an. Er wurde ihr Schüler und paßte sich ihrer Lehrtradition an, soweit dies mit dem persischen Gesetz zu vereinbaren war. So konnte der Exilarch auch seinen Einfluß auf die Rabbinen vergrößern und seine innerjüdische Position absichern.

Die große Krise des Exilarchats kam mit der allgemeinen Gefährdung des babylonischen Judentums in der zweiten Hälfte des fünften Jahrhunderts. Der Exilarch Huna V. wurde unter König Peroz hingerichtet – nach den Angaben Scheriras im Jahr 470. Erst nach längerer Zeit konnte Huna VI. die Nachfolge antreten. Weitere Wirren im persischen Reich führten bald darauf zum Versuch des Exilarchen Mar Zutra, sich politisch selbständig zu machen und ein eigenes jüdisches Reich zu gründen. Von den Persern besiegt, wurde er gekreuzigt; sein Sohn Mar Zutra III., der am Tag der Hinrichtung seines Vaters geboren wurde, übernahm nicht die Nachfolge als Exilarch, sondern floh nach Palästina. Für das sechste Jahrhundert kennt die Tradition zwar die Namen einiger Exilarchen, die vielleicht auch aus der angestammten Exilarchenfamilie stammen, doch verlieren sich hier die konkreten historischen Spuren. Man kann annehmen, daß es unter Chosroes II. keine jüdische Selbstverwaltung mehr gab und daß zwischen 590 und 640 auch kein Exilarch seines Amtes waltete.

Ein Neuanfang war erst wieder möglich, als die Araber das Land eroberten. 642 wurde Bustanai von den Arabern als Exilarch anerkannt. Unter seinen Nachfolgern, über die sehr wenig bekannt ist, lebte das Exilarchat zwar weiter, scheint jedoch keine sehr große Bedeutung gehabt zu haben. Ein Nachfolgestreit innerhalb der Familie im achten Jahrhundert erwies sich als äußerst folgenschwer: der unterlegene Kandidat Anan führte die Abspaltung der Karäer vom rabbinischen Judentum herbei.

Für das zehnte Jahrhundert haben die Funde aus der Geniza von Kairo etwas Licht auf das Exilarchat geworfen. Natan ha-Babli berichtet für diese Zeit vom feierlichen Zeremoniell bei der Amtseinführung des Exilarchen und informiert uns auch über seine Geldquellen; im allgemeinen jedoch ist das, was wir über den Exilarchen erfahren, auch jetzt vor allem eine Geschichte fortwährender Streitigkeiten und Machtkämpfe. Die Funktion des Exilarchen, dessen Gerichtsbefugnisse in islamischer Zeit schon sehr begrenzt sind, erlischt dann ziemlich schnell. Der letzte Exilarch war Hiskija, der 1038 auch zum letzten Gaon gewählt wurde, aber 1040 ins Gefängnis kam. Er fungierte zwar später nochmals einige Zeit als Leiter der rabbinischen Schule; doch war mit ihm das Ende des Exilarchats wie auch des Gaonats endgültig besiegelt. Spätere Versuche, das Amt des Exilarchen wiederzubeleben – so im elften Jahrhundert in Ägypten – bleiben erfolglos.

2. *Die jüdische Gerichtsbarkeit*

In der parthischen Periode hatten die Exilarchen als die von der Regierung anerkannten Vertreter der Juden Babyloniens auch die interne Gerichtsbarkeit; sie durften jederzeit Gefängnisstrafen verhängen und sogar Todesurteile fällen (jQid III, 4, 64a, vorausgesetzt, dieser Text wird mit *J. Neusner* auf jüdische Gerichte und nicht nur jüdische Beamte in der allgemeinen Verwaltung bezogen). Die Juden Babyloniens entwickelten in dieser Zeit eigene Rechtstraditionen, die sich von denen der palästinischen Rabbinen unterscheiden: so heißt es GenR 33, 3 (Th-A 306), daß Chijja während der Zeit seiner Exkommunikation von Rab die Gesetze der Babylonier gelernt habe.

In der sassanidischen Zeit gibt es zuerst eine schwierige Übergangsperiode, in der z.B. Schila mit der persischen Regierung in Schwierigkeiten gerät, weil er eine Frau auspeitschen ließ, die mit einem Nichtjuden geschlechtlich verkehrt hatte (Ber 58a). Dann wurde die jüdische Selbstverwaltung erneut bestätigt, ihre Gerichtsbarkeit jedoch eingeschränkt. Jüdische Gerichte durften keine Todesurteile mehr fällen (BQ 117a schickt Rab Kahana nach Israel, weil er einen Mann hinrichten ließ, was die Perser als Mord ahnden würden). Im Strafrecht verloren sie alle Kompetenzen; so ist auch aus der Zeit von Rab und Samuel kein einziger sicherer konkreter Fall aus dem Strafrecht überliefert. Sogar im Vermögensrecht waren die jüdischen Gerichte nur für die kleineren Fälle zuständig. Vor allem aber galt als Voraussetzung für das Fortbestehen der jüdischen Gerichte auch in diesem eingeschränkten Maß, daß sie sich das persische Recht zu eigen machten – *dina de-malkuta dina*, das staatliche Recht gilt (BQ 58b). Unter diesen Voraussetzungen konnte die jüdische Gerichtsbarkeit bis in die Mitte des fünften Jahrhunderts fortbestehen, bis sich die Lage wieder verschlechterte und unter Chosroes II. die jüdische Selbstverwaltung völlig aufhörte.

Für seine Verwaltung verwendet der Exilarch soweit als möglich Rabbinen, die sowohl die gewöhnlichen Ortsgerichte besetzen als auch die leitenden Stellen in der zentralen Justizverwaltung innehaben (so trägt z.B. Samuel den Titel eines „Richters des Exils"). In der rabbinischen Tradition ist mehrmals von der „Pforte des Exilarchen" die Rede (z.B. BB 65b), worunter sein oberster Gerichtshof zu verstehen ist; auch werden öfter die „Rabbinen des Exilarchenhauses" erwähnt (Schab 58a, Suk 31a), die die Verwaltung des Exilarchen leiten.

Neben den Rabbinen gibt es in der Verwaltung des Exilarchen aber auch Laien, die von den Rabbinen als „unwissende Richter" geschmäht werden. Selbstverständlich kommt es zwischen Rabbinen und Laienrichtern zu Spannungen, wie ja auch die Beziehungen zwischen den Rabbinen und dem Exilarchen nicht immer ungetrübt sind. Wo die Rabbinen besonders stark sind, versuchen sie oft ihre eigenen Auffassungen, das mischnaische Recht, gegenüber dem mehr am persischen Recht orientierten Exilarchen durchzusetzen. Im allgemeinen läßt der Exilarch die Rabbinen gewähren, wo es um Fragen des religiösen Gesetzes geht; doch besteht er in allen politisch und wirtschaftlich bedeutsamen Fragen auf seiner Autorität und ist im Interesse der von ihm vertretenen Volksgruppe auch immer auf die Wahrung des persischen Rechts bedacht.

Vor allem in zwei Bereichen sind der Exilarch und seine Beamten zuständig, im Zivilrecht sowie in der Marktaufsicht, wo die Juden die Mehrheit der Bevölkerung bilden. So ernennt z.B. der Exilarch Rab zum Marktaufseher *(agoranomos)*; dieser versucht sich an die palästinische Auffassung zu halten, nach der der Marktaufseher nur die Gewichte, nicht aber die Preise kontrollieren muß; doch der Exilarch wirft ihn ins Gefängnis, bis er nachgibt und beides kontrolliert (jBB V, 13, 15b; BB 89a). Später weiten sich die Funktionen eines Marktaufsehers immer mehr aus. Er entscheidet z.B. über die Zulassung von nicht ortsansässigen Juden zum Handel und überwacht die Einhaltung der rituellen Schlachtvorschriften bei den Schächtern (Sanh 25a); hier verfügt der Kontrollor über wirtschaftliche Druckmittel – wo sich die jüdische Gemeinde an die rabbinischen Speisegesetze hält, kann er sie zum Boykott eines unnachgiebigen Schlächters anhalten und diesen so leicht ruinieren.

In den jüdischen Gerichten werden vor allem Vermögensfragen behandelt. Ähnlich wie in Palästina gilt die ordnungsgemäße Ernennung des Richters (hier natürlich durch den Exilarchen) als Voraussetzung dafür, daß dieser für einen eventuellen Irrtum nicht persönlich haftet (Sanh 5a). Die jüdischen Richter sind nicht nur befugt, Diebstähle und sonstige Eigentumsdelikte zu bestrafen (BQ 58b, 96b), sondern werden auch mit allen Formen der Eigentumsübertragung befaßt. So sind sie in Erbfragen zuständig (BB 33a, 125b), aber auch im Schuldrecht (Eintreibung von Schulden Schebu 41b). Auch das Eherecht – Eheschließung, Scheidung, Wiederverheiratung – gehört in die Kompetenz des jüdischen Gerichts vor allem deshalb, weil es dabei auch um Vermögensfragen geht. Zugleich ist hier überall die rechtskräftige Abfassung von Dokumenten (z.B. Git 35a Scheidungsdokumente) entscheidend. In Sonderfällen kann das Gericht einen scheidungsunwilligen Ehepartner auch dazu zwingen (Git 34a); ebenso ist der Vollzug der *Chalitsa* (Verzicht auf die Schwagerehe) Sache des Gerichts.

In religiösen Fragen sind die Gerichte vor allem für die Durchsetzung bestimmter Vorschriften zuständig, die die Heiligung von Sabbat und Festtagen angehen; sie kümmern sich um rituelle Vorschriften und sind befugt, Gelübde aufzuheben. Doch können sie in den meisten religiösen Fragen kein zwingendes Recht durchsetzen, da der Exilarch in rein religiösen Fragen gewöhnlich nicht seinen Apparat einsetzt, um die Entscheidungen der rabbinischen Gerichte zu erzwingen. Hiemit bleibt dem Gericht vielfach nur die Verfluchung dessen, der sich nicht an seine religiösen Entscheidungen hält, während es in Vermögensfragen immerhin die Auspeitschung als Druckmittel zur Verfügung hat.

Auch der von den rabbinischen Gerichten verhängte Bann ist nur dann wirksam, wenn er den einzelnen in einer großteils oder völlig jüdischen Umgebung trifft. Ansonsten kann sich jemand ja jederzeit durch Abfall vom Judentum den Wirkungen des Bannes entziehen; dies haben gelegentlich auch ganze Gemeinden getan, die vom Bann betroffen wurden (MQ 27b; Chul 132b). Unter diesen Umständen ist es verständlich, wenn man für religiöse Fragen den Grundsatz aufstellt: „Man soll kein Gesetz erlassen, wenn sich nicht die Mehrheit der Gemeinde daran halten kann" (AZ 36a–b). Als in arabischer Zeit die jüdische Gerichtsbarkeit wieder auflebte, blieb als einziges Druckmittel nur noch der Bann, der nun aber wohl viel wirksamer geworden war.

Was die organisatorische Seite des Gerichtswesens betrifft, so gibt es bestimmte Gerichtstage (Montag und Donnerstag, aber nicht in den Monaten Nisan und Tischri, auch nicht an Vortagen eines Festes: Ket 94a). Genau geregelt ist auch, wie man zu Gericht vorgeladen werden muß, ebenso wer als Zeuge auftreten darf. Großen Wert legt man auch auf die genaue Form der vom Gericht ausgestellten Dokumente, die eigene Gerichtsschreiber aufsetzen, bevor sie vom Richter unterschrieben werden (Git 19b). Dokumente, die ihren Zweck erfüllt haben – z.B. ein Schuldbrief (BB 169a) – müssen vernichtet werden.

Hier ist auch die Rolle der jüdischen Gerichte in allen Fragen der Wohlfahrtstätigkeit zu erwähnen. Die Gerichte müssen z.B. die Bedürftigkeit von Leuten überprüfen, die bei der jüdischen Gemeinde um Essen und Kleidung ansuchen (BB 9a); auch verwalten sie das Vermögen von Waisen, Geisteskranken und im Ausland in Gefangenschaft geratenen Mitbürgern (BM 38a übernimmt das Gericht des R. Scheschet in Nehardea einen solchen Fall; Ket 48a belegt die gerichtliche Vermögensverwaltung eines für längere Zeit verreisten Mannes, dessen Frau in der Zwischenzeit verstorben ist).

Wenn zuvor von der wichtigen Rolle der Rabbinen in der Gerichtsverwaltung des jüdischen Babylonien die Rede war, muß dazu ergänzt werden, daß nicht alle Rabbinen sich um eine Richterstelle bemühten. Viele vertraten die Ansicht, die Gerichtstätigkeit lenke vom Torastudium ab und sei daher abzulehnen; andere hingegen, die sehr wohl die Bedeutung der Gerichtstätigkeit für die Verbreitung der rabbinischen Anschauungen im Volk erkannten, drängten ihre Kollegen dazu, indem sie die Wichtigkeit des Gerichts betonten und die richterliche Tätigkeit als Teilhabe am Schöpfungswerk Gottes hinstellten (Schab 10a).

C. Der Rabbi

1. Die Anfänge des Rabbinats

Die frühesten Belege für den Titel Rabbi stammen aus der Zeit unmittelbar nach der Zerstörung des Tempels im Jahre 70. Der Titel ist aus der ursprünglichen Anrede des traditionskundigen Lehrers als Rabbi im Sinn von „mein Lehrer, mein Herr, mein Meister" erwachsen. So wird z.B. Jesus im Neuen Testament oft als Rabbi angeredet. Doch bald verliert die Endung des Wortes Rab ihre ursprüngliche Bedeutung als Suffix für das Possessivpronomen „mein", sodaß dann Rabbi auch ohne diesen direkten Bezug zwischen Meister und Schüler als Titel verwendet werden kann. Dieser Wandel ist nach dem Jahre 70 eingetreten.

Die Tosefta hat diesen historischen Bedeutungswandel und die damit verbundenen Unterschiede in der Bezeichnung der einzelnen Lehrer der tannaitischen Tradition so zu erklären versucht: „Wer Schüler hat, die selbst wieder Schüler haben, den nennt man Rabbi. Sind seine Schüler vergessen, nennt man ihn Rabban; sind auch die Schüler seiner Schüler schon vergessen, nennt man ihn beim (bloßen) Namen" (TEd III, 4, Z. 460). Damit weist die Tosefta auf die Tatsache, daß die frühen Vertreter der rabbinischen Tradition, nämlich die Lehrer aus der Zeit vor der Tempelzerstörung, mit dem bloßen Namen und noch ohne den Titel Rabbi genannt werden, während nach 70 einzelne Rabbinen (Jochanan ben Zakkai, Gamaliel und sein Sohn Simeon ben Gamaliel, also die drei ersten Führer der rabbinischen Bewegung nach 70) den Ehrentitel Rabban, „unser Meister", tragen.

Das Aufkommen der Bezeichnung Rabbi als Titel ist nicht nur eine unbedeutende sprachgeschichtliche Entwicklung; vielmehr ist dies mit dem Aufkommen einer neuen Führungsschicht im Judentum nach 70 und mit einem gewandelten Selbstverständnis ihrer Vertreter verbunden. Der Rabbi fühlt sich als Nachfolger und Ersatz des Priesters, der mit der Zerstörung des Tempels seine einmalige Aufgabe verloren hat. Ein solcher Wandel im Verständnis der eigenen Position konnte natürlich nicht plötzlich eintreten. Doch relativ schnell gewöhnten sich zumindest bestimmte Kreise im Judentum daran, daß der Tempel nicht so rasch wieder aufgebaut werde, daß die Zeit des Tempels für lange vorbei sei und eine neue Ära im Judentum angebrochen sei, die man dann später nach den Rabbinen als die „rabbinische Zeit" bezeichnet hat.

Der Rabbi hat natürlich historische Vorläufer. Im allgemeinen sieht man ihn als den Nachfolger des Pharisäers, näherhin des Gruppenmitglieds in der pharisäischen Gemeinschaft, des *chaber* oder „Genossen". Damit ist jedoch nicht das breite Spektrum des Rabbinats erklärt, das über das pharisäische

Erbe hinaus vor allem auch das Ideal des früheren Schriftgelehrten übernommen hat.

Beide, Pharisäer wie Schriftgelehrte, vertraten schon vor 70 eine religiöse Haltung, die dann den Verlust des Tempels leichter überwinden ließ. Die Pharisäer machten mit der Vorstellung von Israel als dem „heiligen Volk" ernst, in dessen Mitte Gott weilt. Daher konnten ihnen die Reinheitsvorschriften, die den Zutritt zum Tempel und die Teilnahme an seinem Kult regelten, nicht nur im engen Tempelbereich gelten, sondern waren etwas, das das tägliche Leben bestimmte. Die Einhaltung der Reinheitsvorschriften des Tempels im täglichen Leben war eine der Grundhaltungen der Pharisäer, die dann die Rabbinen übernommen haben; daher machen die Reinheitsvorschriften einen so großen Teil der Halakha in Mischna und Tosefta aus.

Die zentrale Stellung der Tora und ihres Studiums in der rabbinischen Bewegung ist hingegen eher das Erbe der Schriftgelehrten – die übrigens auch vor 70 nicht eine Gruppe neben den Pharisäern waren, sondern diesen zum Teil sogar angehörten, sich aber nicht völlig mit ihnen deckten. Während die Pharisäer versuchten, die Vorschriften der rituellen Reinheit für den Tempelkult in das tägliche Leben zu übernehmen, und so dem Tempel seine ausschließliche Bedeutung nahmen, sahen die Schriftgelehrten in der Tora und ihrem Studium geradezu einen Ersatz für den Tempel und seinen Kult. Beide Tendenzen vereinten und verstärkten sich gegenseitig nach dem Jahre 70.

Eine Bewegung, die nach der nationalen Katastrophe des Jahres 70 als Auffanglager für alle geistig regen Kräfte in Israel dienen wollte, mußte aber auch für andere Tendenzen aus der Zeit des Tempels offen sein. Vielleicht dürfen wir daher in den fünf Schülern des Jochanan ben Zakkai (Abot II, 1) mit *J. Neusner* die Vertreter der verschiedenen Richtungen sehen, die sich in Jabne vereint an den Wiederaufbau des jüdischen Lebens machten: Elieser der Pharisäer, Jose der Priester, Simeon ben Natanael als Vertreter des *am haarets*, des einfachen, ungebildeten Volkes, Eleasar ben Arakh als Mystiker und Jehoschua ben Chananja als Typ des Rabbi, während Jochanan ben Zakkai selbst die Tradition des Schriftgelehrten vertritt.

2. *Wie wird man Rabbi?*

Im Unterschied zur nachtalmudischen Zeit ist das Rabbi-sein in den Jahrhunderten nach 70 kein Beruf, sondern eine Lebensform. In den ersten Jahren der Bewegung hat es sicher keine formalen Voraussetzungen gegeben, durch die man den Status eines Rabbi erlangen konnte: Mitglieder der pharisäischen Gemeinschaften und Schriftgelehrte, beide Träger einer bestimmten religiösen Bildung, waren zwar die Hauptbeteiligten am Aufbau der neuen Bewegung; doch war diese auch für andere offen, die sich mit ihren Zielen identifizierten und ihre Lebensweise – vor allem in Hinsicht auf Speise- und Reinheitsvorschriften sowie die genaue Entrichtung aller in der Bibel vorgeschriebenen Abgaben – übernahmen.

Doch schon sehr bald kam es zu einer eigenen Schulung des künftigen Rabbi. Nach Beendigung der Grundschule, sobald also jemand lesen und schreiben konnte und die Bibel wie auch die Grundelemente der jüdischen Tradition kannte, durfte er sich einem Rabbi als Jünger anschließen und wurde somit ein *talmid chakham,* ein „Gelehrtenschüler" und rabbinischer Gelehrter im eigentlichen Sinn. Der eigentlich schulische Aspekt der Ausbildung eines Rabbi wird in einem kommenden Kapitel noch eigens behandelt. Hier seien die nicht minder wichtigen Elemente der Lebensschulung durch die Jüngerschaft hervorgehoben.

Die Jüngerschaft, die das Studium von Bibel und Tradition zur Vollendung bringt, wird in den rabbinischen Texten als „Dienst" der Gelehrtenjünger bezeichnet. Bei einem Rabbi in die Lehre gehen heißt ihm dienen. Dies ist nicht nur eine Redensart, sondern wörtlich zu nehmen. R. Jochanan sagt einmal: während all der Jahre, die Rab dem Rabbi und dem R. Chijja sitzend gedient habe, habe er selbst stehend gedient (Chul 54a). Damit ist wohl ein Unterschied in der Stufe der Jüngerschaft ausgedrückt: Jochanan hat noch im eigentlichen Sinn seine Lehrer bedient, während Rab schon vor ihnen gesessen ist, d.h. sich hauptsächlich mit ihrer Lehre beschäftigt hat.

Die Jüngerschaft dauert Jahre und ist vielfach mit einer Art Lebensgemeinschaft oder einem gemeinsamen Haushalt verbunden, besonders dann, wenn der Jünger nicht aus dem Ort seines Meisters stammt. Dann schiebt er auch während der Zeit seines Studiums gewöhnlich die Familiengründung auf, die an sich relativ früh – mit achtzehn Jahren – stattfinden sollte. Wenn er aber schon verheiratet ist, sieht er seine Familie oft Monate, in Extremfällen auch Jahre lang nicht, wie z.B. die Legende von Rabbi Aqiba erzählt (Ned 50a).

Nur wer diese Jüngerschaft mitgemacht hat, galt als vollwertiges Mitglied der rabbinischen Gesellschaft. Wer hingegen nie einem Gelehrten gedient hat, mochte noch so viel studiert haben, er galt dennoch als *am ha-arets,* als Ungebildeter, wie verschiedene Gelehrte betonten (z.B. Sota 21b–22a). Auch die Uneinigkeit in der Lehre wurde ausdrücklich darauf zurückgeführt, daß mit der Zunahme der Schülerzahl bei Hillel und Schammai die Schüler nicht mehr ihren Meistern in einer Weise dienten, wie es eigentlich nötig wäre (Sanh 88b).

Im täglichen Beisammensein mit seinem Meister lernte der Schüler des Rabbi nicht nur Theorie, sondern vor allem das rechte Verhalten. Er aß mit dem Meister und lernte dabei die in rabbinischen Kreisen so geschätzten Segenssprüche über die einzelnen Speisen. Er ahmte den Meister auch in der Kleidung nach, in der Sprechweise und in allen Formen des täglichen Lebens. Man legte besonderen Wert auf gepflegte Kleidung, gute Schuhe, Sauberkeit und Ordnung (Schab 114a, BB 57b–58a), und unterschied sich auch immer mehr in der Kleidung und sogar in der Sprechweise von der gewöhnlichen

Bevölkerung. Es ist nur zu natürlich, daß sich in dieser fast monastischen Lebensgemeinschaft, die das Vorbild des Meisters in allem so ernst nahm, ein ausgeprägter Traditionalismus entwickelte.

Natürlich hatte dieses enge Zusammenleben auch negative Auswirkungen. Vor allem berichten die Quellen immer wieder vom Konkurrenzkampf der Rabbinen um möglichst viele Jünger, denen sie auch nicht gerne erlauben, den Lehrer zu wechseln. Eifersucht spielt eine große Rolle, ebenso auch das Verächtlichmachen und Beschimpfen anderer Rabbinen. So heißt es in ARN A 29 (Sch. 88), daß Gelehrte vorzeitig sterben, weil sie sich gegenseitig beschimpfen. Wer nie seine eigene Ehre zu steigern sucht, indem er andere herabsetzt, gilt als vorbildliche Ausnahme und erhält als Lohn langes Leben (Meg 28a).

Trotz dieser Spannungen zwischen den einzelnen Rabbinen und ihren Jüngern bildete sich ein ausgeprägtes Klassenbewußtsein des Rabbi heraus, das vielfach auch zur Erblichkeit des rabbinischen Standes führte. Damit machte man aber auch negative Erfahrungen. So diskutierten babylonische Rabbinen des vierten Jahrhunderts: „Warum gehen aus den Kindern der rabbinischen Gelehrten nicht wieder rabbinische Gelehrte hervor?" Rab Josef antwortet: „Damit man nicht sagt, die Tora sei ihr Erbteil"; andere wieder meinten, sie würden sich nur über die Gemeinde erheben, andere Leute Esel nennen und vor dem Torastudium keinen Segensspruch rezitieren, weil ihnen der Umgang mit der heiligen Tradition schon so alltäglich ist (Ned 81a).

Ziel der Ausbildung, für die es keine bestimmte Dauer gab, war die Befähigung, nun selbst in Fragen des religiösen Rechts frei und selbständig entscheiden und Jünger ausbilden zu können. In Babylonien mochte dies mit dem Eintritt in den Dienst des Exilarchen verbunden sein; in Palästina war das angestrebte, jedoch schwer erreichbare Ziel die schon mehrmals erwähnte Ordination, die *Semikha*. Mit ihr war das Recht verbunden, den Titel Rabbi zu tragen. Wenn der babylonische Rabbine nicht den Titel Rabbi erhält, sondern als Rab, „Meister", bezeichnet wird, so hängt dies nach manchen Autoren damit zusammen, daß es in Babylonien keine Ordination gab (doch kann dies auch ein rein sprachlicher Unterschied ohne solche weiterreichende Hintergründe sein!).

Die *semikha* ist ursprünglich der Akt, in dem der Eigentümer dem Opfertier die Hand auflegt, so daß dieses dann gewissermaßen an seiner Stelle geopfert wird (Lev 1, 4ff). Handauflegung kann aber auch schon im Alten Testament die Weitergabe einer Funktion bedeuten. So ernannte z.B. Mose Josua zu seinem Nachfolger, indem er ihm die Hände auflegte (Num 27, 22f; Dtn 34, 9). Nach rabbinischer Vorstellung ging die Tradition durch Handauflegung vom Lehrer auf den Schüler über; damit wurde die ununterbrochene Weiterführung der Traditionskette von Mose bis in die rabbinische Zeit garantiert – dies ist das Grundthema des Mischnatraktates Abot. Im Judentum des zweiten Jahrhunderts nahm diese Form, die Traditionskette zu sichern, einen solchen Stellenwert ein, daß die römischen Behörden nach dem Bar-Kokhba-Aufstand eine Zeitlang die Ordination verboten, um den jüdischen Widerstand zu brechen. Jehuda ben Baba setzte dann sein Leben aufs Spiel, um dennoch fünf Schüler des schon hingerichteten R. Aqiba zu ordinieren (Sanh 14a).

Anfänglich wurde die Ordination in Gegenwart von drei Zeugen durch Handauflegung erteilt. Später gab man die Handauflegung auf – vielleicht, weil diese von den Christen übernommen wurde – und nannte nur noch den Namen des zu Ordinierenden, der nicht unbedingt anwesend, auf jeden Fall aber in Israel sein mußte. Dazu sprach der Ordinierende die Formel: *jore? jore; jadin? jadin; jattir? jattir* – „darf er lehren? er darf; darf er richten? er darf; darf er erlauben (d.h. Gelübde lösen)? er darf".

Wenn die Ordination in diesem vollen Umfang erteilt wurde, autorisierte sie zur selbständigen Entscheidung und Unterweisung in der Halakha, zur Ausübung des Gerichts sowie zur Erlaubnis der Erstlinge für den profanen Gebrauch, weiter zur Lösung von Gelübden und zur Teilnahme am Gericht, das die Einfügung eines Schaltmonats vornahm, sowie zur Verhängung des Banns.

Was die Befugnis zur Erteilung der Ordination betrifft, ist sie ursprünglich wohl Sache jedes einzelnen Rabbinen gewesen, der damit das Jüngerverhältnis seines Schülers abschloß. Doch war mit der Ordination auch die Aufnahme in den Sanhedrin verbunden, dessen Mitgliederzahl sicher auch später beschränkt war. Damit behielt sich der Patriarch das Recht zur Ordination vor, wobei er die anderen Mitglieder des Sanhedrin manchmal befragte, vielfach aber auch nicht konsultierte. Diese Entwicklung spiegelt sich in jSanh I, 3, 19a, wo R. Abba sagt: „Anfangs erteilte jeder selbst seinen Schülern die Ordination. Später gab man die direkte Ordination auf und sagte: ein Gericht, das ohne Wissen des Patriarchen ordiniert, hat nicht ordnungsgemäß ordiniert; wenn hingegen der Patriarch ohne Wissen des Gerichts ordiniert, ist seine Ordination gültig. Dann setzte man fest, daß der Sanhedrin nur mit Wissen des Patriarchen ordiniert und auch der Patriarch nur mit Wissen des Sanhedrin ordiniert".

Die Ordination und damit auch der Titel eines Rabbi wurde mit der Zeit – vor allem auch wegen der damit verbundenen Steuerbefreiung, die nicht beliebig vielen Leuten erteilt werden konnte; in der Zeit Rabbis und seiner Nachfolger gab es offenbar eine feste Quote dafür – für viele, oft auch sehr gelehrte Männer, ein unerreichbares Ziel. Somit bildete sich neben den Rabbinen in Palästina eine Gruppe von Männern heraus, die alle Voraussetzungen für einen Rabbi mitbrachten, ohne voll „praktizieren" zu können, da sie nicht ordiniert waren.

Um die Mitte des vierten Jahrhunderts, unter dem Patriarchen Hillel II., spätestens jedoch mit dem Ende des Patriarchats um 425, hörte dann der Brauch der Ordination, die so lange ein heiß umkämpftes Privileg war, auf;

offenbar haben andere Formen, einen Gelehrtenjünger für selbständig zu erklären, inzwischen ihre Stelle eingenommen.

3. Aufgaben und wirtschaftliche Stellung des Rabbi

Das Ideal des Rabbi ist das Studium der Tora, der er seine ganze Zeit widmen soll. Die Kenntnis der Tora soll nicht eine Krone sein, die einem Ansehen verschafft, noch soll sie als Spaten mißbraucht werden, mit dem man seinen Lebensunterhalt verdient (Abot IV, 5). Das bedeutet, daß der Rabbi ursprünglich von seinem Vermögen lebte (dagegen wendet sich Gamaliel III. in Abot II, 2 mit der Begründung, das Studium des Gesetzes ohne Beschäftigung führe zur Sünde) oder – und das war die Regel – er mußte neben seinem Torastudium einem Beruf nachgehen.

Von vielen Rabbinen wissen wir, daß sie als einfache Handwerker gelebt haben, als Schmied, Gerber, Wäscher, Schneider, Schuster usw. Einzelne haben auch den näherliegenden Beruf des Schreibers ausgeübt (so z.B. R. Meir). Wichtiger für das Wirtschaftsleben der Rabbinen waren hingegen Landwirtschaft und Handel. Besonders in Babylonien legte man großen Wert auf landwirtschaftlichen Grundbesitz; aber auch in Palästina war die Landwirtschaft zumindest vor der großen Wirtschaftskrise des dritten Jahrhunderts von zentraler Bedeutung. Im allgemeinen waren die Rabbinen wohl nur kleine Bauern oder Händler; manche unter ihnen haben es jedoch zu beträchtlichem Reichtum gebracht.

Einzelne Rabbinen waren im Fernhandel engagiert, wobei ihnen vor allem die ständigen Kontakte der palästinischen mit den babylonischen Rabbinen von Vorteil waren. Besonders einträglich war hier sicher der Seidenhandel: die Seide wurde über Babylonien nach Palästina importiert, dort veredelt und dann nach Italien weiterexportiert. Nicht nur die Häuser der Patriarchen und der Exilarchen, sondern auch verschiedene andere Rabbinen scheinen an diesem Geschäft beteiligt gewesen zu sein. So weist vielleicht BQ 117b auf eine Beteiligung des R. Abba im Seidengeschäft.

Rabbinen wußten sich auch Privilegien auf dem Markt zu verschaffen. So heißt es von Rab Dimi von Nehardea, daß er von dem Vorrecht der Rabbinen Gebrauch machen wollte, vor den anderen Kaufleuten seine Ware am Markt anbieten zu dürfen. Er wurde einer religionsgesetzlichen Prüfung unterzogen, in der er versagte, und damit erhielt er das Privileg nicht und brachte seine Schiffsladung Dörrfeigen nicht los (BB 22a). Als Besitzer eines Handelsschiffes gehörte er sicher zu den größeren Unternehmern.

Es ist verständlich, daß gerade für die größeren Unternehmer unter den Rabbinen die Besteuerung eine zentrale Frage war. Es wurde schon erwähnt, daß besonders im frühen vierten Jahrhundert die Rabbinen Babyloniens sich erfolglos um die Befreiung von der Kopfsteuer bemühten (siehe S. 78).

Rabba bar Nachmani von Pumbedita ist nach der legendenhaft verformten Erzählung von BM 86a wegen Anstiftung zur Steuerverweigerung unter dem Vorwand des Torastudiums von der Regierung verfolgt worden und dabei umgekommen.

Fast noch wichtiger als in Babylonien war die Frage der Steuerbefreiung der Rabbinen jedoch in Palästina, weil dort bestimmte rechtliche Möglichkeiten dafür bestanden. Seit der Zeit des Antoninus Pius (138–161) waren Ärzte, Lehrer und Philosophen von persönlichen Steuer- und Dienstleistungen befreit. Dies ließ sich im Prinzip auch auf die Rabbinen anwenden, ebenso auch die Steuerbefreiung der Priester der im römischen Reich anerkannten Religionen. Wieweit diese Befreiung sämtliche Steuerleistungen und Dienstleistungen aus dem gesamten Besitz und sämtlichen Unternehmungen des Begünstigten betraf oder nur dessen persönliche Verpflichtungen erfaßte, läßt sich nicht mit Sicherheit klären. Jedenfalls ist die den Philosophen und Religionsdienern gewährte Steuerfreiheit ein so großer wirtschaftlicher Vorteil gewesen, daß sich sehr viele, besonders auch reiche Unternehmer, um die Anerkennung als Rabbinen bemühten.

Die Steuerbefreiung war wohl an die Ordination gebunden, deren Erteilung zumindest seit Rabbi dem Patriarchen zustand und ihm entsprechenden Einfluß sicherte. Natürlich konnte er nicht beliebig viele Rabbinen von der Steuer freistellen lassen, sondern mußte sich offenbar an bestimmte Quoten halten (wie sie auch für Ärzte und andere Berufe existierten). Auch war die Bevölkerung wachsam, da eine Befreiung einzelner und oft gerade der reichen Gemeindemitglieder ihre eigene Steuerlast vergrößerte. So heißt es jTaan IV, 2, 68a, daß Rabbi von der Ordination des reichen Grundbesitzers Chanina – nach jPea VII, 4, 20b konnte dieser einmal aus dem Gewinn eines einzigen Geschäfts mit Bienenhonig der Gemeinde von Sepphoris eine Schule bauen! – Abstand nehmen mußte, weil die Bevölkerung dagegen protestierte.

Was die Quoten der steuerfreien ordinierten Rabbinen betrifft, heißt es in jTaan IV, 2, 68a, Rabbi habe immer nur zwei Personen pro Jahr die Ordination erteilt. Als er starb, gab er jedoch seinem Sohn den Rat, dieses Prinzip aufzugeben und gleich alle möglichen Ordinationen auf einmal zu erteilen. Damit waren neue Ordinationen nur noch nach dem Tod eines ordinierten Rabbi möglich.

Bei der wirtschaftlichen Bedeutung der Ordination verwundert es nicht, daß reiche Leute sich diese durch Bestechung zu verschaffen wußten, wie die rabbinische Tradition oft klagt (jBik III, 3, 65d; Sanh 7b). Kaiser Konstantin versuchte später, die Steuerbefreiung auf zwei bis drei Mitglieder pro Gemeinde zu beschränken, hatte damit aber keinen Erfolg (CTh XVI, 8, 2–4). Im Prinzip blieb die Steuerfreiheit der unter der Autorität der Patriarchen stehenden Rabbinen noch lange bestehen. Doch dürfte es bald nicht mehr so leicht gewesen sein, die Steuerbefreiung für geschäftliche Unternehmungen auszunützen; denn schon R. Jochanan schränkte den Kreis derer, die für die

Ordination in Frage kamen, beträchtlich ein: nach seiner Meinung sollte man nur den als Vorsteher über eine Gemeinde setzen, der in allen Gebieten des Religionsgesetzes versiert ist; und nur dem sollen die Ortsbewohner die Arbeit abnehmen, der sich selbst völlig religiösen Aufgaben widmet (Schab 114a).

Mit der weitgehenden Verarmung Palästinas im dritten Jahrhundert und dem ständig wachsenden Umfang des rabbinischen Wissensstoffes kam es dazu, daß viele Rabbinen und ihre Jünger sich nicht mehr imstande sahen, für ihren Lebensunterhalt aufzukommen, wenn sie nicht eine Stellung als Gemeindeverwalter oder Richter erhielten, für die zwar kein Gehalt, aber doch der Verdienstentgang bezahlt wurde. Früher haben noch Männer wie Simeon bar Jochai amtliche Funktionen und ebenso auch Geschenke des Patriarchen ablehnen können (jSanh I, 1, 18a); viele lehnen sogar eine Einladung beim Patriarchen ab, um ihre Unabhängigkeit zu dokumentieren (Chul 7b, BB 8a, Meg 28a), oder weigern sich, in einer Stadt zu wohnen, deren Vorsteher Rabbinen sind (Pes 112a). Bald aber werden die Rabbinen immer mehr von der Unterstützung durch das Patriarchenhaus oder auch von den Spenden einzelner frommer Leute abhängig, was natürlich Gefahren in sich birgt. Derselbe R. Eleasar, der zu Spenden für die Gelehrten aufruft (Sanh 92a), weiß auch, daß ein Talmudschüler, der Spenden vom Volk annimmt, bei diesem nicht mehr so geachtet ist (Sanh 52b). So war also die wirtschaftliche Lage der Rabbinen durchaus nicht gleichförmig, sondern individuell sehr verschieden und auch einer zeitlichen Entwicklung unterworfen.

4. *Der Einfluß der Rabbinen*

Wenn man die Zeit des Talmud auch als die Zeit des rabbinischen Judentums bezeichnet, erweckt dies leicht den Eindruck, daß die Rabbinen im damaligen Judentum das alles beherrschende Element gewesen sind. Diesen Eindruck nährt vor allem auch die rabbinische Literatur, die natürlich die Standpunkte, Wünsche und Ideale der Rabbinen wiedergibt, während die breite Masse des Volkes keine Literatur hinterlassen hat. Was wir erfahren, ist also vor allem die Selbsteinschätzung der Rabbinen.

Es ist jedoch unwahrscheinlich, daß sich das jüdische Volk so schnell und widerspruchslos der neuen Führungsschicht nach dem Untergang des Tempels unterworfen hätte; auch der zahlenmäßig geringe Umfang der rabbinischen Bewegung zog hier natürliche Grenzen. Sicher sind nicht die Namen aller Rabbinen in der Literatur überliefert worden; dennoch wird man daraus die ungefähre Größenordnung schätzen können. In Babylonien sind aus drei Jahrhunderten etwa achthundert Rabbinen namentlich bekannt. *J. Neusner* schätzt, daß in Babylonien des dritten Jahrhunderts die jüdische Bevölkerung etwa 860000 ausgemacht hat, darunter höchstens tausend Rabbinen und Talmudschüler. In Palästina wird es gewiß nicht viel anders gewesen sein. Es ist also eine relativ kleine Gruppe, die sich einerseits durch ihre Torakenntnisse weit über die gewöhnliche Bevölkerung, den *am ha-arets,* erhaben fühlt, andererseits jedoch von diesem wirtschaftlich in vielfacher Weise abhängig ist und diesen auch für die eigenen Ideen und die eigene Auffassung vom jüdischen Gesetz gewinnen möchte. Die Erfolgsaussichten waren dabei nicht so schlecht, wie es die Größenverhältnisse vermuten ließen, waren doch die Rabbinen die einzige gutorganisierte Gruppe im Judentum der damaligen Zeit.

Die pharisäische Bewegung hatte ihren Einfluß auf das Volk vor allem durch die Synagogen und die Schulen gewonnen. Nunmehr waren jedoch die Rabbinen nicht mehr führend am Synagogenleben beteiligt; oft mußten sie dort sogar manches tolerieren, was ihnen nicht paßte, was sie aber auch nicht ändern konnten (Gebetsbräuche, Ausstattung der Synagogen). Nach einem Ausspruch des R. Isaak Nappacha in Git 60a waren beim Aufruf zur Toralesung in der Synagoge weiterhin Priester und Leviten an erster Stelle zu berücksichtigen; erst nach ihnen kamen die Gelehrten dran, aber auch nur dann, wenn sie im Dienst der Öffentlichkeit standen; erst nach ihren Söhnen kamen die Synagogenvorsteher und dann das gewöhnliche Volk als Vorleser in Betracht. In den gewöhnlichen Schulen unterrichtete meist auch nicht der Rabbi, da ihm die Kinderlehrer an Bildung unterlegen waren und er sie deshalb verachtete.

Somit blieb als Einflußbereich vor allem das Gericht und die Gemeindeverwaltung; hier hatten die Rabbinen eine gewisse Bedeutung im Verwaltungsapparat des Exilarchen, während sie sich in Palästina erst langsam gegen die alte Führungsschicht der reichen Bürger durchsetzen mußten. Erstrebenswert war auch das Amt eines *Parnas,* dem vor allem die Fürsorge und Armenversorgung innerhalb der Gemeinde zustand. Hier hatten die Rabbinen in gewissen Gegenden offenbar fast ein Monopol, was natürlich ihren Einfluß gerade in den Kreisen der ärmeren Bevölkerung stärkte, die schon der Rückhalt der Pharisäer gewesen war.

Gewiß erlangten die Rabbinen als Kenner der Bibel und als Ausleger des biblischen Rechts Ansehen und Anerkennung; ihre nicht direkt auf die Bibel oder zumindest auf uralte Tradition gestützten Lehrmeinungen ließen sich hingegen beim Volk nur schwer durchsetzen. Im täglichen religiösen Leben hing der Einfluß der Rabbinen völlig von dem guten Willen der Bevölkerung ab, der gegenüber sie keine Machtmittel besaßen. Das Volk ehrte einzelne Rabbinen als Wundertäter oder Heilige (Jeb 20a, BB 8a), setzte in Babylonien den Rabbi auch gern mit dem persischen Magier auf eine Stufe (Sanh 67b). Die rabbinische Klasse als solche genoß Ansehen als die Gruppe der in religiösen Fragen Gebildeten; ihre Ansichten übernahm man, wo sie die biblische Begründung ihrer Verhaltensnormen einsichtig machen konnten: in Fragen sexueller Reinheit (Menstruation) oder auch in Sabbatfragen anerkannte man sie als Experten; in anderen Dingen hingegen konnten sie sich kaum durchsetzen und z.B. auch ihre Vorstellungen über die Speisevorschriften dem Volk nur dort nahebringen, wo sie die Marktaufsicht hatten (z.B. Sanh 25a; Chul 48a).

Unbegrenzten Einfluß hatten die Rabbinen nur im eigenen Jüngerkreis; doch dieser ließ sich nicht beliebig erweitern, auch wenn man in Babylonien in den Institutionen von Pirqa und Kalla Mittel fand, sich mit der rabbinischen Unterweisung auch an eine breitere Öffentlichkeit zu wenden. Nur langsam kamen die Gelehrten dem Ideal eines Volkes näher, das aus lauter Gelehrtenjüngern besteht und ganz die eigenen Gruppenideale übernimmt; völlig verwirklichen kann man dieses Ideal jedoch naturgemäß nie.

D. Die Synagoge

1. Die Anfänge

Die Frage nach den Anfängen der Synagoge ist bis heute ungeklärt. Das griechische Wort *synagōgē* übersetzt in der Septuaginta die hebräischen Ausdrücke *qahal* oder *eda*, bezeichnet dort also die jüdische Gemeinde, sei es das ganze jüdische Volk oder die Ortsgemeinde. Im heutigen Sinn, nämlich als vornehmlich religiöses Zentrum einer jüdischen Ortsgemeinde, scheint der Ausdruck erst im ersten Jahrhundert n.Chr. auf; nicht sicher ist, ob er zuerst in Palästina oder in der Diaspora so verwendet wurde. Für das Synagogengebäude steht in der Frühzeit eher *proseuchē*, „Gebet" oder „Gebetsort". Doch ist über die begriffliche Frage hinaus auf die sachliche Problematik einzugehen. Hier werden drei verschiedene Meinungen vertreten:

a) Die altjüdische Tradition führt die Institution der Synagoge und die Einführung ihrer wichtigsten Gebete direkt auf Mose zurück. So übersetzt der Targum JI Ex 18, 20: „Lehre sie das Gebet, welches sie in ihren Synagogen beten sollen" (vgl. auch Josephus, Contra Apionem II, 17, und Philo, Vita Mosis III 27). Auch heute vertreten noch manche einen vorexilischen Ursprung der Synagoge (so z.B. *L. Finkelstein*). Vorläufer des Synagogengottesdienstes sollen die am Sabbat stattfindenden Gebetszusammenkünfte bei verschiedenen Propheten gewesen sein. Außerdem habe die Kultreform des Königs Joschija (622 v.Chr.) mit der Zentralisierung des Opfers im Jerusalemer Tempel örtliche Gebetsstätten notwendig gemacht. Schließlich zitiert man auch gerne Jer 39, 8, wo es heißt, daß bei der Zerstörung Jerusalems im Jahre 597 außer dem Königspalast auch das *bet ha-am* (wörtlich: Haus des Volkes) zerstört worden sei. Der gewöhnlich als „Wohnhäuser des Volkes" verstandene Ausdruck gilt anderen als „Volkshaus" und als „Versammlungsstätte" vor allem auch für den Gottesdienst. In talmudischer Zeit ist die

Verwendung des Ausdrucks *bet ha-am* für die Synagoge bekannt; doch möchte Schab 32a diese Bezeichnung vermieden wissen. Alle genannten Belege reichen jedenfalls nicht aus, auch nur Ansätze zur Institution der Synagoge in vorexilischer Zeit nahezulegen.

b) Nach der verbreitetsten Ansicht ist die Synagoge eine Schöpfung des babylonischen Exils. Sicher war diese Periode, in der es keinen Tempel gab, für die Ausbildung von örtlichen jüdischen Versammlungshäusern geeignet, als die nach Babylonien Verschleppten, um ihre jüdische Eigenart zu bewahren, bewußt ihre religiösen Traditionen pflegen und sich auf ihre heiligen Schriften besinnen wollten. In diesem Zusammenhang ist vor allem Ez 11, 16 zu erwähnen, wonach Gott in den Ländern der Zerstreuung seinem Volk „ein wenig zum Heiligtum" – *lemiqdasch meat* – geworden ist. Der Talmud versteht den Ausdruck von einer Synagoge: „R. Isaak sagte, das sind die Bet- und Lehrhäuser in Babylonien" (Meg 29a). Derselbe Talmudtext führt die Synagoge von Chutsal sowie die berühmte Schabjatib-Synagoge in Nehardea auf die Zeit des Exils zurück. Moderne Autoren nennen in diesem Zusammenhang auch gerne die Versammlungen der Ältesten vor dem Propheten Ezechiel (Ez 14, 1; 20, 1), die als Vorbilder der Synagogengottesdienste zu verstehen seien. Für die Exilszeit sind zwar die Umstände gegeben, in denen die Entwicklung der Synagoge leicht möglich und auch wahrscheinlich ist, doch läßt sich auch für diese Zeit kein direkter Beweis führen.

c) Andere wieder vermuten daher, die in der Exilszeit gegebenen Ansätze seien erst nach dem Exil in Palästina voll entwickelt worden bzw. die Synagoge sei überhaupt erst ein Ergebnis der nachexilischen Entwicklung der jüdischen Religion. Ber 33a sieht die wichtigsten Gebete der Synagoge, Achtzehngebet, Qiddusch und Habdala (Gebete zur Heiligung des Sabbats), als Werk Esras bzw. der „Männer der Großen Synagoge" an (diese „Große Synagoge" ist eine historische Fiktion, in der die führenden Gestalten der nachexilischen Zeit in ein einziges großes jüdisches Parlament zusammengefaßt werden). Hinter dieser Aussage steht ebenso wie hinter der Rückführung der Synagoge und ihres Gottesdienstes auf Mose vor allem der Wunsch der jüdischen Tradition, diese für sie so wichtige Institution direkt auf die göttliche Offenbarung zurückzuführen.

Moderne Historiker verweisen hingegen gern auf Neh 8, 1–8, wo Esra der versammelten Volksgemeinde das biblische Gesetz vorliest. Der Verlesung folgen Übersetzung und Auslegung, an die sich ein gemeinsamer Lobpreis Gottes anschließt. Diese Szene versteht man gerne als einen Prototyp des Synagogengottesdienstes.

Andere verlegen die Anfänge der Synagoge in eine noch spätere Periode. *S. Zeitlin* verbindet sie mit dem Aufkommen der pharisäischen Bewegung in vorhasmonäischer Zeit (spätes drittes Jahrhundert v. Chr.). Der ursprüngliche Zweck der Synagoge sei nicht religiös, sondern profan gewesen; es soll eine Gemeindeversammlung zur Besprechung gemeinsamer Probleme vor allem auch wirtschaftlicher Art gewesen sein. Später hätten die Pharisäer, um den priesterlichen Einfluß zu verringern, den vierundzwanzig Priesterklassen vierundzwanzig „Standmannschaften" *(ma'amadot)* von Laien zur Seite gestellt; diese sollten abwechselnd am Gottesdienst im Tempel teilnehmen, um dort das Volk zu vertreten (Taan IV, 2). Jene Mitglieder der „Standmannschaften", die nicht zum Tempel hinaufziehen konnten, hätten sich in den Gemeindehäusern versammelt und dort zum Zeitpunkt der Opfer im Tempel die entsprechenden Toraabschnitte gelesen. Synagogen als Gebetsstätten hat es nach *Zeitlin* in Palästina vor der Tempelzerstörung des Jahres 70 nicht gegeben.

Zu erwähnen ist hier auch eine gelegentlich vorgetragene Auslegung von Ps 74, 8: „Sie verbrannten alle Stätten Gottes *(moade el)* im Lande." Damit sollen Synagogen gemeint sein, wie schon die griechische Bibelübersetzung des Aquila und der Midrasch den Text verstehen. Gelegentlich wird dann der Vers auf eine Zerstörung von Synagogen in der Religionsverfolgung der Makkabäerzeit bezogen. Doch läßt sich diese Spätdatierung des Psalms ebensowenig wie die Deutung von *moade el* auf Synagogen beweisen.

d) Die frühesten archäologischen Belege für Synagogen stammen nicht aus Palästina, sondern aus der Diaspora. Es sind Inschriften aus Schedia bei Alexandrien und aus dem Fajjum, in denen jeweils eine *proseuchē*, eine „Gebetsstätte", Ptolemaios III. Euergetes (247–221) gewidmet ist. Anhänger der These, daß die Synagoge ursprünglich nicht eine Gebetsstätte, sondern ein profaner Versammlungsort bzw. ein Platz zum Studium der Tora gewesen sei, wehren sich zwar gegen die Identifizierung der *proseuchē* mit einer Synagoge, doch hat sich diese aus guten Gründen fast allgemein durchgesetzt. In der Zeit vor 70 ist zwischen den Synagogen der Diaspora und des palästinischen Mutterlandes sicher zu unterscheiden: so mag die Synagogenversammlung der Diaspora schneller die Form eines Gebetsgottesdienstes angenommen haben als in Judäa, wo der Tempel in Reichweite war und die Synagoge sich daher vielleicht vornehmlich mit Lesung und Studium der Tora beschäftigt hat.

Wie die Inschriften zeigen, hat die zahlreiche jüdische Gemeinde Alexandriens sowie Ägyptens im allgemeinen schon bald den Wunsch nach eigenen Tempeln – wie früher in Elephantine und später in Leontopolis, wo ein jüdischer Tempel von der Makkabäerzeit bis zum Diasporaaufstand unter Trajan stand – aufgegeben; im allgemeinen hat sie das Privileg Jerusalems und seines Tempels als der zentralen Opferkultstätte nicht mehr angetastet und sich vielmehr einen Ersatz im Gebetsgottesdienst geschaffen, den man an eigens dafür bestimmten Stätten in griechischer Sprache abhielt. Neben das Gebet trat wohl von Anfang an, wenn auch vielleicht nicht so vordergründig wie in der jüdischen Gemeinde des talmudischen Palästina, Schriftlesung und -erklärung. Die Entstehung der griechischen Bibelübersetzung im Ägypten des dritten Jahrhunderts v. Chr. ist sicher in diesem Zusammenhang zu sehen.

Philo von Alexandrien weiß für seine Zeit von einer Vielzahl von Synagogen in der ägyptischen Hauptstadt (Legatio 132). Die große Synagoge von Alexandrien, die im Aufstand 116 n.Chr. zerstört wurde, gilt auch in der rabbinischen Tradition als ein besonders prachtvolles Beispiel des Synagogenbaus (TSuk IV, 6, L. 273). Im ersten nachchristlichen Jahrhundert ist die Synagoge im ganzen römischen Reich eine Selbstverständlichkeit, wie viele Texte aus dem Neuen Testament und bei Flavius Josephus, aber auch archäologische Funde bezeugen. Für das kaiserzeitliche Rom sind etwa dreizehn Synagogen inschriftlich belegt (doch keine davon konnte bisher ausgegraben werden!). Weit über hundert Beispiele von literarisch oder archäologisch in verschiedenem Gewißheitsgrad nachgewiesene Synagogen bringt *F. Hüttenmeisters* neuer Katalog für das talmudische Palästina.

e) In Israel selbst ist der früheste sichere Beleg für eine Synagoge die Theodotosinschrift aus Jerusalem. Diese vor 70 anzusetzende Inschrift nennt den Synagogenvorsteher Theodotos, der sein Amt schon von seinem Vater und Großvater übernommen hat. Die rabbinische Tradition weiß von zahlreichen Synagogen in Jerusalem, die bei der Zerstörung der Stadt im Jahre 70 zugrundegegangen seien: es sollen 480 (jMeg III, 1, 73d), nach anderen Stellen 460 (jKet XIII, 1, 35c) oder 394 (Ket 105a) gewesen sein. Diese Zahlen sind wohl, wie zahlreiche talmudische Angaben, stark übertrieben, auch wenn manche darauf verweisen, daß Synagogengemeinschaften damals wie heute klein waren und Jerusalem heute viel mehr Synagogen aufweist, als es der Talmud für die Zeit vor 70 behauptet. Jedenfalls ist an der Existenz einer Anzahl von Synagogen im Jerusalem der Zeit vor 70 nicht zu zweifeln. Zum Teil sind diese Synagogen nach Landsmannschaften organisiert gewesen, wie die Erwähnung einer Synagoge der Alexandriner (TMeg II, 17, L. 352; jMeg III, 1, 73d) und der Tarsier (Meg 26a: oder sind die Tarsier eine Zunft?) in Jerusalem nahelegt (vgl. auch Apg 6, 9; 24, 10–12).

Die Existenz von Synagogen in Jerusalem zeigt, daß der religiöse Sinn des Volkes mit dem Tempelgottesdienst allein nicht mehr zufrieden war, auch wenn der Tempel ganz leicht zugänglich war, verlief doch der eigentliche Opferkult unter Ausschluß der Öffentlichkeit. So wurden Synagogen zu Zentren des Torastudiums und der Pflege individueller Frömmigkeit.

Besonders auffällig ist die talmudische Angabe, daß sich sogar im Tempelbereich eine Synagoge befunden habe. Allerdings haben manche, wie z.B. *S. Hoenig,* die Existenz dieser Synagoge auf dem Tempelberg mit guten Gründen bestritten. Nur in einem Text kommt der Ausdruck Synagoge *(bet knesset)* vor (TSuk IV, 5, L. 273: es geht im Zusammenhang um die Wasserzeremonie beim Laubhüttenfest); andere Texte sprechen einfach von *knesset,* „Gemeinde“ (Joma VII, 1) oder *tefilla* („Gebet“, Suk 53a). Auch der in diesem Zusammenhang genannte *chazzan* und der *rosch-ha-knesset* (gewöhnlich „Synagogenvorsteher“, aber auch als „Vorsteher der Gemeinde“ verstehbar: Sota VII, 7f) müssen nicht unbedingt als Synagogenfunktionäre aufgefaßt werden, wie dies oft geschieht. Joma 13b schließlich setzt eine Synagoge nicht unbedingt auf dem Tempelberg selbst voraus; es genügt im Textzusammenhang die Annahme einer solchen in der Nähe des Tempelbezirks. Noch weniger verweist die Episode mit dem zwölfjährigen Jesus im Tempel (Lk 2, 46), wie er den Lehrern zuhört und sie befragt, auf eine Synagoge im Tempelbereich.

Die Tradition von einer Synagoge im Tempelbereich ist somit äußerst fragwürdig; doch läßt sich damit nicht auch – wie es gelegentlich gemacht wird – die Existenz von Synagogenräumen in Judäa für die Zeit vor 70 bestreiten. Auch einige Ansätze zu einem geordneten Synagogengottesdienst muß es schon vor 70 gegeben haben; freilich ist sicher mit Unterschieden in der Struktur und Liturgie der Synagoge in der Zeit vor und nach 70 zu rechnen, als durch den Verlust des Tempels und den nun noch stärker werdenden Einfluß der pharisäisch-rabbinischen Bewegung sich wohl eine gewisse Annäherung an die Synagogenform der Diaspora ergab.

Wenn das Neue Testament Synagogen(gebäude) in Galiläa nennt (Mt 13, 54 Nazaret, Mk 1, 21 Kafarnaum), ist daran zu erinnern, daß die Institution der Synagoge in Galiläa wohl schneller als in Judäa heimisch geworden ist. Galiliäa war ja erst unter den Hasmonäern unter jüdische Herrschaft gekommen und hatte daher ähnlich der Diaspora eine Stätte der Unterweisung in der jüdischen Tradition besonders nötig. Als Funktion der Synagoge nennt das Neue Testament Lesung und Unterweisung in Gesetz und Propheten. Wenn auch vom Gebet in der Synagoge die Rede ist (Mt 6, 5), könnte dies die Notwendigkeiten der galiläischen Gemeinden spiegeln, denen der Zugang zum Tempel nicht so leicht war, könnte aber auch auf die Evangelienredaktion nach 70 zurückgehen.

2. *Die Architektur*

Aus der Zeit vor 70 ist kein Synagogengebäude mit absoluter Sicherheit archäologisch nachzuweisen. Vielfach bezeichnet man die Synagoge von Delos, deren Inschriften *Frey* auf das erste Jahrhundert v. Chr. datiert, als das älteste uns bekannte Synagogengebäude (z. B. *M. Hengel*); doch bezweifelt *J. Gutmann*, daß es sich hier überhaupt um ein jüdisches Gebäude handelt. Die Synagoge von Stobi in Mazedonien wird manchmal auf etwa 65 n. Chr. datiert, doch ist inzwischen eine Datierung auf das Ende des dritten Jahrhunderts gesichert. Auch ist das ausgegrabene Gebäude selbst eine Kirche aus dem fünften oder sechsten Jahrhundert und die Säule mit der Synagogeninschrift nur eine hier wiederverwendete Spolie.

In Masada und Herodion hat man Räume als Synagogen der Aufständischen der Jahre 66 bis 73 identifiziert. Hier hat man jeweils ehedem profane Räume adaptiert, an den Wänden mit Ausnahme der Eingangsseite jeweils

Steinbänke eingezogen und die Räume durch Säulen in einer Weise unterteilt, die an die Form der späteren Synagogenbauten erinnert; in Masada weist wohl auch die Ausrichtung des Raumes auf Jerusalem und die Tatsache, daß in ihm auch Bibeltexte gefunden wurden, auf seine Bestimmung als Synagoge hin. Völlig gesichert ist jedoch die Identifikation der Räume als Synagogen auch hier nicht.

Der früheste eigens für eine Synagoge bestimmte Bau, von dem es zumindest eine Beschreibung gibt, ist jener der Synagoge von Alexandrien aus dem ersten Jahrhundert (allerdings sehen auch in dieser Beschreibung manche die Darstellung eines Gemeindezentrums, das nicht ausschließlich als Synagoge verwendet worden sei): „Wer nicht die Doppelhalle von Alexandrien in Ägypten gesehen hat, hat nie die Herrlichkeit Israels gesehen. Sie war eine Art große Basilika, eine Säulenhalle innerhalb einer Säulenhalle, und manchmal waren dort doppelt soviele Leute anwesend, als einst aus Ägypten ausgezogen waren. Es befanden sich dort einundsiebzig goldene Throne für die einundsiebzig Ältesten ... und in der Mitte eine hölzerne Tribüne; der Gemeindediener stand dort mit einem Schweißtuch in der Hand. Er nahm es und winkte mit dem Schweißtuch und das Volk antwortete auf jeden Segensspruch mit Amen ... und man saß nicht durcheinander, sondern die Goldschmiede waren für sich, ebenso die Silberschmiede, die Weber und die Feinweber und die Schmiede, und zwar zu dem Zweck, daß ein Fremder kommen und sich seiner Berufsgemeinschaft anschließen und so Lebensunterhalt finden konnte" (TSuk IV, 6, L. 273). Zu erwähnen ist hier auch die Beschreibung der Synagoge von Tiberias bei Josephus (Vita 277.300), die übrigens auch als Versammlungsort für die Gemeinde und den Stadtrat dient. Im allgemeinen dürften die Synagogen der Frühzeit von einem profanen Gemeindezentrum oder auch von einem größeren Privathaus (so ist die Synagoge von Dura Europos am Eufrat aus einem Privathaus entstanden) nicht zu unterscheiden gewesen sein.

Eine eigene Synagogenarchitektur entwickelte sich erst ab dem zweiten Jahrhundert, und zwar zuerst in Galiläa. Die zahlreichen Ausgrabungen von Synagogen in Palästina, die vom dritten bis zum siebten Jahrhundert reichen, ermöglichen es, eine ungefähre Entwicklungsgeschichte des Synagogenbaus in rabbinischer Zeit nachzuzeichnen. Leider gibt es bisher keine Synagogenfunde in Babylonien, die das Bild ergänzen könnten (vor allem wohl deshalb, weil dort Stein ein sehr seltenes Baumateriel war).

Entwicklungsgeschichtlich sind drei Typen von Synagogen zu unterscheiden. Am Anfang entsteht ein hauptsächlich in Galiläa und im Golan vertretener Typus, bei dem die Fassade des Baus, der dem Grundriß einer römischen Basilika folgt, nach Jerusalem ausgerichtet ist. Es gibt noch keine Apsis oder Nische, in der man den Toraschrein aufbewahren könnte; vielmehr stand der Schrank mit den Schriftrollen in einem Nebenraum und wurde nur für den Gottesdienst vor das mittlere der drei Tore der Fassade gebracht. Die Teilnehmer am Gottesdienst saßen auf Steinbänken entlang der Seitenwände und an der Rückwand der dreischiffigen Halle. Das bekannteste Beispiel für diesen Typ ist Kafarnaum – auch wenn die Datierung dieser Synagoge jetzt wieder sehr umstritten ist. Die ursprünglich von den Ausgräbern vermutete und in der Teilrekonstruktion vorausgesetzte Frauengalerie in einem Obergeschoß ist mehr als zweifelhaft, wie neue statische Untersuchungen ergeben haben.

Eine spätere Form ist der Breithaustyp. Der Eingang liegt nun an einer der beiden Schmalseiten des Gebäudes. Die Jerusalem zugewandte Längsseite erhält eine Apsis oder Nische als ständigen Platz für den Toraschrein (so z. B. in Judäa in Eschtemoa und Susija). Nun beginnt man auch schon, den Fußboden mit Mosaiken statt mit einfachen Steinplatten auszustatten (ab dem vierten Jahrhundert).

Die dritte Form wird z.B. durch die Synagoge von Bet Alfa (sechstes Jahrhundert) oder Chammat Tiberias (Umbau fünftes Jahrhundert) vertreten. Sie verwendet einen Basilikengrundriß gleich den zeitgenössischen christlichen Kirchen. Durch eine Vorhalle oder ein Atrium gelangt man in den Hauptraum, der durch zwei Säulenreihen in drei Schiffe geteilt ist. An den Seitenwänden befinden sich die Steinbänke für die Beter. Die vordere, dem Eingang gegenüber gelegene Schmalseite, die nach Jerusalem ausgerichtet ist, hat meist die Form einer Apsis und enthält den Toraschrein. Fußbodenmosaike sind in dieser Zeit allgemein üblich. Eine sichere Identifizierung dieser Gebäude als Synagogen ist vor allem durch die Widmungsinschrift wie auch durch die jüdischen Symbole in der Dekoration möglich; doch bleiben Fälle, wo die Entscheidung nicht sicher getroffen werden kann, ob es sich um eine Kirche oder eine Synagoge handelt.

Nach rabbinischer Vorstellung (TMeg III, 23, L. 360; Schab 11a) soll die Synagoge den höchsten Platz des Ortes einnehmen. In der Praxis hat man sich jedoch kaum daran gehalten. Ja, es konnte sogar das Gegenteil, die Errichtung der Synagoge an einem tiefgelegenen Platz, mit dem Psalmvers (Ps 130, 1) „Aus der Tiefe rufe ich zu dir" begründet werden. Zwar wendet keine rabbinische Stelle diesen Text explizit auf den Synagogenbau an, doch wird er öfter für das Gebet zitiert, das man an einem niedrigen Platz zu verrichten habe, da es vor Gott keine Erhöhung gibt (z.B. Ber 10b; KohR 4, 17).

Wichtiger war die Gebetsrichtung in der Synagoge, an die man sich hielt, soweit dies der Bauplatz gestattete. Die Gebetsrichtung nach Jerusalem wird immer wieder vorgeschrieben (z.B. Sifre Dtn § 29, F. 47). Ebenso sollte der Toraschrein sich während des Gottesdienstes auf der Jerusalem zugewandten Seite befinden: zuerst ist dies die Fassade, später die Apsis oder die Toranische, die nach Jerusalem weist. Für die Gebetsrichtung beruft man sich auf Dan 6, 11: Daniel betete vom Obergemach des Hauses aus durch das offene Fenster in Richtung Jerusalem.

Was die Einrichtung der Synagogen betrifft, ist der wichtigste Gegenstand der Toraschrein, in dem die Schriftrollen aufbewahrt werden. Solange dieser Kasten keinen festen Platz im Synagogenraum hat, muß er zum Gottesdienst hereingetragen bzw. auf einem eigenen Gestell hereingefahren werden (wie dies auf einer Säule der Synagoge von Kafarnaum dargestellt ist; vgl. auch Er 86b, wonach die Torarollen erst zum Gottesdienst in die Synagoge gebracht werden). Der an die Bundeslade im Tempel erinnernde Toraschrein wird, sobald er einen festen Platz bekommt, gerne durch einen eigenen Vorhang *(parokhet)* den Blicken des Synagogenbesuchers entzogen, ähnlich dem Heiligen und Allerheiligsten im Tempel. Die Schriftrollen selbst sind in Leinentücher gewickelt und haben eigene Behälter (Kil IX, 3; Schab XVI, 1). Neben der Apsis für den Toraschrein befindet sich dann auch eine Plattform *(bema)* mit einem Pult für den Vorleser. Schließlich ist auch der „Sitz des Mose" zu erwähnen, von dem auch das Neue Testament weiß (Mt 23, 2) und der auch bei verschiedenen Ausgrabungen gefunden wurde: es handelt sich dabei um den Ehrensitz des Gemeindevorstehers.

Synagogenmosaike und Goldgläser zeigen eine Reihe weiterer Kultgegenstände, so vor allem den siebenarmigen Leuchter. Ob sich ein solcher tatsächlich regelmäßig in den Synagogen der talmudischen Zeit befunden hat, ist nicht sicher; immerhin ist in der Synagoge von Chammat Tiberias ein steinerner siebenarmiger Leuchter, in der von En-Gedi eine bronzene Menora gefunden worden. Bestrebungen, die Synagogen möglichst stark dem Tempel anzugleichen, standen andere gegenüber, die die Einmaligkeit des Tempels betonten und auch gegen die Verwendung der Menora in der Synagoge waren (RH 16a). Jedenfalls hat die Synagoge Leuchter gebraucht: Antoninus soll einen Synagogenleuchter gestiftet haben (jMeg III, 2, 74a). Auch das in diesem Zusammenhang immer dargestellte Widderhorn (Schofar) war für den Gottesdienst notwendig, und mit Trompeten kündigte man Anfang und Ende des Sabbats an (TSuk IV, 11, L. 274).

Die Finanzierung des Synagogenbaus war im allgemeinen Gemeindesache. Wie die zahlreichen Widmungsinschriften zeigen, haben aber auch gelegentlich einzelne Privatleute – ja sogar Nichtjuden (Lk 7, 5) – den Bau einer Synagoge finanziert. Gewöhnlich jedoch bezeugen die Inschriften die Mitwirkung vieler Gemeindemitglieder mit oft recht kleinen Spenden am Synagogenbau, so daß die Stifter einer einzelnen Säule oder einer Steinstufe oder gar eines Fußbodenmosaiks schon namentlich in den Inschriften geehrt werden.

3. Die Funktionäre der Synagoge

Die Synagoge der rabbinischen Zeit kennt keinen hauptamtlichen Kultdiener. Wie der Name sagt, ist die Synagoge eine Gemeindeversammlung – gelegentlich auch die Betgemeinschaft einer Gilde oder Landsmannschaft. Zumindest im Prinzip ist es die Gemeinde als solche, die den Gottesdienst gestaltet. Die

Mindestzahl einer Synagogengemeinde sind zehn freie, religiös volljährige Männer, der sogenannte *Minjan* (Meg IV, 3). Gelegentlich fordert man zehn *batlanim*, nicht berufstätige Männer, die immer die Anwesenheit der Mindestzahl zum Gebet garantieren können. Eine Gemeinde, die keinen Minjan stellen kann, ist nach Meg I, 3 nicht mehr eine Stadt, sondern ein Dorf.

Frauen zählen nicht für den Minjan. Sie sind zur Teilnahme am Synagogengottesdienst gar nicht verpflichtet, beteiligen sich jedoch vielfach daran. Besonders zahlreich sind die Frauen offenbar in der Diaspora in der Synagoge vertreten, wie u.a. die Apostelgeschichte zeigt; aber auch talmudische Texte setzen vielfach die Anwesenheit von Frauen in der Synagoge voraus. Daß die Frauen von den Männern in der Synagoge getrennt waren, ist für die frühe Periode sehr zweifelhaft; laut Qid 81 a hat Raba (Babylonien, 4. Jahrh.) Männer und Frauen durch getrocknete Schilfstäbe getrennt.

Der meistgenannte Synagogenfunktionär ist der Synagogenvorsteher (*archisynagōgos* bzw. hebr. *rosch ha-knesset*). Dieser wird – in größeren Gemeinden auch zusammen mit Kollegen (Apg 13, 15) – aus dem Gemeinderat der sieben Ältesten gewählt, von denen drei die Synagoge rechtskräftig vertreten können (jMeg III, 2, 74a). Er hat für die äußere Ordnung der Synagoge zu sorgen. Zu seinen Pflichten gehört es, Gemeindemitglieder oder auch Gäste zum Vorlesen und Kommentieren des Bibeltextes aufzufordern und durch den Chazzan aufrufen zu lassen (Sota 39b; Lk 13, 14; Apg 13, 15). Auch um die Finanzen der Synagogengemeinde und um die Instandhaltung des Gebäudes muß er sich kümmern. In der Diaspora wird gelegentlich auch der bloße Titel eines Synagogenvorstehers verliehen und kann durch größere Spenden auch für Frauen und minderjährige Kinder erkauft werden. In der Diaspora ist auch eine beschränkte Funktionsperiode des Synagogenvorstehers bezeugt, während er in Palästina vielleicht auf Lebenszeit ernannt wurde.

Sehr wichtig ist auch der Synagogendiener (*hypēretēs* bzw. hebr. *chazzan*). Beim Gottesdienst bringt er dem Vorleser die Torarollen und nimmt sie nachher wieder in Verwahrung (z.B. Joma VII, 1); er zeigt Beginn und Ende des Sabbats mit Trompetenzeichen an (Schab 35 b) und hat wohl auch für die Reinigung der Synagoge zu sorgen. Vielfach kommen dazu eine ganze Reihe anderer Funktionen, die den Chazzan gelegentlich zum hauptamtlichen und selbstverständlich besoldeten Angestellten der Synagogengemeinde machen.

4. Der Synagogengottesdienst

Wie schon festgestellt wurde, spricht man in der Diaspora der vorchristlichen Zeit regelmäßig von einem Gebetshaus, der *proseuchē;* das Wort Synagoge hingegen weist nicht unbedingt auf eine Gebetsstätte, sondern kann auch das profane Gemeindezentrum meinen. Der palästinischen Synagoge der Zeit des

Tempels wäre demnach vor allem das Torastudium und nicht der Gebetsgottesdienst zugefallen. Doch die Synagoge der Zeit nach 70 vereinigt dann auf jeden Fall die verschiedenen Elemente, Schriftlesung und -auslegung sowie ein schon bald fest geregeltes Gebet. Die im Midrasch Rabba zu Hld 8, 13 angeführte Ordnung geht sicher auf früheste Zeit zurück: „Die Israeliten beschäftigen sich die ganze Woche mit ihrer Arbeit; doch am Sabbat stehen sie früh auf und kommen in die Synagoge; dort lesen sie das *Schema* und treten vor die Lade und lesen die Tora und schließen mit den Propheten ab."

Zentrum der Liturgie ist die *Schriftlesung* aus der Tora und den Propheten, gefolgt von einer Auslegung des Textes, wie schon der Auftritt Jesu in der Synagoge von Nazaret zeigt (Lk 4, 16–27). Dabei wird man in talmudischer Zeit schon eine feste Leseordnung für den Pentateuch annehmen dürfen, auch wenn die Mischna und die Tosefta eine solche nicht bezeugen. In Palästina las man die fünf Bücher Mose in einem drei- oder dreieinhalbjährigen Zyklus (Meg 29 b), in Babylonien in einem Einjahreszyklus; dabei war der Wochenabschnitt jeweils auf die Sabbatgottesdienste und die Markttage Montag und Donnerstag zu verteilen (jMeg IV, 1, 75 a). In nachtalmudischer Zeit verdrängte der babylonische Brauch des einjährigen Zyklus langsam den palästinischen in der gesamten jüdischen Welt.

Wie alt die feste Leseordnung für den Pentateuch ist, läßt sich schwer sagen. In der Zeit der Mischna wird schon eine fortlaufende Lesung vorausgesetzt (TMeg III, 10, L. 355); dies bedeutet jedoch noch nicht unbedingt eine feststehende Perikopenordnung, wie man sie gelegentlich schon für die neutestamentliche Zeit und früher annimmt. Meg III, 4–6 bietet die älteste Liste von Lesungen für eine Reihe von vier Sabbaten; doch ist die Länge der jeweiligen Texte nicht angegeben. Die hier verwendeten Perikopen werden jedenfalls in der lectio continua an ihrer Stelle nochmals gelesen (vgl. TMeg III, 1–4, L. 353 f).

In genauen Einzelbestimmungen legt die Mischna die Art der Toralesung fest: „Am Montag und am Donnerstag und im Nachmittagsgottesdienst des Sabbat lesen drei Personen, nicht weniger und nicht mehr, und man beende den Gottesdienst nicht mit einer Prophetenlesung. Wer die Toralesung beginnt und wer sie abschließt, sage vor bzw. nach ihr den Segensspruch ... Das ist die Regel: an jedem Tag, an dem das Mussafgebet verrichtet wird, und der kein Feiertag ist, lesen vier; am Feiertag fünf und am Versöhnungsfest sechs, am Sabbat sieben. Man darf die Zahl nicht verringern, doch vergrößern; und man beendet den Gottesdienst mit einer Prophetenlesung ... Wer die Tora liest, lese nicht weniger als drei Verse. Dem Übersetzer lese er nicht mehr als einen Vers (auf einmal) vor, aus dem Prophetentext nicht mehr als drei. Bilden aber diese drei Verse drei Abschnitte, so lese man sie einzeln. Im Prophetentext darf man (Verse) überspringen, nicht aber in der Tora" (Meg IV, 1–4).

Es konnte natürlich vorkommen, daß eine Synagogengemeinde die hier vorgeschriebene Zahl an Vorlesern gar nicht hatte. TMeg III, 12 (L. 356) sieht für eine Gemeinde, in der es nur einen geeigneten Vorleser gibt, vor, daß er sich zwischen den einzelnen Stücken, die sonst verschiedene Leser vortragen, niedersetzt, um damit die an sich gebührende Leseordnung in Erinnerung zu halten. In der Diaspora dürfte es besonders schwierig gewesen sein, Leser zu finden, die den hebräischen Text vortragen konnten: deshalb sieht jMeg IV, 3, 75 a für solche Fälle vor, daß auch ein einzelner den ganzen Text lesen darf.

Der Leseabschnitt aus der Tora umfaßte also im Hauptgottesdienst des Sabbat mindestens einundzwanzig Verse. Jedem Vers folgte sofort die Übersetzung durch den Meturgeman, der Targum (die aramäische Bibelübersetzung), ein Brauch, den Meg 3 a auf Esra zurückführt (Neh 8, 8). Nur ganz bestimmte Texte (z.B. die Erzählung vom goldenen Kalb in Ex 32, 21–25) wurden zwar gelesen, aber nicht übersetzt. Um im Volk ja keine Verwechslung zwischen geoffenbartem Toratext und Übersetzung aufkommen zu lassen, durfte der Vorleser nicht zugleich als Übersetzer fungieren. Auch mußte der Leser die Schriftrolle verwenden, selbst wenn er den Text auswendig konnte; der Meturgeman hingegen durfte auf keinen Fall einen geschriebenen Text verwenden: „Was mündlich überliefert wurde, muß ebenso wiederholt werden; was schriftlich niedergelegt wurde, muß so bleiben" (jMeg IV, 1, 74d; vgl. Meg 32a und Git 60b).

Im Morgengottesdienst von Sabbat und Feiertagen – in Babylonien auch am Nachmittag (Schab 116b) – folgte der Toralesung der Abschnitt aus den Propheten, die Haftara. In anderen Gottesdiensten war die Haftara laut Meg IV, 2 verboten. Sie war nicht so streng geregelt wie die Toralesung. Wie der zitierte Mischnatext besagt, war keine lectio continua vorgeschrieben. Ebenso dürfte eine feste Perikopenordnung für die Prophetenlesung erst ziemlich spät eingeführt worden sein, auch wenn man sich bemühte, den Prophetentext inhaltlich mit der Toralesung abzustimmen (Meg 29b). Wie aus dem Neuen Testament hervorgeht (Lk 4, 16ff), konnte der Vorleser zumindest im ersten Jahrhundert sich den Prophetentext noch selbst auswählen; nur bestimmte Texte waren als Haftara nicht gestattet, so z.B. der für die Mystik so wichtige Text Ez 1.

Die aramäische Bibelübersetzung in der Synagoge war nicht wörtlich gehalten, sondern eine mehr oder weniger freie Nacherzählung mit erbaulicher Tendenz; in ihr konnten auch neue Lehrinhalte des Judentums untergebracht und die Halakha eingeschärft werden, sodaß die Übersetzung allgemein die Funktion einer Predigt erfüllte. Im Lauf der Zeit setzte sich jedoch das Bestreben durch, die Übersetzung besonders der Tora zu vereinheitlichen – der Targum Onqelos wurde ihr normierter Text. Somit hatten die einzelnen Übersetzer keinen zu großen Spielraum, der die notwendige Lehreinheit im Judentum hätte gefährden können. So kam es auch wieder zu einer deutlichen Trennung von Übersetzung und Predigt.

Die Regeln für die aramäische Bibelübersetzung im Synagogengottesdienst galten natürlich primär für die jüdischen Gemeinden Palästinas und Babyloniens. In der übrigen Diaspora hatte sich allgemein die Septuaginta durchgesetzt und wurde erst wegen ihrer Übernahme durch das Christentum durch wörtlichere griechische Bibelübersetzungen - Aquila, Theodotion, Symmachus – verdrängt. Erst im sechsten Jahrhundert machten sich dann auch in der griechischsprachigen Diaspora Bestrebungen bemerkbar, vor dem griechischen Bibeltext den hebräischen zu lesen oder überhaupt nur noch den hebräischen Text gelten zu lassen, wogegen Justinian nach Intervention bestimmter jüdischer Kreise mit der Novelle 146 einschritt. Natürlich war auch in der Diaspora nach der Bibellesung eine Erklärung notwendig, die auch von Anfang an selbstverständlich geboten wurde.

Die frühesten festen *Gebete* im Synagogengottesdienst waren das Schema und das Achtzehngebet. Das *Schema* („Höre" Israel: so beginnt das Gebet) setzte sich aus drei Bibeltexten zusammen: Dtn 6, 4–9; 11, 13–21; Num 15, 37–41. Manchmal bezweifelt man, ob auch der dritte Text zum ursprünglichen Bestand des Gebets gehört; doch Ber II, 2 und andere Texte sichern dies zumindest für die früheste rabbinische Zeit. Dazu kamen Benediktionen vor und nach dem Bibeltext (Ber I, 4), der weniger ein Gebet im eigentlichen Sinn als vielmehr das Glaubensbekenntnis der Gemeinde war. Den Brauch, zusammen mit dem Schema auch den Dekalog zu rezitieren, hatte man laut Ber 12a wegen der Minim verboten: eine solche Hervorhebung der zehn Gebote gegenüber dem übrigen religiösen Gesetz der Bibel hätte ja z.B. von den Christen in dem Sinn gedeutet werden können, daß nur diese Grundgebote dauernde Geltung haben bzw. direkte Offenbarung an Mose sind.

Das *Achtzehngebet* (hebr. *Schemone Esre*) war das eigentliche Grundgebet und wird daher auch einfach „das Gebet" (hebr. *tefilla*) genannt. Es besteht aus achtzehn bzw. neunzehn Benediktionen. Es ist in mehreren Rezensionen überliefert, u.a. in einer babylonischen und einer vermutlich älteren palästinischen Fassung. Schon in rabbinischer Zeit galt es als uralt. Nach Meg 17b hat es Simeon der Flachshändler vor Rabban Gamaliel in Jabne geordnet. Die Abfassung selbst ist nach der Tradition ein Werk der Männer der Großen Synagoge oder gar des Mose selbst. Der Grundtendenz dieser Angaben kann man Glauben schenken, d.h. daß gegen Ende des ersten Jahrhunderts nur eine festere Ordnung der achtzehn Bitten und ihrer Themen und wohl auch eine genauere Formulierung des sogenannten „Ketzersegens" vorgenommen wurde, das Gebet selbst jedoch viel älter ist. Doch ist auch weiterhin mit einer gewissen Freiheit in der Formulierung der Benediktionen selbst zu rechnen: Versuche, den Urtext zu rekonstruieren (wie etwa jener von *L. Finkelstein*), verheißen daher kaum Erfolg.

Das Gebet wurde in der Synagoge stehend verrichtet, wie auch sein anderer hebräischer Name *Amida* („Stehen") besagt. Im Morgengottesdienst von Sabbaten und Festtagen betete man nicht das ganze Achtzehngebet, sondern eine Kurzfassung von sieben Benediktionen: den drei ersten Benediktionen der Amida folgte die Bitte um die Heiligung des Sabbats oder Festtags und dann kamen schon die drei letzten Segenssprüche des Achtzehngebets. Dieses „Siebengebet" ist vielleicht eine frühere Form des Achtzehngebets.

Hier ist auch der *Priestersegen* (Num 26, 24–26) zu erwähnen. Nach Meg IV, 5 „rezitiert derjenige, der den Prophetentext vorliest, auch das Schema, er tritt vor den Toraschrein (um das Achtzehngebet vorzubeten) und erhebt die Hände" (zum Priestersegen); falls er jedoch noch minderjährig ist, vertritt ihn sein Vater oder Lehrer. Es ist hier nicht ausdrücklich gesagt, daß derjenige, der den Priestersegen spricht, auch ein Priester sein muß; vielleicht aber ist dies vorausgesetzt und will man hier nur sagen, daß im Gegensatz zur Vorschrift von Ber V, 4, wonach der Vorbeter nicht auch den Priestersegen erteilen darf, dies dem Vorleser des Prophetentextes gestattet ist. Der Brauch des Priestersegens stammt aus dem Tempelgottesdienst; während dort aber der Gottesname ausgesprochen werden durfte, war dies in der Synagoge nicht gestattet (Sota 38a).

Gewöhnlich war es nicht die versammelte Gemeinde, die gemeinsam die verschiedenen Gebete des Synagogengottesdienstes rezitierte, der mit dem Priestersegen endete. Vielmehr vertrat ein Vorbeter, der *scheliach tsibbur* (wörtlich „der Gesandte der Gemeinde") die Anwesenden; seine Funktion wurde später dann oft vom Synagogendiener übernommen. Die Gemeinde antwortete nur mit gewissen Responsorien bzw. mit dem bestätigenden Amen. Anfangs hatte der Vorbeter in der Formulierung der Gebete, die nur in Reihenfolge, Thema und bestimmten Formeln festgelegt waren, ziemlich große Freiheit. Später verfestigten sich die Gebetsformen. Um dennoch eine gewisse Freiheit in der Gestaltung zu haben und besonders auch die Festtagsgottesdienste zu verschönern, ersetzten ab der byzantinischen Zeit die Vorbeter gern die festen Gebete durch liturgische Gedichte (Pijjutim), die sie entweder selbst zum gegebenen Anlaß verfaßten oder von anderen übernahmen. Im Lauf der Zeit wurde es dann nicht mehr gestattet, die erstarrten Gebetsformeln auszulassen – der Pijjut konnte sie nur noch ergänzen.

5. Die Predigt

Schon in frühester Zeit war mit der Verlesung des Bibeltextes in der Synagoge seine Erklärung verbunden. So heißt es ja schon von der Toraverlesung durch Esra, die man gern als Prototyp des Synagogengottesdienstes versteht, daß die Leviten „das Volk in das Verständnis der Tora einführten" (Neh 8, 7). Aus dem ersten Jahrhundert wissen wir von der Predigtpraxis in den Synagogen Palästinas vor allem durch die Evangelien. Aber auch in der Diaspora waren Predigten allgemein üblich: dies geht nicht nur aus der Apostelgeschichte hervor (Apg 9, 19; 13, 16), sondern ist vor allem durch die Schriften Philos von Alexandrien bezeugt; seine Bibelkommentare sind weithin als

Hilfe für die Synagogenprediger gedacht oder gehen vielleicht selbst auf solche Synagogenpredigten zurück.

Wie schon erwähnt, steht die Predigt in enger Beziehung zum Targum, der aramäischen Bibelübersetzung. Solange der Übersetzer in der Wiedergabe des Bibeltextes sehr frei war, verwischten sich die Grenzen zwischen Übersetzung und Auslegung. Aber auch dort, wo die Predigt vom Targum getrennt war, bot sie ursprünglich wohl nicht viel mehr als eine einfache Erläuterung des Bibeltextes und seine Anwendung auf die Gegenwart. Die Predigt sollte belehren: so heißt es z.B. von Jesus regelmäßig, daß er in der Synagoge „lehrte" (Mk 1, 21 usw.). Alles andere war freigestellt: so stand es frei, ob sich die Predigt an die Tora- oder an die Prophetenlesung anschloß, auch wenn es dann üblich wurde, gewöhnlich vor allem die Tora, an den ausgezeichneten Sabbaten jedoch die Prophetenlesung zu kommentieren. Auch durfte jeder predigen, der glaubte, etwas zum Text sagen zu können. Von den Bußpredigten heißt es auch später noch, daß sie jeder rechtschaffene Mann halten darf, der die Haggada kennt.

Nur langsam wich die schlichte formlose Predigt der Anfangszeit gehobereren Formen, trat der Laienprediger hinter dem Fachmann zurück. Vielfach versuchten die Rabbinen, die Predigt zu übernehmen; weithin blieb sie jedoch Sache der weniger gebildeten volkstümlichen Prediger, die oft wohl zugleich als Synagogendiener eingesetzt waren. Oft verschwand die Grenze zwischen Predigt und Unterricht; die Predigten wurden umfangreicher und gehörten dann auch oft nicht mehr zum eigentlichen Synagogengottesdienst, sondern fanden erst nach einer Pause oder gar erst am Sabbatnachmittag statt, oft auch gar nicht in der Synagoge, sondern im Schulhaus, sofern es dafür überhaupt ein eigenes Gebäude gab.

Die Predigten guter Redner brachten nicht nur religiöse Belehrung, sondern sollten auch entsprechende Unterhaltung bieten und ein Gegengewicht zur Attraktion des heidnischen Theaters sein (vgl. Proöm 17 zu KlglR, B. 14). Solche Prediger wanderten oft von Ort zu Ort und große Volksmassen strömten ihnen auch aus den Dörfern der Umgebung zu (jHor III, 7, 48b). Wenn ein großer Lehrer predigte, geschah dies auch gern im Rahmen einer größeren Veranstaltung: zuerst unterhielten jüngere Rabbinen und Talmudschüler, oft auch gegen Bezahlung, das Volk (z.B. jSuk V, 1, 55a); dann erst erschien der Meister selbst. Dieser sprach nicht direkt zum Volk, sondern gab sitzend und mit leiser Stimme dem Meturgeman („Dolmetsch") oder Amora (hier wohl im Sinn von „Sprecher") seine Auslegung; dieser gab dann die Unterweisung mit lauter Stimme dem Volk weiter. Grund für dieses Verfahren war nicht, die Stimme des Meisters zu schonen; vielmehr erwies man ihm auf diese Weise Hochachtung. Auch brachte man dieses Vorgehen mit der Art der Offenbarung auf dem Sinai in Verbindung: auch diese erging ja nicht direkt an das Volk, sondern an Mose, der das Gesetz dann als „Dolmetsch" Gottes dem Volk vermittelte.

Was *Aufbau und Inhalt der Predigt* betrifft, haben sich im Lauf der Zeit bestimmte Konventionen entwickelt. Die Midraschliteratur hat uns eine Fülle von Synagogenpredigten erhalten, wenn auch gewöhnlich nicht im Wortlaut, sondern in Zusammenfassung und vermischt mit Material aus anderen Predigten zum selben Bibeltext. Besonders die Pesiqta Rabbati, die Pesiqta des Rab Kahana und die Tanchuma-Literatur, aber auch die Predigtmidraschim innerhalb des Midrasch Rabba sind hier zu nennen. Schab 30a–b ist eines der ganz wenigen Beispiele, wo die talmudische Literatur eine ganze Predigt zumindest in Kurzform überliefert hat. Jedenfalls reichen die erhaltenen Texte aus, die Grundformen der talmudischen Predigt zu rekonstruieren.

Ziemlich fest geregelt waren Einleitung und Schluß der Predigt, während der Hauptteil relativ frei gestaltet werden konnte. Für die Einleitung gab es vor allem zwei Formen. In der einen, die vor allem im Midrasch Tanchuma und in verwandter Literatur überliefert ist, stellte jemand aus dem Volk zu Beginn eine Frage zur Halakha. Der Prediger hatte diese Frage nicht nur zu beantworten, sondern zugleich auch als Überleitung zum Kommentar des zu besprechenden Bibeltextes zu verwenden. Die halakhische Frage, die Gelegenheit zu einer zumindest rudimentären Unterweisung des Volkes in Fragen des religiösen Gesetzes gab, wurde wohl nicht immer spontan aus dem Publikum gestellt, sondern war schon zuvor mit dem Prediger abgesprochen. Im Lauf der Zeit erstarrte diese Form. Die Frage, eröffnet mit den Worten *jelamdenu rabbenu*, „es belehre uns unser Meister", war dann nur noch floskelhafte Einleitung zur kursorischen Besprechung eines Halakha-Themas, das allen Anwesenden eigentlich schon geläufig sein mußte. Das Hauptgewicht lag auf dem haggadischen Mittelteil: in diesem hatte der Prediger durch oft weithergeholte Auslegungen des Textes, verbunden mit volkstümlichen Erzählungsmotiven usw., und nach Vermögen auch in entsprechend theatralischer Form vorgetragen, das Volk zu unterhalten und zu erbauen.

Sehr häufig ist auch das *Proömium* (hebr. *peticha*, „Eröffnung"), das nach festen Regeln aufgebaut ist. Es beginnt mit einem Bibelvers aus einem Teil der Schrift, dem die Lesung nicht entnommen ist. Wenn z.B. die Lesung im Gottesdienst, die kommentiert werden soll, wie üblich der Tora entnommen ist, beginnt der Prediger mit einem Vers aus den „Schriften", aus den Psalmen oder aus einem Weisheitsbuch, seltener mit einem Prophetentext. Seine Aufgabe ist es nun, eine passende Überleitung zum eigentlichen Predigtthema zu finden; hier kann er seinen ganzen Einfallsreichtum entfalten.

Es ist nun allerdings auffällig, daß zahlreiche solche Proömien erhalten sind, aber nicht entsprechend sorgfältig aufgebaute Hauptteile von Predigten. Man kann dies damit erklären, daß der Hauptteil eben nicht so streng wie die Einleitung und der Schluß von Predigten geregelt war. Vor allem *J. Heinemann* hat mit guten Gründen wahrscheinlich gemacht, daß Proömien gar nicht Hinführungen zu Predigten sein mußten, sondern selbständige Predigten sein konnten. Dafür sind allerdings die erhaltenen Texte auffallend kurz.

Dies ist jedoch kein hinreichendes Gegenargument, wenn man die zweite Eigentümlichkeit der Proömien beachtet, daß sie nämlich immer bei der Lesung des Tages enden. So konnten also die Proömien Kurzpredigten sein, die vor und nicht nach der Schriftlesung gehalten wurden und kurz auf deren Gehalt hinführen sollten. Man kann wohl annehmen, daß beide Möglichkeiten verwendet wurden: das Proömium als Einleitung und Hinführung zur Schriftlesung im Synagogengottesdienst, andererseits auch als Einleitung zu einer umfangreicheren Predigt, wie sie meist außerhalb des eigentlichen Gottesdienstes gehalten wurde.

Der Schluß der Predigt war vielfach thematisch festgelegt. Sie hatte mit einem Gebet oder häufiger mit einem Hinweis auf die messianische Zeit und die kommende Erlösung zu enden, sollte also mit einem tröstenden Ton schließen, wie er besonders in Notzeiten ganz allgemein die Predigt bestimmen sollte. So sagt R. Isaak, wie sehr das Volk nach Trostworten verlangt: „Früher, als noch Geld (wörtlich: eine *pruta*, eine ganz kleine Münze) zu finden war, verlangte man nach Worten der Mischna und des Talmud. Jetzt aber, da kein Geld vorhanden ist und wir noch dazu unter der Fremdherrschaft leiden, will man nur noch Worte aus der Bibel und der Haggada hören", bzw., wie es in einer Handschriftenvariante heißt, „Trostworte" (PRK 12, M. 205; HldR 2, 5, wo der Ausspruch dem R. Levi zugeschrieben wird, liest: „Segenssprüche und Trostworte").

6. Die Synagoge als Gemeindezentrum

Synagogen dienten nicht ausschließlich dem Gemeindegottesdienst. Vielmehr wurden sie bzw. ihre Nebenräume, wo solche vorhanden waren, oft auch als Schulen verwendet. Dies gilt natürlich vor allem für die religiöse Unterweisung, wie schon die Theodotos-Inschrift aus Jerusalem die Synagoge „für die Vorlesung des Gesetzes und für die Lehre der Gebote" bestimmt sein läßt. Daß aber Synagogen auch ganz allgemein als Schulen dienen konnten, darauf verweisen die rabbinischen Texte, nach denen Jerusalem und Betar vor der Zerstörung ebensoviele Synagogen wie Schulen hatten (z.B. jMeg III, 1, 73d), und wird auch sonst vorausgesetzt (z.B. BQ 60b). Aber auch Rabbinen lassen sich in Synagogen zum Studium nieder. So sagt R. Jehoschua ben Levi (jMeg III, 4, 74a): „Synagogen und Lehrhäuser sind für die Gelehrten und ihre Schüler bestimmt"; und Abbaje sagt in Meg 29a, anfangs habe er in der Synagoge gebetet, zuhause dagegen studiert; der Text von Ps 26, 8 „Herr, ich liebe die Stätte deines Hauses" habe ihn dann aber veranlaßt, auch das Studium in die Synagoge zu verlegen.

Im Synagogengebäude werden öfter auch Speiseräume erwähnt (so in der Inschrift von Stobi und ebenso auch in Caesarea): diese sind wohl mit dem Brauch des gemeinsamen Talmudstudiums zu verbinden, das im Rahmen eines Gemeinschaftsmahles stattfinden konnte (vgl. jBer II, 9, 5d). In der griechischen Diaspora, wie in Stobi, lehnte man sich damit wohl auch an den griechischen Brauch an, in den Heiligtümern gemeinsame Mahlzeiten abzuhalten. Pes 100b–101a erwähnt, daß im Rahmen des Sabbatgottesdienstes in der Synagoge auch der Quiddusch gehalten wurde, und zwar mit Rücksicht auf jüdische Reisende, die in der Synagoge beherbergt wurden und dort auch ihre Mahlzeiten einnahmen.

Besonders in der Diaspora, wo die Nebenräume der Synagoge sehr zahlreich sein konnten, aber auch in Palästina wurde die Synagoge auch als Herberge verwendet. So erwähnt die Jerusalemer Theodotos-Inschrift „die Herberge und die Nebenräume und die Wasseranlagen zur Unterkunft für die Fremden, die dies brauchen“. Zwar wenden sich die Rabbinen dagegen, daß man in der Synagoge ißt und schläft, machen jedoch eine Ausnahme für sich selbst und ihre Schüler (jMeg III, 4, 74a).

Aber auch für andere Zwecke des Gemeindelebens fand die Synagoge Verwendung. So diente die Synagoge von Tiberias als Rathaus (Josephus, Vita 276f; vgl. Ket 5a, Schab 150a); auch als Gerichtsgebäude war die Synagoge geeignet; in diesem Fall vollzog dann auch der Synagogendiener die vom Gericht angeordnete Auspeitschung (Mak III, 12; Schebu IV, 10; vgl. auch Mt 10, 17). Auch Funde und Diebstähle gab man in der Synagoge bekannt (BM 28b) und führte dort auch Sammlungen für wohltätige Zwecke durch. Mit diesen und ähnlichen Funktionen ging die Bedeutung des Synagogenbaus und seiner Nebenräume weit über die eines Gotteshauses hinaus; vielmehr war die Synagoge besonders in kleineren Gemeinden ein allumfassendes Gemeindezentrum.

7. Die Rabbinen und die Synagoge

Der Rabbi der klassischen Zeit war nicht in besonderer Weise an die Synagoge gebunden. Wie schon betont wurde, hatte der Rabbi weder direkten Einfluß auf die Ausgestaltung der Synagoge, wenn er nicht in der Gemeindeleitung vertreten war, noch konnte er ihre Liturgie bestimmen. Auch wurde er nur langsam zum bevorzugten Prediger in der Synagoge, der jedoch immer mit der Konkurrenz volkstümlicherer Prediger rechnen mußte. Ebensowenig konnte der Rabbi im allgemeinen die Gestaltung des Targum oder des Pijjut, der liturgischen Dichtung in der Synagoge, direkt kontrollieren. Das alles war dazu angetan, den Rabbi der Synagoge zu entfremden. Und tatsächlich schätzten die Rabbinen ihr Studium höher als das Gebet in der Synagoge und manche von ihnen lehnten es sogar ab, für den Synagogengottesdienst ihr Studium zu unterbrechen. Auch waren sie der Meinung, daß das Schulhaus der Synagoge an Rang überlegen ist und man daher jederzeit ein Synagogengebäude in eine Schule verwandeln bzw. Synagogenbesitz zugunsten des Lehrbetriebs veräußern darf, nicht jedoch umgekehrt.

Dennoch blieben sich die Rabbinen stets bewußt, daß der von ihnen angestrebte Einfluß auf das Volk auf Dauer nur durch die Synagoge kommen konnte. So tolerierten sie manches im Synagogenleben, das ihnen nicht paßte, und taten selbst viel, um das Ansehen und die Bedeutung der Synagoge im jüdischen Leben zu fördern. So vertraten Rabbinen die Ansicht, daß die Gegenwart Gottes in der Synagoge weilt und Gott das Gebet daher nur in der Synagoge hört (Ber 6a). Wer eine Synagoge in seinem Wohnort hat und nicht dorthin geht, um zu beten, gilt als schlechter Nachbar (Ber 8a; jBer V, 1, 8d). Und eine Baraita in Sanh 17b nennt unter den Erfordernissen eines Ortes, in dem sich ein Gelehrter niederlassen darf, selbstverständlich auch eine Synagoge. Auf längere Sicht hatten die Rabbinen sicher recht, an der Synagoge festzuhalten, auch wenn dort nicht alles nach ihrem Willen ging; denn nur durch die Synagoge gelang es ihnen, die umfassende Bewegung zu werden, die schließlich doch das tägliche Leben des jüdischen Volkes weithin zu bestimmen imstande war.

E. Das Schulwesen

Die starke aktive Beteiligung der jüdischen Gemeinde am Synagogengottesdienst setzt eine breitgestreute Ausbildung voraus, nicht nur die Kenntnis des Lesens – und in viel geringerem Maß des Schreibens –, sondern auch gewisse biblische Kenntnisse, die zur Ausübung der Funktion eines Meturgeman, eines Vorlesers oder Predigers in der Synagoge befähigten. Das Judentum ist nicht zuletzt durch sein schon früh entwickeltes Schulwesen zum „Volk des Buches" geworden. Das „Lernen" ist schon bald ein religiöses Ideal, das nicht nur den Rabbi betrifft, sondern das jeder nach seinen Möglichkeiten zu verwirklichen verpflichtet ist. Endziel der rabbinischen Bewegung war ein Volk von Gelehrten.

1. Der Elementarunterricht

In biblischer Zeit hat Israel ein organisiertes Schulwesen höchstens am Hof zur Beamtenausbildung und im Tempel zur Priester- und Levitenschulung gekannt. Die Grundelemente der religiösen Bildung hatte der Vater an seinen Sohn weiterzugeben (Dtn 11, 19). Sifre Dtn § 46 (F. 104) erläutert diese Stelle: „‚Und ihr sollt sie eure Söhne lehren'. Eure Söhne und nicht eure Töchter, sagt R. Josef ben Aqiba. So sagen sie: sobald der Knabe zu sprechen beginnt, spricht sein Vater mit ihm in der heiligen Sprache und lehrt ihn Tora. Spricht er nicht mit ihm in der heiligen Sprache und lehrt er ihn nicht Tora, so ist es, als ob er ihn begraben würde." Auch TQid I, 11 (L. 279f) rechnet den

Tora-Unterricht zu den Pflichten eines Vaters gegenüber seinem Sohn: „Was sind die Pflichten eines Vaters gegenüber seinem Sohn? Er muß ihn beschneiden (lassen), ihn auslösen (wenn es der Erstgeborene ist), ihn Tora und ein Handwerk lehren und ihn verheiraten ... R. Jehuda sagt: jeder, der seinen Sohn kein Handwerk lehrt, lehrt ihn Verbrechen" (vgl. auch Qid 30a).

Sehr oft war der Vater natürlich seiner Aufgabe als Lehrer seiner Söhne nicht gewachsen. Einen Hauslehrer konnten sich sicher nur wenige leisten (z. B. einzelne Rabbinen: jPea VIII, 8, 21b; Ket 111b); ein allgemeiner Unterricht war so nur zu erwarten, wenn Schulen eingerichtet wurden. Die rabbinische Tradition schreibt dies der Initiative des Simeon ben Schetach zu. Dieser soll unter anderem angeordnet haben, „daß die Kinder in die Schule gehen" (jKet VIII, 11, 32c). Demnach wäre die Grundschule in der ersten Hälfte des ersten Jahrhunderts v. Chr. eingeführt worden, was zur Situation unter Salome Alexandra (76–67 v. Chr.) und dem damaligen Einfluß der Pharisäer sehr gut paßt.

Der babylonische Talmud bringt eine ausführliche Schilderung, wie die Kinderschulen entstanden, und verbindet ihre allgemeine Einführung mit Jehoschua ben Gamala, der in den letzten Jahren vor dem großen Aufstand gegen Rom Hoherpriester war und den Josephus als Gegner der Zeloten schildert. Im Gegensatz zu den meisten anderen Hohenpriestern hat ihn die rabbinische Tradition in bester Erinnerung bewahrt. Im Talmud bezieht Raba den Mischnasatz BB II, 3, man dürfe niemanden „wegen des Lärms der Kinder" daran hindern, in einem bestimmten Wohnviertel seinen Beruf auszuüben, auf „Schulkinder gemäß der Anordnung des Jehoschua ben Gamala. Denn R. Jehuda hat im Namen Rabs gesagt: Fürwahr, bewahre dem Jehoschua ben Gamala ein gutes Andenken. Wäre er nicht gewesen, wäre die Tora in Israel in Vergessenheit geraten. Früher lernte jemand, der noch einen Vater hatte, von diesem Tora; wer keinen Vater mehr hatte, lernte nicht Tora. ‚Ihr sollt sie lehren' (Dtn 11, 19) legte man aus: ihr selbst sollt sie lehren. Dann bestimmte man die Anstellung von Kinderlehrern in Jerusalem aufgrund der Bibelstelle: ‚Denn von Zion geht die Tora aus' (Jes 2, 3). Und noch immer verhielt es sich so: Wer einen Vater hatte, wurde von diesem zum Unterricht (nach Jerusalem) gebracht. Wer keinen Vater mehr hatte, den brachte auch niemand zum Unterricht. Da beschloß man, in jedem Bezirk (Lehrer) einzusetzen, und man brachte ihnen (die Jugendlichen) im Alter von sechzehn oder siebzehn Jahren. Wenn nun der Lehrer sich über einen Schüler ärgerte, rebellierte dieser und lief davon. Schließlich kam Jehoschua ben Gamala und ordnete die Anstellung von Kinderlehrern in jedem Bezirk und in jeder Stadt an, und man brachte ihnen die Kinder im Alter von sechs oder sieben Jahren" (BB 21a).

Es ist fraglich, wieweit in den schwierigen Jahren direkt vor dem Ausbruch des Aufstands gegen Rom ein so umfassender Ausbau des Schulwesens durchgeführt werden konnte. Andererseits hätten jedoch die den Hohenpriestern so reserviert gegenüberstehenden Rabbinen gewiß nicht ohne Grund einem von ihnen dieses große Verdienst zugeschrieben. Vielleicht gehörte die Entscheidung des Jehoschua ben Gamala in ein umfassenderes Programm, die schon gefährlich aufgeheizte Stimmung im Volk durch eine kluge Sozialpolitik zu beruhigen; doch konnte eine solche Maßnahme zu dieser Stunde jedenfalls keine bleibende Wirkung gehabt haben. Sicher mußte nach dem Aufstand und nochmals nach dem Bar-Kokhba-Aufstand wieder ganz von vorne begonnen werden.

Der allgemeine Kinderunterricht scheint sich erst ab der Mitte des zweiten Jahrhunderts im großen und ganzen durchgesetzt zu haben. Aber auch dann gibt es noch immer Klagen gegen Ortschaften, die keine Schulen einrichten wollen. So heißt es in jChag I, 7, 76c: „Man lehrt, daß R. Simeon bar Jochai gesagt hat: Wenn du Städte siehst, die von ihrem Platz in Israel ausgerottet worden sind, wisse, daß sie nicht Lehrer für Grund- und Oberschulen bezahlt haben ... R. Jehuda der Patriarch sandte R. Chijja und R. Assi und R. Ammi aus; sie sollten durch die Ortschaften des Landes Israel ziehen und dort Lehrer für Grund- und Oberschulen einsetzen. Sie kamen in einen Ort und fanden dort weder einen Grundschul- noch einen Oberschullehrer. Da sagten sie zu ihnen (den Ortsbewohnern): bringt uns die ‚Wachleute des Ortes'. Da brachten sie ihnen die ‚Wachleute des Ortes'. Doch sie entgegneten: Das sind doch nicht ‚Wachleute des Ortes', sondern ‚Vernichter des Ortes'. Da fragten sie: Wer sind dann die ‚Wachleute des Ortes'? Sie antworteten: Lehrer an Grund- und Oberschulen. Denn so steht geschrieben: ‚Wenn nicht der Herr das Haus erbaut ...' (Ps 127, 1)."

Doch hat sich im allgemeinen das Schulwesen – obwohl die Rabbinen seine Einführung nicht erzwingen konnten – soweit durchgesetzt, daß man schon in tannaitischer Zeit einem Gelehrten verbieten konnte, in einem Ort zu wohnen, in dem es u.a. keinen Kinderlehrer gab (Sanh 17b). Und Raba sah aufgrund der Anordnung des Jehoschua ben Gamala auch keine Notwendigkeit mehr, ein Kind von einem Ort in einen anderen (zur Schule) zu bringen; wohl aber könne man innerhalb derselben Ortschaft ein Kind von einer Synagoge (die als Schule dient) in eine andere bringen. Weiter stellte Raba als Norm auf, daß 25 Kinder bei einem Lehrer in die Schule gehen könnten; ab vierzig Kindern sollte er einen Gehilfen bekommen und bei fünfzig Kindern sollte ein zweiter Lehrer angestellt werden (BB 21a).

In talmudischer Zeit unterscheidet man verschiedene *Schultypen:* die Grundschule (*bet sefer*, wörtlich: „Haus des Buches"), die Oberschule (*bet midrasch* oder *bet talmud*, „Lehrhaus") und die Hochschule der jüdischen Tradition *(jeschiba)*, die vielfach zugleich als Gericht fungiert.

Was das *Schulalter* betrifft, legt der zuvor zitierte Text BB 21a den Schulbeginn mit sechs oder sieben Jahren fest. Dort legt auch Abbaje einem Kinderlehrer nahe: „nimm niemand an, der nicht schon sechs Jahre alt ist; einen Sechsjährigen aber nimm an und stopfe ihn (mit Lernstoff) voll wie einen

Ochsen." Ebenso heißt es auch in Ket 50a, wo sich Abbaje für den folgenden Satz auf seine Mutter beruft: „Mit sechs zur Bibel, mit zehn zur Mischna, mit dreizehn zum Fasten für volle vierundzwanzig Stunden". Abot V, 21 (manchmal Samuel dem Kleinen zugeschrieben) gibt als grundsätzliche Lebenseinteilung an: „Mit fünf Jahren beginnt man Bibel zu lernen, mit zehn die Tradition (wörtlich: die Mischna); mit dreizehn wird man auf die Gebote verpflichtet; mit fünfzehn kann der junge Mann zum Talmud (der anspruchsvolleren Traditionslehre) voranschreiten; mit achtzehn soll er heiraten und mit zwanzig Jahren sich um einen Beruf umsehen."

Selbstverständlich handelt es sich hier nur um einen idealen Lebensweg, dessen Verwirklichung vielen weder durch die wirtschaftlichen Verhältnisse noch durch die eigenen Talente und Neigungen möglich war. Ziemlich allgemein verbreitet war sicher nur die erste Schulstufe, die Bibelschule, zu der allein ein Vater seinen Sohn schicken mußte, wenn er ihn schon nicht selbst unterrichtete.

In die Schule gingen übrigens nur Knaben. Zwar empfiehlt Ben Azzai in der Mischna, auch den Töchtern zumindest gewisse Torakenntnisse beizubringen. Doch R. Elieser wehrt sich dagegen mit der Begründung, wer ein Mädchen Tora lernen lasse, führe es nur zur Ausschweifung (Sota III, 4). Gelehrte Frauen wie Berurja, die Frau des R. Meir (TKel BQ IV, 17, R. 18; Pes 62b u.ö.), waren sicher eine ganz seltene Ausnahme.

In der Grundschule lernte das Kind vor allem den Bibeltext lesen. Anfangs schrieb der Lehrer dem Kind das Alphabet auf einer Tafel vor. Später bekamen die Kinder dann kleine Stücke der Tora auf einer Schriftrolle (jMeg III, 1, 74a erwähnt z.B. Texte, in denen das Buch Genesis nur bis zum Kapitel der Flut geht, Levitikus nur bis Kapitel 9, Numeri nur bis 10, 38: die Frage ist, ob solche Texte auch im Synagogengottesdienst verwendet werden dürfen). Erst die Fortgeschrittenen bekommen vollständige Torarollen als Lehrbuch.

ARN A 6 (Sch. 29) beschreibt die Anfänge des R. Aqiba, der nach der Tradition erst als Vierzigjähriger zu lernen begann, so: „Er ging mit seinem Sohn zu einem Kinderlehrer und sagte zu ihm: Lehre mich Tora! R. Aqiba hielt das eine Ende der Tafel und sein Sohn das andere Ende. (Der Lehrer) schrieb ihm das Alphabet auf und er lernte es, er schrieb ihm das Alphabet bis zum Ende und er lernte es, das Buch Levitikus und er lernte es. So lernte er weiter, bis er die ganze Tora gelernt hatte."

Das erste Buch der Bibel, mit dem der Schüler beginnt, ist demnach nicht Genesis, sondern Levitikus, wie es in traditionellen jüdischen Schulen fast bis in die Gegenwart gehalten wurde. R. Issi bringt als Begründung für diesen Brauch, daß Kinder und Opfer rein sind und die Reinen sich mit Reinem beschäftigen sollen (LevR 7, 3, M. 156). Diese Begründung ist sicher sekundär. Aber auch die öfter geäußerte Annahme, der Brauch gehe auf die alte Tradition der priesterlichen Schulen zurück, ist nicht zu beweisen.

Die *Unterrichtsmethode* zielte vor allem auf eine ständige Übung des Gedächtnisses. Der Schüler wurde angehalten, seinen Lernstoff ständig laut vor sich hin zu lesen, was übrigens nicht nur von Kindern, sondern auch von den rabbinischen Schulen gilt. Bezeichnend ist dafür Er 53b–54a: „Berurja traf einen Schüler an, der leise lernte. Sie gab ihm einen Tritt und sagte zu ihm: steht nicht geschrieben ‚Wohl geordnet und bewacht' (2 Sam 23, 5)? Wenn sie (die Lehre) in deinen 248 Gliedern wohlgeordnet ist, ist sie bewacht, sonst nicht. Man lehrt: R. Elieser hatte einen Schüler, der leise lernte; nach drei Jahren hatte er das Gelernte vergessen ... Samuel sagte zu Rab Jehuda: Scharfsinniger, öffne deinen Mund und lies (Tora), öffne deinen Mund und lerne (Mischna), damit deine Tora in dir erhalten bleibe und du lange lebst." Jene, die neben einer Schule wohnten, empfanden das laute Lernen der Kinder oft als Lärmbelästigung; doch durften sie deswegen nicht den Unterricht verhindern (jBB II, 3, 13b).

Zum leichteren Auswendiglernen erfand man alle möglichen Gedächtnisstützen. Absolute Grundlage war jedoch die ständige Wiederholung: „Wer seinen Abschnitt hundertmal wiederholt, ist nicht dem zu vergleichen, der ihn hunderteinmal wiederholt", soll Hillel gesagt haben (Chag 9b).

Der Volkschul- oder Bibel*lehrer* stand, was die Ausbildung betrifft, unter dem Gelehrten *(chakham),* aber über dem Synagogendiener, wie aus einem Ausspruch des R. Elieser ben Hyrkan hervorgeht (Sota IX, 15); in kleineren Gemeinden jedoch war der Synagogendiener vielfach auch zugleich der Bibellehrer. Im allgemeinen wurde der Lehrer von der Gemeinde besoldet, die das Geld dafür bei den Eltern einhob. Tanchuma preist in LevR 27, 2 (M. 624) einen Junggesellen, der ebenfalls zur Besoldung der Lehrer beitrug, obwohl er dazu nicht verpflichtet wäre. An sich dürfte ein Bibellehrer für die Unterweisung in der Tora kein Geld annehmen: die Tora soll ihm ja kein Spaten sein, mit dem er seinen Lebensunterhalt verdient (Abot IV, 7); doch dürfte es nicht leicht gewesen sein, einen Lehrer zu finden, der umsonst in der Bibel unterwies (R. Jehuda in Bek 29a meint, im Notfall müsse man eben einen Bibellehrer bezahlen, dürfe daraus aber nicht das Recht ableiten, später auch selbst Bezahlung zu verlangen; der Lehrer in Taan 24a, der von Kindern, die den Unterricht nicht bezahlen können, nichts verlangt, scheint eine Ausnahme gewesen zu sein). Im allgemeinen betrachtet man die anderen Leistungen des Lehrers neben dem eigentlichen Bibelunterricht als umso belohnenswerter, so daß er doch zu seinem Gehalt kommt oder zumindest für seinen Verdienstentgang entschädigt wird.

Das *Schulhaus* war gewöhnlich die Synagoge oder einer ihrer Nebenräume. Doch unterrichteten Privatlehrer natürlich auch in ihren eigenen Häusern. Daß der Unterricht in den Synagogen das Übliche war, geht aus verschiedenen schon zitierten Texten hervor. PRK 15, 5 (M. 255) spricht von den Stimmen der Schüler in den Synagogen; ebenso z.B. PesR 16 (F. 83b), wo R. Haggai erzählt, wie er die Stimmen der Schüler in der großen Synagoge von Tiberias zu hören pflegte. Da die Rabbinen den Unterricht höher als den Synagogengottesdienst bewerteten, durfte – wie schon erwähnt – eine Synagoge in ein Schulhaus umgewandelt, nicht aber ein Schulhaus zu einer Synagoge umfunktioniert werden (Meg 28a).

Nach Abschluß der Bibelschule, in der man theoretisch die ganze Bibel durchgenommen haben soll – einschließlich ihrer traditionellen aramäischen Übersetzung, des Targum –, hörten wohl die meisten Kinder mit dem Unterricht auf. Nach Abot V, 21 erfolgte der Übergang derer, die weitermachen wollten, zum Bet Midrasch im Alter von zehn Jahren, nach PRK 15, 5 (M. 255) mit dreizehn Jahren, wohl das Alter, in dem die meisten die Schule verließen. Nur wenige machten weiter und gingen zum Mischnalehrer. Bezeichnend ist ein Satz in KohR 7, 49 (zu Koh 7, 28: ‚Von tausend Menschen habe ich nur einen wiedergefunden'): „So ist es im Leben üblich: tausend beginnen mit dem Bibelunterricht; hundert davon kommen zur Mischna, zehn davon zum Talmud, und nur ein einziger qualifiziert sich für die Entscheidung der Halakha."

Mischna und Talmud sind hier nicht im spezifischen Sinn als die jeweiligen Schriften verstanden, sondern bezeichnen die verschiedenen Stufen des Unterrichts in der jüdischen Tradition. Schon im zweiten Jahrhundert diskutiert man über die Definitionen: „Was ist Mischna? R. Meir sagt: Halakhot, R. Jehuda sagt: Midrasch" und derjenige, der als Lehrstoff auch des Bet Midrasch die Tora nennt, versteht Mischna als Auslegung (Midrasch) der Tora (Qid 49a).

Archäologisch sind Lehrhäuser (Bet Midrasch) bisher nicht nachgewiesen, auch wenn man z.B. in Kafarnaum gelegentlich einen Nebenraum der Synagoge als solches bezeichnet. Die einzige Ausnahme ist Dabbura im westlichen Golan, wo vor einigen Jahren ein Türsturz mit der Inschrift gefunden wurde: „Dies ist das Lehrhaus (Bet Midrasch) des R. Elieser ha-Qappar"; Elieser lebte um das Ende des zweiten Jahrhunderts, die Inschrift stammt aus dem dritten Jahrhundert.

Während das elementare Traditionsstudium noch fest organisiert und auf einen relativ starken Besuch abgestimmt ist, kommen nur noch die wenigsten auch zum „Talmud", zum Traditionsstudium für Fortgeschrittene, und nur einzelne machen dann weiter, um bei einem Rabbi persönlich ihre Lehrzeit abzuschließen und das Studium der rabbinischen Tradition praktisch zu ihrer Lebensaufgabe zu machen. Dennoch ist der Einfluß der Rabbinen auf die Bevölkerung über den Schulunterricht nicht zu unterschätzen, ist doch die Schule *der* Weg, auf dem die Rabbinen ihr Ziel erreichen.

Fortbildungsmöglichkeiten gab es jedoch auch für Erwachsene, die ihre formelle Ausbildung abgeschlossen hatten. Vor allem ist hier die Predigt und der Lehrvortrag in der Synagoge und im Bet Midrasch am Sabbat zu nennen: der Sabbatnachmittag war vielfach einem Vortrag gewidmet, einer Art Sabbatschule für die ganze Bevölkerung. Damit diese nicht vernachlässigt wurde, verbot die Mischna das Lesen der Hagiographen am Sabbat (Schab XVI, 1): nach den einen galt dies nur für die Zeit des Lehrvortrags, nach den anderen allgemein (Schab 116b). In Ber 6b spricht R. Zera davon, wie die Rabbanan am Sabbat zum Vortrag (Pirqa) in die Synagoge laufen. An sich wäre es unziemlich, am Sabbat zu laufen; hier aber gilt es als Eifer für das Gesetz.

Für das babylonische Judentum nennt man gewöhnlich noch zwei besondere Einrichtungen der Erwachsenenbildung, die *Kalla* (Studienmonate im Frühjahr und Herbst) sowie die *Rigla* (besondere Schulvorträge für die allgemeine Öffentlichkeit). Wir werden auf beide Einrichtungen im Zusammenhang mit den Problemen des höheren Schulwesens im talmudischen Babylonien noch zurückkommen. Allgemein kann jedenfalls gelten, daß eine Fortführung des Lernens auch nach Abschluß der formellen Schulbildung ein ständiges Anliegen der rabbinischen Zeit ist; Studium und Umgang mit Gelehrten gilt auch noch für den Berufstätigen als Ideal, das jedoch erst in einem Leben gemäß dem Gelernten zur Vollendung gelangt (Joma 86a).

2. *Die rabbinischen Schulen Palästinas*

Die rabbinischen Hochschulen Palästinas werden gleich der Oberstufe der Elementarschulen als *bet ha-midrasch* bezeichnet; der Ausdruck *jeschiba* bzw. aram. *metibta* scheint hingegen im Unterschied zur nachtalmudischen Periode in Palästina noch nicht als Fachausdruck für die rabbinischen Schulen verwendet worden sein; er wird vielmehr wörtlich genommen und bedeutet „das Sitzen", „die Sitzung" und gelegentlich auch den Lernstoff einer Sitzung; übertragen ist der Ausdruck offenbar auch für das Gericht verwendet worden (auch in der Wendung „das himmlische Gericht"): hier ist allerdings der Ansatz zur Bedeutung „Schule, Akademie" gegeben, insofern die rabbinischen Akademien jeweils auch als Gerichtshof dienten.

Was die rabbinischen Schulzentren in Palästina betrifft, ist aus der Zeit des Tempels praktisch nichts bekannt. TSanh VII, 1 (Z. 425) spricht vom *bet ha-midrasch* auf dem Tempelberg, das die Mitglieder des Sanhedrin an Sabbaten und Festtagen frequentierten und wo sie über halakhische Anfragen nach der Tradition oder notfalls durch Abstimmung entschieden. Das „Lehrhaus" dient hier also dazu, Fragen der Halakha zu entscheiden, wobei Publikum zugelassen ist und somit auch eine gewisse Schulung der Zuhörer erfolgt; auch die Begebenheit mit dem zwölfjährigen Jesus im Tempel (Lk 2, 46) ist in diesem Rahmen zu sehen. Primär ist jedoch das Lehrhaus eine Gelehrtenakademie, deren Schilderung übrigens auch anachronistische Züge enthalten mag. Details sind jedenfalls nicht zu entnehmen.

Neben diesem Text ist nur jSchab XVI, 8, 15d zu nennen, eine Stelle, die nach Meinung vieler ein Lehrhaus des Jochanan ben Zakkai im galiläischen Arab für die Zeit vor 70 belegt. R. Ulla (4. Jahrh.) erzählt, Jochanan habe achtzehn Jahre in Arab verbracht; doch in dieser ganzen Zeit sei ihm nur zweimal ein religionsgesetzlicher Fall zur Entscheidung vorgelegt worden; darauf habe er Galiläa wegen dieser Interesselosigkeit verflucht. Die Anekdote als solche ist spät und historisch sehr zweifelhaft; eine „Schule" Jochanans kann man ihr auf keinen Fall entnehmen. Ebensowenig kann man die zahlreichen Nennungen der „Häuser" Hillels und Schammais im Sinn von zwei miteinander im Wettbewerb stehenden Schulunternehmungen verstehen.

Für handfestere Nachrichten sind wir somit auf die Zeit nach 70 verwiesen. Hier ist vor allem Sanh 32b, eine Baraita, zu zitieren: „‚Gerechtigkeit, Gerechtigkeit, ihr sollst du nachjagen' (Dtn 16, 20). Folge den Gelehrten zur *jeschiba,* R. Elieser nach Lod, R. Jochanan ben Zakkai nach Beror Chajil, R. Jehoschua nach Peqiin, Rabban Gamaliel nach Jabne, R. Aqiba nach Bene Beraq, R. Mattia nach Rom, R. Chananja ben Teradion nach Sikhnin, R. Jose nach Sepphoris, R. Jehuda ben Batyra nach Nisibis, R. (Chanina, den Schwestersohn des R.) Jehoschua in die Diaspora (d.h. Babylonien), Rabbi nach Bet Schearim, den Gelehrten in die Quaderkammer."

Dieser Text geht auf eine kürzere Fassung zurück, die Sanh 32b vor der eben zitierten bringt: „Folge einem guten Gericht, Elieser nach Lod, Rabban Jochanan ben Zakkai nach Beror Chajil" (vgl. auch Sifre Dtn § 144, F. 200, wo das Gericht des Jochanan ben Zakkai und das des Elieser ohne Ortsangabe genannt werden).

Offenbar zweifelt hier die ursprüngliche Tradition die Rechtmäßigkeit der Nachfolge Jochanans durch Gamaliel in Jabne an und sieht die wahre Lehr- und Gerichtstradition allein bei Jochanan und Elieser gewahrt. Die spätere Redaktion hat diese kritische Haltung abgebogen, indem sie den Text in eine Liste der Zentren in der Generation nach Jochanan umformt und ergänzt, dann bis Rabbi weiterführt und sogar noch Rom und zwei babylonische Zentren nennt (was vielleicht eine sekundäre Ergänzung ist). Auffällig ist, daß in der Generation nach Bar Kokhba nicht der Patriarch Simeon ben Gamaliel genannt ist, sondern der in Sepphoris unterrichtende Jose. Und Rabbis Schule ist hier noch Bet Schearim und nicht Sepphoris, wo er die letzten siebzehn Jahre seines Lebens unterrichtete. Vielleicht ist damit ein *terminus ante quem* für die Entstehung der längeren Fassung dieser Tradition gegeben.

Konkrete Einzelheiten über Schulorganisation und -betrieb in der tannaitischen Periode sind nur spärlich überliefert. Genauere Details wissen wir nur von der mit dem Sanhedrin verbundenen Schule am jeweiligen Sitz des Patriarchen. Hier allein können wir auch schon in der tannaitischen Zeit mit einer fest organisierten Schule rechnen. Die Schulen der anderen Gelehrten waren wohl keine fest organisierten Institutionen an einem bestimmten Ort, sondern eher kleine Jüngerkreise, die sich an dem jeweiligen Wohnsitz eines bekannten Lehrers bildeten und nach dessen Weggang oder Tod auch wieder auflösten. Erst ab dem dritten Jahrhundert gibt es dann feste Akademien an einzelnen Orten außerhalb des Patriarchensitzes, die ihre eigenen Bräuche und Traditionen haben und in der Literatur immer wieder zusammenfassend als z.B. die „Rabbinen von Caesarea“ oder die „Rabbinen aus dem Süden“ genannt werden.

Die großen Studentenzahlen, die die rabbinische Tradition verschiedenen Lehrern zuschreibt – so soll etwa R. Aqiba zwölftausend Schüler gehabt haben –, sind übliche Übertreibungen, mit denen bildhaft die Bedeutung eines Lehrers ausgedrückt werden soll; Ausgangspunkt dieser Übertreibungen ist außerdem die Schulsituation einer viel späteren Zeit, die anachronistisch auch für die tannaitische Periode angenommen wird.

Die schon früher erwähnte Erzählung von der zeitweiligen Absetzung Gamaliels als Vorsitzenden des Sanhedrin kann auch hier herangezogen werden, insofern ja der Sanhedrin Gericht und Schule in einem war, in dieser Erzählung jedoch die schulischen Elemente überwiegen. Der Erzählung nach (jBer IV, 1, 7c–d; Ber 27b–28a) findet die Schule in einem festen Lehrhaus statt: der palästinische Text spricht von einem „Versammlungshaus“ *(bet-waad)*, der babylonische von einem „Lehrhaus“ *(bet-midrasch)*. Dieses ist von einem Türsteher bewacht, der nicht jeden zum Unterricht zuläßt: eines der Ergebnisse der Revolte ist die Entfernung dieses Türstehers und der Zulassungsbeschränkung. Der Leiter des Schulbetriebs ist der Patriarch. Er sitzt vorn im Saal, unterstützt von einem Meturgeman, dessen Aufgabe es offenbar ist, den Vortrag des Meisters laut weiterzugeben, vielleicht auch allgemein die Versammlung zu leiten. Ebenfalls anwesend ist ein Chazzan, der vielleicht zu Beginn und Schluß der Vorlesung ein Gebet zu sprechen hat.

Eine spätere Ergänzung der Erzählung diskutiert, wieviele Bänke damals in der Schule waren (jBer) bzw. nach Aufhebung der Zulassungsbeschränkung hinzugefügt wurden (so der babylonische Text, nach dem vier- oder siebenhundert hinzugefügt wurden, während es nach dem palästinischen Text insgesamt achtzig bzw. dreihundert waren). Die Zahlen sind hier ohne Belang. Doch deutet die Unterscheidung zwischen denen, die auf den Bänken Platz nehmen, und den anderen, die hinter der Abgrenzung stehen, darauf hin, daß hier die Gelehrten, die auch an der Diskussion und einer eventuellen Abstimmung über die verbindliche Lehre teilnehmen, von den noch unerfahrenen Schülern hinter der Abgrenzung getrennt sind.

Die „Schildträger“, auf deren Ankunft der Fragesteller warten soll, sind vielleicht ursprünglich im übertragenen Sinn als die Toragelehrten aufgefaßt und erst später als die Leibwache des Patriarchen verstanden worden, was hier auf jeden Fall ein Anachronismus wäre.

Für die Ernennung Eleasars zum zeitweiligen Nachfolger Gamaliels verwendet der Text zwei Ausdrücke, die nicht ganz klar sind. „Sie setzten ihn (ein)“ *(hoschibu)* könnte einfach bedeuten, daß er einen Sitzplatz bekam, also den vollberechtigen Gelehrten zugerechnet wurde; ähnlich ist die Formulierung zu verstehen „sie zählten ihn der Sitzung bei“, auch wenn im Zusammenhang hier deutlich eine Ernennung *über* die Sitzung, also die Übertragung des Vorsitzes gemeint ist.

Schließlich ist auch noch die Ernennung des Eleasar nach der Wiedereinsetzung Gamaliels als Vorsitzenden zum *Ab bet-din* zu erwähnen, zum Stellvertreter des Patriarchen im Gericht, das hier aber wohl mit dem Lehrhaus noch ganz identisch ist. Doch ist es, wie schon erwähnt, fraglich, wieweit es damals schon einen solchen Titel und das Amt des Stellvertreters gegeben hat.

Die Erzählung von der Intrige Meirs und Natans gegen Simeon ben Gamaliel, den sie aus dem Patriarchenamt verdrängen wollen (Hor 13b), liefert keine weiteren Details, paßt jedoch völlig zum bekannten Bild.

In der amoräischen Periode, also nach 200, war der Sitz des Sanhedrin weiterhin das wichtigste Schulzentrum. Zuerst war dies noch Sepphoris, dann ab der zweiten Hälfte des dritten Jahrhunderts Tiberias. Die Schule von Sepphoris blieb aber auch später noch bestehen und war ein wichtiges Zentrum. Daneben entwickelte sich im dritten Jahrhundert die Akademie von Caesarea; eine weitere rabbinische Schule war im Süden, womit wahrscheinlich Lod gemeint ist. Diese Mehrzahl von Studienzentren in der Zeit nach Rabbi ergab sich einerseits aus dem Anwachsen der rabbinischen Bewegung, ist aber sicher auch, wie schon in der Zeit Gamaliels, Zeichen dafür, daß viele Rabbinen sich vom Zentrum unabhängig machen und nicht mehr unbedingt den Sitz des Sanhedrin als den absoluten Mittelpunkt der jüdischen Lehre anerkennen.

Tiberias, ursprünglich von den strenggläubigen Juden gemieden, da Herodes Antipas die Stadt auf einem Gräberfeld gegründet hatte (zwischen 18 und 22), wird in der rabbinischen Tradition mehrmals als Aufenthalt des R. Meir genannt, der in der Synagoge von Chammat bei Tiberias zu predigen pflegte (jSota I, 4, 16d) und in dem Lehrhaus von Tiberias vortrug (jChag II, 1, 77b). Eine richtige rabbinische Akademie wurde dort aber erst im dritten Jahrhundert gegründet. Ihr erster bedeutender Leiter war Jochanan bar Nappacha, der nach Scheriras Angaben im Jahr 279 gestorben ist. Achtzig Jahre soll er – so Scherira – das Lehrhaus geleitet haben. Nach mittelalterlicher Auffassung gilt er als Herausgeber des palästinischen Talmud. Tatsächlich ist ein wesentlicher Teil der Talmudredaktion in der Schule zu Tiberias erfolgt, jedoch bedeutend später, im fünften Jahrhundert. Jochanan selbst kann höchstens für eine erste Stufe auf dem Weg zum Talmud verantwortlich gemacht werden. In der Zeit Diokletians sind die Rabbinen Ammi und Asi die hervorragenden Vertreter der Akademie von Tiberias; im vierten Jahrhundert sind vor allem Zera, Jeremia, Jona und Jose zu nennen.

Nach dem Ende des Patriarchats um 425 wurde der Leiter der Schule von Tiberias gewissermaßen sein Nachfolger als Führer der Juden Palästinas. Als Mar Zutra III. nach 520 aus Babylonien nach Tiberias kam, wurde er dort Leiter der Schule, die auch den Übergang zur islamischen Herrschaft überdauerte und ein wichtiges Zentrum nicht nur der rabbinischen Überlieferung, sondern auch der liturgischen Dichtung (des Pijjut) und der kritischen Bearbeitung des hebräischen Bibeltextes (der Masora) wurde. Erst mit der Übersiedlung der wichtigsten Lehrer und des Schulhauptes, der in der islamischen Zeit den Titel Gaon, „der Erhabene", trug, von Tiberias nach Jerusalem verlor dieses Zentrum seine überragende Bedeutung und ging seine Schule langsam unter.

Sepphoris, ein wichtiges römisches Verwaltungszentrum (unter dem griechischen Namen Diocaesarea), wurde um etwa 200 Sitz einer rabbinischen Akademie, als Jehuda ha-Nasi aus dem nahen Bet Schearim dorthin zog. Mit Sepphoris und Rabbi ist vor allem die Redaktion der Mischna verbunden. Nach dem Tod Rabbis übernahm R. Efes, dann R. Chanina bar Chama die Leitung der Schule (Ket 103b), aber auch R. Jannai und R. Hoschaja waren dort wichtige Lehrer. Im vierten Jahrhundert unterrichteten in Sepphoris vor allem R. Mani und R. Chananja.

Auch die Schule von Caesarea hat ihre Blütezeit im dritten und vierten Jahrhundert erlebt. Sie wurde von R. Hoschaja um etwa 230 gegründet (jTer X, 3, 47a), also etwa zur selben Zeit, als auch Origenes dort seine christliche Schule errichtete. Das hohe Ansehen Hoschajas unter seinen Kollegen ließ seine Gründung bald sehr bedeutend werden, ausgezeichnet durch zahlreiche Studenten (Er 53a) und einen hohen akademischen Standard (Chul 14a–b). Wichtigster Schüler Hoschajas war Jochanan, der lange Jahre in Caesarea studierte und dann später Tiberias zu dem anerkannten Zentrum werden ließ, während Caesarea an Bedeutung verlor.

Die in Caesarea ansässigen Gelehrten sind etwa hundertvierzigmal im palästinischen Talmud als die „Rabbinen von Caesarea" genannt, die in einer Art Gilde vereinigt waren. Nur in der Ordnung Neziqin, im Straf- und Zivilrecht, werden sie nicht erwähnt: denn dieser Teil des Talmud ist ihr Werk, wie *S. Lieberman* mit guten Gründen wahrscheinlich gemacht hat. Caesarea war der Sitz des römischen Statthalters und damit Zentrum der Behörden der Besatzungsmacht in Palästina. So mußten hier auch zahlreiche jüdische Rechtsanwälte ihren Beruf ausüben und die Anliegen der jüdischen Bevölkerung vor den Behörden vertreten. Für diese des rabbinischen Rechts meist unkundigen Anwälte haben die Rabbinen von Caesarea wohl die Ordnung Neziqin als Handbuch redigiert.

Lod, einst Sitz des Eliesar ben Hyrkan, hat als einziges rabbinisches Zentrum im Süden den Bar-Kokhba-Aufstand überdauert. Wenn im palästinischen Talmud von den „Gelehrten des Südens" die Rede ist, meint man damit wohl immer die Schule von Lod – die Schule Jischmaels in Kefar Aziz an der Grenze zu Edom, oft in den tannaitischen Midraschim erwähnt, dürfte den Tod des Meisters wohl nicht überlebt haben. In Lod scheint es auch zur Zeit Rabbis die einzigen Bestrebungen gegeben zu haben, lehrmäßig unabhängig zu bleiben, auch wenn Rabbis Alleinanspruch auf das Recht der Ordination sicher dazu angetan war, bedeutende Gelehrte aus Lod abzuziehen. Einige

Zeit blühte die Schule jedenfalls weiter und wahrscheinlich ist in ihr auch gegen Ende des zweiten Jahrhunderts der Midrasch Sifre Zutta redigiert worden, wie *S. Lieberman* annimmt.

3. Die rabbinischen Akademien Babyloniens

Die Geschichte der rabbinischen Schulen Babyloniens ist nur in gaonäischen Quellen aus dem neunten und zehnten Jahrhundert überliefert. Der Midrasch Tanchuma will die großen rabbinischen Akademien seiner Zeit in die Periode des ersten Tempels zurückführen, als die *jeschibot* noch in Jerusalem waren; zwölf Jahre vor der Zerstörung Jerusalems durch Nebukadnezzar habe Gott sie nach Babylonien gebracht, um sie vor der Vernichtung zu bewahren. Der etwas jüngere Seder Tannaim we-Amoraim (Ende 9. Jahrh.) hingegen spricht von der Gründung von Akademien in Nehardea und Mechasja, der Zwillingsstadt von Sura, im dritten Jahrhundert.

Am ausführlichsten und in vielem von seinen Vorgängern abweichend behandelt Rab Scherira Gaon in seinem berühmten Brief an die jüdische Gemeinde von Kairowan im Jahr 986 die Geschichte der babylonischen Akademien und gibt eine Liste der Vorsitzenden dieser Akademien von den Anfängen bis in seine eigene Zeit. Laut Scherira entsprachen die Akademien dem Sanhedrin in Israel. Sie waren demnach also nicht nur Stätten der rabbinischen Lehre, sondern zugleich auch der Entscheidung in religionsgesetzlichen Fragen und des Gerichts. An die Angaben Scheriras hat sich dann auch die Geschichtsschreibung des 19. und 20. Jahrhunderts fast ausnahmslos gehalten; sie hat seine Überlieferung nur mit Talmudmaterial aufgefüllt und sich um die Auslegung seines Textes bemüht. Auch die Todesjahre der einzelnen Rabbinen sind im allgemeinen allein dem Text Rab Scheriras entnommen. Auf dieser Grundlage hat sich das folgende Geschichtsbild durchgesetzt:

Die großen rabbinischen Schulen Babyloniens gehen auf das dritte Jahrhundert zurück. Rab, der lange Zeit in Palästina wirkte, ging noch vor dem Tod Rabbis nach Babylonien und gründete dort die Hochschule von Sura am Eufrat, deren erster Rektor er auch war. Sein Zeitgenosse Mar Samuel war der Leiter der Hochschule von Nehardea; ihm folgte Rab Huna, der nach fünf Jahren von politischen Wirren – im Jahr 259 wurde Nehardea von Odenat zerstört – die Schule weiterführte. R. Jehuda (bar Jechesqel) schließlich gründete die Schule von Pumbedita und war nach dem Tod des Rab Huna eine Zeitlang das angesehenste Schulhaupt in Babylonien.

Diese Angaben sind einem Standardwerk, nämlich *H. L. Strack's* „Einleitung in Talmud und Midrasch“ entnommen. Sie finden sich aber auch in praktisch jeder anderen Darstellung der rabbinischen Periode. Man verläßt sich im allgemeinen völlig auf die gaonäischen Angaben, sieht in diesen die getreue Wiedergabe von Archivmaterial der großen babylonischen Schulen, ohne zu bedenken, daß diese Schriften bestimmte Tendenzen verfolgen, die auch ihren Geschichtswert beeinträchtigen könnten.

Nun verfolgen aber alle gaonäischen Berichte eindeutig eine bestimmte Tendenz. Sie wollen vor allem das ehrwürdige Alter der babylonischen Schulen unterstreichen. Diese geschieht nicht nur, um sich im Glanz dieser Tradition zu sonnen; es dient vielmehr vor allem dazu, den Alleinvertretungsanspruch der babylonischen Tradition, die sich in der gaonäischen Zeit in der ganzen jüdischen Welt einschließlich Palästinas durchzusetzen beginnt, auch mit historischen Argumenten zu untermauern. Außerdem bemühen sich einzelne Berichte, den Vorrang der Akademien und ihrer Präsidenten gegenüber dem Exilarchen zu betonen. Scheriras besondere Absicht ist es schließlich, die versuchte Wiederbelebung der Akademie von Sura zu verhindern, damit nicht die von ihm geleitete Akademie von Pumbedita durch die Konkurrenz Suras an Ansehen und Einkünften verliere. Dieses Ziel verfolgt er durch die wiederholte Betonung, daß allein das Lehrhaus von Pumbedita eine ununterbrochene Tradition habe und es also gar nicht zwei Akademien brauche.

Solche Tendenzen lassen sich theoretisch mit geschichtlicher Verläßlichkeit vereinbaren; doch mahnen sie zu Vorsicht in der Verwertung der Berichte und zu ihrer Überprüfung im babylonischen Talmud, der ja aus diesen Akademien hervorgegangen sein soll und daher auch die Geschichte der Akademien bezeugen sollte.

Eine Untersuchung der einschlägigen talmudischen Texte, die vor kurzem *D. Goodblatt* veröffentlicht hat, zeigt jedoch, daß man in talmudischer Zeit in Babylonien keine großen Akademien nachweisen kann. Der im babylonischen Talmud übliche Ausdruck für eine rabbinische Schule ist nicht *jeschiba* oder *metibta,* wie die Schulen in gaonäischer Zeit heißen, sondern *be rab,* „Haus des Meisters“, gewöhnlich mit Zufügung des Namens des Rabbi, der dort unterrichtet hat.

Das ist nicht nur terminologisch von Interesse. Es deutet vielmehr auf eine völlig andere Struktur des höheren Schulsystems in talmudischer Zeit. Wie auch aus anderen talmudischen Angaben zu erschließen ist, unterrichteten die Rabbinen nicht in großen und hochorganisierten Akademien, sondern lehrten in ihren eigenen Wohnhäusern, gelegentlich auch in eigenen Schulgebäuden, einen kleinen Jüngerkreis, der sich spätestens mit dem Tod des Meisters auch wieder auflöste.

Im Lauf der Zeit hat es sich gewiß ergeben, daß erfolgreichere Lehrer einen größeren Kreis um sich scharten und dann auch Hilfslehrer anstellen mußten, die Gruppenunterricht erteilten und so den Meister entlasteten. Sofern der Rabbi auch richterliche Funktionen ausübte, konnten seine Studenten auch bei Gericht dabeisein und so am Beispiel ihres Lehrers sich ausbilden, gelegentlich sogar selbst Funktionen bei Gericht unter Aufsicht des Meisters übernehmen.

Die gaonäische Darstellung der rabbinischen Akademien in der talmudischen Zeit ist demnach die Rückprojezierung eigener Verhältnisse in die talmudische Zeit, wobei die rabbinischen Angaben über den Lehrbetrieb anachronistisch umgedeutet wurden. Die Akademien von Sura, Nehardea und Pumbedita waren somit nichts anderes als die dort besonders zahlreichen und bedeutenden Lehrer mit ihren Jüngerkreisen; erst die Interpretation der Geonim hat sie in einzelne große Akademien zusammengefaßt. Diese Akademien in ihrer späteren Form sind jedoch erst in der frühen islamischen Zeit entstanden und haben wohl auch islamische Vorbilder.

Was die *Lehrmethode* in den rabbinischen Schulen betrifft, dürften kaum große Unterschiede zwischen Babylonien und Palästina bestanden haben, auch wenn man in Palästina mit größeren Studentenzahlen zu rechnen hatte; und den Lehrbetrieb entsprechend stärker organisieren mußte. Einen wesentlichen Aspekt des rabbinischen Studiums haben wir schon hervorgehoben, nämlich die persönliche Nachfolge und Jüngerschaft des Studenten gegenüber seinem Meister (S. 85). Was die eigentliche Wissensvermittlung betrifft, ist auch auf diesem Ausbildungsniveau der absolute Rang des Auswendiglernens zu betonen. Bevor der Student zu seinem Meister kommt, soll er den Mischnatext schon auswendig gelernt haben (Hor 12a). Von einzelnen Rabbinen heißt es, sie hätten ihren Mischnatext vierundzwanzig- oder gar vierzigmal wiederholt, bevor sie vor ihren Lehrer traten (Taan 8a). Dabei kommt es gar nicht darauf an, daß man das Gelernte auch schon versteht. Man muß ständig lernen, auch wenn man nicht versteht, was man laut rezitiert; erst nach dem Auswendiglernen soll man über den Sinn des Textes nachdenken (AZ 19a; vgl. R. Kahana in Schab 63a). Diese Methode des Lernens geht auch aus der Erzählung über den Versuch von Meir und Natan hervor, Simeon ben Gamaliel zu stürzen, indem sie im Lehrhaus einen Traktat zur Diskussion bringen wollen, den Simeon wahrscheinlich nicht beherrscht. Doch ein Rabbi warnt Simeon, indem er vor dessen Haus ständig laut den betreffenden Traktat wiederholt, bis Simeon aufmerksam wird und mitlernt (Hor 13b).

Der eigentliche Unterricht ist, wo eine entsprechende Studentenzahl vorhanden ist, zwischen dem Meister und einem Tanna geteilt. Der Tanna ist jemand, der durch ständiges Wiederholen und Vorsagen einen Text lehrt. Entweder ist es ein hauptberuflicher Lehrer, öfter wohl auch ein schon fortgeschrittener Student, der seinen Mitschülern den Lernstoff einpaukt. Ein ordentlicher Tanna ersetzt gewissermaßen die Studienbibliothek, ist doch die Verwendung von Büchern im Unterricht nicht erlaubt. Die Fülle des Textmaterials, die er im Gedächtnis abrufbereit zur Verfügung hat, variiert nach dem Talent des einzelnen; doch gibt Qid 49b als Norm an, daß ein Tanna Halakha, Sifra, Sifre und Tosefta können muß. Die Rabbinen sind auf die Mitwirkung eines Tanna im Schulsystem angewiesen, verachten ihn jedoch wegen seines bloß mechanischen Wissens. So zitiert R. Nachman bar Isaak das

Sprichwort: „Der Magier murmelt und weiß nicht, was er sagt; der Tanna lehrt und weiß nicht, was er sagt" (Sota 22a). Trotz dieser Kritik ist die Funktion des Tanna, zu der es in der Religions- und Schulgeschichte verschiedene Parallelen gibt, bis in die gaonäische Periode beibehalten worden.

Zentrum des Unterrichts ist natürlich der Lehrvortrag des Meisters, in dem der von Studenten auswendiggelernte Mischnastoff kommentiert und auf die verschiedenen konkreten Lebensumstände angewendet wird. Dieser Vortrag ist kein Monolog; vielmehr sind die Studenten an der Erarbeitung des Kommentars beteiligt: sie können Fragen stellen und Probleme aufwerfen, wie dies z.B. in der schon mehrmals angeführten Episode von Hor 13b Natan und Meir tun; von der Lehrveranstaltung selbst ausgeschlossen, werfen sie Täfelchen mit ihren Einwänden in den Vortragsraum, wo sie dann auch beantwortet werden.

Nachdem wir die Bedeutung des Auswendiglernens so betont haben, ist auch kurz die Frage zu streifen, wieweit überhaupt schriftliche Texte und Aufzeichnungen in diesem Lehrsystem verwendet wurden. R. Juda bar Nachmani stellt in Git 60b den Grundsatz auf: „Was schriftlich ist, darfst du nicht mündlich weitergeben; was mündlich ist, darfst du nicht schriftlich tradieren", wie man ja auch in der Schule Jischmaels gelehrt hat, daß man Halakhot nicht niederschreiben darf. Dieser Text und ähnliche rabbinische Aussagen haben schon früh zu der auch heute noch weit verbreiteten These geführt, die Mischna und dann auch der Talmud seien über die Jahrhunderte nur mündlich tradiert worden, bis es dann endlich zur Niederschrift kam. Doch war das Ritual des rabbinischen Unterrichts mit dem Tanna als lebender Bibliothek und der ausschließlich mündlichen Lehrform nur *eine* Seite des Systems. Für das private Studium galten diese Regeln nicht: so sind in der rabbinischen Literatur immer wieder private Nachschriften und Notizbücher erwähnt; wer etwas vergessen hatte, konnte sogar während des Unterrichts den Saal verlassen und in seinen Aufzeichnungen nachsehen (Ber 19a). Und sicher hat es auch schriftliche Mischnatexte gegeben, die als Studienbehelf dienten, auch wenn sie im offiziellen Unterricht nicht verwendet werden durften.

4. Rabbinische Erwachsenenbildung in Babylonien

Neben der rabbinischen Schulung im Jüngerkreis gab es im Babylonien der talmudischen Zeit zwei Formen der Unterweisung, die der Fortbildung der Männer dienten, die ihr Studium schon abgeschlossen hatten, bzw. die rabbinische Lehre auch im Volk zu verbreiten suchten. Es sind die Institutionen von Kalla und Pirqa, die beide in der gaonäischer Zeit zu besonderer Blüte und Bedeutung gelangten, jedoch auch in talmudischer Zeit schon gepflegt wurden.

Die *Kalla* ist am ehesten als rabbinische Bildungstagung zu bezeichnen.

Die Etymologie des Wortes, das gleich dem hebräischen Wort für „Braut" geschrieben wird, ist nicht geklärt, auch wenn man den Ausdruck gern übertragen von der Tora als „Braut" versteht, mit der sich die Gelehrten in den Tagen der Kalla besonders intensiv zu beschäftigen haben. Natan ha-Babli hat einen ausführlichen Bericht über diese Institution überliefert; die rabbinischen Angaben sind bedeutend spärlicher, decken sich jedoch im wesentlichen mit Natans Angaben. Demnach ist die Kalla ein mehrtägiges Treffen von Studenten und Absolventen der rabbinischen Schulen. In gaonäischer Zeit gibt es dafür zwei Monate, Elul im Sommer und Adar im Winter; daß dies auch in rabbinischer Zeit schon so war, schließen manche aus Texten wie BM 86a, wonach Rabba bar Nachmani von den Behörden dafür verantwortlich gemacht wird, daß zwölftausend Juden zweimal im Jahr für einen Monat mit der Kopfsteuer im Rückstand sind; allerdings ist in diesem Zusammenhang nie ausdrücklich von einer Kalla die Rede.

Die Kalla-Tage gelten in ganz besonderer Weise dem Studium. Während dieser Zeit haben die Studenten ganz besonderen Anspruch auf die Zeit ihres Meisters (BM 97a) und es wird auch niemand in diesen Tagen vor ein jüdisches Gericht geladen (BQ 113a). Bei der Kalla, die unter der Leitung eines eigenen „Vorstehers der Kalla" steht, sind die Teilnehmer viel zahlreicher als in den üblichen Vorlesungen der Rabbinen. Man darf dabei mit dem Unterricht nicht beginnen, bevor nicht mindestens zehn Männer anwesend sind (BB 12b); das Gedränge bei der Kalla ist sprichwörtlich (Ber 6a, b). Thema der Kalla ist ein Traktat der rabbinischen Tradition, später dann des Talmud, der im voraus bekannt ist und auf den sich auch erfahrenere Gelehrte sorgfältig vorbereiten (BB 22a). Der Leiter der Veranstaltung fragt die Teilnehmer den Text ab, bevor man sich an die Diskussion der schwierigeren Probleme des Traktates macht, die zu beherrschen als ein besonderer Test rabbinischer Gelehrsamkeit betrachtet wird (Taan 10b). Vielleicht darf man annehmen, daß diese zu Beginn des vierten Jahrhunderts erstmals nachweisbare Institution zur Entwicklung der großen rabbinischen Akademien der gaonäischen Zeit wesentlich mit beigetragen hat.

Ebenfalls zu Beginn des vierten Jahrhunderts erstmals nachweisbar und später in der islamischen Periode gewaltig ausgebaut, ist die *Pirqa* nach den talmudischen Zeugnissen ein Einzelvortrag für eine größere Versammlung gewesen. Der Ausdruck bedeutet an sich den „Abschnitt", das „Kapitel", also das Thema des Vortrags und dann auch diesen selbst bzw. die Versammlung zum Vortrag. Dieser findet – wo der Talmud eine Angabe des Tages bietet – gewöhnlich an Sabbaten oder Feiertagen statt. Es nehmen an der Pirqa Leute aus dem gewöhnlichen Volk teil, worauf die Vortragenden Rücksicht zu nehmen haben (Chul 15a); es werden aber auch Rabbinen als Teilnehmer genannt, gewöhnlich im Hintergrund sitzend und meist nicht gerade aufmerksam dem Vortragenden folgend. Verschiedene Texte vermitteln den Eindruck, daß ihre Anwesenheit als Zeichen der Ehrerbietung gegenüber dem

Vortragenden betrachtet und fast als Pflicht angesehen wurde; fehlte ein Rabbi, war der Vortragende beleidigt und ließ nach den Gründen der Abwesenheit nachforschen (Ber 28b; Joma 78a). Die im Talmud erwähnten Themen einer Pirqa sind zum Teil – entsprechend dem breiteren Publikum – haggadisch, zum Teil aber auch halakhisch (Sanh 38b schreibt dem R. Meir eine Dreiteilung seines Pirqa-Vortrages in je ein Drittel Halakha, Haggada und Gleichnisse zu). Nach manchen ist zwischen zwei Typen (oder zumindest Teilen) der Pirqa zu unterscheiden, einem haggadischen Vortrag für das gewöhnliche Volk und einer Unterweisung in der Halakha für die Rabbinen. Es mag sich aber sehr wohl auch um eine einzige Veranstaltung gehandelt haben, in der die Rabbinen neben dem Volk anwesend sein mußten und in der nach einer halakhischen Einleitung ein größerer und mehr für das Volk bestimmter haggadischer Teil folgte. In der islamischen Periode wird dann die Pirqa zu einer ganz regelmäßigen Einrichtung, die jeden Sabbat in der Synagoge der Akademien stattfindet und in der das Schulhaupt oder der Exilarch selbst den Vortrag hält. Sicher hat so auch die Pirqa viel zur Verbreitung der rabbinischen Geistigkeit und des Ideals der Rabbinen im Volk beigetragen.

III. Die religiöse Welt der Rabbinen

Das Wissen um die politische Geschichte wie auch um die Formen von Verwaltung und Organisation, die dem Leben eines Volkes oder einer Gemeinschaft einen festen Rahmen verleihen, ist für ein Verstehen dieses Volkes oder dieser Gemeinschaft unabdingbar; doch gehört zu einem tieferen Verstehen mehr als die Kenntnis des Rahmens: unbedingt sind auch die inneren, geistigen Strukturen zu berücksichtigen, die diesen Rahmen beleben und ausfüllen. Von der Quellenlage her ist die hier gebotene Darstellung notwendig fast ausschließlich eine solche des rabbinischen Judentums, das erst im Lauf der Jahrhunderte für einen Großteil des Judentums repräsentativ geworden ist. Es ist hier nicht der Platz, die religiöse Praxis anhand des Religionsgesetzes und die Glaubenswelt des rabbinischen Judentums in Detail und nach Themenbereichen gegliedert darzustellen; was die Glaubenswelt betrifft, haben diese *G. F. Moore* und *E. E. Urbach* meisterlich geschildert. Hier geht es vielmehr nur um die Grundvorstellungen, die hinter der religiösen Praxis und Glaubenswelt stehen: um die Vorstellung der Offenbarung, den sachgerechten Umgang mit dieser Offenbarung nach den Regeln der rabbinischen Hermeneutik, die Grundzüge von Halakha und Haggada; ergänzt soll diese Darstellung der Grundstrukturen durch eine Skizze der jüdischen Mystik in talmudischer Zeit werden, gehört doch auch diese ganz wesentlich zur rabbinischen Religiosität; erst durch ihre Einbeziehung ist auch der Halakha und der Haggada, die mit der Mystik eine organische Einheit bilden, der rechte Stellenwert zugemessen.

A. Offenbarung vom Sinai

Die grundlegende und alles bestimmende Wirklichkeit im religiösen Leben der Rabbinen ist das Bewußtsein, unter der Offenbarung Gottes zu stehen. Diese Offenbarung, näherhin die Tora, ist Voraussetzung, regelnde Kraft und Ziel des gesamten Lebens. In seinem engen Sinn bezeichnet der Begriff der Tora die fünf Bücher Mose, den Pentateuch. Er kann aber auch die Propheten und Hagiographen einschließen, die ebenfalls gelegentlich sowohl im Neuen Testament wie auch in der rabbinischen Literatur als Tora zitiert werden. Die Septuaginta überträgt Tora als *nomos*, „Gesetz“. Dies kann man leicht verengend mißverstehen und dann das Judentum zur „bloßen Gesetzesreligion“ abwerten. In Wirklichkeit ist die Tora eine das ganze Leben bestimmende

„Weisung", „Lehre" Gottes, die sich nicht nur in Gesetzen niederschlägt; vielmehr ist sie auch in den erzählenden und weisheitlichen Texten der Bibel zu finden; erst die ganze Bibel zusammengenommen bildet die eine gottgegebene Lebensregel.

Die umfassende Bedeutung der Tora kommt besonders in ihrer Gleichsetzung mit der göttlichen Weisheit zum Ausdruck; vor allem Spr 8, 22ff ist dafür ein grundlegender Text: „Der Herr hat mich geschaffen als Anfang seiner Wege, vor seinen Werken in der Urzeit; vor aller Zeit wurde ich gebildet, am Anbeginn, vor dem Anfang der Erde ... Als er den Himmel baute, war ich dabei ... als er die Grundfesten der Erde legte, da war ich als seine Vertraute bei ihm."

Gleich der göttlichen Weisheit wird damit die Tora, wie dann auch rabbinische Texte hervorheben, zum umgreifenden Prinzip, das schon vor der Welt existiert, vor allem anderen erschaffen ist (Sifre Dtn § 37, F. 70). Die Tora ist das Werkzeug, mit dem Gott die Welt erschaffen hat (so Aqiba in Abot III, 15; vgl. Sifre Dtn § 48, F. 114), die auch nur um der Tora willen entstanden ist (GenR 12, 2, Th-A 99f) und nur durch die Tora Bestand hat. Als Schöpfungsgesetz ist die Tora zugleich das Weltgesetz, das den ganzen Kosmos bestimmt und in dessen Befolgung der Mensch die Harmonie mit dem gottgeschaffenen Weltganzen erreicht.

Ein zweiter wesentlicher Aspekt der Tora ist der durch die Tora ausgedrückte und in ihr verwirklichte Bund Gottes mit dem Menschen, mit seinem Volk. Durch die Offenbarung am Sinai und die Annahme der daraus erwachsenden Verpflichtung ist Israel zum auserwählten Volk geworden; in der Annahme der Tora stellt sich auch jeder einzelne Israelit unter den Bund Gottes.

Die Tora umfaßt aber nicht nur die schriftliche Offenbarung, die in der Bibel niedergelegt ist und deren Umfang man in der rabbinischen Zeit immer genauer durch den Kanon der biblischen Bücher abgegrenzt hat. *Die Tora ist zweifach,* wie es in der Erzählung von einem Mann heißt, der zum Judentum übertreten möchte und sich an Schammai mit der Frage wendet: „Rabbi, wieviele Torot sind vom Himmel gegeben worden? Schammai antwortete: eine schriftliche und eine mündliche. Der Mann sagte: ich glaube dir, was die schriftliche Tora betrifft, doch nicht, was die mündliche betrifft"; daraufhin jagt Schammai den Mann fort. Hillel hingegen kann ihm zeigen, daß es sinnvoll ist, auch die mündliche Tora anzunehmen, wenn man schon der schriftlichen gläubig zustimmt (ARN B 29, Sch. 61f; vgl. Schab 31a).

Die *mündliche Tora* entspricht nicht dem *nomos agraphos,* dem „ungeschriebenen Gesetz" der griechischen Tradition. Dieses ist das dem schriftlichen Gesetz zugrundeliegende Naturgesetz. Die mündliche Tora hingegen ist kein Naturgesetz, sondern genauso gegebenes, von Gott erlassenes Gesetz wie die schriftliche Tora. Zwar verwendet einmal Eleasar das griechische Sprichwort: *para basileōs ho nomos agraphos* (jRH I, 3, 57a), was jedoch nicht in dem Sinn zu verstehen ist, daß vom König das ungeschriebene Gesetz ausgeht, sondern bedeutet, daß für einen irdischen König das Gesetz nicht gilt, so ist, als sei es gar nicht geschrieben, während der himmlische König sich an sein Gesetz, die Tora, hält. Im jüdischen Denken ist kein Raum für die Vorstellung eines Naturgesetzes. Die ganze Tora, die schriftliche wie die mündliche, läuft vielmehr oft dem natürlichen Begehren des Menschen sogar zuwider, wie dies R. Eleasar ben Asarja betont: „Keiner soll sagen: ich habe keine Lust, Mischgewebe zu tragen oder Schweinefleisch zu essen. Ich möchte es ja, doch was soll ich tun? Mein Vater im Himmel hat es mir verboten" (Sifra Qedoschim 11, W. 93d).

Die mündliche Tora ist die Tradition, die in allen Offenbarungs- und Buchreligionen neben die heilige Schrift tritt, diese erklärt, ergänzt und den sich wandelnden Zeitumständen anpaßt. Ohne eine solche Tradition wäre schon von Anfang an vieles in der Tora gar nicht zu verwirklichen gewesen, da in dieser oft wesentliche Ausführungsbestimmungen fehlen. Im Lauf der Zeit wächst naturgemäß die Bedeutung dieser Tradition immer mehr an; sie ist es, die dem heiligen Text erst Leben und tägliche Relevanz verleiht.

Das rabbinische Judentum weiß im Prinzip um das Gewachsensein von so manchen religiösen Vorschriften und Anschauungen; für verschiedene Vorschriften überliefert es sogar die Zeitumstände ihres Erlasses – so z. B. für den *prosbul*, die Regelung Hillels, die die biblische Vorschrift vom regelmäßigen allgemeinen Schuldenerlaß so umgeht, daß auch in einer geänderten Wirtschaftsordnung ein Darlehenswesen realistisch möglich wird. Ja, die Rabbinen wissen sogar, daß rabbinische Vorschriften gelegentlich dem biblischen Wortlaut direkt widersprechen. Dennoch hält man an der theologischen Aussage fest, daß die Tradition aus derselben Quelle wie das heilige Buch kommt. Prinzipiell ist die ganze mündliche Tora in ihrem vollen Umfang ebenso wie die schriftliche Offenbarung Mose auf dem Sinai gegeben worden. Vieles ist inzwischen vergessen und erst durch den Scharfsinn der Rabbinen wiederentdeckt worden: die historische Entwicklung innerhalb der jüdischen Glaubenswelt ist also nicht als eine Abfolge ständiger Neuerungen zu sehen, sondern als fortschreitende Wiederentdeckung der Ursprünge aufgefaßt. Vieles, was von Anfang an geoffenbart war, ist einfach erst später relevant und bedeutsam geworden, wie ja auch viele Bibelverse erst später ihren vollen Sinn erlangt haben. Dennoch gilt von der Tradition in ihrem vollen Umfang: „Mose empfing Tora vom Sinai und gab sie weiter ..." (Abot I, 1) über eine ununterbrochene Traditionskette bis auf den heutigen Tag.

Zu Beginn der rabbinischen Zeit ist ein großer Teil des Komplexes von Traditionen, die als „mündliche Tora" bezeichnet werden, schon unbestrittene, von altersher geheiligte und selbstverständliche Überlieferung. Doch wächst die mündliche Tora ständig an und bedarf so stets neuer Autorität. Um die mündliche Tora durchzusetzen, muß man ständig ihren göttlichen Rang betonen; man setzt sie oft nicht nur der schriftlichen Offenbarung gleich, sondern behauptet sogar, sie habe einen höheren Wert als diese. So deutet z.B. R. Chaggai im Namen des R. Samuel bar Nachman (Mitte 3. Jahrh.) Ex 34, 27, einen der wichtigsten Texte in diesem Zusammenhang, folgendermaßen: „‚Aufgrund (hebr. *al pi,* wörtlich: durch den Mund) dieser Worte schließe ich mit dir und Israel einen Bund' – das bedeutet, das mündliche Gesetz ist bevorzugt". Andere Rabbinen behaupten in diesem Zusammenhang das Gegenteil, den Vorrang der schriftlichen Tora; doch alle sind sich darin einig, daß der Bund von der Beobachtung des schriftlichen *und* des mündlichen Gesetzes abhängt. R. Jehoschua ben Levi sagt im selben Kontext: nicht nur Bibel, Mischna, Talmud und Haggada, sondern auch das, was ein einsichtiger Student vor seinem Lehrer vorträgt, all das „wurde schon dem Mose auf dem Sinai gesagt", wie man aus Koh 1, 10 ableiten kann: „Zwar gibt es bisweilen etwas, wovon es heißt: Sieh dir das an, das ist etwas Neues – aber auch das gab es schon in den Zeiten, die vor uns gewesen sind" (jPea II, 4, 17a).

ExR 47, 1 bringt dieselbe Tradition. Dort heißt es dann aber auch, daß Mose am Sinai alles niederschreiben wollte; doch Gott hielt ihn im Hinblick auf die Zeit zurück, in der die Heiden über Israel herrschen werden. Nur die Bibel darf Mose niederschreiben. Mischna, Talmud und Haggada sollen hingegen mündlich bleiben und Israel von den Götzendienern unterscheiden. In dieser Argumentation ist eine antichristliche Polemik zu erkennen, die deutlicher in PesR 5, 1 (F. 14b) hervortritt: dort sagt R. Jehuda, der Sohn des R. Schallum, Mose wollte die Mischna ebenso wie die Tora niederschreiben; „doch Gott sah, daß die Völker die Bibel übersetzen und griechisch lesen werden. Dann werden sie sagen: sie (die Juden) sind nicht Israel ... wir sind Israel, wir sind die Kinder Gottes". Dann wird Gott die wahren von den falschen Israeliten am Besitz der mündlichen Tradition, der Mischna, des „Mysteriums" Gottes unterscheiden können. Solche Auffassungen haben natürlich dazu beigetragen, daß man in der rabbinischen Zeit gelegentlich gegen die Niederschrift der mündlichen Tora polemisierte; daß man sich jedoch in der Praxis nur sehr begrenzt an das Verbot der Aufzeichnung dieser Traditionen hielt, haben wir schon erwähnt.

Eine ganze Reihe von Vorschriften werden in der Mischna (Pea II, 6; Ed VIII, 7; Jad IV, 3) und dann vor allem im Talmud als *halakha le-Mosche mi-Sinai* bezeichnet, als Halakha, die dem Mose auf dem Sinai geoffenbart wurde. Es handelt sich dabei um religiöse Vorschriften, die in der Bibel nicht enthalten sind und auch gar nicht durch einen Schriftbeweis abgestützt werden, die aber aufgrund uralter Praxis außer Streit stehen (sollten) und daher direkt geoffenbarten Sätzen gleichwertig erachtet werden (z.B. die Aufzählung von Defekten, die das Fleisch eines Tieres für den menschlichen Genuß unerlaubt werden lassen: Chul 42a).

Daneben umfaßt die mündliche Tora aber auch zahlreiche Vorschriften, die auch nach dem Zeugnis der rabbinischen Texte erst in geschichtlicher Zeit und unter noch bekannten Umständen erlassen worden sind, Vorschriften, die nur rabbinische und nicht biblische Autorität haben, aber dennoch eingehalten werden müssen und wegen ihrer Aktualität im täglichen Leben unter Umständen größere Bedeutung als biblische Gebote haben können. Die rabbinische Tradition spricht hier von *taqqanot* und *geserot;* auch diese gehören nach rabbinischer Auffassung zur Offenbarung vom Sinai. *Taqqanot* sind rabbinische Erlässe (wie z.B. der schon genannte *prosbul:* Schebi X, 3), die das biblische Gesetz im Hinblick auf eine neue Situation radikal uminterpretieren, um den Geist der biblischen Aussage weiterhin verwirklichen zu können. Eine *taqqana* muß immer in der Bibel eine Stütze haben. Eine *gesera* kann hingegen von der höchsten jüdischen Autorität ohne biblische Begründung erlassen werden; sie ist ein Verbot von etwas in der Bibel Erlaubtem und gilt nur solange, als die Begründung dafür existiert; sie ist somit eine zeitlich begrenzte Ausnahmebestimmung.

Ein besonderes Problem sind die Widersprüche zwischen mündlicher und schriftlicher Tora. Theoretisch dürfte es diese gar nicht geben, da doch die gesamte Tora eine Einheit ist. Es ist eine der Hauptaufgaben der rabbinischen Gelehrsamkeit, die notwendige Harmonie herzustellen. Doch sieht man nicht krampfhaft über alle Widersprüche hinweg, wie ein Ausspruch des R. Jischmael zeigt: „An drei Stellen geht die Halakha über die Bibel hinweg und an einer Stelle geht sie über den Midrasch hinweg" (jQid I, 2, 59d), d.h. über die geregelte Bibelauslegung. Im Gegensatz zu zu Dtn 24, 1 kann man laut Halakha den Scheidebrief nicht nur auf Pergament ausstellen, im Gegensatz zu zu Lev 17, 13 das Blut eines Tieres nicht nur mit Erde zudecken, im Gegensatz zu Ex 21, 6 schließlich darf man das Ohr eines Sklaven, der auf seine Freilassung verzichtet, nicht nur mit einer Ahle, sondern auch mit einem anderen Gegenstand durchbohren.

Man weiß auch, daß es gelegentlich notwendig werden kann, im Interesse der biblischen Religion eine biblische Vorschrift aufzuheben. Als biblische Begründung dieser Ansicht gilt Ps 119, 126: „Herr, es ist Zeit zu handeln; sie haben dein Gesetz gebrochen." R. Natan übersetzt diesen Vers in der Mischna so: „Es ist Zeit, für den Herrn zu handeln. Darum haben sie deine Tora übertreten" (Ber IX, 5). Das Übertreten der Tora kann also unter Umständen ein „Handeln für den Herrn" sein. R. Jochanan und Resch Laqisch begründen dies in Tem 14b damit: „Besser, es wird ein Buchstabe der Tora aufgehoben, als daß die Tora in Israel in Vergessenheit gerate."

Den Rabbinen ist es sehr wohl bewußt, daß die Aussage von der einheitlichen Herkunft der schriftlichen und der mündlichen Tora aus der Offenbarung an Mose auf dem Sinai eine theologische Fiktion ist; als theologische Aussage behält sie aber dennoch ihre umfassende Bedeutung! Deutlich geht dieses rabbinische Problembewußtsein aus einer Erzählung über R. Aqiba hervor. Gott habe, so erzählt R. Jehuda im Namen Rabs, Mose nach dessen Tod in einer Zukunftsschau am Lehrvortrag des R. Aqiba teilnehmen lassen;

doch Mose verstand nichts von den scharfsinnigen Ableitungen Aqibas aus der Bibel, fand aber seine innere Ruhe wieder, als er Aqiba behaupten hörte, das alles sei dem Mose am Sinai geoffenbarte Halakha (Men 29b).

Das Prinzip der Offenbarung auch der gesamten mündlichen Tora widerstreitet also nicht dem Wissen um ihr oft viel späteres Entstehen. So legt man auch Wert darauf, die Entscheidungen auf dem Gebiet der mündlichen Tora im Namen ihres Urhebers zu tradieren. So rühmt sich Elieser ben Hyrkan: „Ich habe nie etwas gesagt, was ich nicht von meinem Lehrer gehört habe." (Suk 28a) Und R. Acha behauptet sogar im Namen des R. Jose, des Sohnes des R. Chanina: als Mose in den Himmel aufstieg, hörte er Gott über das Thema der roten Kuh sprechen und dazu eine Halakha im Namen des R. Elieser zitieren (PRK 4, M. 73). Auch wird Gott, wie es im späten Midrasch vom Alphabet des R. Aqiba heißt, selbst in der kommenden Welt vor versammeltem Sternenheer die Tora auslegen, also auch an der weiteren Ausgestaltung der mündlichen Tora mitwirken.

Woher auch immer die einzelnen Elemente der Tora stammen, sie bleibt doch immer eine Einheit, die nur durch mangelhaftes Studium gefährdet ist, wie die Tosefta betont: „Als die Schüler Schammais und Hillels zahlreich wurden und diesen nicht dienten, wie es sich gehört, mehrten sich die Streitigkeiten in Israel und es entstanden zwei Torot" (TSota XIV, 9, L. 238).

Die Einheit der Tora betont auch Gamaliel, wenn er zu Ez 18, 6 sagt: „Wer das alles erfüllt, wird leben, nicht jedoch, wer nur eines erfüllt" (Sanh 81a). In Sifre Num § 112 (H. 121) sagt R. Eleasar von Modiin: „Wer das Heilige profaniert und die Festzeiten verachtet und den Bund unseres Vaters Abraham bricht, der mag noch so viele Gebote erfüllen, dennoch verdient er es, aus dieser Welt geworfen zu werden." Dann fährt der Text fort: „Sagt einer, die gesamte Tora nehme ich auf mich außer dieser einen Sache, gilt von ihm: ‚Das Wort des Herrn hat er verachtet' (Num 15, 31). Sagt einer: Die ganze Tora stammt aus dem Mund Gottes, nur dieses Wort hat Mose aus eigenem gesagt, so gilt von ihm: ‚Das Wort des Herrn hat er verachtet'."

Die Mischna faßt die Einheit der Tora so zusammen: „Wer ein einziges Gebot erfüllt, dem gereicht es zum Guten und zu einem langen Leben und er wird das Land erben. Wer jedoch ein einziges Gebot nicht erfüllt, dem gereicht es nicht zum Guten, er wird nicht lange leben und das Land nicht erben. Jeder, der sich in Bibel, Mischna und dem rechten Umgang auskennt, sündigt nicht sogleich ... wer sich jedoch nicht in Bibel, Mischna und im rechten Umgang auskennt, gehört nicht in die menschliche Gemeinschaft" (Qid I, 10).

B. Die rabbinische Hermeneutik

Die Tora als das Grundgesetz des Judentums verlangt nach einer ständigen Anpassung an die sich wandelnden Lebensverhältnisse. Diese Aktualisierung der Tora erfolgt in der „mündlichen Tora", deren Entwicklung und Ausgestaltung zu einem großen Teil mit der Bibelauslegung verbunden ist, sei es in direkter Ableitung neuer Bestimmungen oder Vorstellungen aus dem Bibeltext oder in nachträglicher Rechtfertigung einer Aussage der Tradition durch eine Bibelstelle.

In diesem Zusammenhang spielen die Methoden der Bibelauslegung eine große Rolle. Die rabbinische Tradition hat diese im Lauf der Zeit zu festen Regelgruppen zusammengefaßt, den sieben Regeln *(middot)* Hillels, den dreizehn Regeln Jischmaels und den zweiunddreißig Regeln des R. Elieser (ben Jose ha-Gelili), einer nachtalmudischen Zusammenstellung, die jedoch nichts als eine Entfaltung der alten Regeln ist, welche die Tradition mit den Namen Hillels und Jischmaels verbindet.

Natürlich hat es schon vor der Fassung dieser Regelgruppen eine bestimmte Methodik der Bibelauslegung gegeben. Schon innerhalb der Bibel selbst gibt es früheste Versuche einer Schriftauslegung und Aktualisierung des Bibeltextes für neue Verhältnisse. Die frühen Bibelgelehrten bezeichnet man als *soferim,* von *sefer,* „das Buch", abgeleitet, aber auch mit der Wortbedeutung „zählen" zu verbinden: eine der wichtigsten Aufgaben dieser frühen Bibelgelehrten war nämlich das Zählen nicht nur der Worte in jeder Schrift der Bibel, sondern auch der Häufigkeit der einzelnen Worte. Zu ihrer Aufgabe gehörte es auch, Listen zu erstellen, welche Ausdrücke nur einmal oder zweimal in der Bibel vorkommen. Solche Listen erleichterten dann die Erklärung eines Textes durch eine Parallelstelle bzw. allgemein aus dem innerbiblischen Zusammenhang. Dieser war das wichtigste Auslegungsprinzip, galt doch die ganze Bibel als Einheit. So kommt man zum Prinzip der Auslegung der Tora aus der Tora, ein Prinzip, das nach jMeg I, 13, 72b schon Noach angewendet haben soll.

Großen Wert legt man auch auf die Erklärung von biblischen Ausdrücken aus dem allgemeinen Wortgebrauch bzw. auch durch den Vergleich mit fremden Sprachen. Die einfache Worterklärung wird gern mit der Formel eingeleitet, ein Wort bedeute „nichts als" dies oder das *(ein ... ela),* eine Formel, die man später aber auch dort anwendet, wo die Erläuterung durchaus nicht mehr aus dem Text selbst hervorgeht. Der frühe Targum ist typisch für die einfache Form der Bibelauslegung durch erläuternde Übersetzung und Erklärung nur der schwer verständlichen Stellen; doch macht dann der Targum dieselbe Entwicklung wie die allgemeine rabbinische Bibelauslegung mit.

Was die Anwendung der Auslegungsregeln betrifft, ist prinzipiell zwischen

Halakha, dem Religionsgesetz, und Haggada, allem nichtgesetzlichen Material der rabbinischen Tradition, zu unterscheiden. Die Halakha steht im allgemeinen schon vor ihrer biblischen Begründung fest; der Einfallsreichtum der Rabbinen hat sich daher mehr oder weniger darauf zu beschränken, die bestehende Halakha biblisch zu begründen oder abzustützen. Insofern ist die halakhische Exegese traditionsgebundener als die haggadische Auslegung. Andererseits muß sich jedoch die Halakha den wechselnden Verhältnissen anpassen; auch bemüht man sich in den je gewandelten Zeitumständen stets um eine einheitliche Halakha. Das hat einen ständigen Adaptierungsprozeß zur Folge. Die Haggada hingegen, die ja keinen direkten Einfluß auf das praktische Leben hat, bleibt im allgemeinen von dieser ständigen Anpassung verschont. Deshalb ist sie auch, obwohl prinzipiell nicht so genormt wie die Halakha, beständiger als diese.

Die sieben Hillel zugeschriebenen Regeln müssen nicht unbedingt von diesem selbst stammen. Doch deutet wohl sein Name auf die Periode ihrer Übernahme, nämlich das späte erste Jahrhundert v. Chr. Man hat darauf verwiesen, daß Hillel sich für diese Regeln auf seine Lehrer Schemaja und Abtalion beruft; diese waren nach der Tradition Proselyten und stammten vielleicht, wie manchmal vermutet wird, aus Alexandrien. Das könnte die starken Parallelen zwischen den Regeln Hillels und den damals in der hellenistischen Rhetorik üblichen Auslegungsregeln erklären, die auch in die römische Rechtsauslegung eingegangen sind. Eine direkte Übernahme der Regeln Hillels aus der hellenistischen Welt ist jedoch nicht mit Sicherheit nachzuweisen, auch wenn ihre Zusammenordnung und auch die Terminologie auf hellenistische Einflüsse zurückgehen mögen.

Der Text der sieben Regeln Hillels ist mehrfach überliefert. In TSanh VII, 11 (Z. 427) heißt es: „Sieben Regeln hat Hillel der Alte vor den Angehörigen der Sippe von Batyra aufgestellt: den Schluß vom Leichteren auf das Schwerere, den Analogieschluß, die Verallgemeinerung von einer Schriftstelle bzw. von zwei Schriftstellen aus, den Schluß vom Allgemeinen auf das Besondere und vom Besonderen auf das Allgemeine, den Schluß von einer anderen Schriftstelle aus und den Schluß aus dem Zusammenhang. Diese sieben Regeln hat Hillel der Alte vor den Angehörigen der Sippe von Batyra dargelegt" (vgl. Sifra, W. 3a, wo nur sechs Regeln angegeben sind, und ARN A 37, Sch. 100).

Während hier die Regeln Hillels als nüchterne Aufzählung dargeboten sind, bringt Pes 66a (und ausführlicher jPes VI, 1, 33a) eine Erzählung, wie Hillel einige dieser Regeln vor den Leuten von Batyra anwendet und dabei auf Widerspruch stößt. Es geht dabei um die Frage, ob man das Pesachopfer an einem Sabbat zubereiten darf, wenn dieser mit dem vierzehnten Nisan zusammenfällt. Hillel gibt eine positive Antwort, begründet mit dem Schluß vom Leichteren auf das Schwerere (das tägliche Opfer verdrängt den Sabbat, obwohl seine Darbringung in der Bibel nicht unter Androhung der Ausrottung geboten ist. Das Pesachopfer hingegen ist unter dieser Androhung vorgeschrieben: also verdrängt es umso eindeutiger das Sabbatruhegebot). Außerdem stützt sich Hillel auf den Analogieschluß: vom täglichen Opfer heißt es genauso wie vom Pesachopfer, es habe zu seiner festgesetzten Zeit, *bemoado,* stattzufinden (Num 9, 2; 28, 2); also ist das Pesachopfer dem täglichen Opfer auch darin gleichzusetzen, daß es den Sabbat verdrängt. Schließlich zieht Hillel auch noch die Sachanalogie *(heqqesch)* an: beidemal handelt es sich um Opfer der Allgemeinheit.

Pes 66a stellt dann die Frage: wozu hatte Hillel den Schluß vom Leichteren auf das Schwerere notwendig, wenn er seine Meinung auch mit dem Analogieschluß begründen konnte? Die Antwort lautet, daß seine Zuhörer die Anwendung des Analogieschlusses in diesem bestimmten Fall nicht aus der Tradition kannten; und es gilt der Grundsatz: „Niemand zieht einen Analogieschluß aus eigener Autorität"; einen Schluß vom Leichteren auf das Schwerere darf man hingegen aus eigener Autorität ziehen.

Offenbar war man sich der möglichen Willkür gerade im Analogieschluß zu sehr bewußt, als daß man seiner Anwendung zu viel Freiraum gelassen hätte. Im palästinischen Talmud schließt die Erzählung übrigens damit, daß alle logischen Ableitungen Hillels seine Zuhörer nicht überzeugen konnten; seine Gesetzesauffassung nahmen sie erst an, als er sich dafür auf seine Lehrer Schemaja und Abtalion berief, also die Tradition für sich in Anspruch nahm.

1) Die erste Regel Hillels ist der *qal wa-chomer,* „das Leichte und das Schwere", der Schluß *a minori ad maius,* vom Leichteren auf das Schwerere. Ein Beispiel für diese äußerst häufig angewandte Regel haben wir schon in der Erzählung über Hillel geboten. Laut R. Jischmael wendet schon der Pentateuch zehnmal diese Regel an, so z.B. Gen 44, 8: die Söhne Jakobs bringen das ihnen heimlich zugesteckte Geld wieder zurück. Um wieviel mehr würden sie da vor einem Diebstahl zurückschrecken (GenR 92, 7, Th-A 1145). Ein anderes, nichtbiblisches Beispiel ist Ket 111b: die Toten werden bekleidet, d.h. leiblich, auferstehen; „ein *qal wa-chomer* vom Weizenkorn: dieses wird nackt begraben und kommt bekleidet heraus. Wieviel mehr ist dies von den Gerechten zu erwarten, die bekleidet begraben werden". Die Regel darf allerdings nicht angewandt werden, um damit ein höheres Strafausmaß zu begründen: „Es genügt, wenn das aus einem Rechtssatz Gefolgerte dem gleich ist, aus dem es gefolgert wurde" (BQ II, 5).

2) Ebenfalls schon genannt wurde die zweite Regel Hillels, die *gesera schawa* wörtlich „gleiche Verordnung, gleiche Satzung") oder der Analogieschluß. Streng genommen darf man diesen nur dann anwenden, wenn in zwei zu vergleichenden Sätzen der Tora dieselben Ausdrücke vorkommen und womöglich nur dort vorkommen. Außerdem sollen diese Ausdrücke, auf denen der Analogieschluß aufbaut, für das Verständnis des Satzes nicht notwendig sein, sodaß man annehmen kann, die Bibel selbst habe sie schon im Hinblick auf den zu ziehenden Analogieschluß gesagt (Schab 64a). Auch soll

die *gesera schawa* nur äußerst zurückhaltend angewandt werden und durch die Auslegungstradition abgestützt sein. So warnt der Talmud: „du sollst die *gesera schawa* nicht leichtfertig anwenden" (Ker 5 a). Nur wenn diese Bedingungen erfüllt sind – an die man sich später jedoch nicht mehr so streng hält –, gilt die an einer Stelle des Pentateuch erwähnte gesetzliche Bestimmung auch für die andere Stelle. So leitet die Mischna von Lev 27, 7 – „ein Mann von sechzig Jahren und mehr" habe bei der Einlösung eines Gelübdes einen bestimmten Schätzwert – ab, das „und mehr" gelte auch bei anderen Altersangaben, wo dies nicht ausdrücklich dazugesagt ist (Lev 27, 3.5): in allen diesen Fällen muß man vom vollendeten Lebensjahr ausgehen, auch wenn dies in einem Fall eine Erschwerung, in anderen Fällen eine Erleichterung der Vorschrift bedeutet. Der Ausdruck „Jahr" hat immer gleich ausgelegt zu werden (Ar IV, 4).

3) Die *Verallgemeinerung* eines besonderen Gesetzes (hebr. *binjan ab,* wörtlich „Gründung einer Familie") kann von einer einzigen Bibelstelle ausgehen. So sagt R. Eleasar ben Pedat: „An jeder Stelle, wo es heißt ‚Und Gott', ist Gott und sein Gerichtshof gemeint. Und es ist ein *binjan ab:* an allen Stellen mit *wajjomer* (‚und er sagte') ist ein Unheil ausgesagt" (jSanh I, 1, 18 a). Sifre Dtn § 148 (F. 202) leitet aus Dtn 17, 6 ab: wo der Ausdruck *jimmatse* („es wird angetroffen") in einem bestimmten Zusammenhang ausgesagt wird, sind immer zwei oder drei Zeugen verlangt.

4) Diese *Verallgemeinerung* kann auch auf *zwei Bibelstellen* gründen. So werden z. B. die Vorschriften, daß ein Sklave freigelassen werden muß, wenn ihm sein Besitzer ein Auge oder einen Zahn zerstört hat (Ex 21, 26.27) allgemein gefaßt: für alles Unersetzliche gehört dem Sklaven als Entschädigung die Freiheit (Mekhilta Neziqin 9, L. III 72 f).

5) Der *Schluß vom Allgemeinen auf das Besondere und vom Besonderen auf das Allgemeine* ist eine Regel Hillels, die in den dreizehn Regeln Jischmaels zu acht verschiedenen Regeln entfaltet wird. Ein typisches Beispiel für die Verallgemeinerung des Besonderen ist die rabbinische Auslegung von Ex 23, 19: „Das Junge einer Ziege sollst du nicht in der Milch seiner Mutter kochen." Schon der Targum (z. B. Targum Neofiti) übersetzt hier erweiternd: „Du sollst nicht Fleisch mit Milch kochen und essen." Für die Schule des R. Jischmael hat auch die dreimalige Anführung des Verbots in der Bibel (außer Ex 23, 19 noch Ex 34, 26 und Dtn 14, 21) eine besondere Bedeutung: damit ist das dreifache Verbot des Kochens, des Essens und der allgemeinen Nutznießung von Fleisch zusammen mit Milch ausgesagt (Chul 115 b). Die Einleitung 7–8 zu Sifra (W. 2 a) erklärt die Regel so: „Wie erfolgt der Schluß vom Allgemeinen auf das Besondere? Es heißt zuerst: ‚Von den Haustieren' (darf man Opfer darbringen). Diese allgemeine Aussage wird dann detailliert: ‚Vom Rind und vom Kleinvieh' (Lev 1, 2). Die allgemeine Aussage schließt nur ein, was dann die detaillierte Aussage enthält. Wie erfolgt der Schluß vom Besonderen auf das Allgemeine? ‚Wenn jemand einem andern einen Esel, ein

Rind, ein Schaf zur Verwahrung gibt': das ist die detaillierte Aussage, der dann die Verallgemeinerung folgt: ‚oder sonst ein Haustier' (Ex 22, 9). Der Schluß vom Besonderen auf das Allgemeine besagt, daß der allgemeine Ausdruck den Einzelbeispielen etwas hinzufügt."

6) Der *Schluß aus einer anderen Bibelstelle* ist dem Analogieschluß ähnlich, jedoch nicht so streng geregelt. Als Beispiel mag der Beginn der Mekhilta dienen (L. I 1–3). Dort wird die Annahme, „das in der Bibel zuerst Genannte sei auch in Wirklichkeit vorrangig", an einer Reihe von Beispielen dadurch widerlegt, daß jeweils ein dazupassender Bibelvers angeführt wird, in dem die Reihenfolge anders ist. So heißt es z.B. in Ex 3, 6: „der Gott Abrahams, der Gott Isaaks und der Gott Jakobs"; in Lev 26, 42 steht hingegen: „Ich gedenke meines Bundes mit Jakob, meines Bundes mit Isaak und meines Bundes mit Abraham."

7) Der *Schluß aus dem Kontext* der biblischen Aussage ist eine wegen ihrer Einsichtigkeit allgemein anerkannte Regel. So beruft sich z.B. eine Baraita in Sanh 86a ausdrücklich auf die Ableitung aus dem Zusammenhang als eine der dreizehn Regeln Jischmaels (die diese Regel Hillels übernommen haben), wenn es um die Auslegung von Ex 20, 16 geht: „Du sollst nicht stehlen." Hier ist nach Meinung der Rabbinen vom Menschenraub die Rede, da auch die anderen Gesetze im Zusammenhang von Personen handeln. In Lev 19, 11 hingegen bezieht sich das „Ihr sollt nicht stehlen" aus dem Zusammenhang auf den Gelddiebstahl.

Die *dreizehn Regeln des R. Jischmael* (Sifra, Einleitung, W. 1a–b) sind im Grunde nur eine Ausgestaltung der Regeln Hillels. Neu ist lediglich die dreizehnte Regel, daß der scheinbare Widerspruch zwischen zwei Bibelversen durch einen dritten Bibelvers beseitigt wird.

Wichtiger sind in unserem Zusammenhang einige der *zweiunddreißig Regeln des R. Elieser,* deren Text unter anderem in der Einleitung zum Midrasch ha-gadol zu Genesis (M. 22f: durch die Zweiteilung der 29. Regel sind es dort 33) sowie in Talmuddrucken nach dem Traktat Berakhot zu finden ist. Diese erst ab dem Mittelalter bezeugte Sammlung wird im Midrasch ha-gadol als Baraita zitiert: „Es lehren die Rabbanan: nach 33 Regeln wird die Haggada ausgelegt ...". Tatsächlich ist nur die Sammlung spät, während die einzelnen Regeln z.T. bis in die tannaitische Periode zurückreichen.

Die ersten beiden Regeln sehen im Bibeltext eine Einschließung bzw. eine Einschränkung ausgesagt, wenn dort die Worte *af* und *gam* („auch") oder die Akkusativpartikel *et* bzw. andererseits die Worte *akh, raq* („nur") oder *min* („von") vorkommen. So deutet GenR 1, 14 (Th-A 12) Gen 1, 1: „Gott schuf den Himmel und die Erde" (im hebr. Text zweimal die Akkusativpartikel *et* so: „*den* Himmel: das schließt Sonne, Mond, Sterne und Sternbilder ein; und *die* Erde: das schließt Bäume, Gräser und den Garten Eden ein". Als Beispiel für die Einschränkung sei Gen 7, 23 genannt: „übrig blieb *nur* Noach". Nach GenR 32, 11 (Th-A 298) ist das so zu verstehen: „*nur* bedeutet eine Einschränkung: auch er spie Blut wegen der Kälte" – auch Noach hat also nicht überlebt, ohne Schaden zu nehmen.

Die zehnte Regel deutet unnötige *Wiederholungen* von Worten. Das dreimalige „heute" in Ex 16, 25: „Eßt es heute, denn heute ist Sabbat ... heute findet ihr draußen nichts" besagt z. B. nach Schab 117b, daß man am Sabbat drei Mahlzeiten halten soll.

Die Regeln 29 und 30 muten den modernen Betrachter sehr willkürlich an. Die *Gematria* – das Wort kommt vom griechischen *grammateia,* nach anderen von *geōmetria* im Sinn von „Beschäftigung mit Zahlen" – berechnet den Zahlenwert der Buchstaben eines Wortes – Buchstaben sind ja immer zugleich auch Zahlen. Gen 14, 14 heißt es z. B., Abraham habe mit 318 Mann die Entführer des Lot verfolgt. Simeon ben Laqisch deutet in PRK 8 (M. 139) im Namen des Bar Qappara die Zahlenangabe auf „Elieser allein; denn der Name Eliesers hat den Zahlenwert 318".

Zur Gematria gehörig, manchmal aber auch als eigene Regel betrachtet, ist der *Atbasch,* die Verwendung eines Geheimalphabets, in dem der erste Buchstabe des hebräischen Alphabets dem letzten entspricht, der zweite dem vorletzten, sodaß *a* mit *t, b* mit *sch* usw. zu ersetzen ist. So übersetzt der Targum Jer 25, 26 „Und zuletzt soll der König von Scheschach trinken" unter Anwendung dieser Regel mit „der König von Babel".

Das *Notarikon* besagt, daß jeder Buchstabe eines Wortes als Abkürzung zu verstehen ist. So deutet z. B. GenR 90, 4 (Th-A 1103) den Namen Zafenat-Paneach, den der Pharao dem Josef verleiht (Gen 41, 45), in Auflösung der einzelnen Buchstaben (natürlich nach der hebräischen Schreibweise): Seher, Erlöser, Prophet, Unterstützer usw. (hebr. *zofe, pode, nabi, tomekh* usw.). Nach derselben Regel kann man aber auch ein Wort in zwei Teile zerlegen und diese als selbständige Worte deuten. So zerlegt z. B. PRE 36 (L. 84a) den Namen Ruben in *reu ben,* „seht, ein Sohn".

Die beiden letzten Regeln des R. Elieser befassen sich mit der zeitlichen Aufeinanderfolge biblischer Aussagen. Dazu erklärt die Schule Jischmaels ganz allgemein: „In der Tora gibt es kein Vorher und Nachher" (Sifre Num § 64, H. 61; Pes 6b). Diese Regel erklärt, warum den Rabbinen ein geschichtliches Verständnis der Bibel völlig fehlen muß, zeigt aber auch, in welchem Maß sie die Bibel als Einheit betrachten.

So manche der Regeln des R. Elieser, die hier genannt wurden, scheinen der Willkür des Auslegers freien Raum zu lassen. Doch ist zu beachten, daß gerade diese Regeln im allgemeinen aus der zeitgenössischen Traumdeutung übernommen wurden, wozu die Einführung zum Midrasch ha-gadol zu Genesis (M. 39) bemerkt: „Wenn schon ein Traum, der keine positiven oder negativen Folgen hat, viele Auslegungen erfährt, um wieviel mehr gilt dies dann von den bedeutungsschweren Worten der Tora, daß ein einziges Bibelwort viele Bedeutungen haben kann." Zweitens muß betont werden, daß diese scheinbare Willkür sich auf die Haggada beschränkt, in der Halakha hingegen bezieht sie sich höchstens auf die Art und Weise der biblischen Begründung, nicht aber auf die Sache selbst, die stets durch die Tradition abgedeckt ist.

Prinzipiell gehören diese weiten Auslegungsregeln der exegetischen Schule des R. Aqiba an, welcher stets die Schule des R. Jischmael widerstreitet (z. B. Schebu 26a). Die Schule Aqibas vertritt die Meinung, jedes Wort in der Bibel habe seine Bedeutung, müsse infolgedessen auch gedeutet werden. Die Schule Jischmaels hingegen deutet z. B. rein stilistische Wiederholungen in der Bibel nicht aus: „es sind stilistische Wiederholungen, die die Tora auf ihre Weise verwendet" (jJeb VIII, 1, 8d).

Allgemein vertritt die Schule Jischmaels die Ansicht: „die Tora redet nach Menschenart" (Sifre Num § 112, H. 121). Dazu paßt der Grundsatz des Mar beRab Huna: „Der Bibeltext verliert nie seine einfache Bedeutung" (Schab 63a). Sosehr die einzelnen Schulen in der Auslegungsmethode voneinander abweichen, ist ihnen doch die grenzenlose Ehrfurcht vor dem Wort der Tora und im allgemeinen auch das Ergebnis der Auslegung gemeinsam, das ja weithin durch die Tradition vorgelegt war.

Die Toraauslegung wird aber nicht nur in Hinsicht auf ein bestimmtes Ergebnis betrieben, sondern hat auch Selbstwert als Verstandesschulung, die ohne direkten praktischen Zweck anzustreben ist. So nennt R. Jehuda im Namen Rabs als Voraussetzung für die Ernennung eines Mitglieds des Sanhedrin, der Kandidat müsse fähig sein, aus der Bibel die Reinheit des Kriechtiers zu erweisen, obwohl Lev 11, 29 dieses für unrein erklärt (Sanh 17a; vgl. jSanh IV, 1, 22a, wo R. Jochanan hundert Argumente für die Reinheit und ebenso für die Unreinheit des Kriechtiers verlangt). Auch in dieser Hinsicht ist und bleibt die Tora der Mittelpunkt des gesamten geistigen Lebens der rabbinischen Zeit.

C. Die Halakha

Es ist eine Vereinfachung, im wesentlichen jedoch richtig, wenn man die jüdische Religion als eine Religion des Tuns kennzeichnet, während das Christentum und andere Religionen als Religionen des Glaubens charakterisiert werden. Bei aller Bedeutung von religiösen Vorstellungen und Glaubensinhalten gibt es im Judentum kein ausformuliertes Glaubensbekenntnis. Jeder Versuch, eine „jüdische Theologie" zu schreiben, erfährt von hier aus seine Grenzen. Auch wird niemand aus dem Judentum wegen abweichender Glaubensmeinungen ausgeschlossen, wohl aber dann, wenn er sich hartnäckig weigert, sich der jüdischen Praxis und den Interessen der jüdischen Gemeinschaft unterzuordnen. Ebenso gilt für den, der zum Judentum übertritt, nicht die Bejahung eines Credos als Bedingung seiner Aufnahme. Vielmehr nimmt der Mann das Judentum mit der Beschneidung auf sich, mit der er symbolisch das ganze Gesetz übernimmt.

Die hier gemachten Feststellungen gelten im Grunde trotz der Vielfalt des heutigen Judentums noch immer. Sie charakterisieren jedoch in ganz besonderer Weise das Judentum der rabbinischen Zeit. Orthopraxie und nicht Orthodoxie ist seine wichtigste Forderung.

Der zentrale Begriff des rabbinischen Judentums ist somit jener der *Halakha,* den man nur mit Vorbehalt als „Religionsgesetz" wiedergeben kann. Das Wort kommt vom hebräischen Verb *halakh,* „gehen"; es bedeutet also das rechte Gehen, das gottgewollte Verhalten. Die jüdische Religion versteht sich als der Lebensweg, den der Mensch gehen muß. Dieser Weg bestimmt das ganze Leben; und insofern steht der Jude völlig unter dem „Gesetz", ohne daß man das Judentum deshalb, wie es gerne polemisch getan wird, als „Gesetzesreligion" abqualifizieren könnte. Die Tora, die sich in der Halakha konkretisiert, ist eben bedeutend mehr als ein Gesetz.

1. Die Verleihung der Tora am Sinai

Grundlage der jüdischen Religion ist die Offenbarung am Sinai und der dabei erfolgte Bundesschluß zwischen Gott und seinem Volk. Israel hat damals das „Joch des Gottesreiches" (wörtlich: Himmelreiches) und das „Joch der Gebote" auf sich genommen: in Zukunft muß dies jeder Jude nachvollziehen (vgl. Ber II, 2).

Zahlreiche talmudische Legenden verdeutlichen das rabbinische Verständnis des Geschehens am Sinai. Besonders beschäftigt die Rabbinen der Gedanke der Erwählung Israels, das vor allen anderen Nationen bevorzugt wird, Gottes Offenbarung und Bund zu empfangen. In einer Auslegung von Dtn 33, 2 – „Der Herr kommt vom Sinai und strahlt auf von Seir" – heißt es dazu: „Als der Heilige, gepriesen sei er, sich offenbarte, um Israel die Tora zu geben, offenbarte er sich nicht nur Israel, sondern allen Völkern. Zuerst ging er zu den Söhnen Esaus (d. h. zu den Römern) und fragte sie: Nehmt ihr die Tora an? Sie antworteten ihm: Was steht in ihr geschrieben? Er sagte ihnen: Du sollst nicht töten (Ex 20, 13). Sie entgegneten: alle diese Menschen und ihre Väter sind Mörder, wie es heißt: ‚Und die Hände sind die Hände Esaus' (Gen 27, 22) und ‚Von deinem Schwerte wirst du leben' (Gen 27, 40)." Gott geht dann zu den Ammonitern und Moabitern, die aus der Verbindung Lots mit seinen Töchtern stammen (Gen 19, 36) und daher das Verbot der Unzucht ablehnen. Die Söhne Ismaels wehren sich gegen das „Du sollst nicht stehlen" unter Berufung auf Gen 16, 12: „Und er wird ein Mensch wie ein Wildesel sein." So bietet Gott die Tora der Reihe nach allen Völkern an, entsprechend Ps 138, 4: „Es sollen preisen den Herrn alle Könige der Erde, wenn sie die Worte deines Mundes hören." Doch nicht einmal die sieben noachidischen Gebote können sie einhalten. Und so gibt Gott schließlich die Tora Israel (Sifre Dtn § 343, F. 395 f).

Die Parallele zu dieser Erzählung in der Mekhilta (Bachodesch 5, L. II 235) enthält eine wesentliche Ergänzung: die Israeliten wurden der Verleihung der Tora dadurch würdig, daß sie, als Gott zu ihnen kam, sofort antworteten, ohne nach dem Inhalt der Tora zu fragen: „Alles, was der Herr gesagt hat, wollen wir tun. Wir wollen hören" (bzw. „gehorchen", wie man nach dem Zusammenhang der Bibelstelle übersetzen müßte). Israel hat sich demnach bereit erklärt, die Tora zu tun, und sich erst dann ihren Inhalt angehört. Etwas später unterstreicht derselbe Text nochmals diesen Gedanken (Bachodesch 6, L. II 238), wenn nach Simeon bar Jochai Gott zu den Israeliten sagt: „Ich bin der, dessen Königsherrschaft ihr am Sinai auf euch genommen habt ... nehmt nun auch meine Dekrete an."

Die zahlreichen Varianten, in denen diese Erzählung aufscheint, zeigen ihre theologische Bedeutung. Zwar vertritt Abdimi bar Chasa die Ansicht, Gott habe die Israeliten gezwungen, das Gesetz anzunehmen. Er leitet dies aus Ex 19, 17 ab: „Und sie stellten sich unter dem Berg auf" (was er wörtlich und nicht im Sinn von „am Fuß des Berges" versteht). „Das lehrt, daß der Heilige, gepriesen sei er, den Berg wie einen Kübel über sie stülpte und zu ihnen sagte: Wenn ihr die Tora annehmt, ist es gut; wenn nicht, wird hier euer Grab sein."

Dann könnte aber, wie R. Acha bar Jakob einwendet, Israel erklären, daß seine erzwungene Annahme der Tora ungültig und es daher nicht an diese gehalten sei. Raba entgegnet darauf, in der Zeit Esters habe Israel auf jeden Fall die Annahme der Tora freiwillig bestätigt (Est 9, 27). Die Gültigkeit der Verpflichtung Israels auf die Tora stehe also nicht in Frage (Schab 88a; vgl. AZ 2b).

Die Ansicht Abdimis ist in der rabbinischen Literatur ohne Parallele. Im allgemeinen betont man immer wieder, Israel habe die Tora freiwillig auf sich genommen, das Tun zugesagt, bevor es den Inhalt der Tora gehört habe (z.B. Schab 88a).

Die Vorstellung von der Offenbarung der Tora am Sinai steht in Spannung zu dem Bestreben, die Tora als das Gesetz Gottes zu sehen, das nicht nur Gott bei der Erschaffung der Welt als Werkzeug diente, sondern das auch schon von Anbeginn der Welt an immer mehr erkannt und befolgt worden ist. Den Rabbinen ist im allgemeinen der Gedanke fremd, daß der Mensch durch eigene Einsicht zur Erkenntnis und Anerkennung der Gesetze Gottes gelangt. R. Jochanan sagt zwar: „Wäre die Tora nicht gegeben worden, hätten wir die Keuschheit von der Katze, das Verbot des Raubs von der Ameise, das Verbot der unerlaubten geschlechtlichen Beziehungen von der Taube und allgemeine Umgangsformen vom Hahn lernen können" (Er 100b). Das bedeutet jedoch nicht, daß die Tora als solche dem Menschen von selbst einsichtig wäre, wie aus Joma 67b deutlich hervorgeht: „Es lehren die Rabbanan:

‚Erfüllt meine Vorschriften' – Dinge, die man, wären sie nicht schon geschrieben, schriftlich festhalten müßte, Götzendienst, Unzucht, Blutvergießen, Raub und Gotteslästerung. ‚Meine Satzungen sollt ihr einhalten' – Dinge, gegen die der Satan Einwand erhebt, und zwar das Essen von Schweinefleisch, die Bekleidung mit Mischgeweben ... Damit du nicht sagst, sie seien Unsinn, heißt es weiter: ‚Ich bin der Herr' (Lev 18, 4). Ich, der Herr, habe sie geboten und du hast nicht die Befugnis, darüber nachzusinnen" (vgl. Sifra, Achare 13, W. 86a, wo an die Stelle Satans der böse Trieb im Menschen selbst tritt). Diese Betonung, daß alle Gebote auf Gottes Erlaß zurückgehen und nicht durch menschliches Nachdenken erkennbar sind, führt zu der Aussage des Rabbi Chanina, daß derjenige, der ein Gebot erfüllt, das ihm aufgetragen wurde, höher als der einzuschätzen ist, der das Gebot unbeauftragt erfüllt (Quid 31a).

Wie steht es dann mit der schon in der zwischentestamentlichen Literatur vertretenen Auffassung, daß schon die Stammväter der Menschheit, vor allem die biblischen Patriarchen, sich an das mosaische Gesetz gehalten haben, daß Eva die Reinheitsgesetze einhielt, Abraham die Opfervorschriften befolgte und Jakob den Zehnten ablieferte (so vor allem im Buch der Jubiläen und in den Testamenten der zwölf Patriarchen)? Dieselbe Auffassung findet sich auch in der rabbinischen Literatur, und zwar nicht nur in den relativ späten Pirqe de R. Elieser, sondern schon in tannaitischen Texten: „Wir finden, daß unser Vater Abraham die gesamte Tora eingehalten hat, bevor sie gegeben wurde. Denn es heißt: ‚weil Abraham auf meine Stimme gehört hat und meine Anordnungen, meine Gebote, meine Satzungen und meine Weisungen gehalten hat' (Gen 26, 5)" (Qid IV, 14). TQid V, 21 (L. 299) fügt dem hinzu: „Das lehrt, daß ihm die Worte der Tora und die Worte der Gelehrten geoffenbart worden sind."

Auch GenR 95, 3 (Th-A 1189) betont, daß Abraham die gesamte Tora befolgt hat, und stellt die Frage, woher er sie kannte, da sie ja noch nicht gegeben war. R. Simeon (bar Jochai) leitet aus Ps 16, 7 „auch in der Nacht mahnen mich meine Nieren" ab: „Seine Nieren wurden zu zwei vollen Krügen und strömten Tora hervor"; R. Levi hingegen lehrt unter Berufung auf Spr 14, 14, Abraham habe die Tora von selbst gelernt; er scheint also anzunehmen, daß Abraham die Tora auf natürliche Weise erkannt habe.

Im allgemeinen jedoch sieht man in den Patriarchen die Offenbarung der Tora gewissermaßen vorweggenommen; ihnen ist eine Teilhabe am Sinai-Geschehen im voraus gewährt, wie andererseits auch der Jude der nachbiblischen Zeit an diesem Geschehen selbst teilhaben kann. So sagt R. Elieser ben Jakob zu den Leuten von Uscha, die die Rabbinen nach dem Bar-Kokhba-Aufstand gut aufgenommen haben: Mose sagte zu den Israeliten nach der Wüstenwanderung: *Heute* bist du das Volk Gottes geworden (Dtn 27, 9). „Haben sie etwa erst heute die Tora empfangen und nicht schon vor vierzig Jahren? Und da sagst du ‚Heute'? Doch das lehrt: als Mose ihnen die Tora wiederholte und sie sie mit freudigem Gesicht annahmen, rechnete es ihnen die Schrift an, als hätten sie an eben diesem Tag die Tora vom Berg Sinai angenommen. Darum heißt es: ‚Heute bist du das Volk des Herrn, deines Gottes, geworden'. Um wieviel mehr gilt dies von euch, meine Brüder, Leute von Uscha, die ihr unsere Lehrer mit freudigem Gesicht aufgenommen habt" (HldR 2, 16 zu Hld 2, 5).

Nach anderen Rabbinen kann man noch weiter gehen. So sagt R. Eleasar von dem, der den Sohn seines Genossen Tora lehrt, er sei, „als ob er die Worte der Tora selbst geschaffen hätte", gemäß dem Bibelwort: „Und bewahrt die Worte dieses Bundes und tut (bzw. macht) sie" (Dtn 29, 8). Und er nimmt dabei nicht nur selbst am Geschehen der Gesetzgebung auf dem Sinai aktiv teil, sondern „er ist, als ob er sich selbst geschaffen hätte", wie Raba ergänzend hinzufügt (Sanh 99b): die Ausübung eines Gebotes ist ja Teilhabe am Schöpfungswerk Gottes.

2. *Die Entwicklung der Halakha*

Im Zusammenhang der Darstellung der mündlichen Tora war schon von der Entwicklung der Halakha die Rede (S. 129f). Im Lauf der Zeit ging die Halakha weit über das biblische Gesetz hinaus, dieses ergänzend und ihm zum Teil auch direkt widerstreitend.

Hier geht es um die geschichtlichen Fragen der Entwicklung. Vor allem ist die viel umstrittene Frage aufzugreifen, wie sich die spätere Halakha zur Bibel verhält. Zwei Thesen stehen hier einander gegenüber. Nach der einen ist die Halakha, die über das biblische Gesetz hinausgeht, anfangs durch Auslegung des Bibeltextes gewonnen und erst später absolut und ohne Anführung des Bibeltextes formuliert worden. Nach der anderen war es gerade umgekehrt: erst nachträglich suchte man für in der Praxis schon längst bewährte Gesetze eine biblische Stütze. Ist also die midraschische Form der Halakha-Entwicklung, vertreten durch die halakhischen Midraschim (Mekhilta, Sifra und Sifre), älter, oder ist es die mischnaische Form (ohne Bibelbeweis), vertreten durch Mischna und Tosefta?

Den zeitlichen Vorrang der Midrasch-Form hat vor allem *J. Lauterbach* vertreten. Er glaubt, daß sich erst in der Makkabäerzeit auch die mischnaische Form durchgesetzt hat, als man nach längerer Zeit, in der die Lehre des biblischen Gesetzes darniederlag, durch die Bibel nicht gestützte religiöse Bräuche des Volkes nicht mehr abschaffen konnte. Auch nützte nach *Lauterbach* die neue mischnaische Form den Pharisäern, die damit ihre Autorität neben jener der Schriftgelehrten durchsetzen und damit auch ihre anfangs sehr umstrittene Lehre von der mündlichen Tora erhärten konnten. Später gab es dann beide Methoden der Unterweisung in der Halakha nebeneinander, wobei die mischnaische Form bevorzugt wurde.

Die von *Lauterbach* gebotene Darstellung der historischen Entwicklung ist äußerst problematisch. Der einzige eindeutige Beleg für den zeitlichen Vorrang der midraschischen Methode stammt aus dem Brief des Scherira Gaon, also aus dem zehnten Jahrhundert. Die rabbinischen Belege, die *Lauterbach* anführt, sind alle nicht beweiskräftig.

Somit hat auch *S. Zeitlin* als Exponent der Gegenthese, daß nämlich die Halakha ursprünglich ohne Bibelbeweis gelehrt wurde, keine großen Schwierigkeiten, *Lauterbach* zu widerlegen.

Schon in der Zeit des ersten Tempels muß das biblische Gesetz, um auch in der Praxis durchführbar zu sein, durch zahlreiche Vorschriften ergänzt worden sein, die weder niedergeschrieben noch aus dem schriftlichen Gesetz ableitbar waren: dies gilt besonders für den Tempelkult, die Reinheitsvorschriften, aber auch für fast alle anderen Gebiete des biblischen Rechts.

Zu Beginn der rabbinischen Zeit sind schon zahlreiche Halakhot nachweisbar, die außer Diskussion stehen, ohne eine biblische Ableitung zu haben. Die rabbinische These von der mündlichen Tora, die neben der schriftlichen steht, ist somit nicht nur eine Behauptung, die die eigene Autorität zu stärken hat; sie entspricht vielmehr den geschichtlichen Tatsachen, nämlich den zwei verschiedenen Wurzeln des jüdischen religiösen Rechts. Neben der in der Bibel festgelegten oder von der Bibel abgeleiteten Halakha muß es von allem Anfang an eine biblisch nicht fundierte Halakha gegeben haben.

In der rabbinischen Halakha kann man prinzipiell drei Gruppen unterscheiden: aus der Bibel exegetisch abgeleitete Gesetze, die meist auch zusammen mit ihren Belegtexten zitiert werden; Gesetze, die völlig unabhängig von der Bibel entstanden sind und auch ohne Verweis auf die Bibel gebracht werden; Gesetze, die unabhängig von der Bibel entstanden sind, für die man aber nachträglich eine Stütze in der Bibel sucht. Für diese dritte Gruppe gilt ganz allgemein, was die Mischna sagt: „Die (Regeln über die) Dispens von Gelübden hängen in der Luft, sie haben keine Stütze. (Die Regeln über) Sabbat, Feste und die Vergreifung an geheiligtem Gut sind wie Berge, die an einem Haar hängen: denn da gibt es wenig Bibel und zahlreiche Halakhot“ (Chag I, 8). Für die Vorschriften dieser dritten Gruppe ist der biblische Beleg nur eine nachträgliche Bestätigung, die aber nicht erst die Verpflichtung begründet.

Der wichtigste Antrieb für die Entwicklung der Halakha war natürlich immer die historische Entwicklung der Lebensverhältnisse des Judentums. Unter geänderten Bedingungen war es manchmal notwendig, dem Wortlaut der Bibel widersprechende Entscheidungen zu treffen, um den Geist der biblischen Gesetzgebung zu erhalten. Das klassische Beispiel haben wir schon genannt: die Hillel zugeschriebene Einführung des *prosbul,* womit der Verfall von Darlehen in jedem siebten Jahr, wie es die Bibel vorsieht, aufgehoben wurde. Was ursprünglich ein Sozialgesetz war, hatte zu unsozialen Folgerungen geführt – dem Armen war es vor dem Sabbatjahr kaum noch möglich, ein notwendiges Darlehen zu erhalten – und mußte daher aufgehoben werden.

Ebenso kann man hier auch die Entscheidung aus den Makkabäerkriegen anführen, daß die notwendige Selbstverteidigung auch am Sabbat erlaubt sei, da die überstrenge Auslegung des Sabbatgebots, die an diesem Tag gar keine Tätigkeit gestattet, Selbstaufgabe des jüdischen Volkes wäre (1 Makk 2, 29–41).

Auch die gesetzliche Fiktion ist hier zu erwähnen, die der Institution des *Erub* zugrundeliegt. Dabei hinterlegt man an einem bestimmten Platz Speise und erklärt so den Platz zu einer Art Zweitwohnsitz; oder man deponiert eine Speise, zu der alle Anrainer eines Hofes beigetragen haben, in einer der Wohnungen und deklariert so alle Häuser um den Hof zu Gemeinschaftsbesitz. Damit kann der einzelne bestimmte Sabbatvorschriften umgehen, die aus einer sehr strikten Auslegung des Sabbatgesetzes der Bibel im Lauf der Zeit entstanden waren.

Gesetzliche Regelungen dieser Art verfolgen den Zweck, ein nicht mehr einhaltbares Gesetz in geregelter Weise der neuen Situation anzupassen, durch Zugeständnisse die Einhaltung des Gesetzes zu ermöglichen und damit seinen wesentlichen Kern zu erhalten.

Andere gesetzliche Neuerungen mögen auf Einflüsse aus der nichtjüdischen Gesetzgebung zurückgehen, deren Übernahme man für vorteilhaft hielt. Das gilt z. B. für die Ehegesetzgebung mit der Einführung der *Ketubba*, der Eheurkunde: diese regelt die wirtschaftliche Lage der Frau nach einer eventuellen Scheidung oder nach dem Tod des Mannes und ersetzt den Brautpreis der biblischen Zeit, der dem Brautvater zukam; nunmehr wird die Frau als Person betrachtet, die ihr eigenes Recht hat und in bestimmten Grenzen über sich selbst verfügen kann.

Ebenso ist hier die Einführung des *Testaments* zu nennen, das wohl unter dem Einfluß des römischen Rechts aufkam. Das biblische Recht (Num 27, 8–11; Dtn 21, 16f) regelt die Erbfolge in einer Weise, daß dem freien Ermessen des Erblassers kein Raum bleibt. Das rabbinische Recht (BB 149a und öfter) bringt hier eine Neuordnung, indem es Schenkungen des Kranken vorsieht, die erst nach seinem Tod wirksam werden.

Die rabbinischen Entscheidungen, *taqqanot* und *geserot* (vgl. S. 130), die das biblische Recht ausbauten, wie auch die zahlreichen Ergänzungen und Präzisierungen des biblischen Rechts hatten im Prinzip dieselbe Geltung wie die direkten Satzungen der Tora, allerdings mit dem Unterschied, daß man im Zweifelsfall bei Gesetzen aus der Tora erschwerend, bei solchen aus dem rabbinischen Recht erleichternd urteilt (AZ 7a).

Für die Verbindlichkeit der rabbinischen Vorschriften zitieren die Rabbinen immer wieder Dtn 17, 11: „An den Wortlaut der Weisung und an das Urteil, das sie fällen, sollst du dich halten. Vom Spruch, den sie dir verkünden, sollst du weder nach rechts noch nach links abweichen". Dieser Satz, in der Bibel von Priestern und Richtern ausgesagt, wird nun auf die rabbinischen Gelehrten angewandt. So lautet der Segensspruch über das Chanukkalicht: „Gepriesen sei er, der uns durch seine Gebote geheiligt und uns das Chanukkalicht anzuzünden geboten hat". Auf die Frage, wo Gott das Chanukkalicht geboten habe, wird mit dem Hinweis auf Dtn 17, 11 geantwortet, diese allgemeine Legitimation der Rabbinen zu neuer Gesetzgebung im Namen Gottes (Suk 46a; vgl. Schab 23a zum Segen über das Sabbatlicht).

Einen ganz wesentlichen Einfluß auf das Wachsen der Halakha hatte die ständige Tendenz, die Einhaltung der Tora durch zusätzliche Vorschriften immer mehr abzusichern. Die Halakha entwickelt hier eine eigene Dynamik, die zu immer umfassenderer Regelung des Lebens durch die Tora und zu einer ständigen Toraverschärfung führt. Die Rabbinen haben dafür den Ausdruck geprägt, einen *„Zaun um die Tora"* zu machen.

Abot I, 1 zitiert es als einen der drei Grundsätze der „Männer der großen Synode", dieser legendären Gruppe jüdischer Führer, die den Übergang zwischen der Zeit der Propheten und der Zeit der Schriftgelehrten und Rabbinen bilden: „Mache einen Zaun um die Tora." So heißt es in Ber 2a, die Verpflichtung zum Abendgebet könne man bis zum Morgengrauen erfüllen. Wenn einzelne Rabbinen die Frist mit Mitternacht setzten, so taten sie dies nur, „um den Menschen von der Übertretung fernzuhalten". Biblischer Belegtext für diese Praxis, einen Zaun um die Tora zu machen, ist Lev 18, 30: „Beachtet meine Anordnung" *(uschemartem et mischmarti)*. Die Verdoppelung des Ausdrucks im Hebräischen interpretiert R. Aschi so: „Macht eine Anordnung zu meiner Anordnung" (MQ 5a; vgl. R. Kahana in Jeb 21a).

Ein schönes Beispiel für die Ausweitung eines biblischen Gesetzes durch den Zaun um die Tora ist die schon im Zusammenhang mit den Regeln Hillels genannte Vorschrift von Ex 23, 19: „Du sollst das Zicklein nicht in der Milch seiner Mutter kochen" (vgl. S. 135). Anfangs wurde diese Vorschrift ganz konkret beachtet, wahrscheinlich mit antimagischer Zielsetzung. Mit dem Aufkommen der Marktwirtschaft, die die Selbstversorgung ablöste, wußte man im Einzelfall nicht mehr sicher, ob die am Markt gekaufte Milch vom Muttertier stammt, von dessen Jungem man das Fleisch gekauft hatte: so verbot man ganz allgemein die Zubereitung von Fleisch mit Milch (auch dort, wo keine solche Unsicherheit bestehen konnte) und dehnte dieses Verbot sogar auf Geflügel aus. Schließlich durften dann Milchprodukte nicht mehr bei derselben Mahlzeit wie Fleisch gegessen werden, ja nicht einmal auf demselben Tisch liegen, wie aus der Diskussion der Häuser Hillels und Schammais um Geflügel und Käse auf demselben Tisch zu sehen ist (Chul 104b). Ähnlich ist man bei vielen anderen biblischen Geboten und Verboten vorgegangen und hat so im Lauf der Zeit das Gesetz immer mehr erweitert.

3. Der Umfang des Religionsgesetzes

Die allumfassende Regelung des Lebens durch die Halakha führt schon bald zu Bestrebungen, das Religionsgesetz systematisch zu ordnen und auch seinen Umfang festzulegen. Was die biblischen Vorschriften angeht, versucht man ihre genaue Zahl festzustellen und kommt dabei auf 613 Gebote und Verbote. Der erste Rabbine, von dem diese Zählung überliefert ist, ist R. Simlai um die Mitte des dritten Jahrhunderts: „613 Gebote wurden dem Mose mitgeteilt; 365 Verbote entsprechend der Zahl der Tage im Sonnenjahr und 248 positive Gebote entsprechend den Gliedern des Menschen" (Mak 23b; daß der menschliche Körper aus 248 Gliedern besteht, ist schon in der Mischna vorausgesetzt: Oh I, 8).

Später bringt R. Jehuda beR. Simon dieselbe Auslegung wie R. Simlai predigthaft ausgebaut (PRK 12, M. 202f), während R. Hamnuna die Zahl 613 durch Gematrie bestätigt findet: „‚Mose hat uns eine Tora als Erbe gegeben' (Dtn 33, 4). Tora hat den Zahlenwert 611 (d.h. wenn man die Buchstaben des Wortes „Tora" als Zahlen betrachtet und sie addiert). Dazu (kommen die beiden Gebote): ‚Ich bin Jahwe, dein Gott' (Ex 20, 2) und ‚Du sollst neben mir keine anderen Götter haben' (Ex 20, 3). Diese Gebote haben wir aus dem Mund der göttlichen Macht selbst gehört" (Mak 23b–24a).

Wie man zur Zahl 613 tatsächlich gekommen ist, ist allerdings nirgends überliefert, und so bemüht man sich seit der Zeit der Geonim (z.B. die Halakhot Gedolot im achten Jahrhundert, später Saadia Gaon), eine Liste der 613 Gebote und Verbote zusammenzustellen, ohne je ein allseits befriedigendes Ergebnis zu erreichen.

Den eigentlichen Umfang der Halakha machen jedoch nicht die biblischen Gesetze aus, sondern ihre rabbinischen Erweiterungen, welche in Mischna und Tosefta sowie in den beiden Talmuden systematisch dargestellt werden. Von einer Systematik kann man allerdings nur in einem sehr eingeschränkten Sinn sprechen und auch das nur, wenn man die rabbinischen Texte nicht an einem modernen westlichen Gesetzbuch mißt, sondern die Gepflogenheiten des Orients in der Spätantike berücksichtigt. Hier durchbrechen oft andere Kriterien die sachliche Anordnung, wobei der leichten Merkbarkeit des Stoffes, also mnemotechnischen Fragen, ein ganz besonderes Gewicht zukommt. So stellen die rabbinischen Texte gerne Sätze zusammen, die demselben formalen Aufbau folgen (z.B. Schebu I, 1 die Formel „Es gibt zwei Arten von ...die in Wirklichkeit vier sind". Nur einer der wegen dieser gemeinsamen Formel hier zusammengestellten Sätze gehört thematisch in den Traktat). Ebenso spielen Stichwortassoziationen eine bedeutende Rolle: das führt zu häufigen Wiederholungen von Sätzen in den jeweiligen Zusammenhängen, was sachlich vielfach nicht gerechtfertigt erscheint. Auch ganze Traktate können so gelegentlich nicht in jener Ordnung der Mischna stehen, in die sie sachlich gehören würden. So steht z.B. der Traktat Nazir in der Ordnung „Frauen", obwohl das Nasiratsgelübde fast nur Männer betrifft. Der Traktat gehört ganz einfach in den Gesamtkomplex der Gelübde, die bei Frauen wegen ihrer beschränkten Selbstverfügungsrechte besondere Probleme aufwerfen, und wird deshalb in der Ordnung „Frauen" eingebaut.

Der *Aufbau der Mischna,* jener im wesentlichen von R. Jehuda ha-Nasi um 200 redigierten religionsgesetzlichen Sammlung, vermag am besten den allumfassenden Charakter der Halakha zu verdeutlichen. Die Mischna umfaßt sechs Ordnungen *(Sedarim),* die in 63 (ursprünglich 60) Traktate *(Massekhtot)* unterteilt sind.

Die erste Ordnung, *Zeraim* („Samen"), enthält vornehmlich mit der Landwirtschaft zusammenhängende Gesetze. Hier stehen vor allem die biblischen Vorschriften hinsichtlich des vom Ertrag der Felder zu leistenden Zehnten, der für die Priester bestimmten Abgaben wie der „Hebe", der Erstlingsfrüchte sowie des den Armen zustehenden Anteils an der Ernte (Nachlese usw.). Ebenso behandelt diese Ordnung das biblische Verbot, bestimmte Dinge zu vermischen – verschiedenes Saatgut auf demselben Feld auszubringen, verschiedenartige Tiere wie Ochs und Pferd unter ein Joch zu spannen oder Kleider aus verschiedenartigem Gewebe zu erzeugen. Dazu kommen Bestimmungen, was im jeweils siebten Jahr, dem „Sabbatjahr", an landwirtschaftlichen Arbeiten geleistet werden darf und was nicht, der Schuldenerlaß in diesem Jahr usw. Als Einleitung zum Seder steht der Traktat *Berakhot* („Segenssprüche"): dieser paßt insofern hierher, als gerade über die verschiedenen landwirtschaftlichen Produkte sehr genau differenzierte Tischgebete zu sprechen sind. Da jedoch das Thema „Gebete" schon einmal angeschnitten ist, nimmt man gleich die Vorschriften hinsichtlich der anderen täglichen Gebete hinzu und setzt diesen Traktat an den Anfang der Ordnung Zeraim und somit der ganzen Mischna, wohl um den religiösen Charakter des Gesamtwerkes zu betonen.

Die Ordnung *Moed* („Festzeiten") enthält Vorschriften für die einzelnen Feste, vor allem ausführliche Bestimmungen über die am Sabbat erlaubten bzw. verbotenen Tätigkeiten wie die Beförderung von Gegenständen von öffentlichem auf privates Gebiet usw., oder auch, wie man Sabbatvorschriften durch die Bildung eines *Erub* (einer „Vermischung" von Gebieten) umgehen kann. Ebenso regelt diese Ordnung die Feier des Osterfestes – wie man den Sauerteig entfernt, die ungesäuerten Brote vorbereitet, das Osterlamm schlachtet, zubereitet und ißt, wie man das feierliche Sedermahl gestaltet. Wie finanziert man den Betrieb im Tempel, wer ist zur Zahlung der Tempelsteuer verpflichtet, wie verwendet man diese Steuer und sonstige Gelder, die für den Tempel gestiftet werden? Neben diesen und ähnlichen Fragen behandelt die Ordnung Moed Probleme bei der Durchführung des Versöhnungsfestes, des Laubhüttenfestes, des Neujahrstages sowie allgemein der Wallfahrtsfeste (wobei in dem betreffenden Traktat jeweils auch thematisch nicht hergehöriges Material wie z.B. die Weitergabe mystischer Lehren besprochen wird). Ein eigener Traktat gilt der Verlesung des Estertextes am Purimfest, wobei dann auch die Schriftlesung in der Synagoge ganz allgemein zur Sprache kommt.

In der Ordnung *Naschim* („Frauen") geht es um sämtliche Fragen des Eherechts, vor allem auch um die formalen Aspekte von Verlobung, Eheschließung und Scheidung, die dazu erforderlichen Urkunden, ihre Bezeugung und ihre Überbringung, Ehehindernisse, die Bezeugung des Todes eines Ehepartners, damit der andere sich wieder verheiraten kann, sowie Bestimmungen über die biblische Sitte der Schwagerehe (Dtn 25 schreibt vor, daß eine kinderlose Witwe vom Bruder ihres Mannes geheiratet werden muß) und ihre Umgehung durch die Zeremonie der *Chalitsa*. Weiter gehört hierher das eheliche Güterrecht, die Sicherstellung der Mitgift der Frau sowie die finanzielle Versorgung der Geschiedenen und der Witwe. Wie schon erwähnt, umfaßt diese Ordnung der Mischna aber auch alle Vorschriften hinsichtlich der Gelübde, ihrer Rechtskraft bzw. Auflösbarkeit, auch wenn vieles dabei Frauen gar nicht betrifft.

Die Ordnung *Neziqin* („Schaden, Unrecht") behandelt die verschiedenen Formen, in denen einem anderen Schaden zugefügt werden kann, wer dafür verantwortlich ist und in welcher Form er Ersatz leisten muß; außerdem geht es hier um den Ersatz von gestohlenem Gut, die Aufbewahrung und Erstattung von Fundgegenständen, das Zinsnehmen von Nichtjuden und die Ersatzpflicht des Arbeitnehmers, des Pächters, des Mieters usw., wenn ihnen zur Verfügung gestellte Gegenstände Schaden erleiden. Auch die verschiedenen Möglichkeiten, Eigentum zu erwerben – Kauf, Schenkung, Ersitzung, Erbschaft usw. – werden hier besprochen, ebenso alles, was mit Gerichtsverfahren und Strafrecht zu tun hat, wobei die Zeugenaussage und der Eid des Zeugen vor Gericht – dann aber auch alle sonstigen Formen des Eides – besondere Bedeutung haben. Ein eigener Traktat ist den schwierigen Fragen gewidmet, die sich aus dem ständigen Zusammenleben von Juden mit Nichtjuden ergeben, welche Formen der Gemeinschaft erlaubt sind und was schon dem Götzendienst gleichkommt. Schließlich stehen in dieser Ordnung zwei Traktate, die sachlich hier nicht am Platz sind: *Edujot* („Bezeugungen") faßt Lehren zusammen, die am Tag der Absetzung Gamaliels II. in Jabne vorgetragen worden sein sollen – die meisten Sätze dieses Traktats kommen in der Mischna auch noch in ihrem jeweiligen thematischen Zusammenhang vor; *Abot* („Väter") ist der einzige nichthalakhische Traktat der Mischna und enthält gewissermaßen die geschichtliche Begründung für die Autorität der Mischnalehren, nämlich die Ableitung der gesamten Tradition von der Offenbarung am Sinai, sowie eine Reihe von Maximen der einzelnen Lehrer in der Traditionskette, Sprüche, in denen man den Geist der Gesetze sehen könnte.

Um die verschiedenen Formen des Opfers geht es in der Ordnung *Qoda-*

schim („Heiliges"). Die Traktate dieser Ordnung besprechen die Schlachtung der Opfertiere und bestimmen, was davon den Priestern zusteht, was verbrannt werden muß usw., ebenso Bestimmungen über Speise- und Vogelopfer, Formfehler bei der Darbringung von Opfern und die mißbräuchliche Verwendung von Opfergut. Ausführlich kommt auch der Ritus bei der Darbringung des täglichen Opfers, des *Tamid,* zur Sprache. Ein weiterer Traktat befaßt sich mit der Pflicht der Darbringung erstgeborener Haustiere sowie mit dem Erbrecht des menschlichen Erstgeborenen; ein anderer wiederum bespricht die Umwandlung von Gelübden in Geldzahlungen und die dazu notwendigen Schätzungen. Nur indirekt in Zusammenhang mit dieser Thematik des Heiligen ist die Zusammenfassung der Sünden, auf denen als Strafe die „Ausrottung" steht (gewöhnlich als natürlicher Tod im Alter zwischen zwanzig und fünfzig Jahren verstanden, ohne daß der Tote Nachkommen hinterlassen hat). Zentral ist dagegen der Traktat *Middot* („Maße"), eine Beschreibung des zweiten Tempels und seiner Maße.

Die letzte Ordnung der Mischna, *Toharot* („Reinheiten"), befaßt sich mit den verschiedenen Formen der kultischen Verunreinigung und ihrer Überwindung. Die genaue Darstellung der möglichen Verunreinigungen von Geräten ist für uns heute übrigens eine wichtige Informationsquelle über die damals üblichen Haushaltsgeräte und ihre Verwendung, wie die Traktate über den „Aussatz" (Hautkrankheiten jeglicher Art, aber auch Pilzflechten auf Leder oder an Hauswänden), die blutflüssige Frau und den von Geschlechtskrankheiten Befallenen uns über die medizinischen Kenntnisse und Vorstellungen des rabbinischen Judentums informieren. Die Traktate über die „rote Kuh" (vgl. Num 19), das Tauchbad und die halakhische Stellung dessen, der sich durch ein Tauchbad gereinigt hat, doch erst den Sonnenuntergang abwarten muß, um halakhisch völlig rein zu sein, betreffen dann die einzelnen Möglichkeiten, eine Verunreinigung wieder los zu werden. Wichtig ist auch der Traktat *Jadajim* („Hände") über die möglichen Verunreinigungen der Hände, kommt doch in diesem Traktat auch die Einschätzung der heiligen Schriften der Bibel zur Sprache, da diese als dem göttlichen Tabubereich zugehörig ebenfalls „die Hände verunreinigen".

Diese kurze Darstellung des Inhalts der Mischna zeigt zur Genüge, wie die Halakha nicht nur jene Bereiche erfaßt, welche gemeinhin als religiöse Normen verstanden werden, sondern das gesamte Leben im Geist des Gesetzes Gottes regelt. Von diesem Standpunkt aus sind Besitzrecht und wirtschaftliche Normen, welche das Zusammenleben in Gemeinschaft ermöglichen, genauso religiös wie etwa die Reinheits- oder Festvorschriften. Die Religion ist allumfassend, ebenso daher auch die Halakha.

4. Begründung und Wertung der Gebote

Selbstverständlich hat sich auch das rabbinische Judentum die Frage nach dem Sinn der Gebote und ihrer Begründung gestellt. Doch nur in den seltensten Fällen läßt sich eine befriedigende Antwort geben. Einzelne Gebote begründet schon die Bibel selbst: so erklärt Ex 20, 11 die Sabbatruhe als Nachahmung der Ruhe Gottes nach seinem sechstägigen Schöpfungswerk, sieht also den Sabbat in der Schöpfungsordnung begründet. Anders hingegen Dtn 5, 15, wo auf das Urerlebnis Israels, die Befreiung aus der Knechtschaft in Ägypten als Begründung nicht nur des Sabbatgebots, sondern ganz allgemein als Voraussetzung der Gottesherrschaft über Israel verwiesen wird. Auch sonst begründet die Bibel häufig soziale Verpflichtungen gegenüber dem Schwächeren mit der geschichtlichen Erfahrung Israels in Ägypten (z.B. Ex 23, 9); oft aber werden auch Vorschriften mit dem besonderen Verhältnis Israels zu Gott begründet (z.B. Ex 22, 30), das ebenfalls auf die Befreiung Israels aus Ägypten und auf den darauffolgenden Bundesschluß am Sinai zurückgeht.

Die Rabbinen haben natürlich auch versucht, nicht nur die in der Bibel vorgegebenen Begründungen der Gebote zu erforschen (so z.B. Simeon bar Jochai in Qid 68b), sondern auch durch Verfeinerung der exegetischen Methoden die übrigen Gebote zu begründen. So preist man den, „der die Dinge enthüllt, die der Alte an Tagen verdeckt hat. Welche Dinge sind dies? Die Begründungen der Tora“ (Pes 119a).

Andererseits ist man sich aber auch der Problematik einer solchen Nachforschung bewußt, wie aus einer Aussage des R. Isaak in Sanh 28a hervorgeht: „Warum wurden die Gründe der Tora nicht geoffenbart? Zwei Stellen der Bibel haben eine Begründung gegeben und über sie ist ein Großer der Welt gestrauchelt. Es heißt: ‚Er (der König) soll sich keine große Zahl von Frauen nehmen‘ (Dtn 17, 17). Salomo sagte: Ich will mir viele Frauen nehmen und werde mich trotzdem nicht (von Gott) abwenden. Und weiter heißt es: ‚Als Salomo älter wurde, verführten ihn seine Frauen‘ (1 Kön 11, 4). Ebenso heißt es: ‚Der König soll sich aber nicht zu viele Rosse halten‘ (Dtn 17, 16). Doch Salomo sagte: Ich werde viele Rosse haben und dennoch nicht nach Ägypten zurückkehren. Und dann heißt es: ‚Ein Wagen, der aus Ägypten kam, kostete sechshundert ...‘ (1 Kön 10, 29)“.

Das Suchen nach spezifischen Gründen für die einzelnen Gebote ist demnach gefährlich, insofern so mancher glauben könnte, daß diese Gründe bei ihm nicht zutreffen. Eher kommt man mit allgemeinen Begründungen zurecht, wie sie z.B. R. Chanania ben Aqaschia anbietet: „Der Heilige, gepriesen sei er, wollte Israel Verdienste erwerben lassen. Deshalb hat er ihnen Tora und Gesetze zahlreich gemacht“ (Mak III, 16). Ähnlich sagt Rab hinsichtlich der Schlachtungsvorschriften: „die Gebote sind nur gegeben worden, um die

Menschen durch sie zu läutern. Denn was macht es dem Heiligen, gepriesen sei er, aus, ob jemand ein Tier von der Kehle oder vom Nacken her schlachtet? (GenR 44, 1, Th-A 424f). Nach TBer VI, 9 (L. 36) dienen die Gebote der Heiligung Israels, wie auch Pes 7b formuliert: „Gepriesen sei der Herr, der uns durch seine Gebote geheiligt hat"; Git 59b schließlich sieht das Ziel der Gebote den Frieden.

Zwar unterscheidet man gelegentlich zwischen Gesetzen, die auch ohne eigenes Dekret Gottes verpflichtend wären *(mischpatim),* und nicht näher begründbaren Satzungen Gottes *(chuqqim),* doch ist man sich bewußt, daß es letztlich nicht auf die Begründung ankommt. So heißt es hinsichtlich der Vorschriften zur Schlachtung der roten Kuh (Num 19): „Der Heilige, gepriesen sei er, sagt: ein Gebot habe ich gegeben und einen Erlaß habe ich erlassen, und du bist nicht befugt, meinen Erlaß zu übertreten – ‚Das ist die Verordnung, die der Herr erläßt' (Num 19, 2)" (PRK 4, M. 55; vgl. NumR 19, 1). Einmal hört jedes Fragen nach Gründen auf und bleibt dem Menschen nur noch der Gehorsam, weil Gott geboten hat. Die Gesetze sind der Wille Gottes, dessen Joch Israel am Sinai auf sich genommen hat – einer weiteren Begründung bedarf es nicht.

Das ganze Gesetz, begründbar oder nicht, biblisch bezeugt oder rabbinische Ableitung, das Zentrum des religiösen Lebens oder auch nur die wirtschaftliche Seite der jüdischen Gemeinschaft betreffend, dies alles ist in Theorie gleich verpflichtend. Dennoch geht es nicht ohne eine gewisse Hierarchie innerhalb der Halakha. Dies nicht nur, um im Fall der Pflichtenkollision entscheiden zu können, sondern auch um zu wissen, welche Teile des umfassenden Gesetzesstoffes vorrangig allgemein gelehrt werden müssen bzw. worauf man in Extremsituationen verzichten kann.

Die klassische Unterscheidung der christlichen Moraltheologie – hier Naturrecht, dort göttlich geoffenbartes Recht – gibt es in der jüdischen Theologie nicht: das gesamte religiöse Recht geht ohne jeden Unterschied direkt auf Gott zurück. Dennoch kennt auch das Judentum eine Unterscheidung, die der christlichen praktisch sehr nahe kommt: es unterscheidet zwischen dem allen Menschen geoffenbarten religiösen Recht und dem, das nur Israel geoffenbart worden ist.

Alle Menschen sind an die Gebote gehalten, die schon Adam bzw. die Söhne Noachs, von denen nach biblischer Auffassung ja alle Menschen abstammen, nach der Flut erhalten haben. Diese Vorstellung der *noachidischen Gebote,* die alle Menschen verpflichten, ist schon in der pseudepigraphen Literatur belegt. Vielleicht ist sie, deren Grundlagen die Bestimmungen des Pentateuch über die Nichtjuden im Land Israel sind, unter der Hasmonäerherrschaft in den Vordergrund getreten: damals kamen ja zahlreiche Nichtjuden unter jüdische Herrschaft und man mußte entscheiden, unter welchen Bedingungen sie geduldet würden.

Später ist die Einhaltung der noachidischen Gebote ein wichtiges Kriterium für den Juden geworden, wie er sich gegenüber Nichtjuden zu verhalten habe. Die älteste erhaltene Fassung der noachidischen Gebote finden wir in Jub 7, 20ff (etwa 100 v. Chr.). Apg 15, 20 nennt vier davon als Voraussetzung für Nichtjuden, die Christen werden wollen (Enthaltung von Götzendienst, Unzucht, Ersticktem und Blutgenuß). Die Liste der Gebote (gewöhnlich sieben) variiert in der Überlieferung. Erst die rabbinische Tradition kommt hier zu einer gewissen Fixierung. So heißt es im Namen des R. Juda bar R. Simon: „Dem ersten Menschen wurden sechs Gebote aufgetragen – (das Verbot von) Götzendienst, Blasphemie, (die Vorschrift der) Rechtspflege, (das Verbot von) Blutvergießen, Unzucht, Raub, und alle sechs sind in einem einzigen Vers enthalten: ‚Gott der Herr gebot Adam: von allen Bäumen des Gartens darfst du essen' (Gen 2, 16: es folgt die exegetische Ableitung der sechs Gebote aus diesem Vers) ... Noach wurde ein weiteres Verbot aufgetragen, nämlich das Essen eines Gliedes von einem lebenden Tier, wie es heißt: ‚Nur Fleisch, in dem noch Blut ist, dürft ihr nicht essen' (Gen 9, 4)" (PRK 12, M. 202f).

Sanh 56a–b bringt dieselben noachidischen Gebote als tannaitische Lehre und läßt die Meinungen verschiedener Gelehrter folgen, die auch andere Verbote (Blut vom lebenden Tier, Kastration, Zauberei, Tragen von Mischgewebe sowie die Kreuzung von Tieren oder Pflanzen: vgl. Sanh 56b–60a zur weiteren Diskussion der noachidischen Gebote) hier eingeschlossen sehen wollen.

Hinsichtlich der Israel als ureigene Offenbarung überantworteten Halakha gibt es ebenfalls eine Reihe von Versuchen zu einer Klassifizierung. Abzusehen ist hier allerdings von den häufigen rhetorischen Übertreibungen, mit denen die Bedeutung gerade von „kleinen" Geboten (Tefillin usw.) immer wieder betont wird, um sie dem Volk besonders nahezubringen. Auch die Hervorhebung von Geboten, die jeweils eine bestimmte konkrete Situation in der Geschichte Israels spiegeln – so etwa die Verpflichtung, im Land Israel zu wohnen, oder das Verbot, Kleinvieh zu züchten –, sagt nichts über die eigentliche Wertung dieser Gebote. Ebenso verhält es sich mit dem Ausspruch Rabas: „In der Tora gibt es Gebote und Verbote; wer jedoch die Worte der Schriftgelehrten übertritt, ist des Todes schuldig. Damit du nicht einwendest: wenn sie so wichtig sind, warum sind sie dann nicht (in der Bibel) niedergeschrieben worden?, sagt die Schrift: ‚des vielen Bücherschreibens ist kein Ende' (Koh 12, 12)" (Er 21b).

Eine gewisse Wertung der Gebote geht daraus hervor, daß nicht alle Juden auf alle Gebote verpflichtet sind. Das gilt besonders für Frauen: „Zu allen von einer festgesetzten Zeit abhängigen Geboten sind Männer verpflichtet und Frauen nicht" (Qid I, 7); so heißt es z.B. in Ber III, 3: „Frauen, Sklaven und Minderjährige sind befreit vom Rezitieren des *Schema* und von den Gebetsriemen." Zu betonen ist auch, daß in den frühen Midraschim der Dekalog nicht als wichtiger gegenüber den übrigen Geboten herausgehoben wird, auch wenn ihm in der frühen Synagogenliturgie durch seine tägliche Rezitation ein besonderer Rang eingeräumt wird, bis man darauf verzichtet, um nicht falschen Folgerungen aus dieser Praxis Raum zu gewähren (jBer I, 5, 3c; vgl. S. 103).

Ziemlich ungeeignet ist eine Einteilung nach der in der Bibel für die Erfüllung bestimmter Vorschriften verheißenen Belohnung, wie die Rabbinen klar erkennen. „R. Acha im Namen des R. Isaak: Es steht geschrieben, ‚Mehr als alles hüte dein Herz, denn von ihm geht das Leben aus' (Spr 4, 23). Beachte alles, was dir in der Tora gesagt wird; denn du weißt nicht, woraus dir das Leben fließt. R. Abba bar Kahana sagt: Die Schrift hat das leichteste Gebot dem schwersten gleichgesetzt. Das leichteste Gebot betrifft das Vogelnest (Dtn 22, 6f), das schwerste die Ehrung von Vater und Mutter (Ex 20, 12). Und von beiden heißt es: ‚damit du lange lebst'" (jPea I, 15d).

Zielführender als eine Klassifizierung nach der Größe des verheißenen Lohns ist die nach der Schwere der in der Bibel bei Übertretung angedrohten Strafe. So nennt R. Jehuda als schwere Sünden jene Vergehen, auf denen in der Bibel Todesstrafe oder Ausrottung steht. Und Rabbi nennt im selben Zusammenhang als schwerste Verfehlungen jene, die auch der Versöhnungstag nicht sühnen kann, wenn man nicht zuvor Umkehr getan hat, nämlich: das Joch (der Königsherrschaft Gottes) abwerfen, das Gesetz falsch deuten, den durch die Beschneidung begründeten Bund mit Gott aufgeben (Schebu 12b–13a). Hier geht es also weniger um Einzelverfehlungen als vielmehr um die grundsätzliche Ablehnung des jüdischen Lebens.

Ein Kriterium für die Wertung der Gebote ist dann auch die Aufzählung jener Dinge, zu denen ein Jude sogar unter Lebensgefahr verpflichtet ist. Schon 1 Makk 2, 41 erzählt von der Aufhebung der Sabbatruhe zur notwendigen Selbstverteidigung. Später hebt man bei Lebensgefahr einen Großteil der Halakha auf, entsprechend einer wörtlichen Auslegung von Lev 18, 5, daß der Mensch durch die Gesetze Gottes leben und nicht sterben soll. So heißt es in Sanh 74a: „Es sagte R. Jochanan im Namen des R. Simeon ben Jehotsadaq: Man stimmte ab und beschloß im Obergemach des Hauses Nitsa in Lod: Alle in der Tora genannten Sünden darf man begehen, wenn einem gesagt wird: Tu sie und du wirst nicht getötet. Ausgenommen sind nur Götzendienst, Unzucht und Mord." R. Jischmael geht sogar so weit, daß er auch Götzendienst erlaubt, da es ja in Lev 18, 5 heißt: „Ihr sollt meine Satzungen und Vorschriften beobachten ... und *durch sie leben*", nicht also ihretwegen sterben. Nur öffentlich darf man auf keinen Fall Götzendienst begehen, damit nicht dadurch der Name Gottes verunehrt werde (vgl. Sifra, Achare 13, W. 86b).

Wenn man andere rabbinische Texte zum Vergleich heranzieht, gewinnt man allerdings den Eindruck, daß die hier gemachten Aussagen eher exegetische Konsequenz als für die Praxis gedacht waren. Denn in Zeiten der Religionsverfolgung haben sich Juden wegen viel geringerer Gebote töten lassen, wie aus Mekhilta, Bachodesch 6 (L. II 247) hervorgeht: demnach haben sich Juden in der Zeit nach dem Bar-Kokhba-Aufstand hinrichten lassen, weil sie ihre Kinder beschnitten, die Tora lasen, ungesäuerte Brote aßen usw. Der schon genannte Text Sanh 74a ergänzt denn auch die Regel über die Aufhebung fast aller Gebote bei Lebensgefahr mit der Einschränkung des R. Jochanan: „Diese Lehre gilt nicht in der Zeit der Religionsverfolgung. In der Zeit der Religionsverfolgung läßt man sich vielmehr auch wegen eines geringen Gebots töten, um es nicht zu übertreten. Als Rabin (nach Babylonien) kam, zitierte er R. Jochanan so: in der Zeit der Religionsverfolgung darf man zwar insgeheim (alle Gebote außer den genannten übertreten, um sein Leben zu retten). Lieber aber soll man sich töten lassen, als auch nur ein geringes Gebot öffentlich zu übertreten."

Diese Unterscheidung, was öffentlich und was insgeheim erlaubt sei, darf man allerdings nicht in dem Sinn mißverstehen, daß es dem Judentum in Extremsituationen nur noch um die Wahrung des äußeren Scheins ging. Zu explizit wenden sich die rabbinischen Lehrer gegen jede Form der Heuchelei! Man denke z.B. an den Ausspruch des Jochanan ben Beroqa in Abot IV, 5: „Wer Gottes Namen heimlich entweiht, dem wird es öffentlich vergolten." Vielmehr geht es hier um den Grundsatz, daß gar alles getan werden muß, um eine Verunehrung Gottes in der Öffentlichkeit zu vermeiden: „Wenn ein Mensch sieht, daß ihn sein Trieb übermannt, soll er an einen Ort gehen, wo man ihn nicht kennt, und tun, was sein Herz verlangt, aber ja nicht den Namen Gottes verunehren" (MQ 17a). In dieser und ähnlichen Aussagen geht es nie darum, daß der einzelne Jude besser scheinen will als er ist, sondern darum, daß er nicht durch sein Verhalten vor den Heiden Schande über seinen Gott bringen darf.

Die Sorge um die Ehre Gottes ist aber nur *ein* Aspekt in der Grundeinstellung des rabbinischen Judentums zur Halakha. Ein zweites Grundprinzip, das genauso wichtig ist, wenn es gilt, der Fülle des Religionsgesetzes eine Leitidee voranzustellen, findet sich in der berühmten Erzählung über Schammai und Hillel: „Ein Heide kam zu Schammai und sagte zu ihm: ich werde zum Judentum übertreten, vorausgesetzt, du lehrst mich die ganze Tora, während ich auf einem Fuß stehe. Doch dieser jagte ihn mit dem Zollstab fort, den er in der Hand hatte. Da kam er zu Hillel und dieser bekehrte ihn, indem er zu ihm sagte: Was dir verhaßt ist, das tu auch nicht deinem Nächsten. Das ist die gesamte Tora. Das übrige ist Kommentar. Nun geh und lerne" (Schab 31a).

5. Die freiwillige Erschwerung der Halakha

Die Zurückführung der Halakha auf ihre Grundideen – den Gehorsam gegenüber Gott, dessen Ehre der höchste Wert ist, und die Achtung des Nächsten – bedeutet nicht eine Relativierung der Einzelgebote. Unter gewöhnlichen Umständen ist jede einzelne Halakha gleich verpflichtend; an jeder für sich zeigt sich die wahre Gesinnung des Israeliten. Und diese Halakha ist dem Frommen nicht schon in sich eine schwere Last: vielmehr versucht er, freiwillig zusätzliche Verpflichtungen auf sich zu nehmen, sich das Gesetz zu verschärfen, bzw. ihm zustehende Rechte aufzugeben.

Der Eifer für das Gesetz zeigt sich einmal in der Art der Ausführung einer gebotenen Handlung. Der Fromme verzichtet auf den im Gesetz gegebenen Spielraum und bemüht sich, das Gesetz möglichst schnell und möglichst schön zu erfüllen. Dem Beispiel Abrahams bei der Opferung Isaaks folgend (Gen 22, 3: „Frühmorgens stand Abraham auf ...") und dem Grundsatz gemäß, daß man ein Gebot nicht aufschieben soll (Jeb 39a), versucht er jedes Gebot zum frühestmöglichen Zeitpunkt durchzuführen. So heißt es z.B. von der Beschneidung des Knaben am achten Tag nach der Geburt: „Der ganze Tag ist für die Beschneidung geeignet; doch die Eifrigen beeilen sich bei den Geboten, wie es heißt: ‚Und frühmorgens stand Abraham auf' (Gen 22, 3)". Ebenso beeilt sich der Fromme beim Wegräumen des Sauerteigs vor dem Osterfest (Pes 4a) und nützt auch den zeitlichen Spielraum für die Verrichtung der Pflichtgebete nicht aus.

Ebenso ist der Fromme stets darum bemüht, ein Gesetz möglichst schön zu erfüllen und nicht einfach nur das zu tun, was unbedingt vorgeschrieben ist: „‚Und ich will ihn verherrlichen' (Ex 15, 2). R. Jischmael sagt: Ist es einem Menschen von Fleisch und Blut möglich, seinen Schöpfer zu verherrlichen? Vielmehr: ‚Ich will ihn verherrlichen' durch die Gebote. Ich werde vor ihm einen schönen Feststrauß, eine schöne Laubhütte, schöne Kleiderfransen und schöne Gebetsriemen machen" (Mekhilta, Schirata 3, L. II 25).

Neben dieser „Gebotsverschönerung" bemüht man sich auch um eine echte Gebotserschwerung. Als Beispiel mag das Verhalten des R. Meir dienen, der in einem bestimmten Fall eine milde Gesetzesauslegung vertritt, sie aber für sich selbst nicht anwendet. „An einem Sabbat darf man nicht für einen Kranken Wein mit Öl mischen. R. Simeon ben Eleasar sagt im Namen des R. Meir: man darf an einem Sabbat für einen Kranken Wein mit Öl mischen. R. Simeon ben Eleasar erzählt: einmal war R. Meir krank und wir haben es für ihn tun wollen, doch er ließ mich nicht. Ich sagte zu ihm: Unser Meister, hebst du deine Worte durch dein eigenes Beispiel auf? Er antwortete uns: Obwohl ich so sage, habe ich es nie unternommen, die Worte meiner Genossen zu übertreten" (TSchab XII, 12, L. 53f; vgl. Schab 134a). Ähnlich ist R. Abbahu der Meinung, daß es erlaubt ist, an einem Feiertag Gewürzwein herzustellen. Da aber einige Rabbinen dagegen sind, hält er selbst sich an die strengere Auffassung. Damit stehen diese Rabbinen aber innerhalb der jüdischen Gemeinde ihrer Zeit nicht vereinzelt da, wie Er 21b zeigt: „Es sagte die Gemeinde Israels vor dem Heiligen, gepriesen sei er: Herr der Welt, ich habe mir mehr Verordnungen auferlegt, als du mir auferlegt hast, und ich habe sie alle eingehalten."

Bei einer solchen freiwilligen Gebotserschwerung ist es immer wesentlich, daß man sie in der richtigen Intention auf sich nimmt und nicht nur mit seiner religiösen „Leistung" großtun will (vgl. Suk 26b): „Alle deine Handlungen sollen um des Himmels willen geschehen" (Abot II, 12). Auch Ber 6b betont, daß nicht die äußere Tat, sondern die innere Absicht entscheidend ist, wenn es heißt, daß das Verdienst des Fastens im Wohltun liegt, das es begleiten soll.

Wichtiger noch als die freiwillige Erschwerung der Halakha ist der Verzicht auf ein in der Halakha zugestandenes Recht. Manche dieser Rechtsverzichte sind in der geschichtlichen Entwicklung der Halakha direkt institutionalisiert worden: so z. B. der Verzicht auf den Schuldennachlaß im siebenten Jahr gemäß der Regelung des Prosbul, oder auch der Verzicht auf den halben Besitz eines Sklaven, dessen anderer Hälfteeigentümer ihn freigelassen hat; sonst wäre dieser Mensch durch seine rechtliche Zwischenstellung – halb Freier, halb Sklave – nicht in der Lage, eine Familie zu gründen. Von größerer Bedeutung im täglichen Leben ist eine Regelung aus dem Handelsrecht. Nach strikter Halakha ist ein Kauf nicht schon durch die Übergabe der Kaufsumme rechtskräftig, sondern wird dies erst durch das Ansichziehen des gekauften Gegenstandes. Solange dies nicht geschehen ist, könnte daher der Kauf einseitig rückgängig gemacht werden: „So ist auf jeden Fall die Halakha. Doch sagt man: Er, der die Generation der Flut gestraft hat, die Generation der Zerstreuung (nach dem Turmbau von Babel), die Generation von Sodom und Gomorra sowie jene Ägyptens im (Schilf-)Meer, er wird auch den bestrafen, der nicht zu seinem Wort steht ... und die Gelehrten haben an ihm kein Gefallen" (BM 48a).

Ganz allgemein gilt hier, daß striktes Recht manchmal Unrecht sein kann. „R. Jochanan sagte: Jerusalem ist nur deshalb zerstört worden, weil man dort nach dem Recht der Tora gerichtet hat ... weil sie ihre Urteile (genau) nach Torarecht gefällt haben und nicht innerhalb der Grenzen des Rechts geblieben sind" (BM 30b). Sehr oft kommt zur Geltung, was BQ 55b (vgl. TSchebu III, Z. 449) von gewissen Menschen sagt: „Er ist frei vor dem menschlichen Gericht, jedoch schuldig vor Gott." Prinzipiell erweist sich wahre Frömmigkeit nach rabbinischer Ansicht darin, daß man nicht auf seinem Recht besteht: „Wer sagt, was mein ist, ist dein, und was dein ist, bleibt dein, ist ein frommer Mensch" (Abot V, 10).

Echte Frömmigkeit erweist sich auch in einer inneren Freiheit gegenüber dem Wortlaut der Halakha, um ihren wahren Geist zu erfüllen. Dies demonstriert KohR 9, 4 am Beispiel des Abba Tachana, der es riskiert, das Sabbatgebot zu übertreten, weil ihm die Pflicht der Nächstenliebe wichtiger ist. Sota 21b hingegen zitiert als Beispiel für den dummen Frommen, der am Wortlaut der Halakha kleben bleibt, einen Mann, der eine Frau in den Fluß fallen sieht, sie aber nicht vor dem Ertrinken rettet, weil es unziemlich ist, eine Frau anzuschauen.

Diese Auffassung vom Geist der Halakha kann zur extremen und leicht mißverständlichen Ansicht des R. Nachman bar Isaak führen: „Eine gut gemeinte Übertretung ist besser als die Erfüllung eines Gebots mit einem Hintergedanken" – ein Satz, dem R. Jehuda im Namen Rabs entgegenhält: man soll sich ständig mit den Geboten befassen, auch wo dies nicht mit reiner Absicht geschieht; am Ende macht man es dann schon mit der rechten Intention (Naz 23b; vgl. Hor 10b).

6. *Die tatsächliche Bedeutung der Halakha*

Wieweit hat die in Mischna und Talmud niedergelegte Halakha das tägliche Leben beeinflußt und bestimmt? Auf diese Frage ist einmal prinzipiell festzuhalten, daß ein großer Teil der Halakha ganz naturgemäß bloße Theorie blieb. Dies gilt von allen Gesetzen, die mit dem Tempelkult zusammenhängen, also von der ganzen Ordnung Qodaschim. Trotzdem hat man sich immer mit diesen Gesetzen beschäftigt. Denn man glaubte weithin an eine baldige oder zumindest mit der messianischen Zeit kommende Wiederherstellung des Tempelkults. Durch Weitergabe und Ausgestaltung der einschlägigen gesetzlichen Traditionen wollte man gerüstet sein, um im gegebenen Augenblick den Kult sofort wieder formgerecht beginnen zu können.

Außerdem spielte die Vorstellung eine Rolle, daß die geistige Beschäftigung mit den einschlägigen Gesetzen ihre Erfüllung ersetzt, wie R. Isaak sagt: „Jeder, der sich mit dem Gesetz des Sündopfers befaßt, ist dem gleich, der ein Sündopfer darbringt; und jeder, der sich mit dem Gesetz des Schuldopfers befaßt, ist dem gleich, der ein Schuldopfer darbringt" (Men 110a).

Andere Gesetze sind stark mit dem Tempelkult verbunden und außerdem an das Wohnen im Land Israel geknüpft. Sie betreffen somit einen immer kleiner werdenden Prozentsatz des rabbinischen Judentums, da sich ja der Bevölkerungsschwerpunkt immer mehr auf die Diaspora verlagert. Aber auch in Israel sind sie zu einem Teil nicht mehr erfüllbar, weil es den Tempel nicht mehr gibt.

Dies gilt vor allem von der die Landwirtschaft betreffenden Halakha. So war die Darbringung der Erstlingsfrüchte (oder ihres Gegenwertes, vermehrt um einen bestimmten Betrag) nur im Tempel möglich, wie auch der zweite Zehnte bei der Wallfahrt nach Jerusalem im Tempelbereich gegessen werden sollte. Zehnter und Hebe, ebenfalls nur in Israel verpflichtend, standen ursprünglich Priestern und Leviten für ihre Dienste im Tempel zu. Zum Teil wurden sie auch nach 70 noch dargebracht, jedoch immer mehr jenen Priestern und Leviten gegeben, die sich als rabbinische Gelehrte betätigten, oder gar für Rabbinen umgewidmet, die gar nicht Priester waren, wenn sie wegen ihrer Tätigkeit für die jüdische Gemeinde ihre berufliche Tätigkeit nicht oder nur eingeschränkt ausüben konnten. Zahlreiche halakhische Ausnahmen von der Verpflichtung zum Zehnten und zur Hebe gingen dem schließlichen Aufhören dieses Gesetzes voraus.

Das Sabbatjahrgesetz sah vor, daß in Israel jedes siebente Jahr das Land ruhen mußte; es waren keine landwirtschaftlichen Arbeiten erlaubt und auch das, was von selbst wuchs, durfte nicht vermarktet werden. Die Einhaltung dieses Gesetzes war einst durch die Steuerfreiheit im Sabbatjahr erleichtert worden, eine Befreiung, die noch Caesar bestätigte (Josephus, Ant. XIV, 202), die aber spätestens seit dem Bar-Kokhba-Aufstand von den römischen Behörden nicht mehr gewährt wurde. Damit konnten sich auch viele nicht mehr an diese Vorschriften halten. Und so sahen sich die Rabbinen gezwungen, immer mehr Ausnahmen und Erleichterungen zu gewähren, bis schließlich das Sabbatjahr gar nicht mehr gehalten wurde, wie ja auch der für das Sabbatjahr vorgesehene Nachlaß der Schulden durch die Prosbulregelung schon früher de facto aufgelassen wurde.

Hier sind auch die Reinheitsgesetze zu erwähnen, die eine ganze Ordnung der Mischna (Toharot) ausmachen. Diese Vorschriften galten in biblischer Zeit vor allem für den Tempelbereich, für den Dienst der Priester und Leviten sowie für die seltene Teilnahme des einzelnen am Kult, außerdem für das tägliche Leben der Priesterfamilien, die nur im Zustand der Reinheit die ihnen als Abgabe vom Volk zustehende „Hebe“ essen durften.

Mit der Zerstörung des Tempels und vollends mit der Verbannung der Juden aus dem Bereich der Stadt Jerusalem nach 135 verloren die Reinheitsvorschriften weithin ihre Bedeutung, auch wenn sich die Rabbinen nach dem Vorbild der pharisäischen Gemeinschaften bemühten, die Reinheitsvorschriften auf die profanen Mahlzeiten zu übertragen.

Weite Bereiche des Reinheitsgesetzes waren schon bald nach der Zerstörung des Tempels nicht mehr erfüllbar. Nicht nur erklärten die Rabbinen heidnische Länder für unrein, ebenso alle Nichtjuden, wodurch sich das immer mehr in der Diaspora lebende Judentum (bzw. auch das in Israel von Heiden umgebene Judentum) fast nicht mehr rein halten konnte. Dazu kommt, daß die Verunreinigung des Menschen, der mit einer Leiche in Berührung gekommen ist, nur durch Besprengung mit Reinigungswasser behoben werden kann. Dieses aber wurde aus der Asche der roten Kuh hergestellt (Num 19), die nur zur Zeit des Tempels dargebracht wurde. Nach Zerstörung des Tempels war also auch das Reinigungswasser nicht mehr nachzuliefern. Einige Zeit mochte der Vorrat reichen; doch dann gab es keine Reinigungsmöglichkeit mehr; daher gelten seither alle Juden als leichenunrein. Somit war auch das praktische Ende der meisten Reinheitsvorschriften gekommen. Lediglich im Bereich des geschlechtlichen Lebens sind die Reinheitsvorschriften im rabbinischen Judentum und auch später relevant geblieben (Unreinheit der menstruierenden Frau bzw. der Frau nach der Geburt eines Kindes sowie nach strikterer Auffassung auch allgemein nach Geschlechtsverkehr oder Samenerguß: Reinigung ist jeweils durch das Tauchbad in der Miqwe möglich).

Diese Aufzählung von prinzipiell in der rabbinischen Zeit nicht mehr oder nur beschränkt anwendbaren Halakhot ließe sich verlängern. Für sie alle gilt, daß man sich weiterhin mit diesen Gesetzen beschäftigt, um für die Zeit gerüstet zu sein, in der ihre Erfüllung wieder möglich wird, vor allem aber auch, weil ihr Studium an sich ihrer Erfüllung gleichkommt.

Andere Bereiche der Halakha waren zwar in der Praxis möglich, wurden aber dennoch nur vom inneren Kreis der Rabbinen und ihrer Schüler verwirklicht. Dies gilt vor allem von den verschiedenen Gebetsvorschriften und Tischsitten der Rabbinen, die kaum je sich im gewöhnlichen Volk durchsetzten. Es würde jedoch einen falschen Eindruck vom religiösen Leben des rabbinischen Judentums wecken, wollte man nur die Bereiche aufzählen, wo die Halakha nicht oder nur beschränkt ausgeübt wurde. Im gewöhnlichen Volk hat sich die Halakha natürlich vor allem in jenen Bereichen durchgesetzt, die entweder durch die Bibel gedeckt waren (z.B. in den Grundregeln der Speisegesetze oder auch im Geschlechtsleben) oder die das wirtschaftliche Leben betrafen (für die Rechtsgültigkeit entscheidende formale Aspekte des Urkundenwesens, Eherecht usw.).

Vieles, was die Rabbinen auf dem Gebiet der Halakha diskutierten, ist Sache der Eingeweihten oder gar völlige Theorie geblieben. Mit der Entwicklung der rabbinischen Bewegung und ihres Einflusses auf das jüdische Volk und die Führung seiner Gemeinden hat aber jener Teil der Halakha, der sich für das praktische Leben als brauchbar erwies, tatsächlich immer mehr das jüdische Leben bestimmt und ist so zu einem gestaltenden Element jüdischer Frömmigkeit geworden, das weithin noch bis in die Gegenwart hinein nachwirkt.

7. Die Freude am Gesetz

Schon wiederholt wurde auf die innere Einstellung hingewiesen, die den nach der Halakha lebenden Juden zu beseelen hat. Daraus wird deutlich, wie falsch es wäre, abwertend von einer jüdischen „Gesetzesfrömmigkeit“ zu sprechen, auch wenn die jüdische Frömmigkeit sehr wohl das „Gesetz“, die Tora, als Mittelpunkt hat. Nicht der Lohngedanke oder ein rein menschlich orientiertes religiöses Leistungsdenken steht im Vordergrund, sondern vielmehr das allumfassende Bewußtsein, von Gott gefordert zu sein und allein im Gehorsam diesem Vatergott seine Liebe erweisen zu können.

Diese Einstellung ergibt nicht eine traurige Religion der steten Pflicht; vielmehr herrscht trotz des Satzes von Raba, daß die Gebote nicht zum Genuß bzw. zur Freude gegeben wurden (RH 28a), in der jüdischen Frömmigkeit der Grundton der Freude am Gesetz vor. Im babylonischen Judentum der rabbinischen Zeit führt dies sogar zu einem eigenen (später allgemein gewordenen) Fest der „Freude an der Tora“ *(Simchat Tora)*, das zum Abschluß des jährlichen Lesezyklus der Tora in der Synagoge gefeiert wird.

Dieser Grundton der Freude am Gesetz beherrscht schon die späten Psalmen, die eine gesetzesorientierte Religion sehr wohl mit dem prophetischen Geist zu verneinen wußten. Besonders Ps 119 betont immer wieder die Freude am Gesetz: „Nach deinen Vorschriften zu leben freut mich mehr als großer Besitz ... Ich habe meine Freude an deinen Gesetzen ... Zum Lobgesang wurde mir dein Gesetz im Haus meiner Pilgerschaft ... Deine Befehle zu befolgen ist das Glück, das mir zufiel ... Wäre nicht dein Gesetz meine Freude ..." (Ps 119, 14.16.54.56.92; vgl. Ps 1, 2; 19, 9). Auch in der rabbinischen Literatur klingt dieser Gedanke immer wieder an, so z.B. im Satz des R. Isaak bar Marion: „Die Tora lehrt dich das rechte Verhalten. Wenn der Mensch ein Gebot (hier *mitswa* mit der Nebenbedeutung „gutes Werk") erfüllt, tue er es mit freudigem Herzen" (LevR 34, 8, M. 790).

Das Leben nach dem Gesetz vollzieht sich im klaren Bewußtsein der Elemente, die zusammen erst die wahre Wertordnung ergeben, wie aus einem Ausspruch Simeons des Gerechten hervorgeht: „Auf drei Dingen beruht die Welt: Auf dem Gesetz, auf dem Gottesdienst und auf den Werken der Nächstenliebe" (Abot I, 2). Die Erfüllung des Gesetzes erfolgt ohne Hintergedanken auf Lohn oder eigene Leistung, sondern um seinetwillen. So sagt Ben Azzai in Abot IV, 2: „Beeile dich für ein leichtes wie für ein schweres Gebot und fliehe vor der Sünde; denn eine Sünde zieht eine Sünde nach sich und ein Gebot ein Gebot. Der Lohn eines Gebotes ist ein Gebot, der Lohn der Sünde Sünde." Ist auch R. Natan in Men 44a der Meinung, daß jedes Gebot seinen Lohn schon in dieser Welt mit sich bringt, so vertritt R. Jakob in Qid 39b die Ansicht: „Es gibt keinen Lohn für Gebote in dieser Welt." Motiv der Toraerfüllung ist somit nicht der Gedanke an Lohn, sondern allein die Liebe (Sifre Dtn § 48, F. 113).

Letztlich ist es allein die Tora, die dem Juden nach der Zerstörung des Tempels noch direkten Kontakt mit Gott gewährt. Dies betont R. Meir in Ber 17a: „Lerne mit deinem ganzen Herzen und mit deiner ganzen Seele, meine Wege zu kennen und an die Türen meiner Tora zu klopfen. Bewahre meine Tora in deinem Herzen und meine Furcht vor deinen Augen. Bewahre deinen Mund vor jeder Sünde und reinige und heilige dich von jeder Schuld und Verfehlung, und *ich werde überall mit dir sein*".

D. Die Haggada

1. Wesen, Umfang und Bedeutung der Haggada

Die Halakha ist nur einer der beiden wichtigsten Zweige der jüdischen Gelehrsamkeit in der rabbinischen Zeit. Daneben steht – zwar nicht völlig gleichberechtigt, doch für das jüdische Leben wohl ebenso wichtig – die Haggada. Der hebräische Ausdruck Haggada – palästinische Texte verwenden dafür gern die aramaisierte Form Aggada – ist vom Verbum *lehaggid* abzuleiten: „erzählen, sagen, vortragen". Er bezeichnet also primär die Form der Weitergabe, die „Erzählung", den mündlichen Vortrag, für den die Haggada vor allem bestimmt ist. *W. Bacher* hat den Begriff aus der Formel *maggid ha-katub,* „die Schrift sagt", abgeleitet, die Haggada also (primär) als Schriftdeutung gesehen. Diese Ableitung hat einiges für sich, ist jedoch aus zwei Gründen problematisch: einerseits umfaßt die Haggada nicht nur Schriftauslegung; andererseits ist die Formel „die Schrift sagt" besonders in halakhischen Midraschim beliebt und daher zu charakteristischen Einführung haggadischer Auslegungen wenig geeignet.

Schon im Mittelalter hat sich eine negative Definition der Haggada durchgesetzt. So schreibt z.B. Samuel ha-Nagid (993–1055): „Haggada ist jede Auslegung im Talmud zu jedwedem Thema, das nicht Gebot ist." Noch etwas weiter gefaßt: Haggada ist in der rabbinischen Tradition alles, was nicht Halakha ist. Damit umfaßt die Haggada jede nichtgesetzliche Bibelauslegung, ebenso auch alles profane Wissen, das seinen Niederschlag in den rabbinischen Quellen gefunden hat, auch wenn dieses schon eher den äußeren Rand der Haggada ausmacht, die vornehmlich auf religiös-sittliche Belehrung im weitesten Sinn ausgerichtet ist.

Was die *literarischen Formen* betrifft, hat die Haggada einen äußersten Reichtum aufzuweisen, entsprechend der Vielfalt der literarischen Formen in der nichtgesetzlichen biblischen Literatur und den zur Zeit des rabbinischen Judentums in dessen kultureller Umwelt beheimateten Formen.

Im Unterschied zum Schrifttum der Apokryphen und Pseudepigraphen, die ebenfalls zu einem großen Teil der Haggada angehören, gibt es in der rabbinischen Haggada im allgemeinen keine „großen" Formen – keine Novelle wie das Buch Judit, keinen Roman wie den um Achiqar, keinen philosophischen Traktat wie das vierte Makkabäerbuch, keine historische Schrift wie etwa das erste Buch der Makkabäer, und auch die Gattung der nacherzählten Bibel, im vorrabbinischen Schrifttum z.B. in Pseudo-Philos Liber Antiquitatum Biblicarum vertreten, kommt erst sehr spät in den pseudepigraphen Pirqe Rabbi Elieser auf. Das hängt mit der Art der schriftlichen Überlieferung zusammen, die als Kommentar zu einem zusammenhängenden Bibeltext bzw. in der Behandlung eines bestimmten Themas die Lehren der verschiedensten Rabbinen mosaikartig zusammensetzt; das liegt aber auch am eigentlichen „Sitz im Leben" der Haggada, dem mündlichen Lehr- oder Predigtvortrag. Die Formen der Haggada, vielfach im Anschluß an die biblische Vorlage, sind daher vor allem Kurzkommentar zu einem Bibeltext, Erzählung, biographische oder historische Anekdote, Sage, Märchen, Fabel, Sprichwort oder philosophisch-ethische Maxime, Trostrede, Drohspruch usw.

Eine Einteilung der Haggada nach dem *Inhalt* stößt auf Schwierigkeiten, da eine solche Einteilung nie ohne Überschneidungen abgeht. Dies gilt z.B.

von der Einteilung in eine biblische, eine historische und eine sittlich-religiöse Haggada; denn jede Haggada hat letztlich ein sittlich-religiöses Ziel und auch ein großer Teil der biblischen Haggada ist ebenso „historisch" wie jene, die an nachbiblische Ereignisse und Gestalten anknüpft. Die Zweiteilung in biblische und nichtbiblische Haggada wiederum ist zu äußerlich und übersieht, daß praktisch jede Haggada vom Geist der Bibel geprägt ist, wie andererseits auch die direkte Bibelauslegung sehr viele nichtbiblische Vorstellungen aufgenommen hat.

Prinzipiell ist allerdings zu betonen, daß der eigentliche Kern der Haggada biblisch ist. Insofern ist *Bacher* zumindest historisch mit seiner Ableitung des Begriffs von der Formel „die Bibel sagt" rechtzugeben. Die Vorliebe des halakhischen Midrasch für die Formel ist nach *Bacher* ein Relikt aus einer Zeit, in der auch die Halakha im allgemeinen direkt aus der Bibel abgeleitet wurde. Als sich später die mischnaische Form der Halakha-Lehre durchsetzte, habe die Formel *maggid ha-katub* immer ausschließlicher der haggadischen Exegese gegolten und dieser schließlich den Namen gegeben.

Wie immer die umstrittene Frage nach der ursprünglichen Form der Halakha-Lehre zu entscheiden ist (siehe dazu S. 142f), gilt jedenfalls, daß der Ausdruck Haggada anfangs noch nicht so allumfassend war und ursprünglich sehr wohl auf die Bibelauslegung beschränkt gewesen sein mag. Das geht unter anderem aus Sanh 38b hervor, wo R. Jochanan sagt: „Wenn R. Meir einen öffentlichen Lehrvortrag hielt, trug er ein Drittel Tradition (wohl Halakha), ein Drittel Haggada und ein Drittel Gleichnisse vor." In der Fortsetzung spricht dann R. Jochanan von dreihundert Fuchsfabeln, die Meir gekannt habe, während jetzt fast alle in Vergessenheit geraten seien. Dieses profane, außerbiblische Wissen zählt hier jedenfalls noch nicht zur Haggada.

Im weiteren Sinn gehören in die Haggada aber natürlich auch die vom rabbinischen Judentum übernommenen nichtbiblischen Traditionen wie die Fabeln Äsops oder Indiens, die R. Meir so geschätzt haben soll – „seit R. Meir starb, sind die Gleichniserzähler ausgestorben" (Sota IX, 15) –, Sagen- und Mythenstoffe vor allem aus dem hellenistischen Raum, Sprüche aus der spätantiken Populärphilosophie ebenso wie Verschiedenstes aus der Sprichwort-Weisheit der alten Welt.

All dies geht genauso in den Schatz der Haggada ein wie etwa biographische Erzählungen über einzelne Rabbinen (die übrigens kaum einmal direkt historisch zu verwerten sind, sondern den einzelnen oft legendenhaft typisieren und überhöhen), die Ausdeutung historischer Ereignisse, die das Judentum betreffen, und vieles andere mehr. Nicht zu unterschätzen, wenn auch im einzelnen schwer abzugrenzen, ist außerdem die schöpferische Phantasie der Rabbinen, die dem Schatz der eigenen und der fremden Tradition immer wieder Neues hinzufügt.

Ziel und Zweck der Haggada ist ganz allgemein die religiöse Daseinsbewältigung. Mag auch – aus pädagogischen Gründen und der allgemeinen Lust zum Fabulieren – das unterhaltsame Moment oft allbeherrschend erscheinen, so gibt es doch wohl kaum einen haggadischen Text, der nicht zugleich auch sittlich-religiöse Belehrung bieten will. Die Haggada ergänzt somit die Halakha. Sie betont einerseits die sittlichen Grundhaltungen, die der Praxis der Halakha zugrundeliegen müssen, und die inneren Werte der jüdischen Sittenlehre (entsprechend den „Herzenspflichten" des Bachia Ibn Paquda im elften Jahrhundert). Auf der anderen Seite ergänzt sie die religiöse Praxis durch eine Theologie, sofern man von einer solchen im rabbinischen Judentum überhaupt sprechen kann: nicht eine Sammlung theoretisch-abstrakter Thesen, sondern eine „erzählende" Theologie bzw. eine Theologie in Aphorismen und Gleichnissen.

In dieser Theologie gibt es praktisch keine Glaubenssätze, auch wenn der Glaube an den einen Gott, die Offenbarung der Tora und die Erwählung Israels ihre unabdingbaren Voraussetzungen sind. Es herrscht hiemit eine theologische Freiheit, in der immer neue Versuche gewagt werden, das letztlich unergründliche Geheimnis der Religion einzukreisen. Widersprüchliche Lösungsvorschläge zum selben Problem sind hier ganz normal und ihre paradox klingenden Formulierungen kommen oft der Wahrheit näher als glatte Entscheidungen.

Die Haggada enthält so in erzählerischem Kleid eine Fülle von Aussagen über Gott und sein Verhältnis zur Welt und zum Menschen, über Gottes Wirken in der Geschichte, über Vorsehung und Erwählung, Bund, Gesetz und Sittlichkeit, die Vergeltung von Gut und Böse, das Jenseits usw. Doch ist es fast unmöglich, diese Aussagen bzw. die Vorstellungen, die der Haggada zugrundeliegen, in ein festes System zusammenzufassen und als die Theologie der Rabbinen zu präsentieren. Zu sehr ist es den Rabbinen bewußt, daß trotz aller Verankerung im jüdischen Glauben und Leben endgültige und letzte Aussagen über religiöse Fragen praktisch unmöglich sind, es immer Möglichkeiten gibt, dieselbe Wahrheit auch anders zu sehen. Das bedeutet nicht eine Relativierung der Wahrheit, sondern eine Anerkennung der Grenzen der menschlichen Einsicht.

Es ist nicht zu verwundern, daß solche Freiheit religiösen Spekulierens zu Mißbrauch führen kann. Wo dadurch das Wesen der jüdischen Religion in Frage gestellt wird, wissen sich die Rabbinen sehr wohl abzugrenzen und zu wehren. So kommt es, daß ein beachtlicher Teil der Haggada *polemisch* akzentuiert ist.

Die haggadische Polemik richtet sich gegen heidnische Angriffe auf die jüdische Religion ebenso wie gegen Gefährdungen, die dieser mehr von innen her erwachsen, gegen Samaritaner (z.B. in der Frage der Auferstehung), gegen Gnostiker mit ihrer Abwertung des biblischen Schöpfergottes, schließlich auch gegen die Christen und ihre Bibel- und Gesetzesauslegung.

Viele rabbinische Aussagen sind nicht als Polemik gekennzeichnet, doch viel besser zu verstehen, wenn man sie als solche auffaßt und die angegriffene

Gegenseite erkennt. In anderen Texten wieder ist die Polemik in die beliebte Form des Dialogs eines Rabbinen mit dem Vertreter der Gegenmeinung gekleidet. Als Gesprächspartner werden römische Würdenträger genannt (Tinneus Rufus, „Antoninus", die Matrone, der Statthalter usw.), Samaritaner oder einfach *Minim*, ein unklarer Ausdruck, der vielfach Gnostiker oder Judenchristen meint. Diese Streitgespräche sind im allgemeinen nicht als historische Berichte, sondern als literarische Einkleidung einer Lehre aufzufassen. In ihnen reden auch die Heiden gewöhnlich mit Bibelzitaten und in typisch jüdischen Redewendungen, und selbstverständlich gewinnt immer der Rabbi den Disput. Die Tatsache des religiösen Streitgesprächs als solche muß allerdings in der rabbinischen Zeit alltäglich gewesen sein. Zumindest darin, aber auch in der Auswahl der Streitthemen spiegelt die Haggada jedenfalls die historische Wirklichkeit, auch wenn damit zu rechnen ist, daß auch innerjüdische Meinungsverschiedenheiten gelegentlich in einem Dialog zwischen einem Juden und einem Nichtjuden dargestellt werden und daß die Benennung der Gesprächspartner – vor allem auch wegen der christlichen Zensur rabbinischer Texte – vielfach in der Überlieferung abgeändert worden ist.

Ein Großteil des Stoffes der Haggada ist *Volksüberlieferungen* entlehnt. Die rabbinische Haggada selbst ist allerdings nicht mehr Volksgut, sondern eine Kunstform, überarbeitet durch Rabbinen, die die Volksüberlieferungen für ihre Lehrvorträge in Schule und Synagoge bzw. für ihre Predigten verwenden.

An sich gibt es bei den rabbinischen *Lehrern* keine Spezialisierung auf Halakha oder Haggada. Beides gehört zum üblichen Studiengang und auch zum Lehrangebot des einzelnen Rabbi. Dennoch haben sich einzelne, vor allem palästinische Meister besonders als Lehrer der Haggada hervorgetan, so R. Jonatan, R. Levi, R. Isaak Nappacha usw. Auf der anderen Seite kann ein R. Eleasar ben Asarja R. Aqiba bei einer haggadischen Diskussion ablehnen: „Aqiba, was hast du mit Haggada zu tun? Laß von deinen Worten ab und wende dich (den Gesetzen über) Aussatz und Bezeltung zu" (Chag 14a).

Was das *Publikum* der Haggadavorträge betrifft, sind diese im allgemeinen auch für die weniger Gebildeten gedacht, auch für Frauen und Kinder, und müssen entsprechend leicht faßbar und kurzweilig sein. Aber auch im eigentlichen rabbinischen Unterricht hat die Haggada ihren Platz, nicht nur als Auflockerung des Unterrichts, sondern als notwendige Ergänzung des Lehrangebots.

Die *Inhalt* der Haggada ist, wie schon gesagt, zumindest im Kern Bibelauslegung. Doch ähnlich wie in der Halakha geht es nicht primär um den Wortsinn der Bibel, sondern um ihre Aktualisierung, um die Gegenwartsbedeutung des Textes, die durch verschiedene Methoden erhoben wird, wie sie in den 32 Regeln des R. Elieser zusammengefaßt sind. Diese Freiheit gegenüber dem Text, der oft nur noch das Sprungbrett zu Problemen der eigenen

Zeit ist, wird mit dem Grundsatz gerechtfertigt, daß „eine Bibelstelle viele Bedeutungen hat" (Sanh 34a) und man diese auch herausholen muß.

Die Überzeugung, daß kein Bibeltext ohne bleibende Bedeutung ist, resultiert in einer allegorischen Umdeutung vor allem der vielen Namen und Stammbäume im Buch der Chronik, gemäß dem Satz: „das Buch der Chronik ist nur zur predigthaften Auslegung *(liddaresch)* gegeben worden" (LevR 1, 3, M. 8, im Namen Rabbis). R. Simeon ben Pazi sagt in Meg 13a, wenn er mit der Auslegung des Buches der Chronik beginnt: „hier sind alle deine Worte gleich, wir aber wissen sie auszulegen". Nach Pes 62b sind die Auslegungen allein von 1 Chron 8, 37–9, 44 so zahlreich, daß man damit vierhundert Kamele beladen könnte.

Die *positive Einschätzung der Haggada* und ihre Zugehörigkeit zur jüdischen Lehre geht unter anderem aus der Auslegung von Dtn 11, 22 in Sifre Dtn § 48 (F. 113) hervor: „Du darfst nicht sagen, ich habe Halakhot gelernt, das genügt mir. Die Schrift sagt: Gebot, *das* Gebot, das *ganze* Gebot. Lerne Midrasch, Halakhot und Haggadot. Und so heißt es: ‚Nicht vom Brot allein lebt der Mensch' (Dtn 8, 3) – das ist der Midrasch; ‚sondern von allem, das aus dem Mund Gottes kommt' – das sind die Halakhot und Haggadot."

Die Haggada findet selbstverständlich immer ein zahlreicheres Publikum als die eher trockene Halakha. Ganz besonders gilt dies von Notzeiten, wo man nur noch Bibelauslegung und Haggada hören will, wie R. Isaak bezeugt (PRK 12, M. 205). Die Haggada ist eben „die angenehme Seite des Torastudiums" (KohR 2, 10). Oder, wie Sifre Dtn § 217 (F. 359) Dtn 32, 14 auslegt: „‚Das Feinmehl aus Weizen', das sind die Halakhot, die der Kern der Tora sind. ‚Das Blut der Trauben trankst du gegoren', das sind die Haggadot, die das Herz des Menschen wie Wein an sich ziehen" (vgl. auch LevR 1, 2, M. 6).

R. Chanina bar Pappa deutet in PRK 12 (M. 223) Ex 20, 2 „Ich bin der Herr, dein Gott", einen Vers, den die Auslegung gewöhnlich auf die verschiedenen Erscheinungsweisen Gottes bezieht, auf die verschiedenen Zweige der jüdischen Tradition: „Ein strenges Gesicht für die Bibel – wenn jemand seinen Sohn Tora lehrt, muß er sie ihn in Furcht lehren; ein gewöhnliches Gesicht für die Mischna, ein freundliches Gesicht für den Talmud, ein lachendes Gesicht für die Haggada."

Die Haggada kann wegen ihrer Freiheit im Umgang mit dem Bibeltext, aber auch, weil sie sich anders als die Halakha nicht auf die Tradition berufen muß, sowie ganz allgemein wegen ihrer Eigenart natürlich nicht verbindliche Lehre sein. Daher argumentiert man nicht ernsthaft gegen sie, akzeptiert ihre inneren Widersprüche und findet sich mit ihren Übertreibungen – etwa Ar 10b–11a, wo R. Nachman bar Isaak dazu einfach bemerkt: „Die Baraita übertreibt" – und Phantastereien (z. B. in den Reiseerzählungen des Rabba bar bar Chana und anderer in BB 73bff) ohne weiteres ab.

Wenn R. Zera im Namen des R. Samuel sagt: „Man lernt nicht (durch Ableitung) aus Halakhot, auch nicht aus Haggadot und zusätzlichen Lehren, sondern nur vom Talmud", nämlich der traditionellen Lehre (jPea II, 6, 17a), so gilt das insbesondere in dem Sinn, daß man keine Halakha aus der Haggada ableiten darf. Das mindert aber nicht den Wert der Haggada an sich, wie es in jNaz VII, 2, 56b heißt: „Muß ich (haggadische) Auslegungen glauben? (Nein, aber) lege nur aus und empfange den Lohn."

Nur vereinzelt äußern die Rabbinen scharfe *Kritik* an der Haggada. Selbstverständlich ist man mit der Bibelauslegung des Menasse Sohn des Chiskija nicht einverstanden, der verschiedene Bibelverse ablehnt, weil er darin keine Belehrung sieht. Seine Reden bezeichnet Sanh 99b als *haggadot schel dofi*, abfällige Bibelauslegungen. Aber es gibt auch eine grundsätzliche Kritik. Dabei tut sich vor allem R. Zera hervor, ein Babylonier, der gegen Ende des dritten Jahrhunderts nach Palästina kam und dort ein gefeierter Lehrer wurde. „Einst saßen R. Zera, R. Abba bar Kahana und R. Levi beisammen. Und R. Zera tadelte die Lehrer der Haggada und nannte ihre Schriften Wahrsagebücher. R. Abba bar Kahana fragte: Warum tadelst du sie? Frage und sie werden dir Antwort geben." Es folgt eine Diskussion um einen Schrifttext, die R. Zera mit dem Satz abbricht: die Auslegung „dreht und dreht (den Vers) herum und wir lernen nichts daraus" (jMaas III, 10, 51a). Wie R. Zera haben wohl manche Babylonier Vorbehalte gegenüber der Haggada geäußert. Darin könnte man die Haltung des R. Jochanan begründet sehen, der das Ansinnen des R. Simlai ablehnt, er möge ihn das Buch der Genealogien lehren: „Man darf es weder Leute aus Lod noch solche aus Nehardea lehren; um wieviel weniger dich, der du aus Lod stammst und in Nehardea wohnst" (Pes 62b).

Aus Lod stammte Jehoschua ben Levi, der ein bekannter Haggadist war, doch die Niederschrift der Haggada ablehnte: „Wer eine Haggada niederschreibt, hat keinen Anteil (an der kommenden Welt). Wer sie auslegt, verbrennt sich und wer sie hört, empfängt keinen Lohn. R. Jehoschua ben Levi sagte: Zeit meines Lebens habe ich nur einmal ein Haggadabuch angesehen und darin geschrieben gefunden: ‚175 Abschnitte der Bibel enthalten Gebote und Vorschriften, entsprechend den Lebensjahren Abrahams'. R. Chijja bar Abba sah einst ein Haggadabuch und sagte: (sogar) wenn das in ihm Geschriebene gut ist, soll doch die Hand abgehauen werden, die das geschrieben hat. Man sagte ihm: das hat doch dein Vater geschrieben! Doch er beharrte: die Hand werde abgehauen, die das geschrieben hat" (jSchab XVI, 1, 15c).

Vielleicht geschah es in Anspielung auf diese Szene, daß Jochanan einen Mann aus Lod nicht ein Haggadabuch lehren wollte. Er selbst vertrat jedenfalls die Ansicht: „Wer Haggada aus einem Buch lernt, wird sie nicht schnell vergessen" (jBer V, 1, 9a). Haggadabücher hat es in der rabbinischen Zeit immer gegeben (Ber 23a–b haben R. Jochanan und R. Nachman Bücher der Haggada; jKil IX, 4, 32b beschäftigt sich R. Chijja mit einem haggadischen Psalmenkommentar). Der Vorbehalt gegen die Niederschrift der Haggada – vielleicht in der Meinung, sie würde sonst zu große Autorität und Verbindlichkeit erlangen – hat also keine Wirkung. Die Haggada hat zu große Bedeutung, als daß sie sich so einschränken ließe, sieht man doch in der Haggada wie in der Halakha einen Weg zu Gott: „Die Ausleger der Haggada sagen: Wenn du den kennenlernen willst, durch dessen Worte die Welt entstand, studiere die Haggada" (Sifre Dtn § 49, F. 115).

2. *Haggada und Geschichte*

Ist es auch fast unmöglich, die rabbinische Theologie, die sich in der Haggada birgt, systematisch darzustellen, ohne sie irgendwie zu verfälschen, ihre Vorstellungen von Gott und Mensch und deren Beziehungen zueinander aufzuzeigen, ohne einzelne Aspekte ungebührlich gegenüber anderen hervorzuheben, so muß doch versucht werden, zumindest einen Bereich aus diesem Vorstellungskreis zu skizzieren, der praktisch das ganze rabbinische Denken betrifft, nämlich die Geschichtsauffassung der Haggada.

Anders als die übrigen Völker des Alten Orients hat es Israel in der Bibel zu einer bedeutenden und hochstehenden Geschichtsschreibung gebracht. Das ganze israelitische Credo ist ein Bekenntnis zu einem in der Geschichte wirkenden Gott und daher auf geschichtliche Ereignisse gegründet. Nicht die Schöpfungsordnung der Welt, sondern die geschichtliche Erwählung Israels durch den Gott, der es ebenfalls in der Geschichte aus Ägypten geholt hatte, ist Grundlegung und ständige Voraussetzung des israelitischen Glaubens.

Umso mehr verwundert es, daß die rabbinische Zeit praktisch keine jüdische Geschichtsschreibung mehr kennt, wenn man einmal von der Fastenrolle und dem Seder Olam Rabba absieht, die nur sehr am Rande mit Geschichte zu tun haben. Die Vermutung, solche Geschichtswerke hätten in der rabbinischen Zeit tatsächlich existiert, seien aber verlorengegangen, ist unbeweisbar. Rabbinische Anspielungen auf Texte wie die Megillat Antiochos helfen hier nicht weiter. Auch die Geschichte der hasmonäischen Könige scheint in der rabbinischen Zeit nicht mehr durch eigene Schriften tradiert worden zu sein.

Es scheint unter den Rabbinen kein Interesse für die Ereignisse der Vergangenheit als solche zu herrschen. Das zeigt sich nicht nur in der rabbinischen Reduktion der persischen Herrschaft über Israel auf zweiundfünfzig Jahre; es drückt sich vor allem auch darin aus, daß die Rabbinen neben der Bibel keine Geschichtsquelle oder -bearbeitung, weder die griechischen Historiker noch etwa einen Flavius Josephus, kennen und weitergeben. Auch gegenüber der Geschichte ihrer eigenen Zeit zeigen die Rabbinen fast kein Interesse. Das heißt nicht, daß die rabbinischen Schriften nicht zahlreiches historisches Material enthalten – doch ist dies alles so nebenbei gesagt, ist Anekdote, dient der Illustration einer theologischen Aussage, ist jedenfalls nie systematisch, nie Zeugnis eines umfassenderen Geschichtsinteresses.

Man hat dieses mangelnde Interesse der Rabbinen mit der Diasporaexistenz eines Großteils des rabbinischen Judentums in Verbindung gebracht. Dieses Argument gilt natürlich nicht direkt für das palästinische Judentum, das sich jedoch ebenso der Geschichtsschreibung fernhält. Richtig daran ist jedoch jedenfalls das Bewußtsein der Rabbinen, an der weltlichen Geschichte nicht mehr aktiv teilnehmen zu können, diese vielmehr zu erleiden. „Sollten wir unsere Drangsale aufschreiben, wir würden es nicht können", sagt R. Simeon ben Gamaliel in Schab 13b. Die biblische Geschichtsschreibung stand im Dienst der Theologie, war Heilsgeschichte, die das Wirken Gottes in der Geschichte und das Heil Gottes als Ziel der Geschichte aufzuzeigen bemüht war. In der rabbinischen Zeit erwartet man sich immer weniger das Heil von der geschichtlichen Entwicklung selbst, auch wenn die messianische Heilszeit weiterhin ein Teil der irdischen Geschichte bleibt. Man verzweifelt daran, die Zeichen der Zeit deuten zu können und verzichtet daher auf den Versuch, der nur zu wiederholten vergeblichen Aufständen gegen die Fremdherrschaft und damit zu neuem Unheil führen würde.

Dennoch durchzieht die Beschäftigung mit der biblischen Geschichte die Haggada von einem Ende bis zum andern. Die Ereignisse der Heilsgeschichte Israels, angefangen mit der Väterzeit, dem Aufenthalt in Ägypten, dem Auszug und dem Bundesschluß am Sinai, der Gesetzgebung und der Zeit der Wüstenwanderung bis hin zu der Geschichte der israelitischen Könige sind stets in der Haggada präsent.

Doch stellt nie ein Rabbine eine historische Frage um ihretwillen. *Mai dehawa hawa,* „was geschehen ist, ist geschehen" (z.B. Joma 5b als Antwort auf die Frage, in welcher Reihenfolge Mose Aaron und seine Söhne zu ihrer Weihe angekleidet hat) – wenn nicht eine Halakha oder eine religiöse Lehre daraus abzuleiten ist, interessiert es nicht weiter.

Gestalten und Ereignisse aus der biblischen Zeit sind nicht als einmalig gezeichnet, sondern typisch, wiederholbar und somit beispielhaft für die Gegenwart, auf die allein die Rabbinen im allgemeinen abzielen. Daher können sie auch sehr sorglos mit den biblischen Berichten umgehen und z.B. die Gerechten der biblischen Geschichte als Frevler darstellen und umgekehrt (so etwa die Umdeutung von Saul, David, Ahab usw.), wohl mit dem Ziel im Auge, den Frommen vor Überheblichkeit zu warnen, den Sünder aber zur möglichen Umkehr zu ermuntern.

Dieselbe grundlegend ahistorische Einstellung ermöglicht auch die sofortige Typisierung einzelner Rabbinen, deren biographische Details von den rabbinischen Texten zwar überliefert, doch oft ihres historischen Kontextes beraubt, in andere Zeiten verlegt werden (so etwa die Legende von den zehn Märtyrern aus der Bar-Kokhba-Zeit, dargestellt auf dem Hintergrund des sechsten Jahrhunderts). Aktualisierung bedeutet in dieser Geschichtsverwertung einfach alles. Geschichtsmaterial ist lediglich Aufhänger für die Belehrung der Gegenwart, nicht jedoch mit der Absicht dargeboten, aus der Geschichte zu lernen.

Das bedeutet jedoch nicht, daß den Rabbinen jegliches Geschichtsverständnis abhanden gekommen ist. Die rabbinische Religiosität ist ebenso wie die biblische historisch geprägt, auch wenn die rabbinische Geschichtsbetrachtung viel radikaler aktualisiert bzw. dem Endziel der Geschichte zuordnet. Die Berechnung des Eintreffens der Erlösung war ein Grundanliegen der Apokalyptik. Solche Berechnungen waren jedoch politisch brisant und nach zwei gescheiterten Aufständen gegen Rom, die ja auch messianisch (mit)motiviert waren, zumindest in den gemäßigten rabbinischen Kreisen verpönt. Konnten sie doch nur zu immer neuen politischen Abenteuern reizen, um dann nach dem Mißerfolg nur umso tieferer Enttäuschung Platz zu machen: „Verflucht seien die Endzeitberechner, die da sagen, das Ende sei herangekommen und doch nicht eingetroffen; nun werde es nicht mehr kommen", sagt R. Samuel bar Nachman im Namen des R. Isaak (Sanh 97b).

Aber auch ohne eine Berechnung des Termins der Endzeit ist eine Deutung der Gegenwart möglich. Die schon in Dan 2 und 7 ausgeführte Lehre von den vier Reichen, die der Erlösung vorangehen, ist weiterhin beliebt. Nun aber gilt Rom als das vierte Reich, dem die messianische Heilszeit folgt. Samuel bar Nachman deutet in LevR 29, 2 (M. 670) die biblische Szene von der Jakobsleiter (Gen 28, 12) in diesem Sinn. Die auf- und niedersteigenden Engel sind die Fürsten der Welt. Der Fürst von Babel steigt siebzig Stufen auf, bevor er fällt; der von Medien zweiundfünfzig und der von Griechenland (die hellenistischen Ptolemäer und Seleukiden) hundertachtzig. Edom, d.h. Rom, hingegen steigt ununterbrochen auf. So fragt schließlich Jakob, ob es für Edom gar keinen Abstieg gebe. Doch Gott tröstet ihn mit Obd 1, 4: „Erhebst du dich auch wie der Adler und baust dein Nest zwischen den Sternen, ich stürze dich hinab von dort."

Ähnlich ist die Lehre, die R. Jochanan in MidrPs 36, 6 (B. 250) gleichnishaft vorträgt: Israel gleicht einem Mann, der in der Nacht mehrmals vergeblich eine Fackel anzündet; der Wind bläst sie immer wieder aus. Da beschließt er endlich, auf das Sonnenlicht zu warten. Ähnlich, so ist zu folgern, hat Israel gelernt, die Heilszeit nicht mehr selbst herbeizwingen zu wollen, die Geschichte nicht mehr zu beeinflussen zu suchen, sondern ihren Lauf vertrauensvoll Gott zu überlassen.

Das heißt nicht, daß man nicht mehr nach den Zeichen der Zeit Ausschau hält. Jede Schwächung des römischen Reichs scheint seinen Untergang und damit das von Gott bestimmte Ende anzuzeigen. So hofft man auf die Überwindung Roms durch die Parther (Sanh 98a–b) und glaubt den Messias vor der Tür, sobald man ein parthisches Pferd an Israels Gräbern angebunden sieht (so Simeon bar Jochai in KlglR 1, 13, B. 77). Auch werden Zeiten großer Not und Bedrängnis regelmäßig als Anzeichen des messianischen Heils gedeutet, sieht man doch in ihnen die „Geburtswehen des Messias", die der Erlösung vorausgehen.

In der Zwischenzeit aber gibt es nur ein Mittel, den Lauf der Geschichte zu beeinflussen: das Gesetz Israels bzw. seine Übertretung. Alles Unheil der Geschichte ist mit der Übertretung des Gesetzes gekommen: als Salomo die Tochter des Pharao heiratete und damit das Gesetz übertrat, entstand der Boden Roms aus dem Meer (Sanh 21b); als Jerobeam zwei goldene Kälber aufstellte, traten Romulus und Remus auf und gründeten die Stadt Rom; als Elija entrückt wurde, wurde Rom ein Königreich (jAZ I, 2, 39c). Ebenso hat Israels Sünde den Lauf der Geschichte auch in der neuesten Zeit bestimmt: die römische Herrschaft über Israel ist Gottes Strafe dafür, daß Israel Gott nicht dienen wollte (Mekhilta, Bachodesch 1, L. II 193; vgl. AZ 18a, wonach die römische Herrschaft gottgewollt ist: sonst hätte ja Rom nicht ungestraft den Tempel zerstören und die Israeliten töten können).

Einer fatalistischen Geschichtsschau, nach der Gott nicht daran denkt, derzeit seine Macht aufzubieten, sondern selbst um Zion trauert (SER 28, F. 149) und wegen der Zerstörung des Tempels und der Zerstreuung seines Volkes wehklagt (Ber 3a), steht die Auffassung gegenüber, daß die Tora eine geschichtsmächtige Größe ist, und die Überzeugung, daß der Messias kommen wird, wenn Israel auch nur ein einziges Mal den Sabbat richtig hält (so R. Levi in jTaan I, 1, 64a; zuvor wird R. Acha genannt, nach dem der Sohn Davids käme, wenn Israel nur einen einzigen Tag Buße täte). Wann die Erlösung kommt, liegt zu einem großen Teil an Israel selbst: zwar kommt sie auch dann, wenn Israel nicht Buße tut, wie R. Jehoschua gegen R. Elieser betont. Doch fügt R. Acha im Namen des R. Jehoschua ben Levi hinzu: „Wenn ihr würdig seid, werde ich (die Erlösung) schnell herbeibringen, wenn nicht, zu ihrer Zeit." Und auf die Frage, wann der Morgen des Heils für Israel kommt, heißt es: „Sobald ihr wollt, will auch er"; es liegt einzig an Israel, umzukehren (jTaan I, 1, 63d–64a). „Heute, wenn ihr seine Stimme hört" (Ps 95, 7), ist das Leitmotiv der jüdischen Erlösungshoffnung (vgl. auch Sanh 98a). Der Fromme kann also noch immer die Geschichte zwingen – die volle Annahme der Halakha bringt die Erlösung, das Ziel der Geschichte.

E. Die Mystik

Neben den beiden Hauptzweigen der jüdischen Gelehrsamkeit im Zeitalter des Talmud, Halakha und Haggada, prägen auch noch andere Elemente dieses Judentum, nicht so verbreitet und allgemein wie die erstgenannten, doch in direktem Zusammenhang mit diesen und ebenso konstitutiv für das rabbinische Judentum. Hier ist vor allem die jüdische Mystik zu nennen, deren Wurzeln in der Apokalyptik liegen – man denke nur an die zahlreichen Himmelsreisen in der apokalyptischen Literatur! –, deren Ansätze aber auch allgemein in einer kultisch zentrierten Geistigkeit zu finden sind (Bedeutung der himmlischen Liturgie z.B. in Qumran) sowie im Bewußtsein der Entsprechung von irdischem und kosmischem Geschehen, das schon in der biblischen Tempelsymbolik zum Ausdruck kommt und das dann die apokalyptische Geisteswelt so sehr geprägt hat, aber auch in der rabbinischen Zeit nichts an Bedeutung verlor, wie z. B. die zahlreichen Tierkreismosaike in den spätantiken Synagogen deutlichmachen.

Es ist umstritten, welche Fremdeinflüsse die jüdische Mystik bestimmt haben. Sicher ist hier so manches hellenistische, persische, gnostische und sonstige Gedankengut eingeflossen: Mystik ist allgemein kulturell und religiös nicht so klar einzugrenzen. Im wesentlichen jedoch sind es innerjüdische Ansätze, die hier weiterentwickelt wurden.

Die Mystiker der rabbinischen Zeit sind keine Außenseiter, sondern stehen im Zentrum der rabbinischen Bewegung. Als die ersten Lehrer der Mystik werden gerade die maßgebenden Meister von Halakha und Haggada genannt, R. Jochanan ben Zakkai als Begründer der Schule von Jabne, R. Aqiba und R. Jischmael. Die Mystik ist ihnen nur *ein* Zweig der umfassenden jüdischen Tradition, die als ganze in der biblischen Offenbarung gründet. Nur der darf in ihre Geheimnisse eindringen, der zuvor das Studium der anderen Traditionszweige gemeistert hat und die Halakha auch in die Tat umzusetzen bereit ist. Es gilt wegen dieser Voraussetzungen für die Einweihung in die Mystik auch eine Altersgrenze: nach Chag 14b muß der Einzuweihende mindestens fünfzig Jahre alt sein (Hieronymus überliefert in der Einleitung zu seinem Kommentar von Ez 1 ein Mindestalter von dreißig Jahren).

Es wäre also völlig verfehlt, diese Mystiker – wie es gelegentlich getan wird – am Rande des rabbinischen Judentums anzusiedeln, auch wenn die mystische Lehre nicht Sache der Allgemeinheit war und auch für die Eingeweihten unter Umständen gefährlich werden konnte, besonders wenn die Grenzen zur Gnosis und zur Magie nicht gewahrt wurden, wie dies die Entwicklung der Mystik in Babylonien zeigt (die „Zauberschalen" von Nippur), wohin die mystische Lehre schon bald aus ihrer eigentlichen Heimat Palästina kam.

Die Mystik, deren Hauptzweige die *Maase Bereschit,* das „Schöpfungswerk", beruhend auf Gen 1, und die *Maase Merkaba,* das auf Ez 1 beruhende „Thronwagenwerk" sind, darf nur unter strengen Vorsichtsmaßnahmen betrieben werden. Denn sie ist äußerst gefährlich, wenn sie in unrechte Hände kommt, kann aber auch den recht Gesinnten unter Umständen gefährden: es geht hier ja nicht um theoretisches Wissen, sondern um praktisch verwirklichbares Können, um die Beherrschung der Weltgesetze (vgl. Chag 13a, wo ein Knabe, der sich mit bestimmten mystischen Lehren beschäftigt, vom Feuer verzehrt wird).

Der einschlägige Grundtext schreibt vor: „Man lehrt Inzestgesetze nicht vor dreien, das Schöpfungswerk nicht vor zweien und das Thronwagenwerk nicht einmal vor einem einzigen, es sei denn, dieser ist schon ein Gelehrter, der aus eigener Einsicht versteht. Jeder, der vier Dinge erwägt – was oben, was unten, was vorne und was hinten (zugleich auch: was vorher und was nachher) ist- für den wäre es besser, er wäre nicht auf die Welt gekommen" (Chag II, 1).

TChag II, 1 (L. 380) erläutert diesen Text durch ein Beispiel: „R. Jochanan ritt auf einem Esel und R. Eleasar ben Arakh trieb den Esel von hinten an. ‚Meister', sagte er, ‚lehr mich einen Abschnitt aus dem Thronwagenwerk!' Dieser lehnte es ab: ‚Schon von Anfang an habe ich dir gesagt: man lehrt das Thronwagenwerk auch keinen einzelnen, wenn er nicht ein Gelehrter ist, der aus eigener Einsicht versteht'. Eleasar sagte: ‚Ich will es vor dir vortragen' und Jochanan stimmte zu. Da begann R. Eleasar ben Arakh und legte das Thronwagenwerk aus. Jochanan ben Zakkai stieg vom Esel, hüllte sich in seinen Mantel, und sie saßen beide auf einem Stein unter einem Ölbaum und er trug ihm vor. Und er (Jochanan) stand auf, küßte ihn auf den Kopf und sagte: ‚Gepriesen sei der Herr, der Gott Israels, der unserem Vater Abraham einen Sohn gegeben hat, der die Herrlichkeit seines Vaters im Himmel zu verstehen und auszulegen weiß."

Nach der Fassung der Erzählung in der Mekhilta deR. Simeon bar Jochai (E.-M. 158f) lodert während des Vortrags Eleasars aus der ganzen Umgebung Feuer hervor (vgl. auch jChag II, 1, 77a und Chag 14b) und bestätigt so die Kenntnisse und Fähigkeiten Eleasars vor Jochanan.

Damit die mystische Lehre nicht unter das Volk kommt, gibt es auch Einschränkungen für die Lesung der entsprechenden Bibelabschnitte in der Synagoge: „Es gibt Texte, die man liest und übersetzt, solche, die man liest, aber nicht übersetzt, und solche, die man weder liest noch übersetzt. Das Schöpfungswerk (Gen 1) wird gelesen und übersetzt ... Den Text über den Thronwagen (Ez 1) liest man auch öffentlich vor" (TMeg III, 31.34, L. 362f). Meg 25a–b bezeichnet es als selbstverständlich, daß Gen 1 in der Synagoge sowohl im hebräischen Original wie auch in der Volkssprache vorgetragen wird; doch habe man es ausdrücklich sagen müssen, da man sonst der Meinung sein könnte, dieses Kapitel dürfe nicht übersetzt werden, damit nicht so mancher die verbotenen Fragen nach dem Oben und Unten, Vorher und Nachher stellt. Die zu Ez 1 vorgetragene Meinung ist die von R. Jehuda, wie aus Meg IV, 10 hervorgeht: „Man verwende das Kapitel über den Thronwagen nicht für die Prophetenlesung. R. Jehuda aber erlaubt es." Demnach ist der öffentliche Vortrag samt Targum für Gen 1 allgemein erlaubt, solange man in der Auslegung bestimmte Themen vermeidet. Ez 1 hingegen darf auf keinen Fall übersetzt werden, während die öffentliche Lesung des hebräischen Textes umstritten ist.

Trotz dieser Einschränkungen in der Lehre der Mystik kommt es bald zur Abfassung von mystischen Schriften: der Sefer Jetsira (das Buch der Schöpfung) zu Gen 1, die Hekhalotliteratur (die Bücher von den himmlischen „Palästen") zu Ez 1, und der vor allem magisch orientierte Sefer ha-Razim, das „Buch der Geheimnisse." Es entspricht der Natur der mystischen Tradition, daß diese Schriften, deren genaues Entstehungsdatum unsicher ist, die jedoch sicher aus der talmudischen Zeit stammen, gewöhnlich anonym oder pseudepigraph verbreitet werden.

1. *Das Schöpfungswerk*

Ausgangspunkt der rabbinischen Überlegungen zur Weltschöpfung ist die Vorstellung von der Tora als Werkzeug der Schöpfung bzw. jene von der hebräischen Sprache, in der die Tora geschrieben ist, als „Sprache der Schöpfung" (Jub 12, 26). Innerhalb dieser Sprache sind es wieder besonders die einzelnen Buchstaben, deren rechte Kombination fast göttliche Wirkkräfte hat. Das führt zu einer magischen Einschätzung des Alphabets, durch dessen Beherrschung man in die Lage versetzt wird, an Gottes Schöpfungswerk teilzuhaben.

Dies erklärt die Rolle der zweiundzwanzig Konsonanten des hebräischen Alphabets nicht nur in dem „Alphabet des R. Aqiba" und dem „Alphabet des Ben Sira", zwei um 700 entstandenen Schriften, sondern vor allem im früheren Sefer Jetsira, wo die Konsonanten zusammen mit den zehn Sefirot die „zweiunddreißig Pfade der Weisheit" bilden, durch die Gott die Welt geschaffen hat. Die Sefirot oder Grundzahlen sind die Grundprinzipien der Welt, der göttliche Geist, der Äther, das Wasser und das Feuer sowie die sechs Dimensionen des Raums – oben, unten und die vier Himmelsrichtungen. Wie diese Sefirot zu den Buchstaben stehen, geht aus dem Sefer Jetsira nicht hervor. Von den Buchstaben heißt es in II, 2: „Zweiundzwanzig Buchstaben; er zeichnete sie, er hieb sie, er stellte sie zusammen, er wog sie und wechselte sie einen jeden mit allen aus; er bildete durch sie die ganze Schöpfung und alles, was geschaffen werden sollte."

Die Buchstaben tragen die ganze Schöpfung, entsprechen Realitäten im Menschen und zugleich im Kosmos: so stehen die drei „Mütter" unter den Buchstaben in Beziehung mit den drei Teilen des Körpers (Kopf, Rumpf, Gliedmaßen), ebenso auch mit Luft, Feuer, Wasser. Die sieben zweifach auszusprechenden Buchstaben entsprechen den sieben Öffnungen des menschlichen Körpers, aber auch den Planeten; die zwölf übrigen Buchstaben sind den Tätigkeiten des Menschen, zugleich aber auch dem Tierkreis zugeordnet.

Was im Sefer Jetsira systematisch, doch wegen seiner extremen Kürze und seiner vielen Anspielungen vieldeutig und schwer verständlich dargestellt wird, findet sich bruchstückhaft auch in verschiedenen rabbinischen Aussprüchen, die die kosmische Wirkmächtigkeit des Alphabets aufzeigen. So sagt R. Jona im Namen des R. Levi: „Die Welt wurde mit dem Buchstaben *bet* geschaffen, einem Buchstaben, der von drei Seiten geschlossen und nur auf der vierten offen ist. So darf man nicht auslegen, was oben und unten, vorn und hinten ist." *Bet* ist, wie es dann weiter heißt, der geeignete Buchstabe für die Schöpfung, weil damit auch das Wort *berakha*, „Segen", beginnt (jChag II, 1, 77c; vgl. GenR 1, 10, Th-A 8f).

Eine andere Meinung vertritt im selben Text jChag R. Abbahu im Namen des R. Jochanan: „Mit zwei Buchstaben sind zwei Welten geschaffen worden, diese und die kommende, eine mit *he* und eine mit *jod*. Welche Begründung gibt es dafür? ‚Vertraut auf ... JH (Abkürzung für den Gottesnamen), Jahwe, den Fels (d.h. das Fundament) der Welten' (Jes 26, 4)." Es kommt demnach nicht auf irgendeine Buchstabenkombination an, sondern eben auf die Kombination des Gottesnamens.

Wer diese Kombination kennt, könnte sie leicht mißbrauchen. Deshalb ist man so besorgt, daß sich nicht Unbefugte mit dem Schöpfungswerk befassen. So deutet Rab, der wohl die mystischen Traditionen Palästinas nach Babylonien gebracht hat, Ps 31, 19: „Jeder Mund, der lügt, soll sich schließen, der Mund ... hochmütig und verächtlich" von dem, „der so hochmütig ist, zu sagen: Ich lege das Schöpfungswerk aus, in der Meinung, er erhebe (Gottes Namen), während er ihn nur verächtlich macht" (jChag II, 1, 77c).

Nach ARN A39 (Sch. 116) ist es dem Menschen „wegen der Sünde nicht gewährt, zu erkennen, was das Abbild (der Gottesgegenwart) oben ist. Sonst wären ihm die Schlüssel übergeben worden und er hätte gewußt, womit Himmel und Erde erschaffen worden sind"; er würde den „furchtbaren und gepriesenen Namen" kennen, mit dem Gott den Abgrund verschlossen hat (vgl. das Gebet Manasses 3), die Buchstaben, die Gott „in seinen großen Namen setzte und mit denen er sechs Enden (die sechs Richtungen im Raum) versiegelte" (Sefer Jetsira I, 13), den Namen, mit dem Gott auch den Dämon Asmodai gebändigt hat (Git 68a). So aber wurden nach R. Eleasar „die Kapitel der Tora nicht in der richtigen Reihenfolge gegeben; wären sie nämlich in der richtigen Reihenfolge gegeben worden, könnte jeder, der sie liest, Tote beleben und Wunderzeichen tun; deshalb wurde die Reihenfolge der Tora geheimgehalten und ist sie nur dem Heiligen, gepriesen sei er, bekannt" (MidrPs 3, 2, B. 33).

Die besondere Wirkmächtigkeit der Buchstaben als welterschaffender und welterhaltender Kräfte ist auch in der Erzählung vom Tod des R. Chanina ben Teradion ausgedrückt, den die Römer nach dem Bar-Kokhba-Aufstand wegen verbotener Beschäftigung mit der Tora in einer Torarolle verbrannt haben sollen. AZ 18a legt dem Sterbenden die Worte in den Mund: „Die Schriftrolle verbrennt, die Buchstaben entschweben" – sie gehen also nicht zugrunde.

Der Glaube an diese Zusammenhänge trägt auch zur besonderen Sorgfalt bei der Weitergabe des Toratextes bei. So sagt R. Jischmael zu R. Meir, der den Beruf eines Toraschreibers ausübte: „Mein Sohn, sei vorsichtig bei deiner Arbeit; denn deine Arbeit ist eine göttliche Arbeit. Laß ja nicht einen Buchstaben aus und füge auch keinen Buchstaben hinzu; sonst vernichtest du die ganze Welt" (Er 13a).

Auch die Tatsache der alphabetischen Ordnung so mancher biblischer Texte erhält von hier aus ihre Bedeutung. Die regelmäßige Rezitation von Psalmen, deren einzelne Verse alphabetisch geordnet sind, sichert nach Ber 4b dem Beter die Teilhabe an der kommenden Welt zu.

Vor allem aber geht es natürlich um die Buchstabenkombination der Gottesnamen, die man in rabbinischen Kreisen studiert, vor Unbefugten jedoch geheimhält: „Raba bar bar Chana sagte im Namen des R. Jochanan: Die Gelehrten geben den (Gottes-)Namen aus vier Buchstaben ihren Schülern einmal in einer (Jahr-) Woche weiter; andere sagen, zweimal ... Es lehrten die Rabbanan: Anfangs überlieferte man den Namen aus zwölf Buchstaben jedem Menschen. Als jedoch die Gesetzesbrecher zahlreich wurden, überlieferte man ihn nur noch den frommen Priestern (für den Priestersegen); und die frommen Priester ‚verschluckten' ihn, während ihre Priesterbrüder sangen ... Es sagte R. Jehuda im Namen Rabs: Den Namen aus zweiundvierzig Buchstaben vertraut man nur einem frommen und demütigen Menschen in der Mitte seiner Jahre an, einem, der nicht zürnt, nicht trinkt, und nicht auf seiner Meinung besteht. Jeder, der ihn (den Namen) kennt, mit ihm vorsichtig umgeht und ihn in Reinheit bewahrt, ist oben beliebt und unten geachtet ... und er erbt beide Welten, diese und die kommende Welt" (Qid 71a).

W. Bacher hat den zweiundvierzigbuchstabigen Gottesnamen, von dem Rab spricht, mit einem anderen Ausspruch Rabs zu erklären gewußt: „Durch zehn Dinge wurde die Welt erschaffen: durch Weisheit, Einsicht, Erkenntnis, Kraft, Macht, Strenge, Recht und Gerechtigkeit, Gnade und Erbarmen" (Chag 12a). Der Gottesname JHWH und diese zehn Eigenschaften Gottes ergeben im Hebräischen genau zweiundvierzig Buchstaben. Somit scheint Rab die Schöpfung auf den Namen zurückzuführen, der Gottes Wesen und Eigenschaften ausdrückt.

Ebenfalls auf Rab geht eine andere Tradition zurück, wonach Bezalel, der Erbauer des Bundeszeltes, das Israel während der Wüstenwanderung als Heiligtum diente, „die Buchstaben zusammenzufügen wußte, mit denen Himmel und Erde geschaffen wurden. Hier steht geschrieben: ‚und es erfüllte ihn göttlicher Geist mit Weisheit und Einsicht und Wissen' (Ex 35, 31), und an anderer Stelle heißt es: ‚Gott hat in Weisheit die Erde gegründet und mit Einsicht den Himmel gefestigt' (Spr 3, 19); und weiter: ‚Durch sein Wissen wurden die Tiefen gespalten' (Spr 3, 20)" (Ber 55a). Dem Erbauer des Heiligtums ist dieses Wissen um die Buchstabenkombination der Schöpfung notwendig, da doch das Heiligtum ein Abbild des gesamten Weltalls sein soll.

Eingedenk der Warnung des R. Jose: „Weh den Geschöpfen, die sehen und nicht wissen, was sie sehen, die stehen und nicht wissen, worauf sie stehen" (Chag 12b), befassen sich die Rabbinen mit dem Studium des Schöpfungsgeheimnisses. Ziel des Studiums ist der Nachvollzug der Schöpfung, wie in Sanh 65b (vgl. Sanh 67b) anekdotenhaft geschildert wird: „Raba schuf einen Mann und sandte ihn zu R. Zera. Dieser sprach zu ihm; doch er antwortete nicht. Da sagte er: du kommst von den Genossen (d.h. du bist ein Erzeugnis der rabbinischen Experimente) – kehre zu deinem Staub zurück!" Weiter heißt es hier von R. Chanina und R. Oschaja: „Sie saßen jeden Sabbat-Vorabend und befaßten sich mit dem Buch der Schöpfung und schufen sich ein zu Drittelgröße herangewachsenes Kalb und aßen es."

Was der Talmud hier von einzelnen Rabbinen erzählt, ist gewiß nur noch harmlose Anekdote, Schau-Wunder ohne Belang. Dahinter steht jedoch die ernste Überzeugung, daß die Kenntnis der richtigen Buchstabenkombination den Menschen befähigt, die Welt neu zu erschaffen – eine Überzeugung, die durch die Jahrhunderte Rabbinen immer wieder von der Erschaffung des Golem träumen läßt, eine Überzeugung aber auch, die sich, dieser theurgischen, fast magischen Komponente entkleidet, schon in dem Grundsatz Rabas findet, daß derjenige, der das Gesetz der Tora lehrt und ausübt, gleichsam sich selbst erschaffen hat (Sanh 99b).

2. *Das Thronwagenwerk*

Eng verbunden mit den Spekulationen über die Schöpfung ist das Bestreben der rabbinischen Mystiker, zur Schau der Gottheit aufzusteigen, die gewöhnlich sieben Himmel und Hekhalot („Paläste, Thronhallen") zu durchdringen, um zum Thron der Gottheit zu gelangen. Diese Verbindung von Kosmogonie und Aufstiegsbemühungen steht in deutlicher Parallele zu gnostischen Vorstellungen, nach denen ja gerade die Kenntnis der Kosmogonie, vor allem der Herkunft des Menschen, diesen dazu befähigt, in seine himmlische Urheimat zurückzukehren.

Diese Himmelsreise mit ihren biblischen Vorbildern in der Entrückung des Henoch und des Elija wird schon in der apokalyptischen Literatur zu einem beliebten Motiv, das z.B. 1 Hen 14 verwendet: Henoch gelangt hier bis zum Thron der göttlichen Majestät. Doch erfolgt die Himmelsreise in diesen Texten mehr als literarische Konvention, um die himmlische Welt mit dem Anspruch der Echtheit schildern zu können; die rabbinisch-mystische Himmelsreise hingegen soll zur persönlichen Erfahrung des göttlichen Thronwagens, zu mystischem Erleben und nicht zur Schilderung des Himmels für den Nicht-Eingeweihten führen.

Der klassische rabbinische Text zu diesem Thema ist Chag 14b mit seinen Parallelen (TChag II, 3–4, L. 381, und jChag II, 1, 77b). In der ältesten Fassung der Erzählung, in der Tosefta, heißt es: „Vier traten in das Paradies: Ben Azzai, Ben Zoma, Acher und R. Aqiba. Einer schaute und starb; einer schaute und wurde geschlagen; einer schaute und hieb die Schößlinge nieder; und einer stieg heil auf und kam heil herunter. Ben Azzai schaute und starb. Und von ihm sagt die Schrift: ‚Kostbar ist in den Augen des Herrn das Sterben seiner Frommen' (Ps 116, 15). Ben Zoma schaute und wurde geschlagen; von ihm sagt die Schrift: ‚Findest du Honig, iß nur, soviel dir bekommt' (Spr 25, 16). Elischa schaute und hieb die Schößlinge nieder. Von ihm sagt die Schrift: ‚Laß nicht zu, daß dein Mund dein Fleisch in Sünden stürzt' (Koh 5, 5). R. Aqiba stieg heil auf und kam heil herunter. Von ihm sagt die Schrift: ‚Zieh mich hinter dir her! Laß uns eilen' (Hld 1, 4)."

Diese Erzählung zeigt beispielhaft die Gefahren auf, die mit der Beschäftigung mit dem Thronwagenwerk verbunden sind. Besonders das Schicksal Achers, des „Anderen", d.h. des vom Judentum abgefallenen Elischa ben Abuja, hat schon in rabbinischer Zeit die Phantasie angeregt. Wenn er im Paradies die Schößlinge niederhaut, ist dies vielleicht als Übertreten der Tora zu verstehen, nachdem er den rabbinischen Zaun um die Tora mißachtet hat (vgl. den Ausspruch des R. Chijja in GenR 19, 3, Th-A 172: „mach nicht den Zaun höher als die Hauptsache, damit er nicht umfällt und die Schößlinge niederhaut"). Auch Aqiba, den die Erzählung den Späteren als Beispiel hinstellt – vielleicht zu seiner Ehrenrettung, nachdem seine Unterstützung des Bar Kokhba ihn in Mißkredit gebracht hatte –, war beim Aufstieg gefährdet, wie Chag 15b sagt: „Auch R. Aqiba wollten die Dienstengel zurückstoßen. Doch der Heilige, gepriesen sei er, sagte ihnen: Laßt diesen Alten, denn er ist würdig, sich meiner Herrlichkeit zu bedienen."

Die Hekhalot-Texte befassen sich ausführlich mit den Gefahren, die dem Mystiker beim Aufstieg zum göttlichen Thronwagen begegnen. Dieser Aufstieg ist deutlich dem Betreten des Allerheiligsten im Tempel durch den Hohenpriester gleichgesetzt. Wie nach biblischer Tradition den der Tod trifft, der sich als Unwürdiger dem Heiligtum naht (z.B. Num 16 der Aufstand Korachs, Lev 10, 1–5 das Opfer durch Nadab und Abihu), so ergeht es natürlich auch dem, der in das himmlische Heiligtum eindringen will, ohne des Zutritts würdig zu sein. In den Texten ist immer wieder von den Torwächtern zu den einzelnen Himmeln und Thronhallen die Rede; der Aufsteigende muß sich hier durch magische Siegel mit göttlichen Namen ausweisen, wenn er weiterkommen will.

Die Gefahren erreichen ihren Höhepunkt, wenn der Aufsteigende sich seinem Ziel naht. In Chag 14b warnt R. Aqiba die Aufsteigenden: „Sobald ihr zu den Steinen aus reinem Marmor kommt, sagt nicht: Wasser! Wasser! Denn es heißt: ‚Kein Lügner kann vor meinen Augen bestehen' (Ps 101, 7)." Das Bild für die Täuschung, durch die sich der Unwürdige verrät, ist ebenfalls dem Tempelbereich entnommen. Heißt es doch in Suk 51b von den Mauern des Tempels, Herodes habe sie mit Gold verkleiden lassen wollen; doch die Rabbinen hielten ihn mit dem Hinweis ab, das glänzende Gestein sei den Wellen des Meeres gleich. Die gefährlich irrige Meinung, hier Wasser zu sehen, könnte übrigens auch mit dem Grundtext der Aufstiegsspekulationen, nämlich Ez 1, zusammenhängen, heißt es doch in der Vision des Propheten: „Ich hörte das Rauschen ihrer Flügel; es war wie das Rauschen gewaltiger Wassermassen, wie die Stimme des Allmächtigen" (Ez 1, 24).

In Hekhalot Zutrati sagt R. Aqiba: „Ben Azzai wurde als würdig befunden und stand am Eingang des sechsten Palastes und er sah den flimmernden Glanz der Steine aus reinem Marmor. Da öffnete er seinen Mund und sagte: Wasser, Wasser! Und in einem Augenblick schlugen sie seinen Kopf ab und warfen elftausend Eisenstangen auf ihn. Dies soll allen Geschlechtern ein Zeichen sein, daß man sich am Eingang des sechsten Palastes nicht irren darf." Eine andere Fassung der Erzählung, ebenfalls aus der Schrift Hekhalot Zutrati, deutet auch das Geschick des Ben Zoma: „Ben Zoma schaute den Glanz der Marmorsteine und meinte, es sei Wasser; und sein Leib ertrug es, sie nicht zu fragen; doch sein Geist ertrug es nicht – er wurde geschlagen und verlor den Verstand."

Den Gefahren der Mystik kann nur entkommen, wer weiß, daß er bei seinem Unterfangen auf der einen Seite des Weges vom Schnee, auf der anderen vom Feuer bedroht ist, und daß er ohne abzuweichen in der Mitte zu gehen hat (TChag II, 5, L. 381). Nur eine strenge Auswahl gewährt den Zutritt in den Kreis der *jorde merkaba,* derer, die „zum göttlichen Thronwagen hinabsteigen", wie es paradoxerweise heißt. Es gibt hier eine gewisse Selektion nach den Regeln von Physiognomik und Chiromantik. Entscheidend ist aber, daß sich der Kandidat mit allen Zweigen des jüdischen Wissens in Theorie und Praxis beschäftigt hat, wie es in Hekhalot Rabbati 21, 4 (W. 99f; BhM III 98) heißt: „Niemand darf zur Merkaba hinabsteigen, der nicht diese beiden Eigenschaften hat – er muß Tora, Propheten und die anderen Schriften gelesen und gelernt haben; auch muß er Mischnajot, Halakhot und Haggadot sowie die Erläuterung der Halakhot, Verbot und Erlaubnis lernen. Zweitens muß er die ganze Tora in die Tat umsetzen und alle Verwarnungen, Satzungen, Gebote und Vorschriften einhalten, die Mose auf dem Sinai gesagt worden sind."

Das Studium und die praktische Übung der jüdischen Tradition ist demnach unabdingbare Voraussetzung des Mystikers, der also voll am religiösen Leben des rabbinischen Judentums teil hat. So kann er aber auch seine eigenen mystischen Traditionen zum inneren Kern des jüdischen Lernens rechnen, wie aus dem Midrasch zu Spr 10 (B. 67) hervorgeht. Hier ist von den Fragen die Rede, die Gott den Gelehrten beim Gericht stellen wird. „Wenn jemand kommt, der den Talmud (die traditionelle Lehre) beherrscht, fragt ihn der Heilige, gepriesen sei er: Mein Sohn, da du dich mit dem Talmud beschäftigt hast, hast du auch die Merkaba geschaut, hast du meine Hoheit geschaut? Denn es gibt keinen Genuß in dieser Welt, außer wenn die Gelehrten sitzen und sich mit der Tora beschäftigen und hinschauen, hinblicken, sehen und nachdenken über die Fülle dieser Lehre, wie der Thron meiner Herrlichkeit steht ... wie der Chaschmal steht ... wie der Blitz steht ...wie der Thron meiner Herrlichkeit steht", alles Themen aus der Thronvision von Ez 1, deren Studium von diesem wohl der Hekhalot-Tradition entnommenen Text als Höhepunkt jüdischen Lernens hingestellt wird.

Wer alle Voraussetzungen erfüllt, um zu der Merkaba aufsteigen zu dürfen, muß sich durch ein festes Ritual vorbereiten, wie es Hai Gaon (um 1000) beschreibt: nach längerem Fasten setzt er sich hin, legt den Kopf zwischen die Knie, rezitiert flüsternd die vorgeschriebenen Hymnen und Gesänge, um in Trance zu gelangen, in der ihm der Aufstieg durch die Himmel zur Schau des göttlichen Thrones möglich wird.

Gegenstand der Vision ist einmal der göttliche Thronstaat, die Vielzahl der Engel mit den Hymnen, die sie rezitieren, sowie vor allem Metatron, wie Henoch nach seiner Entrückung in die Himmelswelt und nach seiner Umwandlung zum höchsten Engel am Thron Gottes genannt wird. Darüber hinaus aber geht es um die Erfahrung dessen selbst, der auf dem Thron sitzt und der nicht nur im Anschluß an biblische Thronvisionen, so vor allem Ez 1, sondern auch in Verbindung mit dem Hohenlied geschildert wird.

Von hier aus wird die Aussage des Origenes in dem Prolog zu seinem Hohenliedkommentar verständlich: er nennt hier neben Gen 1, Ez 1 und den letzten Kapiteln von Ez mit der Schilderung des endzeitlichen Tempels auch das Hohelied als einen Text, den die Rabbinen nur als Endpunkt der Ausbildung erläutern, nicht aber für das gewöhnliche Volk. Da das Hohelied, verstanden als allegorische Beschreibung des Verhältnisses zwischen Gott als dem Geliebten und dem Volk Israel als seiner Braut, beliebter Gegenstand haggadischer Synagogenvorträge war, kann es sich bei dieser Aussage des Origenes nur um die mystische Auslegung des Textes handeln, seine Auswertung für die Lehre vom *Schiur Qoma,* vom „Maß der Gestalt" Gottes, die in der rabbinischen Mystik von zentraler Bedeutung war.

Was der Mystiker am Ende seines Aufstiegs erfährt, ist gemäß Ez 1, 26–28 „eine Gestalt, die wie ein Mensch aussah ... die Herrlichkeit des Herrn", nicht unbedingt also das Wesen der Gottheit selbst, sondern seine den Engeln und dem Mystiker erfaßbare Erscheinungsform, seine *kabod* oder „Herrlichkeit", von den Rabbinen später mit Vorliebe als *Schekhina,* Gottes „Wesensgegenwart" bezeichnet.

Diese Gestalt hat manches mit dem Demiurgen gemeinsam, dem Weltschöpfer des gnostischen Dualismus, wobei jedoch diese Züge positiv verstanden werden. Der da auf dem Thron erscheint, ist der *jotser bereschit,* der Schöpfergott, dessen Beschreibung Gemeinsames mit der Darstellung des Urmenschen in der iranischen Spekulation aufweist, die ja auch in das rabbinische Denken gelangt ist. Somit erweisen sich hier die beiden Hauptteile der rabbinischen Mystik, das „Schöpfungswerk" und das „Thronwagenwerk", letztlich als Einheit, erfährt doch der Mystiker bei seinem Aufstieg Gott auf dem Thronwagen gerade als den Schöpfer der Welt. So sieht auch R. Jischmael bei seinem Aufstieg auf dem Thron der Herrlichkeit die Buchstaben, mit denen Himmel und Erde, Sterne und Sternbilder, Mond und Sonne geschaffen worden sind (3 Hen 41, 1).

In rabbinischen Texten ist öfter vom Lichtmantel die Rede, in den sich

Gott bei der Schöpfung hüllte. So heißt es in LevR 31, 7 (M. 724–726), R. Samuel bar Nachman habe auf die Frage, von wo das Licht in die Welt hinausgegangen sei, flüsternd – d.h. als Geheimlehre – geantwortet: „Der Heilige, gepriesen sei er, hüllte sich darin wie in einen Mantel, und die ganze Welt leuchtete vom Glanze seiner Pracht." Daran schließt sich die Aussage des R. Berekhia, der den Lichtglanz und die Herrlichkeit Gottes mit dem Tempel identifiziert, von dem aus das Licht in die Welt ging. Hier ist auch ein Text aus Hekhalot Rabbati zu erwähnen (5, 2, W., BhM 4, 3; Textfassung nach *G. Scholem*): „Wer ist wie unser König, wer wie unser Schöpfer, wer wie der Herr unser Gott? Sonne und Mond läßt heraus und bringt hervor die Krone seines Hauptes. Pleiaden und Orion und Venusstern, Konstellationen, Sterne und Sternzeichen fließen und gehen hervor von seinem Kleid, das geschmückt ist und worin er sitzt auf dem Thron seiner Herrlichkeit."

Man begnügt sich jedoch nicht mit der Beschreibung des Lichtmantels Gottes, sondern macht sich im Anschluß an Hld 5, 10–16 an eine Beschreibung des Thronenden selbst: „Mein Geliebter ist weiß und rot ... sein Haupt ist reines Gold, seine Locken sind Rispen, rabenschwarz. Seine Augen sind wie Tauben an Wasserbächen ... Seine Wangen sind wie Balsambeete ... seine Finger sind wie Stäbe aus Gold, mit Steinen aus Tarschisch besetzt. Sein Leib ist wie eine Platte aus Elfenbein ... Seine Schenkel sind Marmorsäulen ... So ist mein Geliebter."

Die überlieferten Texte der Lehre vom *Schiur Qoma* nennen ungeheure Zahlen für die Ausdehnung der einzelnen Gliedmaßen und Körperteile des Thronenden, wobei besonders die einzelnen Teile des Kopfes in allen Details geschildert werden. Dazu kommen die Namen der einzelnen Glieder in unverständlichen Buchstabenkombinationen. Wer die Maße und Namen der Gestalt der Gottheit kennt, der hat Anteil an der künftigen Welt.

Extremer Anthropomorphismus klingt aus dieser Beschreibung der Gottheit, die entsprechend in mehr rationalistisch gesinnten Kreisen des Judentums immer Anstoß erregt hat. Aber auch dem Mystiker geht es nicht um konkret vorstellbare Maße, sondern vielleicht eher um eine geheime Harmonie der einzelnen Glieder untereinander, die in Zahlen ausgedrückt wird, die aber auf Grund der schlechten Textüberlieferung nicht mehr rekonstruierbar ist. Vor allem aber soll der Gedanke vermittelt werden, daß neben Gott alles nichtig, leeres Gefäß ist, wird doch das Maß seiner Glieder in Tausenden von Parasangen angegeben und dazu gesagt, daß die winzigste Unterteilung dieser Maßeinheit, die „Spanne" Gottes, groß ist wie die ganze Welt. So heißt es einmal in der *Merkaba Schelema:* „Darum ist uns kein Maß gegeben, sondern nur geheime Namen sind uns geoffenbart". Die intensive Beschäftigung mit der Gestalt der Gottheit täuscht nicht über das unergründliche Geheimnis hinweg, das auch dem Mystiker bleibt.

IV. Der kulturelle Rahmen

Bisher haben wir im wesentlichen eine Ansicht des rabbinischen Judentums von innen her geboten und jene Aspekte dargestellt, die den Kern seines Selbstverständnisses ausmachen. Als notwendige Ergänzung dazu müssen wir nun das rabbinische Judentum in den größeren geistes- und religionsgeschichtlichen Rahmen der Spätantike stellen, um nicht durch einseitige Betonung der innerjüdischen Züge das Bild zu verzerren.

Das rabbinische Judentum war eine kleine Minderheit im Osten des römischen bzw. im Westen des Parther- und Perserreiches. Als Minderheit konnte es selbstverständlich Kontakten verschiedenster Art mit den umgebenden Kulturen und Religionen nicht ausweichen. So müssen wir uns nun fragen, welchen Einfluß vor allem die späthellenistische, aber auch die persische Kultur auf das rabbinische Judentum gehabt und welche Rolle die jüdische Kunst der Spätantike gespielt hat. Ebenso geht es hier darum, welche Formen das Zusammenleben bzw. die Auseinandersetzung des rabbinischen Judentums mit Christentum und Gnosis und später dann mit dem Islam genommen hat. Eine Berücksichtigung dieser Fragen kompensiert vielleicht zu einem gewissen Teil die Einseitigkeit der uns überkommenen rabbinischen Quellen in der Darstellung des damaligen Judentums.

Die Herausarbeitung dieser äußeren Einflüsse auf das jüdische Leben der rabbinischen Zeit soll nicht den Eindruck erwecken, dieses sei nicht sehr eigenständig und schöpferisch gewesen. Doch ist das rabbinische Judentum keine isolierbare und völlig unvergleichliche Größe gewesen. Wie jede geschichtliche Volksgemeinschaft war auch das Judentum kein erratischer Block, keine Insel, sondern gehörte voll und ganz in die Geschichte seiner Zeit und ist daher auch in seinem Eigenwert nur aus diesem größeren Zusammenhang verstehbar.

A. Judentum und Hellenismus

Zu Beginn der rabbinischen Zeit gehörte Palästina schon seit Jahrhunderten in den großen hellenistischen Kulturbereich. Diese besonders durch Alexanders Eroberungszüge geförderte Kultur vereinte in sich das griechische Erbe mit starken orientalischen Einflüssen und brachte alle Voraussetzungen mit, eine internationale Kultur zu werden.

Lange Zeit hat man zwischen dem palästinischen Judentum und dem hellenistischen Judentum der Diaspora scharf unterschieden. Heute ist eine solche klare Unterscheidung nicht mehr möglich, hat sich doch gezeigt, daß auch das Judentum Palästinas stark hellenisiert war. Besonders *M. Hengel* hat in verschiedenen Arbeiten die Durchdringung des palästinischen jüdischen Lebens mit dem Hellenismus in einer Überfülle an Material dokumentiert. In den letzten vorchristlichen Jahrhunderten breitete sich auch in Palästina die Kenntnis der griechischen Sprache stark aus: nach dem Aristeasbrief wurde die Septuaginta von Jerusalemer Gelehrten erarbeitet, und die Septuaginta-Übersetzung des Buches Ester ist, wie es im Nachwort dazu heißt, in Jerusalem selbst geschrieben worden. Mit der römischen Herrschaft wurde diese Tendenz zur griechischen Sprache noch verstärkt, war doch Griechisch die offizielle Amtssprache im Osten des römischen Reiches. So verwundert es auch nicht, daß es sogar in Jerusalem eine Synagoge der Hellenisten, also griechischsprachiger Juden, gab.

Nicht nur die griechische Sprache fand im Judentum Palästinas Eingang. Auch hellenistische Lebensformen wurden übernommen, soweit sie die jüdische Eigenart nicht beeinträchtigten – der Makkabäeraufstand hatte ja nicht die Hellenisierung des Judentums an sich, sondern nur gewisse Auswüchse zurückdrängen können. Hellenistische Bauformen (z.B. im herodianischen Tempel!) kamen ebenso zur Geltung wie das hellenistische Recht. Dazu kamen starke Einflüsse auf die jüdische Literatur der Zeit, gefördert auch durch die ständigen Kontakte des palästinischen Judentums mit jenem der ägyptischen Diaspora, dieser Hochburg des hellenistischen Judentums. So gab es schließlich keinen Lebensbereich, der nicht von den Einflüssen der hellenistischen Weltkultur mitgeprägt war.

1. Die Rabbinen und die griechische Sprache

Auf den ersten Blick vermittelt die rabbinische Literatur den Eindruck einer geschlossenen Welt. So konnte sich ein Geschichtsbild entwickeln, nach dem sich das Judentum nach dem Scheitern des Krieges gegen Rom völlig auf seine eigenen Traditionen zurückgezogen und gegenüber allen fremden Kulturen eine absolut ablehnende Haltung eingenommen hat. Der Verzicht des rabbinischen Judentums auf die Beschäftigung mit Philo und Josephus Flavius sowie auf die Tradition der gesamten pseudepigraphen Literatur und sogar der Septuaginta gilt vielfach als charakteristisch für eine völlige Abkapselung, die höchstens einzelne durchbrechen konnten. Die Wirklichkeit bietet jedoch ein viel komplexeres Bild, wie auch eine genauere Durchsicht der rabbinischen Texte bestätigt.

Das tägliche Leben Palästinas ergab zu viele Kontaktpunkte mit hellenistischer Lebensart, denen auch das rabbinische Judentum nicht ausweichen konnte. Was die Gestaltung des täglichen Lebens betrifft, seien hier nur die öffentlichen Bäder, die Theater und Zirkusse genannt. Der Besuch der öffentlichen Bäder gehörte zum allgemeinen Lebensstil. Die Rabbinen erlaubten nicht nur, daß jüdische Arbeiter an ihrem Bau mitwirkten, wenn sie nur an dem für die Götterstatuen bestimmten Bau nicht beteiligt waren (AZ I, 7). Auch die Rabbinen selbst besuchten die heidnischen Bäder, obwohl sich dort Götterstatuen befanden, und begründeten ihr Verhalten damit, daß die Statuen zur Verschönerung des Bades dienten und nicht das Bad zu Ehren der Götter errichtet sei (so Gamaliel im Bad der Aphrodite zu Akko, AZ III, 4). Auch im Zentrum der Rabbinen, in Tiberias, befanden sich hellenistische Badeanlagen; aus einem solchen Bad wird nach jTer VIII, 10, 46c der Patriarch Jehuda Nesia zu Diokletian zitiert.

„Es ist nicht Sitte bei den Töchtern Israels, in die Theater und Zirkusse der Heiden zu gehen", heißt es in RutR 2, 23. Auch verbietet AZ I, 7 die Mitwirkung von Juden beim Bau eines Stadions. Ein Eseltreiber, der bei einer Bittprozession stellvertretend für die jüdische Gemeinde um Regen beten soll, bekennt sich als Sünder, der „das Theater schmückt, die Hetären unterhält, ihre Kleider ins Badehaus bringt, vor ihnen in die Hände klatscht und tanzt und die Zimbeln erklingen läßt" (jTaan I, 4, 64b). Er arbeitet also im Theater als *orchēstēs*, was als äußerst niedriger Beruf galt.

Trotz dieser offiziellen ablehnenden Haltung des rabbinischen Judentums wird das Theater damals sicher nicht nur von der heidnischen Bevölkerung besucht worden sein, die sich dort laut KlglR 3, 14 (B. 127f) über die Armut der Juden, verursacht durch Sabbatruhe und Brachjahr, wie der Mimus zu verstehen gibt, lustig macht. Zwar haben wohl die Rabbinen selbst und die ihnen nahestehenden Kreise im allgemeinen den Theaterbesuch als „Götzendienst" gemieden – hatte doch das Theater in der Antike allgemein auch religiösen Charakter –, doch wird man sicher damit rechnen dürfen, daß auch Juden am Theaterbetrieb als Besucher und gelegentlich auch als Akteure oder Hilfskräfte beteiligt gewesen sind; das legt ja auch die genaue Kenntnis davon nahe, wie die Juden im Theater dargestellt werden.

Viel grundsätzlichere Bedeutung als diese mehr äußeren Lebensformen hat aber die Frage nach der Stellung der griechischen Sprache im Leben der Rabbinen, ist doch die Sprache ein ganz wesentlicher Vermittler einer Kultur.

Einige rabbinische Aussagen enthalten das *Verbot, die griechische Sprache zu lehren.* Dieses Verbot galt eindeutig als Kampfmaßnahme. Ein erstes solches Verbot, das sich zwar nicht auf die griechische Sprache, sondern allgemeiner auf die „griechische Weisheit" bezieht – ein verschwommener Ausdruck, der wohl primär die griechische Philosophie meint, deren Lehre jedoch mit dem griechischen Sprachunterricht untrennbar verbunden war – wurde laut Sota 49b im Jahr 63 v. Chr. erlassen, als der hasmonäische Bruderstreit zwischen Aristobul II. und Hyrkan II. durch die Truppen des Pompejus entschieden wurde, die Jerusalem eroberten. Ein alter Jude, „der in der griechischen Weisheit bewandert war", soll hier nachgeholfen haben. Er machte die Belagerer aufmerksam, die Stadt sei uneinnehmbar, solange in ihr der Opferkult weitergehe. Dieser aber konnte nur aufrechterhalten werden, weil die Belagerer den Belagerten Opfertiere verkauften. Nun sandten die Belagerer am nächsten Tag als Opfertier ein Schwein über die Stadtmauer. „Damals erklärte man: Verflucht sei, wer Schweine züchtet, und verflucht sei, wer seinen Sohn griechische Weisheit lehrt." Der Bericht ist historisch völlig unzuverlässig, spiegelt aber die der hellenistischen Kultur feindliche Einstellung seiner Tradenten.

Der Unterricht der griechischen Sprache selbst wurde nach Sota IX, 14 dann ausdrücklich zu Beginn des zweiten Jahrhunderts verboten. „Im Krieg des Qitos verboten sie (die Rabbinen) die Brautkronen und daß jemand seinen Sohn Griechisch lehre." Der Text bezieht sich eindeutig auf die Unterdrückung des jüdischen Aufstandes während des Partherfeldzugs Trajans (vgl. S. 19). Gewöhnlich identifiziert man Qitos mit Lusius Quietus, dem 117 als Statthalter von Judäa eingesetzten General, der vielleicht auch – für Palästina allerdings nicht nachgewiesene – jüdische Unruhen niederschlug. Es könnte aber auch Quintus Marcius Turbo gemeint sein, der den jüdischen Aufstand in Ägypten besiegte. In diesem Fall wäre das Griechischverbot in Palästina als Zeichen der Solidarität der palästinischen Juden mit der bedrängten Diaspora aufzufassen. Daß gerade das Griechisch-Verbot mit einem griechischen Fremdwort datiert wird – die Mischna verwendet den Ausdruck *polmos schel Qitos,* d.h. das griechische Wort *polemos* für Krieg –, zeigt allerdings, wie weit die griechische Sprache sogar den hebräischen Sprachstil der Rabbinen beeinflußt hat.

Etwa in dieselbe Zeit gehört TAZ I, 20 (Z. 461): „Man fragte den R. Jehoschua, ob jemand seinen Sohn ein griechisches Buch lehren dürfe. Er antwortete: er mag es zu einer Stunde lehren, die weder Tag noch Nacht ist, wie es heißt: ‚Du sollst darüber (über die Tora) nachsinnen bei Tag und bei Nacht' (Jos 1, 8)." Unklar ist, ob hier die griechische Sprache oder auch die griechische philosophische Tradition gemeint ist. Die Parallele jSota IX, 16, 24c (ebenso jPea I, 1, 15c) spricht hier einfach von Griechisch. In Men 99b hingegen, wo R. Jischmael seinem Neffen eine ähnliche Antwort gibt, ist ausdrücklich die „griechische Weisheit" genannt: gemäß Jos 1, 8 darf er auch nach dem Studium der Tora die griechische Weisheit nur studieren, wenn es weder Tag noch Nacht ist. Es geht hier also nicht um eine prinzipielle Ablehnung der griechischen Kultur. Vielmehr befürchtet man eine Vernachlässigung der Tora (vgl. auch Sifre Dtn § 34, F. 61 f: „Man sage nicht, ich habe die Weisheit Israels gelernt und nun will ich gehen und die Weisheit der Völker lernen").

Daß das Studium der griechischen Sprache im allgemeinen verboten ist, geht auch aus TSota XV, 8 (L. 242) hervor, wonach man als Ausnahmeregelung dem „Haus des Rabban Gamaliel erlaubte, seine Söhne Griechisch zu lehren, weil sie der Regierung nahestehen". Nach jSchab VI, 1, 7c wurde dieselbe Ausnahme – zusammen mit der Erlaubnis, einen Spiegel zu benützen und eine bestimmte, bei Heiden beliebte Frisur zu tragen – aus demselben Grund auch dem Hause Rabbis zugestanden. In jSchab heißt es weiter, R. Abbahu habe eine Lehre des R. Jochanan vorgetragen: „Man darf seine Tochter Griechisch lehren, weil es ihr zum Schmuck gereicht." Simeon bar Abba wendet gegen Abbahu ein: „Weil er seine eigene Tochter (Griechisch) lehren wollte, schrieb er (den Ausspruch) R. Jochanan zu."

In der zitierten Stelle begründet R. Jochanan das Griechischverbot mit möglichen Verrätern, Juden, die sich der römischen Verwaltung als Informanten zur Verfügung stellen könnten. Dies kann jedoch ebenfalls wie das Verbot des Griechischen zur Zeit des Qitos nur eine kurzfristige Notmaßnahme gewesen sein, die nie wirksam werden konnte, weil man die griechische Sprache in größerem oder geringerem Ausmaß je nach Beruf, Stellung und Wohnort einfach für das tägliche Leben brauchte. Das Griechischverbot ist in diesem Zusammenhang dann kaum mehr als ein Aufruf, den eigenen jüdischen Traditionen treu zu bleiben.

Wie sehr die Rabbinen die griechische Sprache geschätzt und zum Großteil auch beherrscht haben, geht ebenfalls aus den rabbinischen Texten selbst hervor. Um wieviel mehr muß dies von der gewöhnlichen jüdischen Bevölkerung gegolten haben, von der gebildeten Oberschicht vor allem, aber auch von den Kaufleuten und Handwerkern. Die zahlreichen griechischen Lehn- und Fremdwörter in Talmud und Midrasch, die vor allem *S. Krauss* in seinem nun leider überholten Standardwerk erforscht hat, sind ein beredtes Zeugnis für die kulturelle Situation im damaligen Palästina (und viel beschränkter auch in Babylonien): diese Anleihen bei der griechischen Sprache betreffen praktisch jedes Lebensgebiet, das Recht genauso wie das Handwerk, die Landwirtschaft und den Haushalt, während lateinische Fremdwörter naturgemäß vor allem in den Bereichen von Militär und Verwaltung übernommen werden.

Hier ist auch auf die zahlreichen griechischen Zitate in rabbinischen Texten zu verweisen. Sogar die Grammatik der hebräischen Sprache hat sich unter griechischem Einfluß verändert, z.B. im Tempussystem, das erst jetzt das Präsens genau auszudrücken lernt.

Um in den Sanhedrin aufgenommen zu werden, war nach jScheq V, 1, 48d unter anderem die passive Beherrschung von siebzig Sprachen Voraussetzung. Zumindest zwei Mitglieder des Gremiums sollten sie auch sprechen können. In Jabne sollen dazu sogar vier imstande gewesen sein: wie Sanh 17b präzisiert, Elieser, Jehoschua, Aqiba und Simeon der Temanite. Diese Angaben sind natürlich nicht wörtlich zu nehmen, zeigen aber die Wertschätzung von Fremdsprachenkenntnissen in der rabbinischen Führungsschicht. Es ist selbstverständlich, daß Griechisch als die lingua franca des Reichsostens hier einen ganz besonderen Rang einnahm.

Nach Meg I, 8 „unterscheiden sich Bücher (wohl die biblischen Bücher, eventuell ohne die Tora) von Gebetsriemen und Türkapseln [Bibeltexte, die am Türpfosten des jüdischen Hauses in eigenen Kapseln angebracht sind; der Brauch stützt sich auf Dtn 11, 20] nur darin, daß Bücher in jeglicher Sprache, Gebetsriemen und Türkapseln hingegen nur in Assyrisch (d. h. in hebräischer Quadratschrift) geschrieben werden dürfen. Rabban Simeon ben Gamaliel sagt: Auch Bücher hat man nur Griechisch zu schreiben erlaubt."

In jMeg I, 11, 71c wird der Ausspruch Simeons folgenderweise ergänzt: „Bei einer Untersuchung fand man heraus, daß die Tora völlig entsprechend nur auf Griechisch übersetzt werden kann ... Aquila der Proselyt legte seine Übersetzung der Tora R. Elieser und R. Jehoschua vor. Sie priesen ihn und sagten: ‚Du bist der Schönste *(jafjafita)* von allen Menschen' (Ps 45, 3)", was wohl als Anspielung auf *Jafet*, ein Synonym für Griechenland, zu verstehen ist. So kommt es, daß Gen 9, 27 direkt als Aufforderung zum Studium der griechischen Sprache unter den Juden Palästinas verstanden wird: „Raum schaffe Gott für Jafet. In Sems Zelten wohne er." Meg 9b begründet R. Jochanan mit diesem Vers die Erlaubnis Simeons ben Gamaliel, alle Bücher in griechischer Sprache zu schreiben: „die Schönheit Jafets wohne in den Zelten Sems." Und Bar Qappara erklärt den Vers in GenR 36, 8 (Th-A 342): „Die Worte der Tora sollen in der Sprache Jafets in den Zelten Sems gesprochen werden."

Die rabbinische Hochschätzung der griechischen Sprache geht auch aus dem Ausspruch des R. Jonatan von Bet Gubrin hervor: „Vier Sprachen sind es wert, daß sich die Welt ihrer bedient. Und zwar Griechisch zur Dichtung (wörtlich: zum Gesang; vgl. Chag 15b über den abtrünnigen Elischa ben Abuja: „griechischer Gesang verstummte nie in seinem Munde"), Latein zum Krieg, Syrisch zur Klage, Hebräisch zur Rede" (jMeg I, 11, 71b). Syrisch bedeutet in diesem Zusammenhang wohl die aramäische Umgangssprache Palästinas in rabbinischer Zeit. Dieser zieht Rabbi explizit das Griechische vor: „Was soll das Syrische im Land Israel? Entweder die heilige Sprache (Hebräisch) oder Griechisch" (Sota 49b).

Selbstverständlich war die Kenntnis des Griechischen nicht überall verbreitet. Die völlige Beherrschung der Sprache mit ihren Feinheiten ist natürlich bei den hochgebildeten Rabbinen des weltstädtischen Caesarea eher zu erwarten als etwa im Landesinneren. R. Abbahu von Caesarea ist sogar zu Wortspielen im Griechischen imstande, wie GenR 14, 2 (Th-A 127) zeigt. Auf die Frage, wie ein Siebenmonatkind denn überleben könne, antwortet er: „Aus eurer (Sprache) beweise ich es euch: *zeta epta eta okto.*" Der im Midrasch transkribierte griechische Satz besagt sowohl: der Buchstabe *zēta* bedeutet sieben, der Buchstabe *ēta* acht; er kann aber auch übersetzt werden: „Es lebt das Sieben(monatkind) eher als das Acht(monatkind)" *(zē ta hepta ē ta oktō).*

In Caesarea fand das Griechische auch in die tägliche Liturgie der Synagoge Eingang. „R. Levi bar Chaita ging nach Caesarea. Da hörte er, wie sie das

Schema auf Griechisch (wörtlich: Hellenistisch) verrichteten, und versuchte, sie daran zu hindern" (jSota VII, 1, 21 b). Der Widerstand des Rabbi richtet sich übrigens nicht gegen die griechische Liturgiesprache an sich, sondern nur gegen ihre Verwendung in diesem zentralsten jüdischen Gebet, das auf jeden Fall hebräisch gebetet werden sollte.

Die Verbreitung der griechischen Sprache im jüdischen Palästina der rabbinischen Zeit geht aber nicht nur aus den rabbinischen Schriften hervor; sie ist auch durch die Funde von Papyri am Toten Meer für die Bar-Kokhba-Zeit bezeugt und vor allem auch durch reiches Inschriftenmaterial belegt.

Hier sind vor allem die zahlreichen Grab- und Ossuarinschriften aus Jaffa und besonders aus der Nekropole von Bet Schearim zu nennen. Aus ihnen geht hervor, daß nicht nur zahlreiche Juden der rabbinischen Zeit griechische Namen trugen (dies gilt auch für Rabbinen wie z.B. Alexander, Tarfon = Tryphon, Simon, Symmachus), sondern daß sie auch die griechische Sprache mehr oder weniger beherrschten. Zwar kann man etwa die große griechische Grabinschrift in Hexametern mit ihren Homeranklängen, die individuell gestaltet ist und neben den besten Epigrammen der Zeit (3. Jahrh.) voll bestehen kann, nicht unbedingt einem palästinischen Juden zuschreiben, da doch in Bet Schearim auch zahlreiche Juden aus der Diaspora bestattet wurden. Doch der Großteil der Inschriften gilt jedenfalls palästinischen Juden. Die zahlreichen Inschriften in sehr fehlerhaftem Griechisch zeigen, daß auch das gewöhnliche, ungebildete Volk ein bestimmtes Maß an Griechischkenntnissen gehabt und sicher auch regelmäßig gebraucht hat. Man hat gelegentlich sogar vermutet, daß sich damals eine eigene palästinisch-jüdische Koine (griechische Umgangssprache) herausgebildet hat.

Erstaunlich ist die große Zahl an griechischen Stifterinschriften in den Synagogen Palästinas. Sogar in Tiberias, am Sitz der Patriarchen, sind praktisch alle Synagogeninschriften griechisch gehalten. Später nahm dies mit dem steigenden Bewußtsein der eigenen Nationalkultur wieder ab; Hebräisch wurde langsam wieder allbeherrschend, aber auch z.B. in Bet Alfa zu Beginn des sechsten Jahrhunderts war zumindest die Bauinschrift noch griechisch. Lange Zeit war Griechisch offenbar in vielen Städten Palästinas fast die „offizielle" Sprache der Synagoge gewesen (was kein Urteil über die Kultsprache sein soll). Judentum und griechische Kultur vertragen sich in der rabbinischen Zeit offenbar bestens miteinander.

2. *Die Rabbinen und die griechische Weisheit*

Wer sich intensiv mit einer Sprache beschäftigt, wird auch durch die Kultur beeinflußt, deren Instrument die Sprache ist. Es liegt daher nahe, daß der Hellenismus über die griechische Sprache hinaus auch als Kultur die Rabbinen irgendwie beeinflußt hat. Zwar sagt Sota 49a: „Die griechische Sprache ist eine Sache, die griechische Weisheit wieder etwas anderes.“ Auch berichtet der Text, wie schon erwähnt, von einem Verbot aus der Zeit des Pompejus, griechische Weisheit zu lehren. Was ist damit gemeint? Beschäftigung mit der griechischen Philosophie oder ganz allgemein die typisch hellenistische Schulbildung?

Sota 49b fährt fort: „Und wer hat die griechische Weisheit verboten? Hat nicht Rab Jehuda im Namen Samuels im Namen des Rabban Simeon ben Gamaliel gesagt: Tausend Kinder waren im Haus meines Vaters. Fünfhundert lernten Tora und fünfhundert lernten griechische Weisheit; und von diesen bin nur ich hier übriggeblieben sowie der Sohn des Bruders meines Vaters in Asien. Das Haus des Rabban Gamaliel ist eine Ausnahme, denn es steht der Regierung nahe“ (vgl. BQ 82b–83a).

Der Ausspruch gehört mit dem Satz Simeons ben Gamaliel über die fünfhundert Schulen in Betar während des Bar-Kokhba-Aufstandes zusammen, von deren Schülern er als einziger überlebt haben soll (Git 58a und Parallelen). Dort aber wird der Unterricht in griechischer Weisheit nicht erwähnt, der in Sota 49b zentral ist.

Bei aller Übertreibung der Aussage darf wohl als historisch angenommen werden, daß das jüdische Patriarchat sich um die hellenistische Schulung seiner künftigen Repräsentanten gegenüber den römischen Behörden selbst gekümmert und diese nicht den griechischen Akademien überlassen hat. Daß diese hellenistische Ausbildung hervorragend gewesen sein muß, kann man vielleicht auch aus der Korrespondenz des großen Rhetors Libanius mit einem Patriarchen des vierten Jahrhunderts erschließen.

Hellenistische Bildung schloß auf jeden Fall auch eine gewisse Beschäftigung mit der Philosophie ein. Umso überraschender ist es, daß griechische Philosophen in der rabbinischen Literatur praktisch nicht genannt werden und sogar eine direkte Kenntnis Homers, des für den Schulbetrieb wohl wichtigsten Autors, nicht sicher nachzuweisen ist.

Der einzige hellenistische Philosoph, der als historische Gestalt in den rabbinischen Texten aufscheint, ist der in der Zeit Hadrians wirkende Zyniker Oinomaos von Gadara östlich des Jordan, das damals ein bedeutendes Zentrum der hellenistischen Kultur war. Von ihm heißt es in einem Ausspruch des R. Abba bar Kahana: „In der Welt hat es keine Philosophen wie Bileam den Sohn des Beor und Oinomaos von Gadara gegeben“ (GenR 65, 20, Th-A 734). Oinomaos habe den Völkern der Welt gesagt, sie könnten Israel nie überwältigen, solange dort Kinder in den Lehrhäusern Tora lernen. In Chag 15b spricht Oinomaos mit R. Meir (manche bevorzugen hier allerdings die Nennung eines Webers namens Nimos und lesen *ha-gardai,* „der Weber“, statt *ha-gadari,* „von Gadara“), der in RutR 2, 13 dem Philosophen nach Todesfällen in der Familie Beileidsbesuche abstattet. ExR 13, 1 berichtet von einem Gespräch des Philosophen mit den Rabbinen über die Erschaffung der Welt.

Oinomaos von Gadara wird in der rabbinischen Literatur neben Bileam vielleicht deshalb genannt, weil er ein damals verbreitetes Werk gegen die Torheit der Orakel geschrieben hat (das uns bruchstückhaft bei Eusebius überliefert ist). Sein freundlicher Umgang mit den Rabbinen macht diese Lokalgröße in der rabbinischen Tradition zum einzigen nennenswerten Philosophen neben dem alttestamentlichen Bileam: dies kann vielleicht als bezeichnend für die Belesenheit der Rabbinen in der hellenistischen Philosophie betrachtet werden.

Die philosophische Schule, der Oinomaos angehört, wird vielleicht in jGit VII, 1, 48c genannt: „Wer sein Kleid zerreißt und zerstört, was man ihm gibt, ist ein Zyniker" (*M. Jastrow* bevorzugt, hier *cholikos,* Melancholiker, zu lesen; doch ist mit *S. Lieberman* an der Lesart *kynikos* festzuhalten). Eine genauere Kenntnis der zynischen Philosophie ist jedoch nicht nachzuweisen.

Der zweite, in den rabbinischen Texten öfter genannte griechische Philosoph ist *Epikur* (342–270 v. Chr.). Dieser ist jedoch schon zu einem Symbol geworden, das mit der geschichtlichen Gestalt kaum noch etwas zu tun hat. Schon die hellenistischen Rhetoriker haben die Philosophie Epikurs als materialistischen Hedonismus verfälscht. Für die Rabbinen ist „Epikuräer" ein Synonym für einen areligiösen Hedoniker, gleichgültig, ob er ursprünglich Jude war oder nicht.

In Abot II, 14 stellt R. Elieser die Forderung auf, man müsse wissen, wie man einem Epikuräer zu antworten hat. In Sanh X, 1 stehen die Epikuräer unter jenen, die keinen Anteil an der kommenden Welt haben. Die dazugehörige Gemara (Sanh 99b–100a) versucht eine Definition des Epikuräers. Nach den einen ist er jemand, der einen Gelehrten beschimpft oder der seinen Genossen in Anwesenheit von Gelehrten beschämt, jemand, der der Tora keine Ehre erweist. Nach anderen wieder ist er einer, der die Rabbinen für unnütz hält, weil sie noch nie einen Raben für (zum Opfer) erlaubt und eine Taube für unerlaubt erklärt haben, also in all ihrer Exegese nicht über die Voraussetzungen der Bibel hinausgehen können. Man scheint das Wort Epikuräer vom aramäischen Verb *paqar,* „ausschweifen", abzuleiten, wie ja später Maimonides ausdrücklich in seinem Kommentar zu Sanh X, 1 *Apiqoros* als aramäisches Wort betrachtet.

Aus allen rabbinischen Texten ist es deutlich, daß man nirgends mehr an den Philosophen Epikur denkt, ihn auch gar nicht kennt, den Namen nur noch mit einem Zerrbild seiner Philosophie verbindet und dieses Bild mit anderen Elementen auffüllt. In der rabbinischen Literatur gibt es somit keinen Beleg für eine direkte Kenntnis der philosophischen Schriften Griechenlands und des Hellenismus, wie ja auch die philosophische Fachterminologie des Hellenismus sich in den rabbinischen Texten überhaupt nicht niedergeschlagen hat. Dazu ist allerdings zu ergänzen, daß auch die griechisch-römischen Rhetoren und Schriftsteller dieser Periode nur selten Originalwerke konsultierten, vielmehr fertige Handbücher und Anthologien verwendeten und kaum noch eine klare philosophische Schule vertraten, sondern Eklektiker waren.

Die rabbinische Literatur zeigt immer wieder Vertrautheit mit der hellenistischen *Populärphilosophie,* wie sie gerade von den Wanderphilosophen und Rhetoren verbreitet worden ist. Direkte literarische Einflüsse auf die Rabbinen sind auch hier nicht nachzuweisen. Doch wird die gedanklich-inhaltliche Ähnlichkeit so mancher rabbinischer Texte mit dieser Populärphilosophie oft durch die Verwendung derselben literarischen Form verstärkt und so eine echte Beziehung wahrscheinlich gemacht.

Hier ist vor allem die *Biographie der Rabbinen* zu erwähnen. Diese ist sehr oft nicht historisch verwertbar, sondern verwendet bestimmte stereotype Züge, die sich nicht nur innerhalb der rabbinischen Literatur immer wieder finden, sondern die offensichtlich aus der hellenistischen Philosophenbiographie stammen. Solche immer wieder vorkommende Motive sind z.B. die armen, ungebildeten Anfänge des späteren Gelehrten, der sich schließlich zur Philosophie bzw. zur Tora bekehrt, reich wird, zahlreiche Schüler bekommt und diesen sein enzyklopädisches Wissen mitteilen kann. Biographische Anekdoten, wie sie über Sokrates, Thales, Diogenes und andere verbreitet waren, finden abgewandelt auch in der rabbinischen Biographie ihre Verbreitung, wie vor allem *H. A. Fischel* aufgezeigt hat.

In besonderer Weise gilt dies für die rabbinischen Erzählungen über Hillel, Elieser ben Hyrkan und R. Meir. Die Erzählung über Hillel z.B., der als Fremder die palästinischen Gelehrten darüber aufklärt, daß man am vierzehnten Nisan die Vorbereitungen für das Ostermahl, vor allem das Schlachten des Lammes, vollziehen darf, auch wenn der Tag zufällig auf einen Sabbat fällt, und der schließlich unerwartet Vorsitzender des Sanhedrin wird (Pes 66a), vereint eine Reihe von Motiven aus der griechischen *Chria.*

Vielfach bringt man auch bestimmte Werte durch Beispiele aus dem Leben von Gelehrten dem Volk nahe, wie dies Quintilian ausdrücklich sagt: „Von Personen wird gesprochen, doch geht es um die Sache" *(De personis indicatur, de rebus contenditur).* Auch die gelehrte Frau des R. Meir, Berurja, scheint nach solchen hellenistischen Vorbildern geschildert zu sein (z.B. Ber 10a, Er 53b–54a): das Muster ist hier wohl die zynische Philosophin Hipparchia, die mit Krates, einem Schüler des Diogenes, eine vorbildliche Ehe führte.

Aber nicht nur einzelne Gelehrte sind so nach hellenistischen Vorbildern stilisiert. Das Gelehrtenideal als solches ist weithin an dem des griechischen Weisen ausgerichtet und auch die Weitergabe einer philosophischen Tradition, formuliert in der hellenistischen Tradentenkette oder Sukzession der Schulhäupter, scheint auf die rabbinische Darstellung vor allem in Abot eingewirkt zu haben (wie übrigens auch auf die Nachfolgerlisten für einzelne christliche Bischofssitze).

Neben solchen umfassenden Beziehungen in der Formulierung des Gelehrtenideals mögen andere hellenistische Einflüsse, da meist nur punktuell nachweisbar, weniger bedeutsam sein, sind jedoch nicht zu vernachlässigen. Vor allem sind es Spuren der *epikuräischen Tradition,* die in der Zeit zwischen 150 und 250 vor allem im östlichen Mittelmeerraum eine neue Blüte erlebte. MidrPs 1, 21 (B. 22) zitiert z.B. als häretische Ansicht die Behauptung, die Welt sei ein *automaton,* bewege sich also von selbst, ohne daß eine Gottheit sich darum kümmere. Damit ist eine epikuräische Grundlehre getroffen. Ebenso auch in dem in der rabbinischen Literatur öfter variierten Satz: „Es gibt kein Gericht und es gibt keinen Richter" (z.B. im Targum Neofiti Gen 4, 8 im Mund Kains: „Es gibt kein Gericht und es gibt keinen Richter und es gibt keine andere Welt. Es gibt keine Belohnung für die Gerechten und es gibt keine Bestrafung für die Bösen". Vgl. z.B. auch LevR 28, 1, M. 648f, wonach das Buch Kohelet fast aus dem Verkehr gezogen worden wäre, weil Koh 11, 9 zur Leugnung des Gerichts führen könnte). Das deckt sich mit dem epikuräischen Dogma, wie es z.B. Hieronymus formuliert: „nach dem Tod gibt es nichts und auch der Tod selbst ist nichts" (PL 24, 272C).

Diese Leugnung des Gerichts könnte man natürlich auch als sadduzäische Lehre identifizieren – Sadduzäer und Epikuräer werden in der rabbinischen Literatur später gleichgesetzt; doch lehnen die Sadduzäer nur eine Belohnung oder Bestrafung im Jenseits ab, nicht jedoch jegliche Vergeltungslehre, wie hier vorausgesetzt zu sein scheint. Auch die zahlreichen alttestamentlichen Texte, nach denen sich der Frevler vor Strafe sicher fühlt, sind für den Satz „es gibt kein Gericht" nicht das Vorbild. Vielmehr unterstreicht gerade die formale Seite des Spruchs die Parallele zur epikuräischen Aussage und ihrer abwehrenden Zitierung in der hellenistischen Rhetorik. Und somit ist auch Elischa ben Abuja mit seiner Leugnung des Vergeltungsglaubens wohl als Epikuräer verstanden. R. Eleasar sagt ja auch in Abot II, 14, offenbar als die Antwort, die der Schüler dem zuvor genannten Epikuräer zu geben imstande sein muß: „Dein Arbeitgeber ist zuverlässig, dir den Lohn deiner Arbeit zu bezahlen."

H. A. Fischel hat bemerkenswerte Zusammenhänge zwischen der schon zitierten Erzählung Chag 14b von den vieren, die in das Paradies eintraten und von denen nur Aqiba heil zurückkehrte, und verschiedenen Themen der epikuräischen Tradition aufgezeigt. Die vier sind Ben Zoma, Ben Azzai, Acher und Aqiba. Nicht nur Acher, d.h. Elischa ben Abuja, sondern auch Ben Azzai und Ben Zoma stehen in großer Nähe zu hellenistischen, wenn auch nicht unbedingt epikuräischen Traditionen. So will *Fischel* als ursprüngliche Intention der Erzählung hier eine Darstellung von vier typischen Epikuräern sehen: der unverheiratete Ben Azzai, der in unkontrollierte Spekulationen verlorene Ben Zoma, der die göttliche Vergeltung leugnende Acher und schließlich Aqiba als der grobe Ignorant, der er nach der Tradition lange Zeit hindurch war. Unwissenheit ist ja eine stehende Anklage gegen die Anhänger der Schule Epikurs, da diese den üblichen griechischen Bildungszyklus ablehnt. Diese vier treten in das Paradies, den „Garten", wie die Schule Epikurs genannt wurde. Als Folge stirbt einer vorzeitig, der andere wird wahnsinnig, der dritte ein Nihilist. Nur Aqiba als der vierte bekehrt sich, „kommt heil heraus", wendet sich von der epikuräischen Lehre ab und dem Torastudium zu.

Erst später, so *Fischel,* ist diese Erzählung dann mystisch umgedeutet worden. Mag auch die Gesamtdeutung der Erzählung durch *Fischel* ungesichert bleiben, so hat er doch eine solche Fülle an Details zusammengetragen, die Beziehungen zur hellenistischen Philosophie deutlich machen, daß zumindest diese allgemeine Tatsache kaum bezweifelt werden kann. Zu dem hier angeführten Material *Fischels* sind besonders die von ihm hervorgehobenen Parallelen von Aussprüchen Ben Zomas zur griechischen Populärphilosphie der Zeit zu erwähnen, so das Lob der Zivilisation mit ihrer Arbeitsteilung, die Ben Zoma erst ein ungeteiltes Leben für die Tora ermöglicht, oder seine Bemerkungen über den guten und den schlechten Gast (jBer IX, 2, 13c).

Die Verbindung des Grundtextes der rabbinischen Mystik mit der hellenistischen Philosophie erinnert daran, wie stark gerade in der Mystik die griechischen Einschläge sind – man denke nur an den griechischen Helios-Hymnus im Sefer ha-Razim! Aber auch sonst gibt es hier zahlreiche Zusammenhänge, wozu nur noch zwei Beispiele genannt seien. *L. Wallach* hat versucht, eine Reihe von rabbinischen Texten, in denen Rabbi mit Antoninus diskutiert, auf eine stoische Quelle, nämlich Posidonius, zurückzuführen, die hier nur jüdisch uminterpretiert worden sei. Das römische Fortleben dieser Quelle sei bei Seneca und Mark Aurel festzustellen (den *Wallach* mit dem legendären „Antoninus" identifiziert). Auch hier ist eine gewisse Skepsis gegenüber der Gesamtthese am Platz, sind jedoch die zahlreichen aufgezeigten Beziehungen zur Stoa nicht zu leugnen.

Das letzte, hier noch zu nennende Beispiel ist allgemeinerer Art. *S. Stein* hat die Zusammenhänge zwischen einem jüdischen Grundtext, der Pesach-Haggada, und der hellenistischen Symposienliteratur hervorgehoben. Diese Sitte der „Tischgespräche" hat ja schon auf den Aristeas-Brief eingewirkt. Die Parallelen zu den hellenistischen Symposien sind umso deutlicher, als auch die allgemeinen Tischsitten beim Seder-Mahl – so etwa das Liegen bei Tisch oder auch die Speisenfolge – griechische Einflüsse erkennen lassen.

Es hat keinen Zweck, die hier angeführten Beispiele um weitere zu vermehren. So manche von den Autoren behauptete Parallele und Abhängigkeit rabbinischer Texte von der hellenistischen Philosophie mag nicht sicher beweisbar sein; in ihrer Gesamtheit belegen die zahlreichen bisher aufgezeigten und sicher noch stark vermehrbaren Parallelen jedenfalls über jeden Zweifel, wie sehr auch die Rabbinen trotz ihrer nach außen dokumentierten Ablehnung der „griechischen Weisheit" von dieser bestimmt sind oder zumindest auf sie reagieren müssen. Der „Zeitgeist" ist auch an den Rabbinen nicht spurlos vorübergegangen.

3. Homerexegese und rabbinische Schriftauslegung

Wie die bisherigen Ausführungen gezeigt haben, ist der hellenistische Einfluß auf die Rabbinen nicht zu unterschätzen, auch wenn der Nachweis von direkten Verbindungslinien zur hellenistischen Philosophie äußerst schwierig ist. Dasselbe gilt auch von den Beziehungen der Rabbinen zur griechisch-hellenistischen Dichtung. Direkte literarische Anleihen sind schwer zu beweisen; doch die Teilhabe der Rabbinen am allgemeinen hellenistischen Kulturklima der Periode ist auch hier nicht zu übersehen.

Der einzige in den rabbinischen Quellen öfter genannte griechische Autor ist Homer. Allerdings wird sein Name in der Textüberlieferung oft so stark abgeändert, daß viele sogar die Identifikation mit dem griechischen Dichter ablehnen, deren Recht jedoch vor allem *S. Lieberman* nachgewiesen hat (die Handschriften und Drucke schreiben *hameram, hameras, meram, marin* und ähnlich).

Jad IV, 6 überliefert als sadduzäischen Ausspruch: „Wir beanstanden an euch, Pharisäer, daß ihr sagt, die heiligen Schriften verunreinigen die Hände, die Schriften Homers (in den Handschriften: *meron* und ähnlich) hingegen verunreinigen sie nicht". Die „Verunreinigung" erfolgt nach pharisäisch-rabbinischer Ansicht eben nur durch die biblischen Schriften, die als Gottes Wort tabu sind, was man von profanen Schriften wie Homer nicht sagen kann.

In jSanh X, 1, 28a sagt R. Aqiba: „Auch wer außerkanonische Bücher wie die Bücher Ben Siras und die Bücher Ben Lanas liest, (hat keinen Anteil an der kommenden Welt); die Bücher Homers *(hameram)* hingegen und alle Bücher, die darüber hinaus geschrieben worden sind – wer diese liest, liest sie wie einen Brief (d.h. wie eine profane Schrift). Was ist die Begründung dafür? ‚Im übrigen, mein Sohn, laß dich warnen ... das viele Studieren *(lahag)* ermüdet *(jegiat)* den Leib' (Koh 12, 12). Sie wurden zum Rezitieren *(lahigajon)* gegeben, nicht aber zum mühsamen Studium *(ligia)*".

Der Schriftvers wird also so umgedeutet, daß die gewöhnliche Lektüre profaner Schriften wie Homer erlaubt ist, solange man nur das mühsame Studium der biblischen Tradition vorbehält. Dasselbe ist in Midr Ps 1 (B. 9) gemeint, wenn es heißt, die Worte Davids soll man nicht lesen „wie die Bücher Homers, sondern man soll sie lesen und darüber nachdenken und ihretwegen Lohn empfangen wie für (das Studium der Mischnatraktate) Negaim und Ohalot."

In Chul 60b scheint schließlich ebenfalls Homer gemeint zu sein, auch wenn hier die Handschriften und Drucke den Text – offenbar wegen der Zensur – sehr uneinheitlich überliefern. Hier sagt R. Simeon ben Laqisch: „Viele Schriftverse scheinen wert, verbrannt zu werden (wie die Bücher Homers), und doch sind sie der Kern der Tora." Als Beispiel zitiert der Text Dtn

2, 23: „Die Awiter saßen in einzelnen Dörfern bis nach Gaza hin." Der Vergleichspunkt scheint zu sein, daß für den Rabbi solche Schriftverse auf den ersten Blick ebenso wie die griechischen Epen nur belanglose historische Fakten übermitteln, auf ihren eigentlichen Sinn erst ausgedeutet werden müssen.

Diese wenigen und noch dazu nicht ganz sicheren Erwähnungen Homers belegen keineswegs eine nähere Bekanntschaft der Rabbinen mit dem griechischen Dichter. Man wird wohl annehmen müssen, daß Homer in den Schulen Palästinas, in denen Griechisch unterrichtet wurde, als Lesebuch diente, somit auch in der vom Patriarchenhaus erhaltenen Schule. Solche „Bücher Homers" sind dann eben nach R. Aqiba „zum Rezitieren" im griechischen Sprach- und Literaturunterricht erlaubt, solange das eigentliche Studium der Bibel vorbehalten bleibt. Eine tiefere und direkte Kenntnis Homers ist bei den Rabbinen hingegen schon deshalb nicht nachzuweisen, weil die in den rabbinischen Texten an Homer erinnernden Redewendungen, Sätze und Mythen im Sprach- und Sagenschatz der Spätantike zu sehr verbreitet waren (z.B. die Geschichte von den Zentauren in GenR 23, 6, Th-A 227) und daher auch vom Hörensagen bekannt sein konnten.

Wir haben schon kurz auf die Parallelen zwischen den Regeln Hillels und der hellenistischen Exegese hingewiesen (S. 133). Es geht dabei vor allem um den Schluß *a minori* sowie den Analogieschluß, den beide gemeinsam haben und wo die hellenistische Terminologie der Bildung der entsprechenden hebräischen Fachausdrücke Pate gestanden sein dürfte. Es ist aber darüber hinaus auf den gesamten Geist der hellenistischen Exegese vor allem Homers zu verweisen, wie sie sich vor allem in Alexandrien entwickelt hat. Hier sind deutliche Parallelen zur rabbinischen Bibelauslegung vorhanden, wie besonders *S. Lieberman* und *D. Daube* aufgezeigt haben, Parallelen, die nicht sofort als direkte Abhängigkeit gedeutet werden dürfen, die aber doch ihre Bedeutung haben.

Die Ausbildung eines Rabbi gleicht in vielem der eines hellenistischen Rhetors und Grammatikers. Die Parallelen in der Einstellung zum jeweiligen heiligen Text – hier zur Bibel, dort vor allem zu Homer – beginnen schon bei der Textüberlieferung. Die Wortzählung der Soferim in der Bibel entspricht der hellenistischen Stichometrie und auch in der Verwendung textkritischer Zeichen sind Bibel- und Homerüberlieferung vergleichbar. Auf die Zusammenhänge zwischen der Anordnung der biblischen Bücher und der hellenistischen Bibliothekspraxis hat erst jüngst *N. M. Sarna* hingewiesen.

Was die Textauslegung selbst betrifft, beginnt sie bei den Klassikern wie Homer mit der Erstellung von Glossaren, der einfachen Worterklärung und der Erläuterung von Realien, wie sie auch die einfachste Bibelerklärung vor allem in den tannaitischen Midraschim noch bestimmt. Das Prinzip, Homer aus Homer zu erklären, hat seine Parallele in der Bibelauslegung aus dem innerbiblischen Zusammenhang. Wichtig ist schließlich in beiden Gebieten eine Deutung des Textes, die diesen vor Angriffen schützt, vor allem durch die Annahme von Euphemismen.

Als Beispiel für den biblischen Euphemismus zitieren Mekhilta, Schirata 6 (L. II 43), und Sifre Num § 84 (H. 81) Sach 2, 12: „Wer euch antastet, tastet seinen Augapfel an." R. Jehuda sagt dazu: „Es heißt nicht ‚den Augapfel', sondern ‚seinen Augapfel' steht geschrieben, sozusagen den von oben (d.h. Gottes); doch die Schrift hat den Ausdruck geändert." Es liegt hier eine der sogenannten *tiqqune soferim,* der „Korrekturen der Schriftgelehrten" vor, die anstelle eines ursprünglichen *eini* („mein Auge") *eino* („sein Auge") gesetzt und so den Angriff auf Gott in einen solchen auf Israel entschärft haben, wobei der Grundsatz gilt, daß alle Gegner Israels in Wirklichkeit Gegner Gottes sind. Einen wirksamen Kampf gegen Gott gibt es nicht, und davon auch nur zu sprechen ist schon anstößig.

Die beiden Stellen bringen noch eine Reihe anderer Beispiele, wo die Bibel euphemistisch spricht. Das Vorgehen, den möglichen Anstoß, soweit es geht, durch Änderung nur eines einzigen Buchstabens aus dem Weg zu räumen, ist auch aus der Homerexegese bekannt. So ändert z.B. Zenodotos Ilias I, 260 Nestors Ausspruch gegenüber Agamemnon und Achill: „Ich war mit Männern zusammen, die tapferer sind als ihr es seid" so ab: „als wir es sind" (*hēmin* statt *hymin*).

S. Lieberman sieht in dem schon in anderem Zusammenhang zitierten Satz „Besser ein Buchstabe der Tora wird entfernt *(teaqqer)* als daß der Name Gottes öffentlich verunehrt werde" (Jeb 79a und Tem 14b; vgl. S. 130, wo es um die Aufhebung der Halakha in bestimmten Situationen ging) in seiner ursprünglichen Bedeutung als Begründung und Rechtfertigung dieses Umgangs mit dem Bibeltext.

Die einfachste Form des Euphemismus ist die Änderung der bezeichneten Person, wie es R. Eleasar beR. Simeon in Sifre Zutta (H. 277) als Grundregel ausdrückt: „Der Mensch muß (Unangenehmes), das ihn selbst betrifft, so formulieren, als ob es einen anderen beträfe."

Gelegentlich aber ist die „geziemende", d.h. dem hellenistischen Verständnis entsprechende Auslegung eines Homertextes nur durch eine Textumstellung, eine *anastrophē,* zu erreichen. So ändert Zenodotos in Ilias III, 423–426 die Anordnung des Textes, um die anstößige Vorstellung zu beseitigen, daß Aphrodite der Helena den Stuhl nachträgt. Ähnliches gibt es in der rabbinischen Auslegung, dort *seres* benannt; so z.B. GenR 49, 7 (Th-A 505), wo R. Simon Gen 18, 22 „Aber Abraham stand noch immer vor dem Herrn" als „Korrektur der Schriftgelehrten" bezeichnet. Dem Zusammenhang wäre vielmehr zu entnehmen, daß „die Schekhina auf Abraham wartet", was sich jedoch nicht zu sagen ziemt.

Ebenso stellen die Rabbinen Num 9, 6 um: „Und sie kamen vor Mose und Aaron", um sich zu erkundigen, was sie tun sollten, da sie sich gerade vor dem Pesachfest an einem Toten verunreinigt hatten und so an der Feier nicht teilnehmen konnten. Man setzt voraus, daß sie zuerst Mose fragten und erst dann Aaron, als sie von Mose keine Antwort erhielten. Das erscheint jedoch absurd: „Wenn es Mose nicht wußte, sollte es dann Aaron wissen? Vielmehr stelle das Schriftwort um (sie kamen vor Aaron und Mose) und erkläre es so. So lehrt R. Joschija" (Sifre Num § 68, H. 63).

Schon in der jüdisch-hellenistischen Bibelauslegung, vor allem bei Philo von Alexandrien, war die *Allegorie* ein wichtiges Auslegungsprinzip. Sie läßt sich direkt auf die Homerexegese zurückführen, in der es zuerst Anaxagoras (5. Jahrh. v. Chr.) aufbrachte. Nach ihm war Homers einziges und allumfassendes Thema Tapferkeit und Gerechtigkeit. Dieser Auffassung schlossen sich die stoischen Interpreten Homers ebenso wie die alexandrinischen Grammatiker an.

In der rabbinischen Schriftdeutung finden wir ebenfalls die Allegorie, wenn auch bei weitem nicht so methodisch wie bei Philo angewandt. Hier sei nur auf die Auslegung des Hohenlieds in der Schule Aqibas verwiesen, wonach dort vom Verhältnis zwischen Israel und seinem Gott die Rede ist. Als Beispiel sei die Auslegung von Koh 9, 14–15 in KohR 9 gebracht: „Es war einmal eine kleine Stadt. Die hatte nur wenige Bewohner. Ein mächtiger König zog gegen sie aus. Er schloß sie ein und baute gegen sie hohe Belagerungstürme. In der Stadt befand sich ein armer, aber gebildeter Mann. Der rettete die Stadt durch sein Wissen". Dazu bringt KohR verschiedene allegorische Auslegungen. Nach der einen ist die Stadt der Sinai, die wenigen Bewohner sind Israel. Der mächtige König ist dann Gott, die Belagerungstürme sind die 248 Gebote und 365 Verbote. Der arme, aber gebildete Mann ist Mose. Oder: der König ist der böse Trieb, dessen Bollwerke Israel zu sagen veranlassen: dies sind meine Götter; doch der arme, gebildete Mann Mose bittet um Vergebung. Eine weitere Auslegung sieht in der Stadt den Körper, in den Bewohnern die Glieder des Menschen. Der große König ist der böse Trieb, „groß" genannt, da um dreizehn Jahre älter als der arme, gebildete Mann, nämlich der gute Trieb (der erst mit der Verpflichtung zu den Geboten im Alter von dreizehn Jahren zu wirken beginnt, während der böse Trieb von Geburt an da ist). Ähnlich wie in der Homerexegese wird auch hier der Grundtext vor allem auf eine ethische Unterweisung hin ausgedeutet.

Schließlich sei auch noch auf die Parallelen zwischen der halakhischen Exegese der Rabbinen und der griechisch-römischen Schule der Rechtsinterpretation verwiesen, etwa auf die Verwendung der Analogie zur Schließung von Gesetzeslücken. Schon im klassischen Griechenland gab es berufsmäßige Ausleger vor allem des sakralen Rechts, deren Funktion mit der der Rabbinen zu vergleichen ist. Eine Gegenüberstellung der Prinzipien, nach denen die Rabbinen die Halakha entwickeln, mit jenen z. B., die den – mit dem babylonischen Talmud etwa gleichzeitigen – Digesten Justinians zugrundeliegen, könnte sicher so manche Parallele aufzeigen. Allerdings ist hier ebenfalls kaum an eine direkte Abhängigkeit des rabbinischen Judentums von den

Juristenschulen der Antike zu denken; vielmehr handelt es sich hier wie dort um rechtliche Denkkategorien, die in dem gemeinsamen größeren kulturellen Rahmen der hellenistischen Welt wurzeln.

B. Iranische Einflüsse im babylonischen Judentum?

Nur der Vollständigkeit wegen sei hier auch kurz die Frage nach eventuellen iranischen Einflüssen im babylonischen Judentum gestellt. So zahlreich und bedeutend nämlich die nachweisbaren Einflüsse des Hellenismus auf das rabbinische Judentum sind, so wenig ist auf der anderen Seite von eventuellen iranischen Einflüssen bekannt.

Man hat zwar im Wortschatz des babylonischen Talmud zahlreiche Anleihen aus der persischen Sprache feststellen können, doch scheint die Kenntnis der Sprache bei den Rabbinen nicht verbreitet gewesen zu sein. Natürlich werden auch babylonische Juden, die es vor allem in der parthischen Periode zu hohen Staatsstellungen gebracht haben (Git 14a–b), die Sprache ihrer Herren verstanden haben, wie man es vielleicht auch vom Exilarchen vermuten darf. Aus Git 19b geht hervor, daß R. Papa sich von Nichtjuden persische Dokumente vorlesen ließ: er verstand demnach die gesprochene Sprache, konnte aber die Schrift nicht lesen. Wieweit andere Rabbinen die Sprache beherrschten, geht aus dem Talmud nicht hervor. Die Übernahme von iranischen Eigennamen, die Git 14b für Juden im parthischen Staatsdienst belegt, die aber auch aus Graffitti in der noch zu besprechenden Synagoge von Dura Europos hervorgeht, scheint relativ selten gewesen zu sein, zumindest was den Einflußbereich der Rabbinen betrifft. Auch das Tragen parthisch-persischer Tracht scheint im babylonischen Judentum auf Amtsinsignien (die in Git 14b erwähnten hohen Hüte der Würdenträger sowie die Kamara, die nach Hor 13b Natans Vater trägt) beschränkt gewesen zu sein.

Unter diesen Voraussetzungen ist es völlig auszuschließen, daß Rabbinen Babyloniens die zoroastrische Religion aus den Originalquellen kannten. Das Wenige, das sie nach dem Zeugnis des Talmud darüber wußten, dürfte aus der Erfahrung des Alltagslebens stammen. Das gilt vor allem für die iranischen Feste, von denen der Talmud einige kennt (AZ 11b; jAZ I, 1, 39c), darunter vor allem zwei, die zugleich für die Entrichtung von Sondersteuern wichtig waren. Die Namen sind völlig verstümmelt überliefert, was allerdings zu einem großen Teil auf die spätere Handschriftentradition zurückgeht, als man mit den persischen Namen gar nichts mehr anfangen konnte.

Religionsgespräche, wie sie die Tradition für das palästinische Judentum in großer Zahl überliefert, scheinen zwischen Rabbinen Babyloniens und den Magiern als den offiziellen Vertretern der zoroastrischen Religion eher selten gewesen zu sein (die Konversation zwischen Amemar und einem Magier in

Sanh 39a hält *Neusner* wegen der völligen Irrelevanz des Besprochenen für fiktiv). Persönliche Kontakte wie die Begegnungen zwischen Samuel und dem iranischen Weisen Ablat (Schab 129a; 156b) sind wohl als Ausnahme anzusehen.

Unter diesen Umständen wird man auch die Parallelen zwischen dem Funktionsbild des babylonischen Rabbi und dem Magier ziemlich vorsichtig beurteilen. Beide gelten als traditionskundige heilige Männer, die nicht nur im rein religiösen Bereich tätig werden, sondern auch in der Verwaltung und Rechtsprechung beschäftigt sind, die magische und nekromantische Fähigkeiten haben und Wunder wirken können. Von beiden erwartet man auch besondere astronomisch-astrologische und medizinische Kenntnisse. Alle diese Fähigkeiten und Funktionen werden auch palästinischen Rabbinen zugeschrieben, sind aber in ihrer Kombination doch als typisch für das babylonische Rabbinat zu betrachten.

Nur nebenbei sei bemerkt, daß das rabbinische Judentum Babyloniens auch zu anderen religiösen Gruppen seiner Zeit praktisch keine Beziehungen hat. Dies gilt insbesondere von den Mandäern, einer wohl ursprünglich jüdischen Taufsekte, die aus Palästina kommend sich schließlich in Südmesopotamien niedergelassen hatte und deren Schriften alttestamentliche Traditionen äußerst polemisch uminterpretieren. Das gilt aber auch von Manis Religion, die ja auch die biblischen Überlieferungen negativ umdeutet. In beiden Fällen ist kein direkter Kontakt mit dem zeitgenössischen Judentum Babyloniens nachzuweisen.

Wie ist diese Isolation des babylonischen Judentums zu erklären, nachdem man doch für das spätbiblische Judentum und für die Apokalyptik mehr oder weniger weitreichende iranische Einflüsse annimmt, vor allem was die Auferstehungslehre, Engel- und Dämonenvorstellungen, Dualismus usw. betrifft? Auch wenn man heute hinsichtlich dieser iranischen Einflüsse viel vorsichtiger urteilt, als dies noch vor einigen Jahrzehnten der Fall war, geht die Debatte nur um den Umfang, nicht aber um die Tatsache dieser Einflüsse.

In rabbinischer Zeit sind offenbar die Voraussetzungen für einen tieferen kulturell-religiösen Kontakt nicht mehr vorhanden. Babylonien liegt am Rand des parthisch-persischen Reiches; es ist nicht zum Kerngebiet der iranischen Kultur zu zählen, sondern bildet ein Mosaik an nationalen Minderheiten, Religionen und Kulturen, die alle ihr Eigenleben führen. Das iranische Element ist zwar in den größeren Städten nicht zu übersehen, doch der Großteil des babylonischen Judentums lebt als Bauern und Handwerker am Land und hat mit der Kultur und Religion der politischen Oberherren keinen Kontakt. Die Regierung versuchte ja auch in der parthischen Periode in keiner Weise sich in die kulturell-religiösen Belange ihrer Untertanen einzumischen, und auch die persischen Sassaniden haben nach kurzen und erfolglosen Bemühungen, das Land im Zeichen der zoroastrischen Religion zu vereinheitlichen, im allgemeinen die tolerante Politik ihrer Vorgänger weitergeführt. Unter diesen Voraussetzungen konnte das babylonische Judentum, das auch weithin geschlossene Landstriche allein oder als große religiöse Mehrheit besiedelte, einem Dialog und einer kulturellen Wechselbeziehung ausweichen, die für das palästinische Judentum unabdingbar war. So kommt es denn, daß auch im babylonischen Judentum die die hellenistischen Einflüsse, die sich ja auch im parthisch-persischen Reich stark durchsetzten, bei den Juden aber noch durch die ständigen Beziehungen zur Gemeinde Palästinas verstärkt wurden, weitaus mehr zum Tragen kommen als Einflüsse aus der eigenen politisch-religiösen Umwelt.

C. Judentum und Christentum

1. Geschichtliche Entwicklung

Die christliche Kirche ist aus dem jüdischen Volk hervorgegangen, Jesus und alle seine ersten Anhänger waren Juden. Ihr Ziel war nicht eine neue Religion, sondern die volle Verwirklichung dessen, was nach ihrer Meinung in der jüdischen Bibel grundgelegt war. Die Jünger Jesu hielten ihren Meister für den in dieser Bibel verheißenen Messias, sahen daher in seinem Wirken die messianische Endzeit gekommen.

Die Messiasfrage hätte nicht unbedingt zu einem innerjüdischen Streit führen müssen. Das jüdische Volk hat schon öfter Messiasprätendenten gesehen und geduldig auf das Endergebnis des Wirkens solcher Leute gewartet. Doch im ersten Jahrhundert war die allgemeine politische Lage im römisch besetzten Palästina so angespannt, daß jede messianische Bewegung als gefährlich angesehen wurde und die römischen Behörden auf den Plan rief. Die jüdischen Selbstverwaltungsgremien hatten im Interesse des inneren Friedens kaum eine andere Möglichkeit, als solche Messiasgestalten an die Römer auszuliefern, die mit ihnen meist kurzen Prozeß machten. Der Fall Jesu war hier keine Ausnahme.

Nach dem Tod Jesu konnte aus denselben politischen Gründen, aber auch vom Standpunkt der inneren Disziplin her die Verbreitung der Lehre Jesu durch seine Anhänger nicht geduldet werden. Diese Anhänger Jesu betrachteten sich übrigens weiterhin voll als Juden, befolgten das Gesetz und suchten den Tempel auf. Die Auseinandersetzung ist zu diesem Zeitpunkt eine rein innerjüdische Kontroverse, für die Anhänger Jesu natürlich viel bedeutsamer als für die allgemeine jüdische Öffentlichkeit, was sich auch in der quellenmäßigen Überlieferung der Ereignisse niederschlägt.

Doch schon bald wandte sich die junge christliche Gemeinde der Missionierung unter Nichtjuden zu. Paulus setzte in Jerusalem den Grundsatz durch, daß man Christ werden könne, auch ohne zuvor das jüdische Gesetz auf sich zu nehmen (Gal 2, 1–10). Innerhalb weniger Jahrzehnte wurden so innerhalb der christlichen Gemeinschaft die aus dem Judentum Gekommenen zur immer kleiner werdenden Minderheit. Diese war natürlich auf Palästina konzentriert, während sich die christliche Kirche über das ganze römische Reich ausbreitete.

Als der jüdische Aufstand gegen Rom ausbrach, beteiligten sich die Judenchristen nicht daran, sondern flohen, wie Hegesipp, der um 180 schrieb und vielleicht selbst jüdischer Herkunft war, überliefert, nach Pella im Ostjordanland (vgl. S. 28). Über die Entwicklung der christlichen Gemeinde Palästinas in den nächsten Jahrzehnten wissen wir praktisch nichts. Daß die Neufassung des Ketzersegens und die Bemühungen um eine Abgrenzung des biblischen Kanons in Jabne nicht primär gegen die Christen gerichtet waren, haben wir schon betont (S. 18).

Justin, ein aus Samaria (Flavia Neapolis) gebürtiger Heidenchrist, schreibt in seinem um 155/161 entstandenen „Dialog mit dem Juden Tryphon", daß sich die Judenchristen auch am Bar-Kokhba-Aufstand nicht beteiligten und deshalb von den Leuten Bar Kokhbas bedrängt wurden. Die Folgen des Aufstands hatten jedoch auch sie mitzutragen, als nach dem Aufstand Beschnittenen der Zugang zur anstelle von Jerusalem gegründeten Aelia Capitolina untersagt wurde. Doch entstand in Aelia schon im Jahr 135 eine heidenchristliche Gemeinde unter Bischof Markos, die später sehr bedeutend wurde und auf dem Konzil von Chalzedon 451 gar zum Patriarchat erhoben werden sollte.

Weitere christliche Zentren waren Caesarea und Skythopolis, das biblische Bet Schean. In Caesarea wirkte in der ersten Hälfte des dritten Jahrhunderts Origenes, aus dessen Schriften wir so manches über das Verhältnis der Kirche zu den Juden wissen. Später wurde hier Eusebius Bischof, der noch den Aufstieg der Kirche unter Konstantin erlebte und dessen Biograph wurde. In Bet Schean machte der aus Palästina, vielleicht sogar von jüdischen Eltern stammende Epiphanius – um 315 in Eleutheropolis (= Bet Gubrin) geboren, später Bischof von Salamis auf Zypern – die Bekanntschaft des Comes Joseph, von dem er über die Konversion des sterbenden jüdischen Patriarchen zum Christentum erfahren haben will (vgl. S. 28f).

Das Verhältnis der christlichen Kirche zur jüdischen Gemeinschaft scheint sich nach dem Bar-Kokhba-Aufstand bald gebessert zu haben. Jedenfalls bestanden im Palästina des dritten Jahrhunderts zwischen beiden Gemeinschaften gute Kontakte, wie vor allem aus den Schriften des Origenes hervorgeht. Dieser war nicht nur selbst viel mit Rabbinen im Gespräch, sondern mußte in seinen Predigten auch immer wieder die Christen vor zu vertraulichem Umgang mit den Juden, vor allem auch vor dem Synagogenbesuch warnen. Viele Christen hielten offenbar eine Verbindung von christlichem Glauben und jüdischen Bräuchen für möglich, worin Origenes jedoch einen unzulässigen Synkretismus sah.

Äußerst problematisch wird das Verhältnis von Kirche und Synagoge in Palästina erst mit dem Sieg des Christentums unter Konstantin, mit der darauf folgenden starken christlichen Zuwanderung und vor allem auch der schon skizzierten antijüdischen Gesetzgebung des christianisierten römischen Reichs. Die hervorragende kirchliche Persönlichkeit Palästinas im vierten und fünften Jahrhundert ist der Bibelgelehrte Hieronymus, der Jahrzehnte lang in Betlehem gelebt hat. Für seine biblischen Arbeiten, vor allem die lateinische Bibelübersetzung der Vulgata, lernte er bei Juden Hebräisch und war auch sonst an jüdischen Traditionen zur Bibel sehr interessiert.

In derselben Periode entstand in Palästina aber auch eine starke monastische Bewegung. Die Wüste Juda füllte sich mit Klöstern, die sich vielfach durch Intoleranz und Glaubensfanatismus hervortaten und so ein gedeihliches Zusammenleben von Christen und Juden von vornherein unmöglich machten.

Die grausam antichristliche Haltung der jüdischen Bevölkerung, als diese nach dem Persereinfall des Chosroes für kurze Zeit ab 614 wieder an die Macht kam, war nur die Reaktion auf jahrhundertelange Unterdrückung durch die christliche Regierung. Erst unter dem Islam wurden dann beide Religionsgemeinschaften wieder zu Minderheiten unter einer anderen religiösen Großmacht, wie sie es bis Konstantin gewesen waren. Im zweiten Zentrum des rabbinischen Judentums, in Babylonien, war dies immer so gewesen und änderte sich daher auch durch den Islam in dieser Beziehung nicht viel. Die Kontakte mit dem Christentum und entsprechende Auseinandersetzungen oder gegenseitige Beeinflussungen hatte es für das babylonische Judentum ohnehin nur äußerst spärlich gegeben.

Etwas näher müssen wir hier noch auf die *Judenchristen* eingehen. Jüdischer Abstammung, jedoch christlichen Glaubens, versuchten sie diesen mit ihrem jüdischen religiösen Erbe zu vereinen und bildeten so gewissermaßen ein Bindeglied zwischen den beiden Religionsgemeinschaften.

Leider sind wir historisch über diese Judenchristen sehr wenig informiert. Unsere Informationen stammen zu einem großen Teil von Irenäus von Lyon. Dieser rechnet die Judenchristen zu den Häretikern, während der etwas frühere Hegesipp, von dessen Werk Eusebius Auszüge überliefert hat, bei den Judenchristen zwischen rechtgläubigen und häretischen Gruppen unterscheidet.

War ursprünglich das Zentrum der Judenchristen Jerusalem, wo sie von Angehörigen der Familie Jesu geleitet wurden, so hat sich nach dem Bar-Kokhba-Aufstand der Schwerpunkt wohl nach Galiläa verlagert. Auch Syrien und das Ostjordanland beherbergen judenchristliche Gemeinden, die sich hier abseits der großen Zentren länger halten können. Spätestens im vierten Jahrhundert verlieren jedoch diese Gruppen, die nach dem Zeugnis des Justinus schon nach dem Bar-Kokhba-Aufstand innerhalb der christlichen Kirche Palästinas die Minderheit darstellten, jegliche Bedeutung.

Die wichtigste Gruppe innerhalb der Judenchristen sind die *Ebioniten,* so nach ihrem Armutsideal benannt (*ebion* bedeutet „arm"). Sie hielten an der Heilsnotwendigkeit des jüdischen Gesetzes fest, legten großen Wert auf rituelle Mahlzeiten und Bäder und hatten auch ihr eigenes Evangelium, eine Bearbeitung von Mattäus. Sie glaubten nicht an die Jungfrauengeburt oder eine Präexistenz Jesu, hielten jedoch an ihm als Messias fest.

Ebenfalls ein eigenes Evangelium hatten die *Nazaräer,* von denen wir sonst auch fast nichts wissen; hinter dem bei den Kirchenvätern genannten Hebräerevangelium dürfte wieder eine andere judenchristliche Gruppe stehen.

Ein Teil des Judenchristentums stand unter gnostischem Einfluß, wogegen schon Kol 2, 16–22 ankämpft. Innerhalb dieser gnostisierenden judenchristlichen Kreise ist besonders die Gruppe der *Elkesaiten* zu erwähnen, nach ihrem Gründer Elkesai benannt, der sich laut Eusebius als Wiedergeburt Christi angesehen hat und ungefähr um das Jahr 100 aufgetreten ist.

Alle diese Gruppen gehen spätestens im vierten Jahrhundert als eigene Kirchen unter. Ihre Mitglieder verlieren sich im allgemeinen Christentum, kehren wieder zum Judentum zurück oder schließen sich gnostischen Gruppen an, die aber nun ebenfalls schon an Bedeutung verlieren.

2. *Jüdische Traditionen bei den Kirchenvätern*

Da die christliche Kirche in der jüdischen Religion wurzelt, ist es nur zu natürlich, daß sie von dieser vieles übernommen hat. Dies gilt sowohl für die religiösen Anschauungen selbst wie auch für Gemeindeorganisation, Liturgie und Kirchenbau. Hier beschränken wir uns jedoch auf die exegetischen Traditionen, die die Kirchenväter von den Rabbinen übernommen haben und die somit das Verhältnis zwischen rabbinischem Judentum und Christen nach dem endgültigen Bruch zwischen beiden Gemeinschaften dokumentieren. Daß im Neuen Testament selbst jüdische Traditionen und auch Parallelen zu rabbinischen Texten ohne Zahl zu finden sind, ist selbstverständlich. Außerdem müssen wir uns hier auf Kirchenväter beschränken, die während der rabbinischen Zeit in Palästina (und Syrien) oder Babylonien gelebt haben und dort auch direkten Kontakt mit den rabbinischen Lehren gehabt haben können.

Kontakte zwischen Juden und Christen waren in dieser Periode zahlreich. Die Kirchenväter beklagten sich immer wieder über Christen, die sich an die jüdischen Fast- und Festtage hielten und am Sabbat in die Synagoge gingen, um dort die Bibelauslegung zu hören. Auch in nachrabbinischer Zeit bezeugen zahlreiche kirchliche Gesetze, daß diese Praxis weiter geübt und von der Kirchenführung als Gefährdung des christlichen Glaubens erachtet wurde.

Aber auch christliche Exegeten wie Origenes und Hieronymus beschäftigten sich immer wieder mit der jüdischen Schriftauslegung. Nicht immer geschah dies mit der Absicht, diese zurückzuweisen und zu widerlegen, obwohl z.B. Justin in seinem „Dialog mit dem Juden Tryphon" (29, 2) sagen kann: „eure Schriften, oder eher nicht eure, sondern unsere: denn wir gehorchen ihnen, während ihr sie zwar lest, doch ihren Geist nicht erfaßt".

Wenn wir von jüdischem Einfluß auf die christliche Exegese sprechen, ist zu allererst auf *Bibeltext und Bibelsprache* kurz einzugehen. Zwar behauptet die christliche Polemik, daß die Juden den Bibeltext verfälschen; so etwa Justin (Dialog 72), nach dem Jer 11, 19 aus dem jüdischen Bibeltext ausgemerzt wurde, sich aber noch in manchen Exemplaren der Synagoge befinde. Im allgemeinen geht diese Polemik immer um den Septuagintatext, den die jüdische Seite aufgegeben hat, weil er zusehr von der christlichen Propaganda verwertet wurde. Den hebräischen Bibeltext konnte ja Justin wegen fehlender Sprachkenntnisse nicht überprüfen.

Wahrscheinlich beherrschte auch Origenes nicht die hebräische Sprache; doch besteht bei ihm ein grundlegendes Interesse am hebräischen Urtext der Bibel, den er in hebräischer Schrift und in Transkription auch in sein großes textkritisches Werk, die Hexapla, aufnimmt. Juden oder Judenchristen sind wohl für diese Aufgaben im Scriptorium des Origenes zu Caesarea beschäftigt gewesen. Diese konnten ihm auch behilflich sein, wenn es um die Etymologie biblischer Namen ging, sofern diese exegetisch bedeutsam war (hier kann er sich allerdings auch an Onomastika mit traditionellen Namenserklärungen gehalten haben).

Mehr als alle anderen Kirchenväter interessierte sich Hieronymus für die hebräische Sprache. Er vertrat auch kanonkritisch das Prinzip der *veritas hebraica,* nahm also nur jene biblischen Schriften in den Kanon auf, die in hebräischer Sprache überliefert waren. Unter großen Kosten und mit viel Mühe lernte er bei einem jüdischen Lehrer in Betlehem so gut Hebräisch, daß er am Schluß sagt, sogar sein lateinischer Stil habe darunter gelitten. Er beherrschte auch die Aussprache der hebräischen Worte einwandfrei, während sonst Juden immer über die falsche Aussprache biblischer Namen durch Christen spotteten und vorgaben, diese nicht zu verstehen (so Hieronymus, In Epist. ad Titum 3, 9), und sich den Christen wegen der Kenntnis der hebräischen Sprache überlegen fühlten (In Ez 37, 12); sie glaubten, die heiligen Schriften würden am Ende der Zeiten den Christen genommen und wieder den Juden zurückgegeben werden (In Mich 7, 9): dann werde jeder Streit um die Bibel aufhören und alle Völker würden Hebräisch sprechen (In Soph 3, 9).

Was die *Bibelauslegung* betrifft, lassen sich Parallelen sowohl in der allgemeinen Art der Exegese wie auch in Einzelauslegungen – vor allem in haggadischen Erweiterungen der biblischen Erzählung – feststellen. Es ist allerdings nicht immer mit Sicherheit festzustellen, ob von christlicher Seite aus jüdisch-rabbinisches Material direkt übernommen wurde, da es ja auch ein breites gemeinsames Erbe an Auslegungstraditionen gab. Ebenso können dieselben Denkformen, an dieselben Texte herangetragen, auch ohne gegenseitige Abhängigkeit zu Parallelen führen.

Diese Vorbehalte gegen eine vorschnelle Behauptung direkter Abhängigkeiten sind besonders bei den syrischen Kirchenvätern sehr ernst zu nehmen. So hat etwa der recht judenfeindlich eingestellte Syrer Ephräm (circa 306–373), obwohl er kaum mit Juden viel Kontakt hatte, in seinen Werken zahlreiche Spuren haggadischer Exegese aufzuweisen. So entspricht etwa sein Kommentar zu 2 Kön 4, 1–7 ExR 31, 4: demnach war die von Elischa versorgte Witwe die Frau des Obadja, des Palastvorstehers Ahabs (1 Kön 18); dieser hatte einst die Prophetenjünger versorgt und dabei Schulden gemacht, die nun seine Witwe begleichen sollte. Was hier über den Bibeltext hinausgeht, ist nach den Prinzipien damaliger Schriftauslegung ohne weiteres aus dem Bibeltext selbst zu erschließen und beweist also keine wie immer geartete Abhängigkeit Ephräms von der rabbinischen Auslegung. Wenn Ephräm für seine an die Haggada anklingende Exegese nie jüdische Quellen nennt, ist dies nicht, wie man gemeint hat, schon als Zeichen seiner Judenfeindschaft zu verstehen; denn wahrscheinlich hat er wirklich keine direkten jüdischen Quellen verwendet.

Dieselbe Annahme gilt für Aphrahat (etwa 270–345, Bischof von Mar Mattai nahe dem heutigen Mossul). Das Judentum des ehemaligen Königreichs Adiabene, mit dem es Aphrahat zu tun hatte, war einerseits fast gar nicht von der rabbinischen Bewegung beeinflußt, auf der anderen Seite sehr für die christliche Predigt aufgeschlossen, so daß es zahlreiche Übertritte von Juden zum Christentum (aber auch umgekehrt) gab. Auch bei Aphrahat finden sich zahlreiche Parallelen zur rabbinischen Schriftauslegung und zur rabbinischen Vorstellungen. Während nach dem Urteil von *L. Ginzberg* kein anderer Kirchenvater so sehr vom rabbinischen Judentum beeinflußt war wie gerade Aphrahat, sieht *J. Neusner,* der die verschiedenen Parallelen erneut kritisch gesichtet hat, hier überhaupt keine direkte Abhängigkeit; für die oft verblüffende Nähe der Anschauungen ist vielmehr allein das gemeinsame kulturelle Erbe verantwortlich.

Anders steht es bei den palästinischen Kirchenvätern, wenn sie eine Tradition ausdrücklich als von jüdischen Lehrern übernommen zitieren. Allerdings gibt es auch hier Probleme: vielfach dürften Übernahmen auch da bestehen, wo diese nicht ausdrücklich als solche gekennzeichnet sind; aber auch bei einem expliziten Zitat jüdischer Lehrer besteht nie Sicherheit, daß nicht der christliche Autor eine jüdische Lehre aus seiner christlichen Sicht mißversteht und somit falsch wiedergibt; auch müssen nicht alle jüdischen Tradenten aus rabbinischen Kreisen stammen – das Judentum Palästinas war vielfältiger (das zeigt z.B. das Judenbild des Celsus, das wohl auf echten Informationen beruht, auch wenn sich Origenes über die Unkenntnis des Celsus lustig macht). Schließlich können auch patristische Verweise auf rabbinische Auffassungen richtig sein, auch wenn sie sich in den rabbinischen Texten – deren Überlieferung ja auch selektiv ist – nicht überprüfen lassen.

Besonders ergiebig für eine Suche nach christlichen Anleihen bei der rabbinischen Schriftauslegung sind die Schriften des Origenes und des Hieronymus. Nach Meinung von *de Lange* war Origenes zumindest mit einigen der in Mischna und Mekhilta überlieferten Vorstellungen vertraut und konnte auf die tannaitischen Lehren in einem größeren Umfang zurückgreifen, als uns dies heute möglich ist. Zwar hat auch ein Origenes antijüdische Klischees der Kirchenväter weitergegeben; doch war er von der Bedeutung der jüdischen Exegese auch für die christliche Lehre überzeugt und suchte daher, soviel wie möglich davon zu erfahren und zu überliefern. Bei Auslegung eines schwierigen Bibeltextes ist nach ihm immer zuerst die hebräische Tradition zu befragen. Seine fehlenden Hebräisch- und Aramäischkenntnisse sind hier ein nur geringes Hindernis, da ja ein Großteil der Juden Palästinas, wie schon festgestellt, hinreichend die griechische Sprache beherrschte. Origenes führt keine jüdischen Informanten namentlich an – nur einmal erwähnt er den Patriarchen Iullos, der gewöhnlich mit Hillel, dem Bruder von Jehuda Nesia gleichgesetzt wird –, betont aber, mit „zahlreichen Juden, auch mit Gelehrten" zusammengetroffen zu sein (Gegen Celsus 2, 31).

Mehrmals wendet sich Origenes gegen die „buchstäbliche" Bibelauslegung der Juden, nimmt damit die allgemeine christliche Polemik seiner Zeit gegen die jüdische Exegese auf, und polemisiert auch gegen „unnütze jüdische Fabeln" (z.B. Homilie 3, 3 zu Lev). Auf der anderen Seite übernimmt er jedoch zahlreiche jüdische Auslegungen und Legenden zum biblischen Stoff. Auch in der Methode der Bibelauslegung scheint er so manches von den Juden gelernt zu haben; hier darf man allerdings nicht vorschnell an eine direkte Abhängigkeit denken, da die Parallelen auch auf den gemeinsamen Hintergrund der hellenistischen Exegese zurückgehen können. Mit Aqiba, dessen Methode er aus der Übersetzung des Aquila kennt, die er ja in seine Hexapla aufgenommen hat, ist Origenes der Ansicht, daß es in der Bibel kein überflüssiges Wort gibt. So deutet er z.B. die Formulierung „Unglück über Unglück" in Ez 7, 26 als Unglück in dieser und in der kommenden Welt.

Zahlreiche Haggadot, die Origenes mit der rabbinischen Tradition gemeinsam hat, müssen nicht von dort stammen, sondern können aus der gemeinsamen Tradition kommen: so ist die Deutung des „Baums der Erkenntnis von Gut und Böse"(Gen 2, 17) als Weinstock nicht nur in rabbinischen Texten (z.B. Ber 40a), sondern schon in 3 Bar 4, 8 zu finden; die Tradition von der Geschlechtertrennung in der Arche Noachs hat Origenes ebenfalls nicht nur mit rabbinischen Texten wie Sanh 108b gemeinsam, sondern auch mit Philo von Alexandrien. Andere haggadische Auslegungen, die Origenes bietet, finden sich nur bei ihm und in rabbinischen Texten: so z.B. die Auffassung, daß jeder der zwölf Stämme seinen eigenen Weg durch das Schilfmeer hatte (vgl. Homilie 5, 5 zu Exodus mit DtnR 11, 10. Eusebius, der diese Tradition wohl von Origenes übernommen hat, bezeichnet sie ausdrücklich als jüdisch). Auch hier ist ein zwingender Beweis der Abhängigkeit des Origenes in jedem Einzelfall schwierig; insgesamt ist aber wegen der zu zahlreichen Parallelen zwischen Origenes und der rabbinischen Tradition an solchen Anleihen des Kirchenvaters bei den Rabbinen nicht zu zweifeln.

Aus den Schriften des Eusebius von Caesarea ist nicht sicher nachzuweisen, daß er sich mit Juden in direkter Diskussion auseinandersetzte. Doch ist auch bei ihm der Einfluß der jüdischen exegetischen Tradition deutlich, auch wenn er die Meinung vertritt, die Juden hätten in ihrer Bibelauslegung schwerwiegende Fehler begangen und seien durch Disputationen von ihrem Glauben abzubringen (Demonstratio evangelica 4, 16). Mehrmals erwähnt er die jüdische Tradition und zitiert z.B. im Kommentar zu Jes 38, 1 als Aussage eines jüdischen Lehrers, Hiskija sei deshalb erkrankt, weil er beim Fall der Assyrer kein Danklied angestimmt habe, wie dies Mose beim Untergang der Ägypter oder Hanna bei der Geburt Samuels taten (vgl. San 94a und HldR 4, 8, wo sich Hiskija entschuldigt, die Tora, mit der er sich beschäftigte, ersetze das Danklied).

Viel bedeutender sind die jüdischen Traditionen bei Hieronymus, der zwischen wertvollen Volkstraditionen und solchen Haggadot unterscheidet, die phantasiereiche Lehrer zur Erbauung ihrer Zuhörer erfinden. *M. Rahmer* hat zahlreiche Parallelen zwischen Hieronymus und der rabbinischen Exegese gesammelt, ist jedoch in der Frage der Abhängigkeit des Hieronymus von den Rabbinen äußerst unkritisch. Wenn er z.B. zu Jes 57, 1 von der Ermordung des Jesaja erzählt, kann er dies auch aus pseudepigraphen Traditionen geschöpft haben. Nicht zu entscheiden ist auch die Frage, ob Hieronymus schriftliche Midraschim gekannt hat, wie *S. Krauss* aufgrund einer Bemerkung des Hieronymus zu einer Haggada zu Jer 29, 21 – „sie wird auch in ihren Synagogen nicht gelesen" – annimmt. Hier hilft auch die Epistola 36 ad Damasum nicht weiter, in der Hieronymus schreibt: „Sofort kam der Jude und brachte nicht wenige Bände, die er von der Synagoge unter dem Vorwand, er wolle sie lesen, erhalten hatte; da hast du, sagte er, was du verlangt hattest." Um genau welche Bücher es hier geht, ist ja nicht gesagt. Dennoch ist insgesamt zu sagen, daß Hieronymus sich wie kein anderer an die haggadische Exegese der Rabbinen hielt. Eine Folge davon war, daß er von jüdischen Autoren des Mittelalters gelesen und auch immer wieder zitiert wurde (z.B. bei Joseph Albo im Sefer Iqqarim 3, 25).

3. Patristische Polemik gegen die Juden

Die Polemik gegen die Juden zieht sich durch die gesamte frühchristliche Literatur. Auch jene Kirchenväter, die am meisten Kontakt mit dem Judentum pflegen und sich für ihre Bibelauslegung an jüdische Traditionen halten, übernehmen diese Polemik. Enge Kontakte mit Vertretern des zeitgenössischen Judentums führen innerchristlich oft zu Vorwürfen wegen allzu großer Judenfreundschaft, wie dies z. B. einem Hieronymus widerfuhr. Dieser wehrt sich gegen diese Vorwürfe mit dem Hinweis auf Clemens von Alexandrien, Origenes und Eusebius, die ebenfalls viel von Juden gelernt haben. Zugleich aber versucht er doch, sich von den Juden zu distanzieren und trifft schärfere Aussagen gegen die Juden, als man von einem so umfassend und direkt informierten Mann erwarten würde. Um seine eigene rechtgläubige Position klar zu profilieren, wendet er sich auch immer wieder scharf gegen die Judenchristen, die „Juden und Christen zu sein wünschen, tatsächlich jedoch keines von beiden sind". Er spottet gegen den jüdischen Einfluß bei den Frauen und im niederen Volk, wo „jüdische Bräuche als Vernunft und menschliche Weisheit zu gelten scheinen". Auch klagt Hieronymus über das Verhalten der Juden in den zahlreichen Religionsgesprächen, daß sie immer, wenn es schwierig wird, vom Thema abweichen.

Was den Inhalt der Religionsgespräche betrifft, sind die Diskussionsthemen in der gesamten patristischen Zeit stets mehr oder weniger dieselben geblieben. Schon in Justins „Dialog mit dem Juden Tryphon" stehen die Grundthemen fest, die sich dann bei Origenes, Aphrahat und den anderen Kirchenvätern stets wiederfinden. Offenbar hat es eigene Handbücher und Testimonia-Sammlungen gegeben, die den Christen auf das Religionsgespräch mit den Juden vorbereiten sollten.

Dieses Gespräch kreist im allgemeinen vor allem um folgende Themen: die Erwählung bzw. Verwerfung Israels, die jüdische Hoffnung auf den Messias und die Heimkehr in das Land der Väter, sowie vor allem die fortdauernde Geltung des alttestamentlichen Gesetzes, wobei es vor allem um den Sabbat, die Beschneidung und die Speisegesetze geht. Diese Gesetzespunkte stehen vor allem auch deshalb im Vordergrund, weil Judenchristen sich trotz ihres Bekenntnisses zu Jesus noch immer daran halten und ihre weitere Verbindlichkeit behaupten. Was den Sabbat betrifft, argumentiert z. B. Origenes, daß das Sabbatgebot wörtlich genommen unmöglich einzuhalten sei; wenn die jüdische Seite darauf verweist, daß am Sabbat kein Manna fiel, dafür am Freitag die doppelte Menge (Num 16), weiß Origenes das Argument für sich zu wenden, indem er das Wiedereinsetzen des Manna am Sonntag als besondere Auszeichnung dieses Tages sieht. Hinsichtlich der anderen Gesetze vertritt Origenes eine allegorische Auslegung – diese nehmen die Juden an: selbstverständlich fordert die Bibel die Beschneidung der Herzen; doch die wörtliche Erfüllung dieser Gebote ist deswegen nicht aufgehoben. Andere christliche Theologen wie Justinus und dann auch Zyprian vertreten daher nicht bloß eine allegorische Umdeutung des Gesetzes, sondern sind der Meinung, daß das mosaische Gesetz von Anfang an zeitlich begrenzt gewesen sei.

Allgemein vertritt die christliche Seite die Ansicht, man dürfe nicht am wörtlichen Sinn der Bibel hängen bleiben, sondern müsse die Mysterien verstehen, die im Bibeltext ausgedrückt sind, und die Erfüllung der biblischen Weissagungen in Jesus sehen. Prinzipiell steht also das rechte Bibelverständnis und die sachgemäße Bibelauslegung im Vordergrund der Diskussionen, wobei es die jüdische Seite naturgemäß leichter hat, indem sie sich auf den Wortlaut des Textes und auf Vernunftargumente zurückzieht, während die christliche Auslegung nur den überzeugen kann, der schon überzeugt ist, schon an Christus glaubt.

Erst relativ spät tritt in der christlich-jüdischen Diskussion das Thema der Schuld am Tod Jesu mehr in den Mittelpunkt, während der Vorwurf, daß die Juden an den Verfolgungen der Christen mitschuldig sind, von Anfang an in der christlich-jüdischen Auseinandersetzung zu hören ist. Schon Justin klagt über die Verfolgung der Christen durch die Anhänger des Bar Kokhba – eine im Rahmen des Aufstands nicht unverständliche Maßnahme. Später wird die Mitwirkung von Juden an Christenverfolgungen ein Standardthema der christlichen Polemik, und Tertullian spricht direkt von den Synagogen als Ausgangspunkten der Verfolgungen. Sichere Zeugnisse von konkreten Fällen gibt es jedoch fast nicht. So wird man also schließen dürfen, daß sicher auch Juden gelegentlich bei Ausschreitungen gegen Christen beteiligt gewesen sind – besonders wo die Beziehungen zwischen Juden und Christen durch ständiges gegenseitiges Abwerben von Mitgliedern gespannt waren –, daß die pauschale Beschuldigung der Juden aber nur ein polemisch-literarisches Klischee ist, das sich nicht auf Tatsachen stützen kann.

4. Die Reaktion der Rabbinen

Wie schon betont, war das aufkommende Christentum aus jüdischer Sicht kein zentrales Problem, sondern nur eine von vielen Gefährdungen der jüdischen Einheit, soweit es sich um Judenchristen handelte, bzw. eine anfänglich recht kleine Gruppe innerhalb des allgemeinen Heidentums. Die jüdische Reaktion auf die Christen war daher anfangs auch nicht so stark, wie man es vielleicht aus christlicher Perspektive erwarten würde. Die jüdische Gemeinschaft hatte in den ersten Jahrzehnten nach 70 größere und dringendere Probleme.

Sicher hat so manche rabbinische Maßnahme zur Vereinheitlichung des Judentums die Abwehr christlicher Tendenzen ebenfalls zum Ziel (aber nicht ausschließlich oder primär!): dies gilt von der Neuformulierung des Ketzersegens und den Bemühungen um den Kanon zu Jabne; ebenso ist die Aufgabe der Septuaginta oder auch die Ausscheidung des Dekalogs aus dem regelmäßigen Synagogengottesdienst *auch* (aber nicht nur) in diesem Zusammenhang zu sehen. Schließlich ist auch eine Reihe von Veränderungen in der haggadischen Tradition recht glaubhaft als Reaktion auf die christliche Deutung biblischer Texte oder Personen verstanden worden (z.B. die Auslegungsgeschichte von Gen 22: die Bindung Isaaks, ein zentrales Motiv in der jüdischen Auslegung, wird christlicherseits auf Jesu Tod gedeutet; in der Folgezeit – deswegen? – tritt das Thema in der jüdischen Haggada für längere Zeit in den Hintergrund bzw. wird Abraham anstelle Isaaks die alles überragende Gestalt der Erzählung).

Dergleichen Veränderungen in Praxis oder Auslegung biblischer Texte sind natürlich nie eindeutig als Reaktion auf das Christentum zu deuten. Eindeutige Belege glaubt man hingegen vielfach in rabbinischen Texten zu finden, die gegen Jesus und die Christen gerichtet sind oder zu sein scheinen. Seit dem Mittelalter hat man sich immer wieder mit diesen Texten beschäftigt und stets neue Belege dazugefunden. *R. T. Herford* hat 1904 eine umfangreiche Sammlung solcher rabbinischer Texte über Jesus und die Christen vorgelegt. Doch zeigt eine kritischere Untersuchung, wie sie *J. Maier* eben für die Jesus-Texte durchgeführt hat, wie problematisch ihre Deutung ist. Nur in wenigen Talmudtexten und sonstigen rabbinischen Stellen ist Jesus namentlich erwähnt. In keinem einzigen Fall sieht *Maier* die Namensnennung für ursprünglich an; das fünfte Jahrhundert sei stets das früheste Datum für die Einfügung des Namens. Und andere Stellen, wo Jesus nicht genannt ist, wo man aber ihn hinter Bileam, Ben Stada oder Ben Pantera vermutet hat, geben ebenfalls keinen Beitrag zu einem rabbinischen Jesusbild. Daß wir in der rabbinischen Literatur keine brauchbaren Informationen über den historischen Jesus finden, war schon lange klar. Nun zeigt sich aber, daß auch die Reaktion auf die christliche Jesusverkündigung in den rabbinischen Texten viel weniger Spuren hinterlassen hat, als man geglaubt hat. Dies als ein Totschweigen des religiösen Gegners durch die Rabbinen zu bezeichnen, ist nur bedingt richtig; jedenfalls darf man nicht die Bedeutung überschätzen, die die Rabbinen dem Thema Jesus zugemessen haben.

Mit diesen wesentlichen Vorbehalten seien einige rabbinische Texte genannt, die zumindest in der Spätphase und Nachgeschichte der rabbinischen Tradition von Jesus verstanden worden sind. Wichtig ist vor allem Sanh 43 a, das in der überlieferten Textfassung von der Hinrichtung Jesu spricht. „Es lehren die Rabbanan: Am Vorabend des Pesachfestes hängte man Jesus (den Christen). Und vierzig Tage ging der Herold vor ihm aus: er geht hinaus, um gesteinigt zu werden, weil er gezaubert und Israel verführt und verleitet hat. Wer etwas zu seiner Verteidigung weiß, komme und bringe es vor. Aber sie fanden für ihn keine Verteidigung und hängten ihn am Vorabend des Pesachfestes". Auf den Einwand des Ulla, der unter Berufung auf Dtn 13, 9 meint, die Suche nach einem Entlastungszeugen wäre doch nicht notwendig gewesen, heißt es: „Bei Jesus war es anders, weil er der Regierung nahestand." Es schließt sich dann unter der Einleitung „es lehren die Rabbanan", die gewöhnlich eine tannaitische Überlieferung einführt, eine Nennung von fünf Jüngern Jesu an: Mattai, Naqqai, Netser, Buni und Toda, die alle hingerichtet wurden.

Die Nennung Jesu in diesem Text ist gut bezeugt, muß aber nicht unbedingt ursprünglich sein. Auch wenn einzelne Details zu dem passen, was wir über den Prozeß Jesu wissen, sind die Abweichungen nicht einfach als Unkenntnis der Rabbinen über den eigentlichen Verlauf von Prozeß und Hinrichtung Jesu zu verharmlosen. Es ist zumindest möglich, daß die Erzählung ursprünglich nur ein Beispiel für die Hinrichtung dessen ist, der Götzendienst übt und dazu verführt, und erst später wegen der tatsächlichen Parallelen zu der christlichen Jesusüberlieferung der Name Jesu hinzukommt. Auch die Nennung der Jünger bietet trotz Anklängen an die Namen von Jesusjüngern (Mattäus, Taddäus) bei einer Einzeldeutung soviele Probleme, daß es nicht auszuschließen ist, daß hier Jesus ursprünglich nicht genannt war. Sicherheit ist hier nicht zu erreichen.

In seiner Streitschrift gegen das Christentum, entstanden um 178, uns jedoch nur in der Gegenschrift des Origenes (wohl 248) erhalten, läßt der heidnische Philosoph Celsus einen Juden gegen die christliche Lehre von der Jungfrauengeburt Jesu polemisieren: Jesu Mutter, eine Handarbeiterin, sei von ihrem Mann wegen Ehebruchs verstoßen worden; der eigentliche Vater Jesu sei ein Soldat namens Panthera gewesen. Aus Armut habe sich Jesus als Taglöhner nach Ägypten begeben, habe dort Zauberei gelernt und sich wegen seiner Zauberkräfte als Gott ausgegeben, bis er wegen seiner Verfehlungen von den Juden bestraft worden sei (Gegen Celsus I 28, 32; II, 5).

In rabbinischen Texten lassen sich zu den meisten Details dieser Polemik Parallelen finden, wobei es zunächst außer Betracht bleiben soll, ob sich diese Texte schon von Anfang an auf Jesus bezogen haben.

Schab 104b heißt es von Ben Stada: „Ben (der Sohn des) Stada war der Sohn des Pandera. Es sagte Rab Chisda: Der Ehemann war Stada; der (mit ihr) Verkehr hatte, war Pandera. Der Ehemann war Pappos ben Jehuda, und Stada war seine Mutter. Seine Mutter war Mirjam mit den langen Haaren, wie man in Pumbedita sagt: Sie ist abgewichen von ihrem Ehemann.“ Weithin wird Ben Stada mit Jesus identifiziert und dann die ganze Stelle, aus der allein Pappos ben Jehuda historisch bekannt ist – er war ein Zeitgenosse des R. Aqiba –, als eine Umdeutung der von Celsus her bekannten Geschichte gesehen.

Dieselbe Erzählung bringt der Talmud auch in Sanh 67a, wo aber zuvor noch eine andere Überlieferung über ben Stada steht. Es geht im Zusammenhang darum, daß man einen Mann, der einen anderen zum Götzendienst verführt, zu einer Wiederholung seiner Sünde provoziert, während ihn zwei Zeugen ungesehen belauschen. „So hat man es mit Ben Stada in Lod gemacht und ihn am Vorabend des Pesachfestes gehängt.“ Wenn man Ben Stada mit Jesus gleichsetzt, paßt zwar die Datierung seines Todestages, nicht aber die Hinrichtung in Lod, und auch die Geschichte mit den beiden Zeugen wäre eine sehr gewaltsame Umformung der Erwähnung von den falschen Zeugen gegen Jesus in den Evangelien.

Eine weitere Parallele zur Polemik bei Celsus findet sich in Sanh 107b: „Als der König Jannai die Gelehrten tötete, flohen R. Jehoschua ben Perachja und Jesus nach Alexandrien in Ägypten" (Jesus gilt hier also als Zeitgenosse von Jannai, der 103–76 v. Chr. regierte!). Als wieder Friede einkehrte, zogen die beiden nach Israel zurück; doch auf dem Heimweg verhielt sich der Jünger Jehoschuas nicht so sittsam, wie es dieser erwartete, und wurde daher von seinem Meister mit dem Bann belegt. Er wandte sich daraufhin dem Götzendienst zu, da er als jemand, der andere zur Sünde verleitete, keine Möglichkeit der Umkehr sah. „Der Meister sagte", so schließt die Erzählung, „Jesus hat gezaubert und Israel verführt und abtrünnig gemacht" (vgl. Sota 47a). Hier finden wir also das Motiv wieder, daß Jesus nach Ägypten gezogen ist und – allerdings ohne direkten Zusammenhang damit – daß er Zauberei geübt hat.

Die zuletzt genannte Stelle Sanh 107b über R. Jehoschua ben Perachja steht im größeren Zusammenhang einer Erzählung über Elischa. Wie dieser seinen Diener Gehasi zu streng bestraft (2 Kön 5) und ihm so die Bereitschaft zu Umkehr und Buße genommen hatte, so verhielt sich auch R. Jehoschua gegenüber seinem Jünger. Dieser war ursprünglich nicht benannt; erst nachträglich – nach *J. Maier* frühestens im sechsten oder siebten Jahrhundert – ist dieser Schüler mit Jesus gleichgesetzt und dessen Name eingefügt worden.

Was die Texte über Ben Stada betrifft, haben sie offenbar ursprünglich nichts mit Jesus zu tun. Es besteht die Möglichkeit, daß hinter ihnen die Erinnerung an eine historische Gestalt steht, die man durch Jehuda ben Pappos ins zweite Jahrhundert datieren könnte. Doch dürfte hier verschiedenstes Material zusammengeflossen sein, so daß eine klare Überlieferungsgeschichte nicht mehr rekonstruierbar ist. Gegen Ende der rabbinischen Zeit ist dann wohl schon Ben Stada mit Jesus identifiziert worden, wie es ja dann auch die mittelalterlichen Toldot Jeschu machen.

Eine geradlinige Verbindung der Celsus-Tradition mit diesen verschiedenen Talmud-Texten ist also nicht möglich. Auf der anderen Seite sind zuviele Berührungspunkte da, um an rein zufällige Parallelen denken zu lassen. Besonders die Behauptung, der Vater Jesu habe Panthera geheißen, ist im Zusammenhang mit der rabbinischen Tradition von Pandera als dem eigentlichen Vater des Ben Stada vielleicht doch nicht so ohne Bedeutung. Hat sie wirklich nur nachträglich zur Identifizierung von Jesus und Ben Stada/Ben Panthera geführt oder muß man nicht doch stärkere Querverbindungen zwischen der von Celsus überlieferten jüdischen Tradition und den rabbinischen Texten annehmen? Leider ist in diesen Fragen ein sicheres Urteil unmöglich.

Das Thema „Jesus in der rabbinischen Tradition" sei mit einem Ausspruch des R. Abbahu abgeschlossen: „Wenn dir ein Mensch sagt: ich bin Gott, so ist er ein Lügner; ich bin ein Mensch(ensohn), wird er es am Ende bedauern; ich steige zum Himmel empor, hat er es gesagt, wird es aber nicht tun (jTaan II, 1 65b)." Das Verständnis dieses Ausspruches als Zurückweisung einer

Christologie, die Jesus als Gott und Menschensohn bezeichnet und von seiner Himmelfahrt spricht, liegt nahe – zumindest für einen christlichen Leser. Doch ist er auf dem Hintergrund verschiedener biblischer Stellen als direkt klassische Schilderung eines zu selbstbewußten gottlosen Herrschers zu sehen, eine Schilderung, die in der rabbinischen Literatur eine lange Tradition hat. Zwar hatte Abbahu in Caesarea, wo zu seiner Zeit Eusebius Bischof war, sicher genug Gelegenheit, auch von christlichen Vorstellungen zu erfahren und auch mit Christen in ein Streitgespräch zu kommen; doch verbietet sich eine antichristliche Deutung des Textes eben wegen der rabbinischen Tradition des Themas; zumindest steht eine antichristliche Intention nicht im Vordergrund und ist auch nicht beweisbar.

Wenn also die vermeintlichen rabbinischen Jesus-Texte zumindest für die eigentliche rabbinische Zeit kaum ein Ergebnis bringen, ist damit noch nicht gesagt, daß es nicht zumindest antichristliche Stellen im rabbinischen Textmaterial gibt. In der Forschung stehen in diesem Zusammenhang schon immer die Texte über die *Minim* im Vordergrund. Das hebräische Wort *min* bedeutet an sich „Art, Abart", und bekommt so im übertragenen Sinn die Bedeutung „Abweichler" (von der Hauptlinie des Judentums). Wer damit im einzelnen gemeint ist, muß man jeweils aus dem Zusammenhang erschließen. *R. T. Herford* hat praktisch alle diese Texte von (Juden-)Christen verstanden, *M. Friedländer* vor ihm sie auf jüdische Gnostiker gedeutet. Sicher können sowohl Christen wie auch Gnostiker (und andere) mit diesem Ausdruck gemeint sein, doch ist eine pauschale Entscheidung für die eine oder andere Lösung unmöglich.

Von besonderem Interesse ist TChul II, 24 (Z. 503) und die Parallele AZ 16b–17a, eine Erzählung über Elieser ben Hyrkan. Dieser wurde wegen *minut* von den römischen Behörden verhaftet, konnte sich aber vor Gericht herausreden und wurde freigelassen. Vergrämt darüber, daß ihm so etwas widerfahren konnte, wird er von seinen Schülern zu einer Gewissenserforschung aufgefordert: „Hat vielleicht einer von den Minim dir etwas gesagt und du hast daran Gefallen gefunden?" Auf diese Frage Aqibas hin erinnert er sich: „Als ich einmal auf der Straße von Sepphoris ging, begegnete ich Jakob von Kefar Sikhnin und er sagte mir ein Wort der *minut* im Namen des Jeschua ben Pantiri und ich habe daran Gefallen gefunden. Und ich wurde wegen Worten der *minut* festgenommen, weil ich die Worte der Tora übertreten habe: ‚Halte deinen Weg fern von ihr ...' (Spr 5, 8)."

Üblicherweise sieht man diese Erzählung als historisch zuverlässig an und versteht sie in dem Sinn, daß Elieser der Neigung zum Christentum verdächtigt und deshalb verhaftet wurde. Doch ist eine Identifizierung des hier genannten Jeschua ben Pantiri mit dem christlichen Jesus – in AZ nachträglich durchgeführt – äußerst problematisch. In der Tosefta fehlt das „Wort der *minut*", an dem Elieser Gefallen fand. In AZ geht es hier um eine Auslegung von Dtn 23, 19: „Du sollst weder Dirnenlohn noch Hundegeld in den Tempel des Herrn, deines Gottes, bringen"; für einen Abort im Tempel dürfe es aber verwendet werden, soll „Jesus" gesagt haben. Wenn man einmal den Namen Jesu beiseiteläßt, bleibt nichts mehr, was die *minut* als christlich ausweist.

Mehrmals ist von Heilungen durch Minim die Rede. So heißt es in TChul II, 22 (Z. 503), Eleasar ben Dama sei von einer Schlange gebissen worden, worauf ihn Jakob von Kefar Sama – in der Parallele AZ 27b als Min bezeichnet, von manchen auch mit dem Jakob aus Kefar Sikhnin von TChul II, 24 identifiziert – im Namen des Jeschua ben Pantera heilen wollte. Doch R. Jischmael ließ dies nicht zu, und ehe Eleasar ben Dama die Erlaubtheit des Vorgehens beweisen konnte, starb er. In jAZ II, 2, 40d wird über den Enkel des R. Jehoschua ben Levi, dem etwas im Hals stecken geblieben ist, ein Bibelvers im Namen des Jeschu ben Pandera gesprochen und die Lebensgefahr geht vorüber; doch sein Großvater meint, besser wäre er gestorben. Schließlich kann man hier auch eine Erzählung von AZ 28a anführen, wo ein Min namens Jakob unter dem Vorwand, R. Abbahu zu heilen, diesem Gift auf den Schenkel streicht; nur durch das sofortige Eingreifen zweier Rabbinen wird Abbahu gerettet.

Aus diesen Texten geht hervor, daß Minim in Palästina als Ärzte wirkten, von denen Rabbinen jedoch aus religiösen Gründen abgelehnt wurden. Es ist fraglich, ob die Nennung Jeschu(a)s hier ursprünglich ist bzw. ob man Jeschua ben Pantera so ohne weiteres mit Jesus identifizieren kann, wie es in der Spätzeit der rabbinischen Tradition sicher geschehen ist. Doch selbst wenn wir diese Fragen bejahen könnten, wären damit die Krankenbeschwörer noch nicht eindeutig als Christen identifiziert, auch wenn dies nicht auszuschließen ist.

Auch in KohR 1, 8 sieht man gern einen Hinweis auf das Christentum. Chanina, der Sohn des Bruders der R. Jehoschua, wird in Kafarnaum von den Minim behext, sodaß er den Sabbat bricht. R. Jehoschua heilt ihn von diesem Zauber, schickt ihn dann aber fort nach Babylonien, da er sich zuhause zu sehr kompromittiert habe. Für eine Gleichsetzung der Minim mit Christen scheint die Lokalisierung in Kafarnaum zu sprechen, wo man aber eher Judenchristen erwarten würde, die sich selbst an den Sabbat halten. Die antigesetzliche Einstellung der Minim ist eine so allgemeine Charakterisierung, daß daraus nichts Näheres entnommen werden kann.

„Ränder *(giljonim)* und Bücher der Minim rettet man nicht (am Sabbat) aus dem Feuer, vielmehr sollen sie und ihre Gottesnamen an ihrer Stelle verbrennen. Die Ränder der Torabücher? Nein, sondern die Ränder der Bücher der Minim." Auf den Einwand, daß man Bücher der Minim prinzipiell nicht rettet, umso weniger also die Ränder ihrer Bücher, heißt es: „Die Bücher der Minim sind Rändern gleichgestellt." Etwas später fügt dann dieselbe Stelle noch an: „R. Meir nannte es *awwen giljon* (Unheilsblätter), R. Jochanan nannte es *awon giljon* (Sündenblätter)" (Schab 116a).

Hier an die christlichen Evangelien zu denken, liegt nahe; das hat wohl auch die nachtalmudische Überlieferung getan, für die ursprüngliche Textbedeutung hat dies jedoch *K. G. Kuhn* mit guten Gründen zurückgewiesen. Eine nähere Bestimmung der „Bücher der Minim" ist nicht mehr möglich.

Die meisten Texte über die Minim beziehen sich naturgemäß auf Palästina, wo Judenchristen, gnostische Gruppen und andere Randerscheinungen des Judentums zahlreich waren. In Babylonien sind, wie *J. Neusner* feststellt, die Minim ab etwa 300 ein Problem. AZ 17a bezeichnet die *Minut* als die größtmögliche Sünde; in Sanh 38b warnt R. Nachman davor, sich mit Minim in Diskussionen einzulassen, wenn man ihnen nicht so geschickt wie R. Idit antworten kann. An der ersten Stelle ist die Minut durch sexuelle Ausschweifung gekennzeichnet – eine Frau bekennt, ihren kleinen Sohn von ihrem großen Sohn empfangen zu haben. Eine solche Polemik gegen (Juden-)Christen ist zwar nicht undenkbar, doch in Babylonien wohl unwahrscheinlich: wie aus Aphrahat hervorgeht, werfen die Juden den Christen gerade den Zölibat der Mönche und Nonnen immer wieder vor! Die Diskussion mit den Minim in Sanh 38b wiederum geht um die Einheit Gottes, was sich gewiß gegen die christliche Lehre richten kann, ebensogut aber auch den gnostischen Dualismus trifft.

Schab 116a nennt ein *Be Abedan* und ein *Be Nitsrefe.* Manche Rabbinen, wie Samuel, finden es erlaubt, ein *Be Abedan* zu betreten (gewöhnlich als mazdäische Kultstätte verstanden), ein *Be Nitsrefe* würde jedoch niemand betreten. Dieses wird im allgemeinen als nazarenische (also christliche) Kirche verstanden (*Neusner* läßt die Möglichkeit offen, daß es sich um einen mandäischen Versammlungsort handelt, da die mandäische Selbstbezeichnung ihrer Lehre *natsiruta* ist). Diese Deutung ist sprachlich nicht gesichert und auch historisch problematisch (welche Bedeutung hat das Christentum im rabbinischen Babylonien des 3. Jahrhunderts?).

Die hier gebrachten Texte sind nur ein Ausschnitt aus dem viel reicheren rabbinischen Material, das als Reaktion auf das Christentum gedeutet worden ist. Doch ist ganz allgemein festzustellen, daß kein einziger Text mit absoluter Sicherheit von Christen zu verstehen ist – die deutlichen Spuren der Auseinandersetzung mit dem Christentum stammen alle erst vom Ende der talmudischen Zeit oder noch später.

D. Die Rabbinen und die Gnosis

Wie schon erwähnt, hat *M. Friedländer* die rabbinischen Stellen über die Minim durchgehend von Gnostikern verstanden. Auch sonst hat man gnostische Einflüsse auf Rabbinen bzw. rabbinische Reaktionen auf Gnostiker zu entdecken geglaubt; so sei auch auf diesen Fragenkreis kurz eingegangen.

Der Name *Gnosis* (griech. „Erkenntnis") kennzeichnet eine religiöse Bewegung der Spätantike, die die Erlösung des Menschen durch die „Erkenntnis" des wahren Ursprungs, Seins und Ziels des Menschen jenseits der irdischen Welt verheißt. Allen ihren Ausprägungen ist ein weltfeindlicher Dualismus eigen: die Weltschöpfung ist nicht das Werk des wahren Gottes, sondern des Demiurgen, der mit dem Gott der hebräischen Bibel gleichgesetzt wird. In diesem Zusammenhang kommt es zu einer völligen Umdeutung des Alten Testaments und jüdischer Traditionen.

A. Harnack hat einst die Gnosis als Hellenisierung des Christentums verstanden, während andere die vorchristliche und orientalische Herkunft der Gnosis behaupteten. In diesen Fragen herrscht noch immer keine Einigkeit. Doch gibt es eine Fülle von Argumenten, welche das Judentum Palästinas als eine der wichtigsten Wurzeln der gnostischen Bewegung nahelegen. Die patristische Anschauung, der aus Samaria stammende Simon Magus sei der Vater der Gnosis gewesen, deutet ebenfalls in diese Richtung.

Jüdische Ansätze der Gnosis sind nicht nur darin zu sehen, daß diese die hebräische Bibel ständig als Ausgangspunkt gebraucht, wenn auch durch ihre Deutung entfremdet, sondern finden sich vor allem in der Apokalyptik. Einer der wichtigsten Grundzüge dieser Apokalyptik ist der Pessimismus gegenüber Welt und Geschichte; man sieht hier keine göttliche Leitung und keinen Weg zum Heil mehr. Dies führt zu einer Weltflucht, die das Heil allein in einem „Wissen" um die Geheimnisse Gottes sieht. Ähnlich desillusioniert ist die spätere jüdische Weisheitslehre, die ebenfalls in der mit dem Gesetz identifizierten „Weisheit" den Weg zum Heil sieht, wie auch die Gemeinde von Qumran von einer heilbringenden Erkenntnis weiß. Dazu kommt in der Apokalyptik wie im Qumran ein starker Dualismus, der zwar orthodox bleibt, bei konsequentem Durchdenken dieses Ansatzes aber jederzeit in den kosmischen Dualismus der Gnosis umkippen könnte. Damit sollen nicht die hellenistischen oder iranischen Elemente in der Gnosis geleugnet werden, doch haben diese auch schon das apokalyptische Schrifttum beeinflußt.

Das rabbinische Judentum mußte sich selbstverständlich auch mit diesen gnostischen oder zumindest mit gnostisierenden Tendenzen auseinandersetzen. Dies gilt vor allem für Palästina, wo einst die Gnosis wohl ihren Anfang nahm, auch wenn sie bald mehr in den großen Städten heimisch wurde, aber auch in Babylonien, wo die Rabbinen gnostische Lehren durch Manichäer und Mandäer in ihrer nächsten Umgebung kennenlernen konnten. Daß es dennoch nicht mehr klare rabbinische Zeugnisse vom Abwehrkampf gegen die Gnosis gibt, liegt einmal daran, daß die gnostische Bewegung zur Zeit, als die beiden Talmude redigiert wurden, ihren Höhepunkt schon überschritten hatte, aber wohl auch an einem bewußten Vermeiden religiöser Auseinandersetzung, wo diese irgendwie zu umgehen war.

An erster Stelle sind hier die ziemlich zahlreichen, fast ausschließlich in Palästina tradierten Aussprüche zu nennen, die sich gegen den strengen jüdischen Monotheismus richten und „zwei Mächte" im Himmel annehmen. Sanh IV, 5 heißt es, daß Gott nur einen einzigen Menschen zuerst geschaffen habe, damit es nicht heiße, es gebe mehrere Mächte im Himmel. GenR 8, 8 (Th–A 61) hingegen erzählt, wie Gott Mose abschnittweise die Bibel schreiben läßt. „Als er zu dem Vers kam: ‚Und Gott sagte: Laßt uns den Menschen machen', sagte er: Herr der Welt, warum ermöglichst du den Minim einen Einwand? (Gott) erwiderte: Schreib. Wer sich irren will, möge sich irren." Die Mißdeutung des Plurals in der Rede Gottes wird also vorhergesehen und hingenommen. Nach rabbinischer Anschauung kann man ja jeden dieser Einwände gegen die Einheit Gottes sofort durch andere Bibeltexte widerlegen. „‚Jetzt seht: Ich bin da, nur ich' (Dtn 32, 39). Dies ist die Antwort auf die, die sagen, es gebe keine Macht im Himmel. Wer hingegen sagt, zwei Mächte seien im Himmel, dem antwortet man: Steht nicht auch geschrieben: ‚Und kein Gott ist mit mir'?" (Sifre Dtn § 329, F. 379). Daß sich aber dualistische Auffassungen doch nicht so leicht abweisen ließen, zeigen die häufigen Diskussionen zum Thema, wie z.B. in jBer IX, 1, 12d–13a, wo die Minim den R. Simlai fragen, wieviele Götter die Welt erschaffen haben, und der Reihe nach die Bibelstellen zitieren, die von Gott in der Mehrzahl sprechen. Diese Texte boten den Kritikern eine willkommene Angriffsfläche.

Der Dualismus war offensichtlich ein Problem. Die Vorstellung, daß Gott nicht allein oder nicht selbst die Welt erschaffen, sondern dabei Helfer gehabt habe, ist nicht ausschließlich und eindeutig gnostisch. Die hier anvisierten Gegner der Rabbinen – soweit es sich nicht überhaupt einfach um exegetische Bemühungen innerhalb des rabbinischen Judentums und nicht um echte Diskussionen handelt – sich jedenfalls nicht eindeutig zu bestimmen.

Elischa ben Abuja, der Erzketzer der rabbinischen Tradition, wegen seiner Leugnung der göttlichen Gerechtigkeit von manchen als Epikuräer betrachtet (vgl. S. 191), weist in seiner rabbinischen Darstellung auch Züge auf, die ihn in die Nähe der Gnosis rücken. Eine der vielen Anekdoten, die das Schicksal dieses rabbinischen Gelehrten erklären wollen, erzählt: Elischa „sah Metatron, dem die Erlaubnis gegeben wurde, sich zu setzen, um die Verdienste Israels aufzuschreiben. Da sagte er: man lehrt, daß es oben kein Sitzen und keinen Streit, keine Rückseite und keine Ermüdung gibt. Es wird doch nicht etwa zwei Mächte geben? Man führte Metatron hinaus und gab ihm sechzig Schläge mit Feuer und sagte zu ihm: warum bist du nicht aufgestanden, als du ihn sahst? Und man gab ihm die Erlaubnis, die Verdienste Achers zu streichen" (Chag 15a; Acher, „der andere", ist Elischas Bezeichnung nach seinem Abfall).

Diese Erzählung gehört in den Zusammenhang der mystischen Traditionen. Elischa steigt in den Himmel auf und sieht dort Metatron, den ranghöchsten Engel, thronen. Da kommt ihm der Gedanke, ob es nicht am Ende doch zwei Mächte, zwei Gottheiten, im Himmel gebe. Metatron wird bestraft, weil er diese Schlußfolgerung veranlaßt hat. Ob man hier Elischa die

Auffassung zuschreibt, Metatron sei eine Art Demiurg oder gar eine zweite Macht gegenüber Gott, geht aus der Formel nicht hervor.

Die Erzählung geht damit weiter, daß eine Himmelsstimme Elischa den Anteil an der himmlischen Welt abspricht, auch wenn er Buße tun sollte. Da beschließt er, zumindest die irdische Welt zu genießen. „Er ging, traf eine Hure und forderte sie auf. Sie fragte: Bist du nicht Elischa ben Abuja? Er riß einen Rettich aus dem Beet, obwohl Sabbat war, und gab ihn ihr. Da sagte sie: es ist ein anderer *(acher)*" (Chag 15 a).

Das rabbinische Bild von Elischa ben Abuja weist zu verschiedenartige Züge auf, als daß man eindeutig festlegen könnte, welche Art von Ketzerei den Rabbinen dabei vor Augen stand. Eine eindeutige Chrakterisierung war wohl auch nicht beabsichtigt, solange nur deutlich wurde, wohin der Zweifel an der göttlichen Gerechtigkeit führen kann. Die Episode mit der Hure ist primär als Abwendung vom Gesetz zu sehen. Selbstverständlich paßt sie zum Bild, das die Epikuräer klischeehaft als ausschweifende Menschen kennzeichnet, ebenso aber auch zur Haltung der gesetzfeindlichen – das Gesetz ist ja Werk des Demiurgen, der bösen Weltmächte! – und sexuell ausschweifenden Grüppchen innerhalb der gnostischen Bewegung. Es erinnert daran, daß Simon Magus mit einer Hure durch die Lande zog; doch ist das Motiv des Rabbi und der Hure zu häufig, um hier eindeutige Bezüge zur Gnosis behaupten zu können.

In KohR 1, 25 zu Koh 1, 8 wird von einem Schüler des R. Jonatan erzählt, daß er zu den Minim ging. Als Jonatan seinen Schüler zurückholen wollte, forderten ihn die Minim auf: „Wirf dein Los in unserm Kreis, gemeinsam sei uns der Beutel" (Spr 1, 14). Er flieht, doch sie folgen ihm und fordern ihn auf: „komm, übe Erbarmen an dieser Braut!" Er geht und findet sie mit einem Mädchen beschäftigt. Auf seinen Vorwurf, daß Juden so etwas tun, rechtfertigen sie sich nochmals mit Spr 1, 14. Offenbar finden sie darin eine Aufforderung zur Frauengemeinschaft, verstehen den „Beutel" als weibliches Geschlechtsorgan. Die Minim, die hier ausdrücklich Juden genannt werden, folgen nach dieser Schilderung sexuellen Praktiken, wie sie die Kirchenväter den Gnostikern nachsagen, deren eigene Schriften jedoch klarmachen, daß die libertinistische Gnosis eine Randerscheinung gegenüber den zahlreicheren aszetischen Gruppen ist. Immerhin liegt es nahe, daß die Rabbinen bei dieser Erzählung an gnostisch infizierte Kreise am Rand des Judentums dachten.

Zusammenhänge zwischen Judentum und Gnosis sind unter anderem auch bei den Namen Gottes erkennbar. So liebt z. B. die Gnosis hebräische Gottes- und Engelnamen; aber auch die gnostische Bezeichnung Gottes als *topos*, „Ort", entspricht dem rabbinischen Gottesnamen *maqom*, der gerade wegen gnostischer Verwendungsmöglichkeiten dann in der rabbinischen Literatur zurücktritt bzw. anders gebraucht wird. Aus der jüdischen Mystik, die besondere Nähe zur Gnosis aufweist, sei vor allem die Bezeichnung Gottes als *gebura*, „Macht" erwähnt (auch in rabbinischen Texten), die z.B. an die *megalē dynamis*, die „große Macht" des Simon Magus erinnert, sowie der „Name der Achtheit", AZBOGH genannt (je zwei Buchstaben haben zusammen den Zahlenwert acht), was mit der gnostischen Ogdoas zu vergleichen ist.

Antignostische Polemik scheint in einer Reihe rabbinischer Aussagen zur Weltschöpfung eine Rolle zu spielen. So z.B. im schon genannten Text GenR 1, 10 (Th-A 9), wo es darum geht, warum die Welt mit dem Buchstaben *bet* erschaffen wurde (mit dem der hebräische Schöpfungsbericht beginnt) und nicht mit *alef*. Eine Antwort lautet: „um nicht den Minim den Einwand zu ermöglichen: wie kann die Welt bestehen, da sie doch mit einem Ausdruck des Fluches *(arira)* geschaffen wurde?" Die Vorstellung, daß die Weltschöpfung ein Übel und eine Folge einer Urschuld ist, ist typisch gnostisch. Gegen eine solche Auffassung verwahren sich die Rabbinen.

Nach *S. Lieberman* ist auch eine Erzählung über Ben Zoma (GenR 2, 4, Th-A 17 und Parallelen), die *H. A. Fischel* auf dem Hintergrund der antiepikuräischen Polemik gedeutet hat, im Zusammenhang mit der Gnosis zu sehen. R. Jehoschua fragt den gedankenverlorenen Ben Zoma, der ihm auf seinen Gruß nicht antwortet: „Womit beschäftigst du dich" *(meein ha-raglaim,* wörtlich: „woher [kommen] die Füße?"), was an die gnostische Grundfrage nach dem Woher des Menschen erinnern könnte. Ben Zoma antwortet: „Nichts aus nichts" *(lo me-ein),* und gibt dann auf Drängen des R. Jehoschua zu, daß er sich mit dem Schöpfungsbericht von Gen 1, näherhin mit dem Abstand des oberen von dem unteren Wasser, beschäftigt habe. Die Kosmogonie (und die gnostische Ablehnung der Weltschöpfung aus dem Nichts, woran Ben Zomas Antwort gemahnt) spielten in der rabbinisch-gnostischen Kontroverse sicher eine große Rolle.

Die Frage nach dem Woher erhält bekanntlich in der Gnosis die Antwort, daß das wahre Ich des Menschen ein Lichtfunke ist, der aus dem göttlichen Licht kommt, jetzt in der Materie eingekerkert ist, aber bestimmt ist, sich wieder zum Licht Gottes zu sammeln. Der Leitspruch des Aqabia ben Mahalalel in Abot III, 1 könnte als jüdische Reaktion auf diese Anschauung verstanden werden: „Bedenke drei Dinge und du wirst dich nicht versündigen. Wisse, woher du gekommen bist und wohin du gehst und vor wem du einst Rechenschaft ablegen mußt. Woher bist du gekommen? Von einem stinkenden Tropfen. Und wohin gehst du? Zu einem Ort voll Staub, Würmern und Maden. Und vor wem mußt du einst Rechenschaft ablegen? Vor dem König der Könige, dem Heiligen, gepriesen sei er." Derekh Erets Rabba 3, 1 legt diesen Ausspruch dem Ben Azzai in den Mund (der in der Tradition mit Ben Zoma eng verbunden ist), der aber die Frage nach dem Woher und Wohin noch deutlicher antignostisch beantwortet: „Woher ist er gekommen? Von einem Ort der Finsternis. Wohin geht er? Zu einem Ort dichter Finsternis."

Auch in der Spekulation über den Urmenschen gibt es deutliche Parallelen zwischen Gnosis und rabbinischen Texten. Gerade hier ist es jedoch schwierig, von direkten Zusammenhängen zu sprechen, da wohl beide auf gemeinsame Wurzeln zurückgreifen, sei es nun auf iranische Ur-Mensch-Vorstellungen oder auch auf bestimmte exegetische Traditionen zur Schöpfungsgeschichte. Ganz allgemein sind die Berührungspunkte zur Gnosis in Mystik und Magie am stärksten, während die rabbinischen Texte zwar vielfach Vorstellungen aufgreifen oder gegen Vorstellungen reagieren, die besonders in gnostischen Kreisen beheimatet waren; dennoch ist eine klare Beweisführung für Übernahme oder Polemik gegenüber der Gnosis kaum einmal möglich, weil die Rabbinen ihre Gegner nie genauer charakterisieren und auch das historische Phänomen der Gnosis zu vielfältig und verschwommen ist.

E. Die frühe jüdische Kunst

Noch vor sechzig Jahren hätte man dieses Kapitel nicht schreiben können; die Vorstellung einer jüdischen Kunst in talmudischer Zeit war damals noch undenkbar, wenn man einmal von der Synagogenarchitektur und rein ornamentalen Ausgestaltung ihrer Bauelemente absieht. Es herrschte die Auffassung, daß ein wörtliches Verständnis des biblischen Bilderverbotes jegliche Darstellung von Tieren oder gar Menschen untersagte: „Du sollst dir kein Gottesbild machen und keine Darstellung von irgend etwas am Himmel droben, auf der Erde unten, im Wasser unter der Erde“ (Ex 20, 4). Die rabbinischen Texte – vor allem im Traktat über den Götzendienst *(Aboda zara)* – schienen diesen Text wörtlich als absolutes Bilderverbot zu deuten. Zwar wußte man aus Josephus Flavius, daß der mit den Hohenpriestern verwandte Tobiade Hyrkan sich im zweiten Jahrhundert v. Chr. seine Residenz „mit Tiergestalten von gewaltiger Größe“ ausstatten ließ (Ant. XII, 230); doch geschah dies zum Höhepunkt der Hellenisierungsbestrebungen in Palästina, gegen die dann die Makkabäer reagierten, und vor allem außerhalb des heiligen Landes, im Ostjordanland (Araq el-Emir). In Israel selbst hätte man dies in der Zeit des zweiten Tempels wohl kaum geduldet, und selbst ein Herodes respektierte diese Ablehnung bildlicher Darstellungen, wie auch die rein ornamentalen Wandmalereien in den herodianischen Bauten auf Masada bezeugen. Zwar kamen in der Zeit der römischen Verwaltung Münzen mit dem Bild des Kaisers in das Land, doch die jüdischen Münzen stellen gewöhnlich pflanzliche Motive – Granatapfel und Kornähre – dar.

Doch dann entdeckte man 1918 den Mosaikfußboden der Synagoge von Naaran mit einer Tierkreisdarstellung, 1928 den Fußboden der Synagoge von Bet Alfa bei Bet Schean, auf dem eine Tierkreisdarstellung, flankiert von einer biblischen Szene, nämlich der Opferung Isaaks, und einem Feld mit kultischen Motiven wunderbar erhalten ist. 1932 folgte diesen Funden in Palästina die noch aufsehenerregendere Entdeckung der Synagoge von Dura Europos am Eufrat, die aus dem dritten Jahrhundert stammt und mit zahlreichen biblischen Fresken ausgestattet ist. Zahlreiche weitere Funde in Israel folgten, so daß wir heute über ein reiches Corpus jüdischer Kunst im Lebensraum des rabbinischen Judentums verfügen.

Die uns erhaltenen Zeugnisse der jüdischen Kunst aus rabbinischer Zeit sind entweder Synagogen- oder Grabkunst: neben zahlreichen Sarkophagen vor allem aus Bet Schearim sind es Fußbodenmosaike, Steinmetzarbeiten an Bauteilen der Synagogen sowie eben die Fresken von Dura, die bisher ohne Parallele geblieben sind. Die verwendeten Motive sind der hellenistischen Kunst und Mythologie entnommen – so etwa der Tierkreis oder Leda mit dem Schwan –, biblische Szenen oder Zusammenstellungen von Kultgegenständen, dazu vielfältige Tier- und Pflanzenbilder. Die Entstehungszeit der bisher gefundenen Werke ist das dritte bis frühe siebte Jahrhundert.

1. Die Überwindung des Bilderverbots

Die erste Erklärung dieser anfangs so überraschenden und dem gewohnten Bild des rabbinischen Judentums so widerstreitenden Funde war, daß es sich um Zeugnisse eines Judentums handelte, das außerhalb der rabbinischen Orthodoxie stand. *E. R. Goodenough,* der in einem monumentalen Werk sämtliche ihm erreichbaren Werke dieser jüdischen Kunst sammelte und zu interpretieren suchte, verstand sie als Ausdruck eines synkretistischen, hellenisierten und mystisch bestimmten Judentums, das er dem rabbinischen Judentum gegenüberstellte. Siedelte er anfangs dieses „liberale" Judentum außerhalb des Einflußbereiches der Rabbinen an, so überzeugte ihn das sich ständig mehrende und aus den Kerngebieten des rabbinischen Judentums kommende Material davon, daß die Rabbinen sich offenbar doch nicht so allgemein mit ihren Anschauungen durchsetzen konnten, wie es die Auffassung vom „normativen Judentum" vertrat.

Tatsächlich zeigen rabbinische Texte, daß Rabbinen sich bildlichen Darstellungen in Synagogen widersetzten, doch sich der Mehrheit fügen mußten. So heißt es in Meg 22b: „Rab befand sich bei einem öffentlichen Fasten in Babylonien ... alle fielen (beim Gebet) auf ihr Antlitz, nicht aber Rab. Warum fiel Rab nicht aufs Antlitz? Es war ein Steinpflaster, und es heißt: ‚Ihr sollt ... in eurem Land keine Steine mit Bildwerken setzen, um euch auf ihnen niederzuwerfen' (Lev 26,1) ... Wenn das so ist, warum ist dann nur Rab genannt? Das hätte doch allen gegolten! Doch nur vor Rab befand sich (das Bildwerk)." Nach RH 24b befand sich in einer Synagoge in Nehardea, wo Rab und Samuel zu beten pflegten, sogar eine Statue oder eine Büste *(andarta),* vielleicht ein Abbild des persischen Herrschers. Damit konnten die Rabbinen entsprechend ihrer Lehre sicher nicht einverstanden sein, ebensowenig wie Rab mit dem Fußbodenmosaik, das wohl im zuvor angeführten Text genannt ist, einverstanden ist; doch sind sie dagegen machtlos. Nicht anders ist es in Palästina, wie z.B. jAZ III, 1, 42c zeigt: Nur beim Begräbnis des R. Nachum bar Simai verdeckt man die Bilder (in der Synagoge?), gegen die er, der nie auch nur eine Münze wegen des Bilderverbots angeschaut hatte, nichts ausrichten konnte, ebensowenig wie R. Jochanan, von dem es zuvor (42b) heißt, daß Bilder verboten sind, weil man ihnen Weihrauch darbringt, mit ihnen also Götzendienst treibt.

Diese Begründung Jochanans schließt aber folgerichtig ein, daß Bilder erlaubt sind, wo die Gefahr des Götzendienstes nicht besteht. Da muß auch er sich damit abfinden, wie jAZ III, 3, 42d zeigt: „In den Tagen des R. Jochanan begann man, die Wände zu bemalen, und er hinderte sie nicht." Damit stehen wir in der Mitte des dritten Jahrhunderts, zur Zeit, als die Fresken von Dura Europos entstanden. Eine alte Handschrift fügt hinzu: „In den Tagen des R. Abun (4. Jahrh.) begann man, Mosaikbilder zu machen, und er hinderte sie nicht." Dazu paßt Targum Pseudo-Jonatan Lev 26, 1, wo das Bilderverbot so eingeschränkt wird: „Doch einen Fußboden mit Darstellungen und Bildern dürft ihr auf dem Boden eurer Heiligtümer haben, doch nicht, um euch davor niederzuwerfen, denn ich bin der Herr euer Gott."

Literarische und archäologische Zeugnisse stimmen also darin überein, daß spätestens ab dem dritten Jahrhundert eine Synagogenkunst innerhalb des rabbinischen Judentums möglich wurde. Die Künstler, die diese Mosaike und Fresken herstellten, sind sicher selbst Juden gewesen; denn Juden als Künstler, besonders als Bildhauer, haben offenbar eine längere Tradition als die künstlerische Synagogenausstattung und deren Duldung durch die Rabbinen. Darauf verweist die Diskussion der Mischna über Götzenbilder: nach Meinung des R. Aqiba sind solche Statuen, die ein Israelit angefertigt hat, erst dann verboten, wenn sie göttlich verehrt worden sind, die von einem Heiden angefertigten Statuen sind hingegen von allem Anfang an verboten (AZ IV, 4). Daß Juden in der Fertigung von Götzenbildern beschäftigt waren und offenbar dabei besonders kunstfertig und einfallsreich waren, scheint auch aus der wohl auszeichnenden Bemerkung hervorzugehen: „Das ist ein Standbild von Juden" (Sifre Dtn § 318, F. 364).

Das bisher Gesagte zeigt schon, wie beschränkt die Macht der Rabbinen sogar in den Synagogen lange Zeit gewesen ist; in vielen Dingen, und so auch in der Kunst, mußten sie sich einfach der Mehrheit fügen und versuchen, aus dem Unvermeidlichen das Beste zu machen. Die Geschichte der frühen jüdischen Kunst trägt also dazu bei, das etwas einseitige Bild zu ergänzen, das die literarischen Quellen vom rabbinischen Judentum geben. Sie verstärkt insbesondere auch den aus den Texten gewonnenen Eindruck, wiesehr der Hellenismus das Judentum der rabbinischen Zeit beeinflußt hat. Man darf wohl damit rechnen, daß im Laufe der Zeit auch so manche (vor allem palästinische) Rabbinen der Kunst direkt wohlwollend gegenübergestanden sind und daß allein die zur Zeit der Redaktion der beiden Talmude schon wieder einsetzende allgemeine jüdische Bilderfeindschaft die Überlieferung von kunstfreundlichen rabbinischen Zitaten verhindert hat.

2. Die Übernahme heidnischer Motive

Als sich im Einflußbereich des rabbinischen Judentums langsam eine positive Einstellung zur bildenden Kunst entwickelte, konnte dies natürlich nicht sofort eine eigenständige echt jüdische Kunst bedeuten. Hatten Juden vorher für nichtjüdische Auftraggeber gearbeitet, so übertrugen sie jetzt denselben Themenschatz und Formenkanon in den jüdischen Bereich. Dies war überall möglich, wo eine Darstellung nicht heidnisch mißzuverstehen war; Motive, die auch jüdisch gedeutet werden konnten, wurden natürlich besonders beliebt.

Ein schönes Beispiel für diese Abhängigkeit von der griechisch-römischen Kunst ist die Nekropole von Bet Schearim, in der unter anderen auch Jehuda ha-Nasi begraben wurde. Diese weitläufigen Grabanlagen, die vor allem im dritten und vierten Jahrhundert benützt wurden, enthalten zahlreiche Sarkophage, die zu einem geringeren Teil fertig oder halbfertig aus dem Ausland importiert wurden, zum größeren Teil aber das Werk einer lokalen Steinmetzschule sind, die die Formen der römischen Grabkunst leicht abgewandelt weiterverwendet hat.

Auf diesen Sarkophagen finden sich alle traditionellen Motive: Kränze und Girlanden, Rosetten und Muscheln, Stierköpfe, Vögel, die an Weintrauben picken, Löwen, die einander gegenüberstehen, zwischen sich eine Vase oder einen Stierkopf, und ähnliches. In einer Grabanlage, in der sich die führenden Rabbinen bestatten ließen, überrascht die Maske eines bärtigen Mannes, die an einen griechischen Gott denken läßt, aber auch die Darstellung von Motiven aus der griechischen Mythologie, wie Leda mit dem Schwan oder der Kampf der Amazonen. Zu dieser Bildauswahl paßt es, daß auch die Grabinschriften, wie schon erwähnt, zum größeren Teil nicht hebräisch, sondern griechisch sind.

Auch in den Synagogen werden dieselben Motive für Steinreliefs übernommen. So finden wir z. B. in der sehr frühen Synagoge von Chorazin nicht nur Rosetten, Muscheln und Pflanzenmotive, sondern auch, umgeben von einem Akanthuskranz, ein Medusenhaupt (vielleicht zur Dämonenabwehr), einen galoppierenden Zentaur und einen anderen, den ein Löwe angreift, einen Löwen, der seine Beute verzehrt, Männer bei der Weinernte usw. In der nahen Synagoge von Kafarnaum muß es eine ähnliche Fülle von Darstellungen gegeben haben, auch wenn hier viel zerstört worden ist. Neben zahlreichen Rosetten, Pentagrammen und Hexagrammen, die vielleicht auch magische Bedeutung hatten, sind das Relief eines Seepferdes und die Darstellung eines Wagens, den man vielleicht als fahrbaren Toraschrein deuten darf, besonders bemerkenswert.

Neben diesen Steinreliefs sind es vor allem die zahlreichen Fußbodenmosaike, die die Synagogenkunst der rabbinischen Zeit in Palästina dokumentieren. Auch diese Mosaike sind zum größten Teil keine spezifisch jüdischen Kunstwerke, sondern übernehmen die traditionellen hellenistisch-römischen Muster. Oft stellen sie geometrische Muster, Pflanzen, Früchte und Tiere dar. Ein sehr schönes Beispiel ist die Synagoge von Nirim, deren Mosaik eine vielfältige Fauna darbietet. Einzig der siebenarmige Leuchter weist innerhalb dieses großen Mosaikfeldes auf eine jüdische Bestimmung hin; ansonsten könnte es ebenso (und wird vielleicht auch tatsächlich) eine römische Villa geschmückt haben.

Das auf diesen Mosaikfußböden am öftesten vertretene Motiv überrascht jedoch wegen seiner heidnischen Assoziationen besonders: es ist der Tierkreis, umgeben von den Jahreszeiten und mit dem Sonnengott Helios im Zentrum. Am bekanntesten sind von diesen Mosaiken jene von Chammat Tiberias (Mitte 4. Jahrh.) und Bet Alfa (unter Justin I., 518–527).

Das Mosaik der Synagoge von Chammat Tiberias, laut Stifterinschrift von einem Angehörigen des Patriarchenhofes gewidmet, übernimmt direkt ein römisch-griechisches Vorbild (das Gegenstück dazu ist der Tierkreis von Münster-Sarmsheim!), in das nur die hebräischen Namen der Sternbilder eingetragen werden. Helios ist hier als der triumphierende Kaiser im Purpurmantel dargestellt, die Rechte in Siegergeste erhoben, während die Linke (nicht erhalten) wohl die Weltkugel trug. Bei den Tierkreisbildern selbst ist in einer Synagoge besonders auffällig und nur durch die Übernahme eines festen Vorbilds erklärlich, daß Wassermann, Zwillinge und Waage nackte Knaben sind.

Die vier Jahreszeiten, deren Bilder den Tierkreis rahmen, sind in traditioneller Weise als Frauen dargestellt, die aber in Bet Alfa noch deutlich als geflügelte Genien erkenntlich sind, die – nach in der Antike weitverbreiteten Vorstellungen – den Himmel tragen.

Wie ist es möglich, daß dieses Motiv in den Synagogen so zentral wird, obwohl es sofort an Horoskop und heidnischen Gestirns- und Schicksalsglauben denken läßt? Vor allem ist zu betonen, daß das Judentum dieses Motiv erst zu einer Zeit übernahm, als es im christianisierten römischen Reich außer Kurs kam. Doch wurde es sicher nicht als bloß schöne Dekoration übernommen, wie manche gemeint haben. Auch der Vorschlag, es handle sich um ein Kalenderbild, kann nicht überzeugen. Vielmehr hat der Tierkreis in der jüdischen Tradition eine weitreichende Bedeutung. Die Gestirne offenbaren den Willen Gottes, die Tora. Sie gewähren Kontakt mit der himmlischen Welt und ihrer Ordnung und erlauben, indem sich der Mensch an ihnen ausrichtet, den Kult auf Erden in Entsprechung zum himmlischen Gottesdienst zu begehen und so an der Liturgie der Himmlischen teilzuhaben. Auch ist hervorzuheben, daß das rabbinische Judentum daran glaubt, daß Gott über den Tierkreis den Weltenlauf beeinflußt, allerdings nicht in einer Weise, die ihm selbst die Freiheit nehmen würde, korrigierend einzugreifen, wie dies rabbinische Erzählungen am Beispiel des großen Sterndeuters Abraham verdeutlichen.

Eine nähere Sinngebung erfährt der Tierkreis der Synagoge gelegentlich durch Begleitbilder. Typisch – auch in christlichen Darstellungen des Motivs im Mittelalter – ist die Verbindung des Tierkreises mit einer biblischen Szene, die die Gefährdung des Gläubigen symbolisiert: so ist es in Naaran die Darstellung Daniels in der Löwengrube, in Bet Alfa die der Opferung Isaaks, die den Tierkreis als Rettungsbild erweist.

In Bet Alfa ist der Tierkreis in einen größeren Zusammenhang einbezogen, der eine weitergehende Deutung ermöglicht. Wer in die Synagoge kommt, tritt zuerst in das Mosaikfeld der Opferung Isaaks, identifiziert sich mit dem Geschehen, indem er Abrahams Opferbereitschaft zum Vorbild nimmt; so kann er dann gleich Helios ungefährdet durch den Tierkreis in die himmlische Welt auffahren, in das himmlische Heiligtum eintreten, das im obersten Mosaikfeld dargestellt ist. Eine zweite Deutungsmöglichkeit besteht darin, das dreiteilige Mosaik symmetrisch zu verstehen: wer in der inneren Einstellung Abrahams, der bereit ist, seinen Sohn zu opfern, in dieser Synagoge betet, macht den im gegenüberliegenden Feld dargestellten Kult erst sinnvoll und wirksam, und der in der Mitte thronende Gott offenbart sich rettend in ihm durch den Tierkreis.

Der hellenistische Einfluß ist aber nicht nur in der direkten Übernahme von Motiven und mythologischen Szenen sowie im Stil, sondern auch in der Umprägung rein jüdischer Bildthemen zu finden. Besonders deutlich ist dies im Fußbodenmosaik der Synagoge von Gaza, durch eine Inschrift auf 508/9 datiert. Ein als byzantinischer König gekleideter Mann spielt die Lyra; ihn umgeben ein Löwe, eine Schlange und eine Giraffe, alle von der Musik bezaubert. Dies ist eine übliche Darstellung des Hirtensängers Orpheus, den aber hier die hebräische Beischrift als David identifiziert! Denselben lyraspielenden David-Orpheus finden wir schon in der Toraschreinnische der Synagoge von Dura Europos, hier allerdings in persischer Tracht und mit der phrygischen Mütze. Das Judentum hat demnach den griechischen Sänger, den schon frühe jüdisch-hellenistische Texte zum Schüler Moses machen, mit David gleichgesetzt, wie die frühe christliche Kunst ihn mit Jesus, dem guten Hirten, identifiziert.

Aber auch direkt biblische Darstellungen stehen unter deutlichem hellenistischem Einfluß, wie die Fresken der Synagoge von Dura zeigen, die stilistisch allerdings zugleich auch stark parthisch-orientalisch geprägt sind. Die Stellung von Dura zwischen hellenistischer und orientalischer Welt zeigt sich auch darin, daß die Gestalten auf den Fresken teils römische, teils parthische Tracht tragen.

Zwei Szenen sind in diesem Zusammenhang besonders hervorzuheben. Die erste davon stellt Ex 2, 5–10 dar: die Tochter des Pharao rettet den in einem Binsenkästchen ausgesetzten Mose-Knaben aus dem Nil. Das Bild folgt aber nicht genau dem Text der Bibel, sondern griechischen Vorbildern, die die Errettung bedeutender Kinder, wie etwa des Achill oder des Dionysos, durch eine Wassergottheit zeigen. Als solche ist denn auch die Pharaonentochter dargestellt: nackt steht sie im Wasser, auf dem linken Knie ein nacktes Kind haltend und mit der Rechten auf die ihr folgenden Frauen zeigend. Diese, dem Bibeltext nach die Dienerinnen der Prinzessin, tragen griechische Kleidung. Die erste hält ein Waschbecken und einen Wasserkrug, die zweite ein Kästchen, die dritte eine Muschel – demnach sind die drei wohl als Nymphen zu verstehen.

Die zweite Szene stammt aus dem Ezechiel-Zyklus und stellt die Wiederbelebung der Toten nach Ez 37 dar. Doch setzt das Bild nicht die ganzheitliche biblische Auffassung des Menschen voraus, sondern die hellenistische Dreiteilung in Leib, Seele und Geist. So beugt sich neben dem Propheten die griechische Seelengöttin Psyche, durch Kleidung und Schmetterlingsflügel identifiziert, zu dem leblosen Leichnam nieder, um dessen Kopf zu berühren. Darüber sieht man drei kleine Psychen, ebenfalls griechisch gekleidet und mit Schmetterlingsflügeln, herunterschweben, offenbar um die drei im Bild zu sehenden leblosen Leiber zu beseelen. Sie sind die persönlichen Seelen des einzelnen, während die große Psyche hier offenbar das allen gleichermaßen Leben schenkende Pneuma ist.

3. Biblische Szenen

Gegenüber dieser Fülle an hellenistischen Motiven in der Synagogen- und Sepulkralkunst der rabbinischen Zeit, die sich durch Darstellungen in Privathäusern ergänzen ließe (so etwa ein Mosaik in Bet Schean, das den an den Schiffsmast gebundenen Odysseus zeigt, damit er nicht der Verlockung der Sirenen verfalle), überrascht die extreme Seltenheit biblischer Darstellungen. Zweimal finden wir auf palästinischen Synagogenmosaiken Daniel in der Löwengrube, beidemal in Verbindung mit dem Tierkreis (Naaran und Susija), einmal die Opferung Isaaks (Bet Alfa), ebenfalls mit dem Tierkreis verbunden. Schon außerhalb des rabbinischen Palästina, wenn auch sehr nahe, ist die Synagoge von Gerasa, auf deren Mosaik die Arche Noachs dargestellt ist, in die gerade die Tiere hineingehen. Dies erinnert an die wohl spätere Darstellung desselben Themas auf einem Mosaik in Mopsuestia (fünftes Jahrhundert?), das *M. Avi-Yonah* entgegen der ursprünglichen Identifizierung durch den Ausgräber, der es einer christlichen Kirche zuschrieb, als Synagogenmosaik betrachtet. In Mopsuestia befinden sich auch Reste eines Samsonzyklus; doch liegt dieser Fund, sei es nun eine Kirche oder eine Synagoge, weit außerhalb der hier gesteckten Grenzen.

Außerhalb des Einflußgebietes der Rabbinen liegt auch Dura Europos, dessen Synagoge die jüdische Bibelillustration dieser Periode in so einzigartiger Weise dokumentiert, daß wir auf jeden Fall darauf eingehen müssen. Dura war eine römische Grenzgarnison am Eufrat, wo sich neben einer christlichen Minderheit auch eine jüdische befand. Diese errichtete anstelle einer älteren Haussynagoge im Jahr 244/5 eine völlig mit Fresken ausgestattete Synagoge, die – da an der Stadtmauer gelegen – wenige Jahre später mit Sand aufgefüllt wurde, um die Befestigung der Stadt zu verstärken, die 256 aber dennoch von den sassanidischen Truppen erobert wurde. Die zahlreichen Inschriften und Graffitti in der Synagoge in griechischer, aramäischer und persischer Sprache dokumentieren die kulturelle Zwischenstellung dieser jüdischen Gemeinde ebenso wie der hellenistisch-orientalische Mischstil der Synagogenfresken.

Etwa vierhundert Kilometer von Nehardea und noch weiter von den rabbinischen Zentren Galiläas entfernt, stand Dura sicher nicht unter rabbinischem Einfluß und hat Rabbinen höchstens bei deren Durchreise von Palästina nach Babylonien oder umgekehrt kennengelernt. Vielleicht haben solche durchreisende Rabbinen gelegentlich auch in der Synagoge von Dura gepredigt, damit auch gewisse Züge ihrer Bibelauslegung in diesem Außenposten der Diaspora bekanntgemacht. Das könnte gewisse Anklänge an die Haggada in der Ausgestaltung der biblischen Fresken von Dura erklären. Doch müssen wir immerhin damit rechnen, daß solche Parallelen nicht auf direkten rabbinischen Einfluß zurückgehen, sondern vielleicht einer größeren gemeinsamen Auslegungstradition entstammen. Die Einseitigkeit der literarischen Überlieferung mahnt bei der Feststellung von Abhängigkeiten zur Vorsicht; besonders gilt dies, solange kein deutlicher rabbinischer Einfluß auf die jüdische Gemeinde von Dura oder dort verwendete Vorlagen nachzuweisen ist, für die einzelne Bilder überspannende Gesamtkonzeption des Freskenzyklus von Dura.

Das soeben gefallene Stichwort „Vorlage“ weist auf eine wichtige Problematik der Fresken von Dura. Diese sind zwar der älteste erhaltene Bilderzyklus zur Bibel. Doch kann man sich kaum vorstellen, daß gerade in dieser kleinen Grenzstadt der erste Versuch einer monumentalen Bibelillustration gemacht wurde und auf Anhieb so gut gelang. Daß die Künstler von Dura Vorlagen verwendet haben, zeigt ein Bild der Via-Latina-Katakombe in Rom, die etwa hundert Jahre nach Dura ausgemalt wurde und in der Gestaltung so mancher alttestamentlicher Themen jüdische Einflüsse übernommen zu haben scheint. Die Darstellung des Jakobstraumes (Gen 28) stimmt, was den Bildaufbau betrifft, in Dura und der Via Latina völlig überein, auch wenn die stilistischen Mittel sehr verschieden sind. Eine direkte Abhängigkeit der römischen Katakombe von Dura, dessen Gemälde nur elf Jahre lang dem Publikum zugänglich waren, ist undenkbar. Was nun die Art dieser Vorlagen betrifft, denkt man an „Musterbücher“ für einzelne Themen, vielleicht auch auf Stoff gemalte und so leicht transportable Musterbilder; meist jedoch werden illustrierte Bibelhandschriften vorgeschlagen und gelegentlich illuminierte Septuagintahandschriften schon für die vormakkabäische Zeit postuliert. Die Annahme solcher Bilderhandschriften – auch bebilderte Ausgaben der „Jüdischen Altertümer" des Josephus oder von aramäischen Bibelübersetzungen stehen zur Debatte – wird durch die spätere Entwicklung der christlichen Bibelillustration vielfach unterstützt, muß aber doch bloße Hypothese bleiben, solange wir keine solchen Handschriften selbst und nicht einmal zeitgenössische Erwähnungen solcher Handschriften kennen.

Die sich um den ganzen Raum ziehende Sockelzone stellt Tiere und dazwischen Medaillons mit Frauenköpfen dar (Persephone oder Kybele, während die Katzentiere wohl mit Dionysos in Verbindung stehen); darüber sind in drei Registern die biblischen Szenen wiedergegeben, von denen nicht alle sicher identifiziert werden können. Aus der Fülle des Materials seien nur die wichtigsten Darstellungen genannt. Eine Reihe von Bildern betreffen Mose und den Auszug aus Ägypten: so der Befehl des Pharao, die neugeborenen Knaben der Israeliten zu töten; die Bergung des im Nil ausgesetzten Mose-Knaben durch die Tochter des Pharao; der Auszug; Mose läßt in der Wüste Wasser hervorquellen; Aaron als der Hohepriester. Aus der Patriarchengeschichte stammen: die Opferung Isaaks; der Jakobstraum zu Bet-El; der Jakobssegen; Josef und seine Brüder (?). Die Richterzeit illustrieren Szenen, in denen die Philister über die Israeliten siegen, die Bundeslade erbeuten, die dann schließlich den Israeliten zurückgeschickt und nach Schilo gebracht wird. In einem Bild salbt Samuel David, der in einem anderen den schlafenden Saul nicht töten will. Aus dem Elija-Zyklus sehen wir das Opfer der Baals-Priester auf dem Karmel und die Totenerweckung eines Knaben durch Elija. Eine ganze Reihe von Szenen stellt schließlich die Belebung der Toten von Ez 37 dar.

Besonderes Interesse gebührt der am besten erhaltenen Westwand, in der sich die Toranische befindet. Diese selbst ist als Muschel gestaltet; darüber ist ein Tempel gemalt, zu dessen Seiten sich ein siebenarmiger Leuchter und das Isaaksopfer befinden. Das Feld darüber ist im Lauf der kurzen Geschichte von Dura, wie noch deutlich zu erkennen ist, zweimal abgeändert worden. Ursprünglich füllte ein weitausladender Baum – wohl der mit der Tora gleichgesetzte Lebensbaum – das gesamte Feld. Dann setzte man in die Krone des Baums einen thronenden König mit zwei Begleitern und einem Löwen: gemeint ist wohl der davidische Messiaskönig mit dem Löwen von Juda. Später hat man das Ganze rot übermalt und im unteren Bildteil zweimal den Jakobssegen dargestellt – einmal mit allen Söhnen, einmal nur mit Efraim und Manasse; darüber sieht man David als den lyraspielenden Orpheus und im Oberteil des Feldes den vom Hofstaat umgebenen (Messias-)König. Diese Komposition ist links und rechts von je zwei schmalen Feldern gerahmt, die je einen Mann darstellen, wahrscheinlich immer Mose.

Natürlich stellt sich angesichts eines für seine Zeit so einzigartigen Kunstdenkmals die Frage nach dem geistesgeschichtlichen Hintergrund. Gibt es neben den eindeutigen hellenistischen Bezügen Zusammenhänge mit der zeitgenössischen jüdischen Bibelauslegung – die uns allerdings nur in den rabbinischen Texten belegt ist! – oder bezeugen diese Fresken etwa ein Nachleben der hellenistisch-jüdischen Exegese, die wir aus Philo kennen? Tatsächlich lassen sich für eine Reihe von Bilddetails rabbinische Erklärungen finden, die aber, wie schon betont, sehr vorsichtig zu beurteilen sind. Nur einige Beispiele seien herausgegriffen.

In der Darstellung der Opferung Isaaks hat sich, anders als in Gen 22, 13, der Widder nicht in einem Gebüsch verhängt, sondern steht neben einem einzelnen Baum (von einem Baum spricht sowohl die Septuaginta wie auch der Targum). Auf dem Mosaik von Bet Alfa ist der Widder an diesen Baum angebunden, was wohl mit der rabbinischen Auffassung verknüpft ist, daß dieser Widder, der in der Dämmerung vor dem Anbruch des Schöpfungssabbats erschaffen wurde, von Anbeginn der Geschichte von Gott für diese Begebenheit bereitgestellt ist. In Dura ist nicht deutlich zu erkennen, ob der Widder angebunden ist oder frei dasteht, was die in den rabbinischen Texten mehrmals betonte Freiwilligkeit des Widders, sich für das Opfer zur Verfügung zu stellen, bedeuten könnte (vgl. PRE 31, L. 71b).

Die Darstellung des Durchzugs der Israeliten durch das Schilfmeer weist zwischen Mose und den Israeliten eine Reihe von (zwölf?) horizontalen Streifen auf. Nach Meinung mancher wollte der Künstler damit die rabbinische Legende illustrieren, nach der sich, als Mose mit seinem Stab das Meer spaltete, in diesem zwölf Pfade bildeten, je einer für jeden der Stämme Israels (so z. B. im Targum Pseudojonatan Ex 14, 21).

Auch ein anderes, biblisch nicht genau identifizierbares Bild kann vielleicht durch die Haggada besser gedeutet werden. Mose steht an einem Brunnen, den er mit seinem Stab berührt. Vom Brunnen gehen zwölf Wasserströme zu ebensovielen Hütten aus, vor denen jeweils ein Mann steht. Nach den einen ist hier Ex 15, 27 – die zwölf Quellen von Elim – dargestellt, wo aber das Eingreifen des Mose mit dem Stab nicht begründet wäre; andere denken daher lieber an das Wasserwunder von Meriba, wo Mose aus dem Felsen Wasser schlägt. Auch Num 21, 16–18 ist ein möglicher Bezugstext, wo das Volk singt: „Steig auf, Brunnen! Singt über ihn ein Lied, über den Brunnen, den die Vornehmen gruben ... mit dem Zepter, mit ihren Stäben." Der Targum erzählt, daß sich dieser Brunnen in Sturzbäche verwandelte und die Israeliten begleitete. Targum Pseudojonatan Num 21, 19 fügt hinzu: „Und er brachte jedem einzelnen von ihnen das Wasser zum Eingang seines Zeltes." Die rabbinische Legende, die auch vom Felsen, aus dem Mose Wasser schlug, erzählt, daß er die Israeliten während der ganzen Wüstenwanderung begleitete, schaut offenbar die verschiedenen Szenen des Exodus ineinander, in denen die Israeliten wunderbar getränkt wurden.

Eine eigenartige Abweichung vom Bibeltext (1 Kön 18) bietet auch die Darstellung des Baalsopfers auf dem Karmel. Die Baalspriester umstehen den Altar, auf dem schon das Opfertier liegt, und warten darauf, daß vom Himmel Feuer auf den Altar fällt. Doch im Altar befindet sich eine Nische, in der ein kleiner Mann steht und den eine riesige Schlange angreift. Dieses durch die Bibel nicht belegte Detail weiß die rabbinische Legende zu erklären. Sie erzählt, daß Hiel – nach 1 Kön 16, 34 der Wiedererbauer von Jericho, in dessen Fundamenten er seinen Erstgeborenen begrub – mit den Baalspriestern konspirierte. Er höhlte den Altar auf dem Karmel aus und verbarg sich darin mit Werg und Feuersteinen, um im rechten Augenblick das Feuer zu entzünden. Doch Gott strafte Hiel: eine Schlange kam und biß ihn, daß er starb (ExR 15, 5; Jalqut 1 Kön § 214; vgl. DtnR L. 132).

Diese Beispiele ließen sich fortsetzen. Die für uns entscheidende Frage lautet, wie diese rabbinischen Motive nach Dura gekommen sind bzw. die Vorlagen von Dura beeinflußt haben. Sind die Bilder der Synagoge von Dura Europos Zeugen einer breiteren exegetischen Tradition im zeitgenössischen Judentum, die nur zufällig allein in rabbinischen Texten schriftlich überliefert ist, oder haben rabbinische Haggadot durch Wanderprediger, reisende Kaufleute oder vielleicht auch durch schriftliche Targumim – Aramäisch wurde ja auch in Dura gesprochen! – eine größere Verbreitung gefunden, als man gewöhnlich glaubt?

In diesen Fragen kommen wir beim gegenwärtigen Stand unserer Kenntnisse nicht über Hypothesen hinaus. Noch mehr gilt dies für die verschiedenen Vorschläge, für die Ausgestaltung der Synagoge von Dura ein umfassendes „Programm" zu entdecken. *I. Sonne* hat als Gesamtthema der Illustration einen Ausspruch des R. Simeon gesehen: „Es gibt drei Kronen, die Krone des Gesetzes, die Krone des Priestertums und die Krone des Königtums. Doch die Krone eines guten Namens überragt sie alle" (Abot IV, 13). Entsprechend versuchte er, die drei Bildstreifen diesen drei „Kronen" zuzuordnen. Für *R. Wischnitzer* ist das allumfassende Grundthema messianisch, während *E. R. Goodenough* in allen Bildern den mystischen Aufstieg der Seele zum wahren Sein gemäß den Lehren Philos illustriert sieht. Alle Gesamtdeutungen haben ihre Probleme, so daß viele darauf völlig verzichten und in den Bildern lediglich einige hervorragende Sabbat- und Festtagslesungen illustriert sehen.

Jede Erklärung der Fresken von Dura muß die geistige Welt des zeitgenössischen Judentums berücksichtigen. Dazu bieten sich trotz aller Vorbehalte die rabbinischen Texte geradezu an. Viele Details der Bilder werden uns erst durch rabbinische Haggadot verständlich. Doch bleibt die Tatsache bestehen, daß die rabbinische Literatur – wie *M. Smith* betont hat – uns nicht auf die Entdeckung von Dura vorbereitet hat. Ebensowenig allerdings auch auf die Sarkophage von Bet Schearim, in denen eine Reihe großer Rabbinen bestattet waren, oder auf die Synagogen Galiläas. Die Kunst hilft uns somit, unser Bild vom rabbinischen Judentum zu erweitern, das notwendigerweise einseitige Bild der schriftlichen Quellen zu ergänzen.

4. Jüdische Bildmotive

Es bleiben nun noch die dem Judentum eigenen Bildmotive und Symbole zu besprechen. Diese sind z.T. immer wieder einzeln dargestellt (vor allem der siebenarmige Leuchter, die Menora, gelegentlich auch Weihrauchschaufel und Widderhorn, das Schofar), werden aber auch oft zu einem Gesamtbild zusammengefaßt: sie bilden eigene Mosaikfelder auf den Synagogenfußböden, sind aber auch auf den römischen Goldgläsern der Zeit häufig und finden sich später immer wieder in der mittelalterlichen Buchmalerei.

Diese „Kultbilder" stellen gewöhnlich in der Mitte einen stilisierten Tempel, den Toraschrein, dar. Symmetrisch dazu sind auf beiden Seiten des Toraschreins der siebenarmige Leuchter, Widderhorn und Weihrauchschaufel dargestellt, wozu oft noch Lulab und Etrog sowie zwei dem Toraschrein zugewandte Löwen kommen. Daß die Tempelfassade in der Mitte dieser Bilder der Kasten für die Torarollen der Synagoge sein soll, ist deutlich nur auf den Goldgläsern zu erkennen, da auf diesen manchmal der Kasten geöffnet ist und in seinem Innern die Schriftrollen zu sehen sind. In den Synagogen ist der Schrein regelmäßig geschlossen dargestellt, in Bet Schean außerdem mit einem Vorhang verdeckt, während in Chammat Tiberias der Vorhang in der Mitte des Schreins zusammengerafft ist. Da die Tempelfassade in der Synagoge stets vor der eigentlichen Toranische bzw. in Dura direkt oberhalb davon dargestellt ist, erheben sich Zweifel, ob man tatsächlich bildlich dargestellt hat, was man direkt davor in Natur sehen konnte. So bleibt die Möglichkeit, daß in Synagogen anders als auf den Goldgläsern oder etwa auf dem Relief der Katakomben von Bet Schearim nicht direkt der Toraschrein dargestellt ist, sondern die Bundeslade, die nunmehr durch den Toraschrein ersetzt wurde. Wenn diese Annahme zutrifft, sind natürlich auch die übrigen im Kultfeld dargestellten Gegenstände auf den Tempel zu beziehen. Das gesamte Bild drückt dann die Kontinuität zwischen Tempel und Synagoge aus.

Dann ist es aber auch für die Erklärung der Menora unbedeutend, ob solche siebenarmige Leuchter in der Synagoge verwendet wurden oder nicht (vgl. S. 99). Denn primär ist auf jeden Fall die Menora des Tempels gemeint. Diese wurde zum häufigsten Symbol des Judentums in der Spätantike, ohne daß seine Bedeutung sicher zu erklären ist. Philo und Josephus, aber auch die Rabbinen sehen im siebenarmigen Leuchter eine kosmische Symbolik, nämlich ein Abbild der sieben Planeten. Das muß aber nicht unbedingt auch für die Darstellungen der Menora in Synagogen und Grabanlagen gelten. Mag dabei auch die Hoffnung auf die Wiederherstellung des Tempels oder auf kosmische Erlösung mitschwingen, so steht doch im Vordergrund das allgemeine Bekenntnis zum Judentum, das durch die Bildformel der Menora ausgedrückt wird.

Die Schaufel könnte, da stets zusammen mit der Menora gezeigt, als Zubehör des Leuchters verstanden werden (vgl. Ex 25, 38), wird jedoch gewöhnlich als Weihrauchschaufel gedeutet. Es gibt keinen Beleg für die Verwendung von Weihrauch in den Synagogen der rabbinischen Zeit; so deutet wohl auch die Schaufel auf den Tempelkult, insbesondere wohl auf das Weihrauchopfer durch den Hohenpriester am Versöhnungsfest (Lev 16, 12).

Das Widderhorn stand in Tempel wie in Synagoge in Gebrauch. Es stellt das Horn des Widders dar, der anstelle von Isaak durch Abraham geopfert wurde. Wenn immer das Schofar ertönt, gedenkt Gott, wie es in rabbinischen Texten heißt, der Opferung Isaaks. Somit wendet sich das Gericht Gottes in Erinnerung an die Opferung Isaaks zur Gnade.

Lulab und Etrog, nämlich der Feststrauß und die Zitrusfrucht, sind mit der Feier des Laubhüttenfestes verbunden. An diesem fröhlichsten der biblischen Wallfahrtsfeste trug man Lulab und Etrog in Prozession in den Tempel, ein Brauch, der in der Synagoge beibehalten wurde.

In Bet Alfa enthält das Kultbild einige zusätzliche Details. Der „Toraschrein" hat einen giebelförmigen Aufsatz, von dem eine Art Lampe herunterhängt. Drei Gefäße stehen auf dem Kasten; an die beiden äußeren von ihnen schließt sich schräg nach außen ein Fortsatz an, auf dem jeweils ein Vogel steht. Diese Vögel erinnern an die vogelartigen Keruben, wie sie auf mittelalterlichen Darstellungen der Bundeslade zu sehen sind – auf den Goldgläsern sind es gelegentlich Tauben. Von den Aufsätzen, auf denen die Vögel stehen, hängen schräg „Ketten" mit einem Pendant weg: *R. Wischnitzer* hat diese eigenartige Darstellung als eine Art Wasserspeier zu deuten gesucht, von dem das Wasser heruntertropft, und das Ganze mit der Symbolik des Laubhüttenfestes in Verbindung gebracht, auf das ja schon Lulab und Etrog im Bild hinweisen; zum Laubhüttenfest gehörten ja auch die Gebete um Regen, und wenn dieser ausblieb, trug man in talmudischer Zeit bei der Bittprozession den Toraschrein auf die Straße hinaus (jTaan II, 1, 64d).

Zwischen Leuchter und Mantel ist auf der linken Seite ein Zweig mit kleinen Blüten zu sehen, auf der rechten Seite ein voll aufgeblühter Baum, auf dem ein Vogel sitzt. *R. Wischnitzer* hat dies richtig mit Num 17 gedeutet. Der blühende Baum ist als der Stab Aarons zu verstehen, von dem es heißt: „da war der Stab Aarons, der die Familie Levi vertrat, grün geworden, er trieb Zweige, blühte und trug Mandeln" (Num 17, 23). Wenn dann der linke Zweig die dürren Stäbe der übrigen Stämme vertreten soll, verwundern allerdings die deutlich erkennbaren Blüten auf ihm. Vielleicht ist daher hier eher an den aufblühenden Zweig Aarons zu denken, der auf der rechten Seite seine volle Blüte erreicht hat, womit auch in diesem Detail die sonstige Symmetrie der Darstellung nicht durchbrochen wäre.

5. Das Ende der jüdischen Bildkunst

Das Fußbodenmosaik von Bet Alfa ist nicht nur durch seine einmalige Komposition bemerkenswert, sondern auch durch seinen Stil. Alle anderen Synagogenmosaiken folgen dem üblichen hellenistischen Stil, der im ganzen Mittelmeerraum verbreitet war. Im Vergleich dazu wirkt die Gestaltung in Bet Alfa naiv und unbeholfen; formal erinnert sie am ehesten an eine Tapisserie. Was hier unbeholfen wirkt, geht aber wohl nicht auf künstlerisches Unvermögen zurück. Dieselben Künstler Marianos und Chanina, die laut Inschrift das Mosaik von Bet Alfa gestaltet haben, sind auch die Meister eines Mosaiks im nahen Bet Schean, das aber voll dem hellenistischen Stil entspricht. Es liegt nahe, daß sie dort nach bewährten Vorlagen gearbeitet haben, in Bet Alfa jedoch Freiheit in der Gestaltung hatten und daher Muster, wie sie sowohl für das Kultbild wie auch für den Tierkreis vorlagen, nicht einfach übernahmen.

So darf man das Mosaik von Bet Alfa wohl als bewußte Abwendung von hellenistischen Vorbildern und gewollte Orientalisierung betrachten. Es ist kein Zufall, wenn in derselben Zeit – wir stehen im frühen sechsten Jahrhundert – die Synagogeninschriften wieder häufiger in Hebräisch oder Aramäisch gehalten sind. Bet Alfa ist somit Zeuge einer Besinnung auf die eigenen kulturellen Wurzeln, bildgewordener Protest gegen die Herrschaft des christlichen römischen Reiches und seine Kultur. Daß eine solche kulturelle Rückbesinnung des Judentums im sechsten Jahrhundert einsetzt, bezeugt wohl auch die Novelle 146 Justinians aus dem Jahr 553 (vgl. S. 103). Die Forderung des Kaisers, daß in den Synagogen die Bibellesung auch griechisch gehalten werden muß, will ja nicht erst das Griechische in den Synagogen neu einführen, ist vielmehr gegen jene gerichtet, die die in der Diaspora ganz übliche griechische Liturgiesprache durch den hebräischen Bibeltext verdrängen wollen.

Bet Alfa ist das einzige uns erhaltene Beispiel einer solchen Reorientalisierung in der Synagogenkunst. Es scheint, daß um diese Zeit schon der erste Rückzug dieser Kunst beginnt, die mit der arabischen Eroberung des Landes endgültig vorüber ist. Leider sind die Symptome dieses Rückzugs nicht immer genau datierbar, doch sind sie nicht zu übersehen. Als wohl erstes Beispiel ist der Umbau der Synagoge von Chammat Tiberias zu nennen, der wahrscheinlich im fünften Jahrhundert erfolgte. Man vermutet, daß der Bau des vierten Jahrhunderts durch die Römer oder auch durch eine Naturkatastrophe zerstört worden ist. Jedenfalls hat die jüdische Gemeinde es nicht wert gefunden, den Mosaikfußboden mit dem Tierkreis wiederzuverwenden. Vielmehr hat man darüber ein neues Fundament gelegt und sogar eine Mauer quer durch das Mosaikfeld mit dem Tierkreis gezogen.

Ähnliches widerfuhr dem Mosaikfußboden von Susija, der ebenfalls den Tierkreis darstellte und – wie in Naaran – Daniel in der Löwengrube zeigte.

Auch dieser Mosaikfußboden wurde später durch ein neues Mosaik überdeckt, das Pflanzenmotive und geometrische Muster aufweist sowie ein „Kultbild" vor dem Bema enthält. Dieses war ursprünglich von zwei Widdern flankiert, von denen allerdings einer später wieder entfernt wurde.

En-Gedi scheint ebenfalls in diese Entwicklung zu passen. Das Fußbodenmosaik wurde anfangs in das späte sechste oder frühe siebente Jahrhundert datiert (so z.B. *B. Mazar*), während der Ausgräber der Synagoge, *D. Barag*, nun annimmt, daß sie unter Justinian schon wieder zerstört wurde, und das Fehlen figuraler Darstellungen wie Bibelszenen oder Tierkreis auf die Entfernung von den stärker hellenisierten Zentren zurückführt. Wie dem auch sei, es ist jedenfalls beachtlich, daß in En-Gedi sogar das „Kultbild" fehlt. Nur drei kleine siebenarmige Leuchter schmücken das Mosaik vor dem Bema. Die Mitte des Mosaikbodens ziert ein Medaillon mit vier Vögeln; dieses umgibt ein Rechteck, in dessen Ecken je zwei Vögel mit einer Traube dargestellt sind. Sonst beschränkt sich das Mosaik auf geometrische Muster. Nun ist aber auffällig, daß das Motiv des Tierkreises trotzdem nicht fehlt. Man wagt es zwar nicht, ihn darzustellen; doch enthält der Mosaikboden des westlichen Seitenschiffs eine lange Inschrift, die mit der Liste der Stammväter von 1 Chron 1, 1–4 beginnt, die zwölf Monate und die Tierkreiszeichen nennt, dann die drei Patriarchen und die drei Jünglinge im Feuerofen anführt, schließlich einen Fluch gegen die bringt, die „das Geheimnis der Stadt" verraten, und mit einem Segen über die Stifter, die die Synagoge erneuerten, endet. Offenbar will die Gemeinde von En-Gedi auf das in der Synagoge liebgewordene Motiv des Tierkreises nicht verzichten, kann dieses jedoch nur noch schriftlich unterbringen.

Als weitere Etappen in der Abwendung von der Synagogenkunst kann man die Verstümmelung der Reliefs in der Synagoge von Kafarnaum und die Zerstörung der Tierkreisbilder in der Synagoge von Naaran sehen: dort hat man allein das Kreismuster und die hebräischen Namen der Tierkreiszeichen stehengelassen, offenbar aus Ehrfurcht vor der heiligen Schrift der Bibel.

Was sind die Gründe für diese wachsende Bilderfeindlichkeit? Da uns dafür literarische Zeugnisse fehlen, kann man nur Vermutungen anstellen. Theologische und politische Motive scheinen hier zusammenzuwirken. Wie schon zu Bet Alfa gesagt wurde, setzt um das sechste Jahrhundert eine Renaissance des politisch-kulturellen Selbstbewußtsein des Judentums und wohl allgemein der orientalischen Provinzen des Reiches ein (man denke nur an die Entwicklung der koptischen Kunst!). Die Reichskultur, der Hellenismus, wird immer mehr abgelehnt, damit auch das künstlerische Erbe verworfen.

Daß nun aber nicht der in Bet Alfa vorgezeichnete Weg einer Besinnung auf das orientalische Erbe vorbildlich wurde, dafür sorgte die theologische Entwicklung in diesem Gebiet, die übrigens nicht nur das Judentum betraf. Man denke nur an die herrlichen Mosaiken des Mose-Klosters auf dem Berg

Nebo, die von einem sehr anspruchslosen Mosaik überdeckt wurden, oder an die Mosaiklandkarte von Madaba, in der man die Menschendarstellungen zerstört hat. Auf christlicher wie jüdischer Seite gewinnen die Gegner von Menschen- und dann auch Tierdarstellungen immer mehr an Gewicht. Der wachsende Einfluß der Rabbinen auf das Volk hat hier sicher das Seine zur Entwicklung beigetragen. Die Bilderfeindlichkeit des Islam, die selbst auf jüdische Wurzeln zurückgeht (der Hischampalast in Jericho zeigt, daß es auch im Islam bilderfreundliche Strömungen gab!), hat dann sicher der bilderfeindlichen Richtung unter den Rabbinen den Rücken gestärkt. Ähnlich hat ja auch der christliche Bilderstreit, der von etwa 726 bis 843 währte, jüdische Wurzeln aufzuweisen, dann aber auch wieder auf das Judentum zurückgewirkt. Tatsache ist, daß die in talmudischer Zeit blühende jüdische Bildkunst mit dem Aufkommen des Islam zu Ende geht und erst im christlichen Mittelalter, ab dem dreizehnten Jahrhundert, zu einem neuen Anfang findet.

F. Unter islamischer Herrschaft

In der Darstellung des rabbinischen Judentums ist die Zeit der islamischen Herrschaft schon eine Nachgeschichte, der Rahmen, in dem zur Entfaltung kommt, was die talmudische Zeit grundgelegt hat. Anfangs hat das Judentum als die überlegene Tradition stark auf den Islam eingewirkt, dann aber auch selbst von diesem befruchtende Einflüsse aufgenommen. Auf diese Wechselwirkung sei abschließend kurz eingegangen, da gerade der politisch-kulturelle Rahmen des Islam zur Ausbreitung des rabbinischen Judentums und damit auch dazu wesentlich beigetragen hat, daß dieses „klassisch“ und weithin auch „normativ“ geworden ist.

1. Der Einfluß des Judentums auf den Islam

Schon lange vor Mohammed gab es jüdische Gemeinden in Arabien. Besonders in Südarabien entwickelten Juden eine rege Missionstätigkeit, deren größter Erfolg der Übertritt von Dhu Nuwas, dem König der Himjaren (gestorben um 525), zum Judentum war. Aber auch im Hedschas gab es zahlreiche Juden. So hatte Mohammed viel Gelegenheit, mit Juden zusammenzukommen und die jüdische Tradition kennenzulernen, die allerdings kaum rabbinisch bestimmt war. Anfangs war Mohammed ernsthaft bemüht, die Juden Arabiens als Anhänger zu gewinnen. Er stützte sich in der Gestaltung seiner Lehre weitgehend auf die biblisch-jüdische Tradition, die er mit christlichen Überlieferungen verband. Er verstand seine Botschaft als die wahre Religion Abrahams, sich selbst als den letzten in der Reihe der Propheten. Erst die jüdische Opposition gegen seine Verkündigung führte zu einer immer heftigeren antijüdischen Polemik des Propheten, der den Juden vorwarf, die wahre biblische Religion verfälscht zu haben.

Es ist umstritten, ob im Islam das christliche oder das jüdische Erbe überwiegt. Es fällt oft schwer zu entscheiden, ob bestimmte islamische Lehren, Bräuche und Überlieferungen auf jüdische oder christliche Einflüsse zurückgehen, da ja auch das Christentum viel vom jüdischen Erbe übernommen hat. So manche „Parallelen" des Koran mit rabbinischen Texten mögen auch zufällig sein und keinerlei Abhängigkeit beweisen. Doch bleibt jedenfalls eine Fülle von Elementen, die sowohl den Koran wie auch die spätere islamische Tradition deutlich mit der jüdischen Überlieferung verbinden, die uns literarisch aus den rabbinischen Texten bekannt ist, aber sicher nicht nur dieser Ausprägung des Judentums eigen war; eine direkte Abhängigkeit von rabbinischen Texten ist daher praktisch nicht nachzuweisen. Die Parallelen zwischen Judentum und Islam betreffen sowohl die Glaubenslehren wie auch das religiöse Gesetz und die erzählenden Stoffe. Es ist hier nicht der Platz, auf Einzelheiten einzugehen; nur einige charakteristische Beispiele sollen das Gesagte illustrieren.

Im Koran (II, 172) gilt als Rechtschaffenheit die Haltung dessen, „der an Gott, den Jüngsten Tag, die Engel, das Buch und die Propheten glaubt". Der Eingottglaube ist selbstverständlich das bedeutendste Erbe der biblischen Religion; seine islamische Gestalt ist natürlich mit der jüdischen Ausprägung dieser Religion enger verbunden als mit dem christlichen Glauben an einen Gott in drei Personen. Die Betonung des Jüngsten Tags und des Endgerichts läßt hingegen eher an christlichen Einfluß denken, wenn man nicht ein apokalyptisch geprägtes Judentum in der Umwelt Mohammeds postulieren will. Die Vorstellung der Auferstehung ist in Judentum und Christentum gleich wichtig; die Erzählung von der Himmelfahrt Mohammeds wiederum läßt sich zwar auch mit den biblischen Traditionen über die Entrückung des Henoch oder des Elija verbinden, doch ist hier eine Anknüpfung an die christliche Tradition wahrscheinlicher. Auch für die Vorstellung der Engel ist eine direkte Ableitung im einzelnen nicht so klar zu treffen, muß man doch auch immer damit rechnen, daß jüdische Stoffe schon vor Mohammed christlich überarbeitet waren (so etwa bei der Vorstellung des Teufels, der im Koran Iblis genannt wird, was von *diabolos* abzuleiten ist). Deutlicher ist dagegen die Betonung der zweifachen Offenbarung jüdischer Herkunft, die Gegenüberstellung der heiligen Schrift, des Koran, mit der Tradition, dem *hadith*, der mündlichen Tora des Judentums vergleichbar. Zwar ist eine solche Zweiheit auch im Christentum gegeben und praktisch für jede Offenbarungsreligion wesentlich; doch nirgends ist sie so zentral wie im Judentum. Die islamische Tradition schreibt denn auch Mohammed eine deutliche Polemik gegen die jüdische Niederschrift dieser mündlichen Tradition zu und warnt davor, dieses Beispiel nachzuahmen.

Den Islam verbindet mit dem Judentum aber auch die zentrale Stellung des religiösen Gesetzes, das hier wie dort sehr umfassend ist und nicht nur das einbezieht, was wir gewöhnlich als „Religion" betrachten. Dieses Gesetz ist oft bewußt und explizit in Anlehnung an das Judentum gestaltet, oft aber auch ausdrücklich von diesem abgehoben. Die schon zitierte Koranstelle (II, 172) fährt fort, den Rechtschaffenen als einen Menschen zu beschreiben, der die Armen und Gefangenen unterstützt, ausdauernd im Gebet, geduldig in Armut und Not ist. Auch die christliche und die jüdische Tradition preisen diese Haltungen als Tugenden. Was das Gebet betrifft, führt man seine zentrale Bedeutung im Islam vielfach auf jüdische Einflüsse zurück. Der Brauch des fünfmal-täglichen Gebets im Islam ist nach manchen nur eine spätere Erweiterung des anfänglichen dreimaligen Gebets, das dem jüdischen Gebetsbrauch entspricht; andere wieder verweisen darauf, daß man im palästinischen Judentum ursprünglich fünf tägliche Gebetszeiten kannte und diese erst später auf drei reduzierte. In dieser Frage ist jedenfalls die Abhängigkeit vom Judentum nicht gesichert. Anders steht es mit der Gebetsrichtung *(qibla)*, die Mohammed ursprünglich entsprechend der jüdisch-christlichen Tradition mit Jerusalem festsetzte; nach seinem Mißerfolg bei den Juden ging Mohammed wieder davon ab und erklärte die Gebetsrichtung für unwesentlich: „Rechtschaffenheit besteht nicht darin, daß ihr euer Gesicht nach Osten oder Westen wendet" (Koran II, 172). Schließlich wird dann aber Mekka – wohl im bewußten Kontrast zu Juden und Christen – die vorgeschriebene Gebetsrichtung. Dem jüdischen Sabbat entsprechend hat Mohammed den Freitagnachmittag als Zeit der Gebetsversammlung festgelegt, für einen wöchentlichen Ruhetag jedoch keinerlei Verständnis aufgebracht.

Ein weiterer wichtiger Berührungspunkt des Islam mit dem Judentum besteht in den Speisegesetzen. Mohammed erlaubt den Gläubigen, alles zu essen, was Gott den Menschen geschenkt hat. „Er hat euch nur verboten, was tot ist, Blut, Schweinefleisch, und was anderen geweiht ist als dem einen Gott" (Koran II, 167). Alle diese Verbote kennt selbstverständlich auch das Judentum, das aber auch viele andere Dinge für nicht erlaubt hält. Dazu meint die islamische Tradition, die zusätzlichen Verbote seien den Juden von Gott nur als Strafe auferlegt worden, hätten jedoch für die Gläubigen keine Geltung. Trotz dieses bewußten Kontrastes zum Judentum in den Speisegesetzen wird andererseits wieder die Gemeinschaft betont, wenn den Moslems das von Juden geschlachtete Fleisch erlaubt ist.

Es sind aber nicht nur Einzelgesetze, in denen der Islam auf die jüdische Tradition zurückgeht. Vielmehr ist hier die Bedeutung des Gesetzes an sich zu betonen, das vielfach nach denselben Prinzipien wie im rabbinischen Judentum entfaltet wird, wobei vielleicht nicht zufällig gerade der Iraq, die Heimat des babylonischen Judentums, das wichtigste Zentrum ist. Analog zum rabbinischen Judentum gilt auch im Islam das Studium des Gesetzes als religiöse Handlung, als Gebet; ebenso ist hier wie dort der „Heilige" nicht etwa ein Priester, Mönch oder Aszet, sondern eben derjenige, der sich ganz dem Studium des religiösen Gesetzes hingibt.

In der erzählenden Tradition des Koran und späterer islamischer Texte finden sich zahlreiche Parallelen zum Midrasch. Mohammed selbst hatte nur sehr ungenaue Bibelkenntnisse. Zwar erwähnt er viele biblische Gestalten, die aber meist keine klaren Konturen gewinnen. Oft wandelt Mohammed die Namen biblischer Personen bewußt ab (Vorliebe für ähnlich klingende Namenpaare), manche verwechselt er auch und im allgemeinen erzählt er frei nach. Nach Mohammed hat man jüdische Legenden *(Israilijjat)* in Korankommentaren, Geschichtsbüchern und „Legenden der Propheten" gesammelt, um die Traditionen des Koran zu ergänzen.

Aus den Erzählungen über die Patriarchen kennt Mohammed die Tradition, Abraham sei, als er die Götzen seines Vaters zerstörte, in einen Feuerofen geworfen und von Gott errettet worden; die Opferung Isaaks wird bei ihm hingegen polemisch zu einer Opferung Ismaels, des Stammvaters der Araber. Abraham wird mit Ismael auch zum Begründer des islamischen Stammheiligtums in Mekka, wie in der jüdischen Tradition an der Stelle der Opferung Isaaks der Tempel von Jerusalem errichtet worden ist. Wie in der rabbinischen Tradition ist im Koran Ijob mit einer Tochter Jakobs verheiratet; diese nennt er jedoch nicht Dina (wie GenR 57, 4, Th-A 615), sondern fälschlich Lea. Am meisten Interesse weckt aber die Josefserzählung, der Mohammed eine eigene Sure widmet (Koran XII). Er gestaltet die biblische Erzählung ziemlich frei aus, dabei aber kaum von der jüdischen Haggada bestimmt.

Aus der Exodustradition seien nur zwei Beispiele genannt: Korach wird wie im Talmud als äußerst reicher Mann geschildert, den sein Reichtum zu Stolz und zum Aufruhr gegen Mose verführt (vgl. Pes 119a). Die auch in der Synagoge von Dura Europas dargestellte Legende, daß Mose, als er in der Wüste aus dem Felsen Wasser schlug, zwölf Quellen entspringen ließ, entsprechend den zwölf Stämmen Israels, findet sich auch im Koran wieder.

Auch in den biographischen Traditionen über Mohammed findet sich rabbinisches Material wieder. So wird von Mohammed erzählt, ein Mann habe sein Pferd am Zügel festgehalten und den Propheten gefragt, was er tun müsse, um in das Paradies zu gelangen. Die Antwort Mohammeds ist im wesentlichen ein Hinweis auf die Nächstenliebe. Man kann hierin eine Übertragung der Erzählung von Hillel sehen, der einem Mann das jüdische Gesetz erklären soll, während dieser auf einem Fuß steht. Ebenfalls auf Mohammed angewendet wird die Legende von Choni dem Kreiszieher [so benannt, weil er nach der rabbinischen Legende, wenn er um Regen betete, einen Kreis um sich zog und diesen erst dann zu verlassen gelobte, wenn Gott ihn erhört hatte], der durch seine Beharrlichkeit Gott nötigt, Regen zu senden.

Die Wege, auf denen diese Traditionen in den Islam gelangt sind, lassen sich oft nicht mehr feststellen. Zum Teil sind es verbreitete jüdische Traditionen, die schon in der Umwelt Mohammeds bekannt waren, zum Teil mögen sie auch über vor allem syrische Christen bekannt geworden sein; ein Großteil jedoch dürfte durch Juden vermittelt worden sein, die zum Islam übergetreten sind.

2. Die jüdische Reaktion auf die arabische Herrschaft

Die islamische Eroberung hat – zumindest für wenige Jahrzehnte – etwa neunzig Prozent des Weltjudentums unter eine einheitliche Herrschaft gebracht, die unter gewissen Voraussetzungen die Ausübung der jüdischen Religion als einer „Buchreligion" duldete und im allgemeinen bessere Bedingungen bot, als im byzantinischen Reich gegeben waren. Auch nach dem Zerbrechen des einheitlichen Kalifats hat der arabische Raum einem großen Teil des Judentums einen einheitlichen kulturellen Rahmen gegeben, der auf seine Entwicklung beträchtlichen Einfluß nahm.

Hat diese islamische Herrschaft Spuren in den rabbinischen Schriften hinterlassen? Die Suche nach solchen Anzeichen erfolgte vor allem in der Bemühung um die Datierung einzelner Schriften. Doch ist bei der Auswertung vereinzelter Hinweise auf den Islam, die übrigens im allgemeinen nur geringe Aussagekraft haben, äußerste Vorsicht am Platz. Ein rabbinischer Text läßt sich kaum von Einzelstellen her datieren, wenn wir bedenken, wie einfach und üblich in einer noch nicht völlig erstarrten Textfassung eine Aktualisierung durch Namensänderung oder auch Interpolation war und wie leicht auch ältere Aussagen in einer neuen Umwelt einen neuen aktuellen Sinn erhalten können.

Besonders deutlich ist diese Problematik beim Targum Pseudojonatan, den *G. Dalman* vor allem wegen Gen 49, 26 und Dtn 33, 2 in die Zeit nach Mohammed datieren wollte. Die Nennung von Aischa und Fatima, der Frau und der Tochter Mohammeds, als Frauen Ismaels in Gen 21, 21 wies ihm in dieselbe Richtung. In den beiden anderen Stellen sieht er Esau und Ismael als Repräsentanten der christlichen und mohammedanischen Welt genannt. So heißt es etwa im Targum zu Gen 49, 26: „Mögen die Segnungen Abrahams, Isaaks und Jakobs, die die Fürsten der Welt Ismael und Esau und alle Söhne der Ketura begehrt haben, gesammelt werden und eine Krone für Josef bilden ...". Die Bezeichnung von Ismael und Esau als Fürsten der Welt ist in der Tat auffällig und könnte sehr wohl die islamische bzw. die christliche Welt kennzeichnen. Doch werden ja neben den beiden auch „alle Söhne der Ketura" genannt, wie *A. Diez-Macho* betont, der sogar im Targum Neofiti, wo dieser Zusatz fehlt, keinen Hinweis auf die islamische Herrschaft sieht, die „Fürsten der Welt" analog zu Neofiti Num 21, 18, wo Abraham, Isaak und Jakob als Fürsten der Welt bezeichnet werden, von Personen und nicht von Staaten oder Reichen versteht und daher auch in dieser Stelle kein Hindernis für eine

Datierung von Neofiti ins erste oder zweite Jahrhundert erkennt. Targum Pseudojonatan Dtn 33, 2 verwendet das verbreitete Motiv, daß Gott die Tora zuerst den Völkern der Welt angeboten und erst nach deren Weigerung Israel gegeben hat (vgl. S. 139f). Als Weltvölker werden hier die Söhne Esaus und Ismaels genannt, die gewöhnlich als Christentum und Islam verstanden werden. In der Mekhilta Bachodesch 5 (L. II 234f) verhält es sich ebenso: *B. Z. Wacholder* stützt sich unter anderem auch darauf, wenn er die üblicherweise als tannaitisches Dokument betrachtete Mekhilta in das achte Jahrhundert datiert. Nun ist aber eine solche Deutung zwar im Mittelalter verständlich, doch nicht unbedingt der ursprüngliche Sinn des Textes, in dem die Söhne Esaus und Ismaels sehr wohl die Edomiter und Araber bezeichnen konnten. Die Nennung von Aischa und Fatima im Targum Pseudojonatan wird man daher als spätere Interpolation betrachten müssen. Gerade ein regelmäßig gebrauchter Text wie ein Targum war für solche Aktualisierungen besonders anfällig.

Auch die zahlreichen Erwähnungen von Arabern oder Sarazenen in rabbinischen Texten sind nicht für eine Datierung in islamischer Zeit verwertbar, da diese Ausdrücke schon viel früher zum normalen rabbinischen Wortschatz gehören: so erscheinen z.B. die drei Engel, die Gen 18, 2 Abraham besuchen, laut GenR 48, 9 (Th-A 486) in der Gestalt eines Sarazenen, eines Arabers und eines Nabatäers. Schon im zweiten Jahrhundert gilt die Arabia Petrea als „Sarazenenland". Es fällt gewiß auf, daß Sifre Dtn § 343 (F. 395) als Sprachen, in denen Gott sich geoffenbart hat, Hebräisch, Römisch, Arabisch und Aramäisch anführt und dabei Griechisch übergeht: doch reicht auch dies nicht für eine Datierung nach Mohammed, da die Auslegung auf dem Bibeltext von Dtn 33, 2 nach rabbinischem Verständnis beruht.

Soweit ist der Befund negativ. Viel ergiebiger sind die sicher in arabischer Zeit entstandenen Texte, vor allem einzelne späte Apokalypsen und die Pirqe Rabbi Elieser, die im neunen Jahrhundert verfaßt wurden und deutliche Spuren ihrer Entstehungszeit aufweisen.

Auch die PRE nennen Aischa und Fatima als die Frauen Ismaels, (PRE 30, L. 68a, b: diese Ausgabe liest aber statt Aischa Efa), doch ist hier ihre Nennung nicht so isoliert wie im Targum, sondern fest in den Zusammenhang eingebettet. Im Gegensatz zu Aischa erweist sich Fatima Abraham gegenüber gastfreundlich, so daß er ihretwegen das Haus Ismaels segnet.

Selbstverständlich wandelt man in islamischer Zeit das traditionelle Motiv der vier Reiche ab, nach denen die Erlösung kommen soll. Nach verbreiteter Tradition hat Abraham diese Reiche in einer Vision gesehen, als er das Opfer von Gen 15, 9ff darbrachte. Die vier Reiche sind Babylon, Medien, Griechenland und Edom = Rom (z.B. Targum Pseudojonatan Gen 15, 12 und ExR 51, 7). PRE 28 hingegen deutet die Opfertiere von Gen 15, 9 auf Edom, Griechenland, Medien und Persien (als Einheit), und die Söhne Ismaels; MidrPs 6, 2 (B. 59) versteht ja auch die Anweisung „Mit Saitenspiel nach der

Achten" von acht Reichen, die über Israel herrschen und deren letzte zwei Ismael und Edom sind. Laut PRE 28 dauern die vier Reiche zusammen nur einen Tag Gottes, d.h. tausend Jahre lang (Versuche, von hier aus den zeitlichen Standpunkt des Verfassers abzuleiten, führen zu keinem eindeutigen Ergebnis). Nach dem Reich Ismaels kommt der Messias, wie PRE mehrmals betont. Am Ende der Tage werden die Söhne Ismaels drei Kriege führen, und zwar im Wald Arabiens, auf dem Meer und in Rom (PRE 30). Doch dann wird Gott auf das Rufen Israels hören, wie schon der Name Ismaels, „Gott wird hören", besagt: „In der Zukunft wird der Heilige, gepriesen sei er, auf das Schreien des Volkes ob der Unterdrückung hören, die die Söhne Ismaels am Ende der Tage im Land ausüben werden. Deshalb lautet sein Name Ismael" (PRE 32, L. 72b).

Von besonderem Interesse ist eine Stelle in PRE 30. „R. Jischmael sagt: Fünfzehn Dinge werden die Söhne Ismaels am Ende der Tage tun. Sie werden das Land mit Seilen vermessen; sie werden einen Friedhof zu einem Lagerplatz für Schafe (und) einem Abfallhaufen machen ... das Gesetz wird sich von Israel entfernen und Sünden werden in Israel zahlreich werden ... sie werden die zerstörten Städte wieder aufbauen, die Wege säubern, Parks und Gärten pflanzen, und sie werden die durchbrochenen Mauern des Tempels wieder schließen und ein Gebäude auf dem Hekhal errichten, und zwei Brüder werden am Ende über ihnen als Fürsten stehen, und in ihren Tagen wird der Sproß Davids erstehen."

Dieser Text, in dem so manche Stellen unklar sind, spricht offenbar von der Errichtung des Felsendoms auf dem Tempelplatz sowie von der gemeinsamen Herrschaft der Söhne Harun al-Raschids in den Jahren 809 bis 813. In vielen Details wird dieser Text durch eine frühere Schrift ergänzt und erst verständlich gemacht. Es handelt sich um die „Geheimnisse des R. Simeon bar Jochai" (BhM III 78–82), eine wohl bald nach 750 entstandene Apokalypse, als deren historischen Hintergrund schon *H. Graetz* die Omajadenzeit erkannt hat.

Während Simeon bar Jochai sich in einer Höhle vor den Römern verbarg, so erzählt die Schrift, wurden ihm die Geheimnisse der Endzeit geoffenbart. Er klagt, daß nach dem Reich Edom nun auch noch die Herrschaft Ismaels komme. Doch Metatron, der hier als Deuteengel fungiert, sagt ihm, er müsse keine Angst haben: „Der Heilige, gepriesen sei er, bringt das Reich Ismaels nur, um euch aus diesem frevelhaften Reich zu retten. Und er wird über sie einen Propheten nach seinem Willen erstehen lassen. Dieser wird ihnen das Land (Israel) erobern und er wird es wieder großmachen. Und große Furcht wird zwischen ihnen und den Söhnen Esaus herrschen." Auffällig ist hier die positive Beurteilung der islamischen Herrschaft und noch mehr die Einschätzung Mohammeds als eines Propheten nach Gottes Willen. Darin spiegelt sich schon ein gegenüber der früheren Einstellung zum christlichen Rom völlig gewandeltes Bild der neuen Herrschaft.

Es folgt ein Stück, das sich teilweise mit PRE deckt, dann die Schilderung Omars: „Der zweite König, der aus Ismael ersteht, wird Israel lieben und seine Breschen schließen und auch die Breschen des Hekhal. Und er wird den Berg Morija behauen lassen und ihn ganz eben machen; und er wird sich dort eine Gebetsstätte auf dem ‚Grundstein' (der Welt, d.h. dem Platz des Brandopferaltars) errichten lassen ... und er wird Krieg mit den Söhnen Esaus führen, seine Soldaten töten und viele gefangennehmen. Und er wird in Frieden und großer Ehre sterben."

Nach detailreicher Schilderung zweier weiterer Omajaden nennt die Apokalypse als Zeichen für das Ende der Herrschaft Ismaels den Einsturz eines Teils der Moschee von Damaskus; damit erfüllt sich Jes 14, 5: „Der Herr hat den Stab der Frevler zerbrochen" – letzthin ist also natürlich auch die islamische Herrschaft ein „frevelhaftes Reich." Der letzte Omajade wird von seinen Gegnern am Tigris und in Persien (wenn nicht statt *paras perat,* Eufrat, zu lesen ist) geschlagen, auf der Flucht eingeholt und getötet, seine Söhne werden gehängt. Dann wird ein frecher König drei Monate herrschen und die frevelhafte Herrschaft über Israel neun weitere Monate dauern, ehe der Messias aus dem Haus Josef ersteht, die Juden nach Jerusalem führt und dort den Tempel wiedererrichtet. Das übliche messianische Szenarium wird mit dem Krieg des Messias aus dem Haus Efraim gegen den Frevelkönig Armilaos, dem tausendjährigen Reich des davidischen Messias und dem Endgericht abgeschlossen.

Dieser Apokalypse weithin parallel, wenn auch viel ausführlicher ist das „Gebet des R. Simeon bar Jochai". Trotz vieler wörtlicher Übereinstimmungen mit den „Geheimnissen" ist hier jedoch die Einstellung zur islamischen Herrschaft viel negativer, wie schon aus der Schilderung Mohammeds hervogeht. In den „Geheimnissen" ein „Prophet nach dem Willen Gottes", ist er hier „ein wahnsinniger, wenn auch geistbegabter Mann, der über den Heiligen, gepriesen sei er, Lügen verbreitet" (BhM IV 119). Ähnlich ablehnend gegenüber Mohammed ist die spätere Apokalypse (aus der Zeit der Kreuzzüge?), die den Namen *Ma'ase Daniel* trägt: „Und ich, Daniel, sah, daß in ihren Tagen ein König erstehen wird, von kleiner Gestalt und rotem Aussehen. Schätze besitzt er nicht und die geschriebenen Worte Gottes hält er nicht. Er wird sagen: Ich bin ein Prophet. Und auf einem Kamel wird er kommen und gehen, gewohnt im Umgang mit Kamelen. Vom Süden wird er kommen und die Menschen unterdrücken." Viele werden sich seinem Glauben anschließen. Doch Daniel soll die Israeliten davor warnen. „Der Mann unter ihnen, der vom Süden auf einem Kamel kommt und sagt: Ich bin ein Prophet, von dem sagt ihnen Daniel: Aus dem Süden wird kein Prophet erstehen und auf ewig nicht kommen; und wer das sagt, der lügt und betrügt" (BhM V 124).

Während in den „Geheimnissen des R. Simeon bar Jochai" Mohammed ähnlich Cyrus in der Bibel als ein Nichtjude, der dennoch seinen Platz in

Gottes Plan hat, dargestellt wird, wird er also in anderen Apokalypsen sehr negativ beurteilt. Dies geschieht im Interesse des zu verteidigenden jüdischen Glaubens; auch haben natürlich die wechselnden politischen Umstände jeweils auf die jüdische Einstellung zum Islam eingewirkt. Eine negative Beurteilung der islamischen Herrschaft gehört schließlich auch notwendig zur literarischen Gattung der Apokalypse, die ja auf die Überwindung der Fremdherrschaft durch das messianische Reich zielt.

Insgesamt hat sich jedoch das Zusammenleben von Judentum und Islam auch für die jüdische Seite als sehr fruchtbar erwiesen und selbstverständlich hat auch das Judentum in vielen Punkten islamische Einflüsse und Vorbilder übernommen. So sind z.B. die zuvor mehrfach genannten PRE in ihrer Gattung als nacherzählte Bibel (und nicht mehr einfach Bibelkommentar, Midrasch) vielleicht schon von der arabischen Tradition der Bibelerzählung geprägt. Ganz allgemein hat das jüdische Verhältnis zur Bibel sich in der islamischen Umwelt geändert, so manches aus der arabischen Einstellung zum Koran übernommen. Entsprechend der islamischen Verherrlichung der arabischen Sprache des Koran, die u.a. zu intensiven Grammatikstudien führt, lebt auch im Judentum das Interesse an der Sprache der Bibel und ihrer Grammatik auf. Die langsame Abwendung vom Midrasch hin zum Wortsinn kann ebenfalls als Ergebnis dieser neuen Orientierung an der Grammatik betrachtet werden. Die islamische Absicherung von Lehrmeinungen durch Traditionsketten, die möglichst bis auf Mohammed selbst zurückgehen, mag zwar auf das jüdische Vorbild zurückgehen, hat dann jedoch ihrerseits wieder verstärkend auf das Judentum zurückgewirkt (man denke an den Sefer Tannaim we-Amoraim, den Brief des Rab Scherira Gaon oder auch das „Buch der Tradition" des Abraham Ibn Daud). Neben den Traditionsbeweis tritt in einem Klima vermehrter religiöser Streitgespräche, bedingt durch das Nebeneinander dreier monotheistischer Religionen, die alle die absolute Wahrheit und den einzigen Heilsweg zu lehren behaupten, nun auch verstärkt das Argument der Vernunft. Dieses wird vor allem durch die philosophische Tradition vertreten, die der Islam – meist über christlich-syrische Schulen – aus dem Späthellenismus geerbt hat. So muß auch das Judentum lernen, was es in rabbinischer Zeit nie getan hat: zu philosophieren, um den eigenen Glauben zu begründen und zu rechtfertigen. Auch dieser philosophische Geist trägt zur neuen Bibelauslegung bei, führt vom Midrasch weg. Schließlich trägt das islamische Religionsgesetz, das in Details so viel vom Judentum gelernt hat, auch viel dazu bei, daß nun auch das talmudische Recht immer mehr systematisch gesammelt und schließlich kodifiziert wird und sich somit von den nur schwer überschaubaren Ordnungsprinzipien – andere würden sagen, von der Unordnung und dem Chaos – der Halakha im Talmud entfernt.

3. Die Karäer: Gefährdung des rabbinischen Erbes

Wie im rabbinischen Judentum hatte auch im Islam der Traditionsbeweis zentrale Bedeutung. Nun stützten sich aber die verschiedenen Parteien innerhalb des Islam oft auf widersprüchliche Traditionen, so daß schließlich vielen das gesamte Traditionsprinzip verdächtig und allein das Vernunftargument glaubwürdig schien. So wurden in der arabischen Religionsphilosophie die Mutaziliten, die „Neutralen" im Kampf der Parteien, die stärkste Richtung, die auch im Judentum großen Einfluß gewinnen konnte.

Der Kampf der einzelnen Gruppen innerhalb des Islam um die wahre Tradition konnte auf jüdischer Seite nicht unbeachtet bleiben. Hatte es schon immer Randgruppen gegeben, die mit der rabbinischen Art der Traditionsentwicklung nicht zufrieden waren, so bekamen solche Unzufriedene nun in einer Umwelt scharfer religiöser Auseinandersetzungen verstärkten Auftrieb. Als ein Mitglied der Exilarchenfamilie, Anan, gegenüber seinem jüngeren Bruder bei der Neubesetzung des Exilarchats um 767 nicht berücksichtigt wurde, machte er sich in seiner Empörung gegen die anerkannte Führung des rabbinischen Judentums, gegen den Exilarchen und die Geonim, zum Sammelpunkt aller Unzufriedenen, die sich zuerst als Ananiten bezeichneten, im neunten Jahrhundert aber den Sammelnamen Karäer bekamen.

Der Name Karäer ist als Programm der Bewegung zu verstehen: *bene miqra*, „Söhne der Schrift", der Bibel, heißen sie, weil sie gegen die rabbinische Tradition die Lehre von der allein gültigen heiligen Schrift vertreten. Natürlich geht es auch in der karäischen Bewegung nicht ohne Tradition: doch ist diese, zumindest theoretisch, der Bibel vollkommen untergeordnet.

Die anfangs recht uneinheitliche Sammelbewegung hat Wurzeln, die vielleicht sogar bis in die Zeit vor der Tempelzerstörung zurückgehen. Erstaunliche Parallelen zu Qumran, denen allerdings auch beträchtliche Unterschiede gegenüberstehen, lassen eine wie auch immer geartete Kontinuität zwischen beiden Bewegungen nicht völlig ausschließen. Das Problem, wie die Jahrhunderte überbrückt wurden, ist nach der Meinung mancher Gelehrter durch Handschriftenfunde bei Jericho um das Jahr 785 gelöst; als um 850 die karäische Gemeinde von Jerusalem entstand, scheint sie durch diese Handschriften beeinflußt worden zu sein, vielleicht auch durch die Damaskusschrift. Der um 937 schreibende Karäer Qirqisani weiß jedenfalls von einem Buch, das Zadok, der Stammvater der Sadduzäer, geschrieben hat und in dem er u. a. die Ehe eines Mannes mit seiner Nichte verbietet. Dasselbe Verbot findet sich in der Damaskusschrift V, 8–11. Hat also Qirqisani Zadok als den Verfasser der Damaskusschrift angesehen?

Qirqisani zieht die Parallele zwischen Zadok und Anan, der dieses Verbot in seinem „Buch der Gebote" übernommen hat. Die Karäer verstehen sich nämlich selbst als Nachfahren der Sadduzäer und berufen sich auf Zadok als ihren geistigen Ahnen. Die Verwandtschaft zwischen Sadduzäern und Karäern beschränkt sich allerdings auf die beiden gemeinsame traditionsfeindliche Einstellung, während ihre Halakha sich nur in einem Punkt berührt, der Ablehnung der Wasserzeremonie zum Laubhüttenfest.

Ein direkter historischer Zusammenhang zwischen Sadduzäern und Karäern wird zwar gelegentlich vermutet, läßt sich aber nicht beweisen. Sicher hat es zu allen Zeiten eine Opposition gegen die rabbinische Bewegung gegeben, doch haben die Rabbinen uns kaum etwas darüber überliefert. Auch die Anfänge der karäischen Opposition gehen nach den gaonäischen Streitschriften einzig auf den enttäuschten Ehrgeiz eines einzelnen zurück. Von einer tieferen Unzufriedenheit weiterer Kreise mit der rabbinischen Führung und folgerichtig auch mit der rabbinischen Gesetzesauslegung, auf die sich diese Führung stützte, hören wir natürlich nichts. Doch muß es eine solche Unzufriedenheit gegeben haben – sonst wäre der relative Erfolg der Karäer vor allem vom neunten bis zum elften Jahrhundert nicht verständlich. Was die Zusammensetzung der Anhänger Anans betrifft, schließen manche aus dem „Buch der Gebote" vor allem auf sozial unterprivilegierte Schichten: die stark aszetische Ausprägung von Anans Gesetzgebung bedeutete demnach eine religiöse Aufwertung eines ohnehin nicht entrinnbaren Schicksals. Dazu kamen aber sicher auch zahlreiche von den Rabbinen enttäuschte Intellektuelle, die sich mehr in der vom Islam geförderten Religionsphilosophie als in rabbinischer Traditionshörigkeit daheim fühlten.

Die radikale Kritik an der Tradition machte auch vor der Bibel nicht halt: so stellte Chiwi al Balkh zweihundert Einwände gegen die Bibel zusammen, die Saadia Gaon zu widerlegen suchte. Anan und die Karäer hingegen gingen in ihrer Traditionskritik nicht so weit. Anan lehnte zwar die rabbinische Tradition ab und argumentierte auch in seinem „Buch der Gebote" nicht vom Talmud her, sondern allein von der Bibel – allerdings der ganzen Bibel, da ihm, anders als den Sadduzäern, die Tora allein als Basis zu wenig war. Um die Halakha aus der Bibel ableiten zu können, stützte er sich auf die traditionellen Auslegungsregeln Hillels und Jischmaels, wobei er besonders den Analogieschluß in allen Formen anwandte. Es ging Anan ja nicht unbedingt um eine neue Halakha, sondern vor allem um ihre direkte biblische Begründung. Dabei kam er zu einer gewaltigen Toraverschärfung, da er die biblischen Gebote wörtlich nahm und die rabbinischen Einschränkungen durch Festlegung von Mindestmaßen, jenseits derer man erst ein Gebot übertritt, nicht anerkannte.

Die Verbindung der Karäer zum Islam geht über den allgemeinen Geist der Traditionskritik hinaus. Einer Tradition nach war Anan gemeinsam mit Abu Chanifa, dem Begründer einer der großen islamischen Rechtsschulen eingekerkert; erst von diesem soll er die Anregung erhalten haben, seine Opposition zum von der Regierung in Bagdad anerkannten Exilarchen religiös zu begründen, und zwar durch Differenzen in Kalenderfragen. Diese Nachricht ist tendentiös und gehört in die rabbinische Polemik gegen die Karäer. Immerhin ist es richtig, daß die Vorliebe Anans und dann allgemein der Karäer für den Analogieschluß ihre Parallele bei Abu Chanifa hat; ebenso dürfte Anan nie daran gedacht haben, eine Sekte zu gründen – es gibt keine „dogmatischen" Abweichungen von den Rabbinen –, sondern eher eine eigene Rechtsschule in Entsprechung zu der der Chanifiten angestrebt haben. Was den Kalender betrifft, bestand Anan darauf, nach biblischer Vorschrift den Neumond jeweils durch direkte Beobachtung festzustellen und sich nicht auf die astronomischen Berechnungen des festen rabbinischen Kalenders zu verlassen. In diesem Punkt entsprach Anan der islamischen Praxis, die er auch nachgeahmt zu haben scheint, als er entsprechend dem Fastenmonat Ramadan ein siebzigtägiges Fasten vorschrieb (das allerdings in der Praxis sich nicht durchsetzte).

Es ist das Verdienst des Benjamin ben Mose Nahawendi (etwa 830–860), die verschiedenen antirabbinischen Gruppen im Judentum Babyloniens durch eine entsprechende theologische Basis vereinigt zu haben. Wo es früher Spaltung über Spaltung gab, da niemand verpflichtet war, sich an eine Bibelauslegung zu halten, wenn er selbst eine andere Halakha aus der Bibel ableiten konnte, hält man zwar auch weiterhin theoretisch daran fest, daß jeder sein eigener Bibelausleger ist, schwenkt aber in der Praxis doch weithin auf die rabbinische Halakha ein. Wo immer der Bibeltext nicht klar ist, empfiehlt Nahawendi, sich an die rabbinische Halakha zu halten. Es bleiben noch immer bedeutende Unterschiede (vor allem in den Speisegesetzen, in der Sabbatheiligung, in Festkalender und Reinheitsvorschriften); doch gibt es wieder eine Annäherung zwischen Karäern und der rabbinischen Tradition, was z.B. auch Mischehen möglich macht.

Nahawendi bemüht sich auch um eine tiefere philosophische Grundlegung der karäischen Bewegung. So tritt er z.B. für ein von Anthropomorphismen gereinigtes Gottesverständnis ein – ein wichtiges Thema in der gesamten kommenden jüdischen Religionsphilosophie! Auch ist er offenbar mit Gedankengut Philos von Alexandrien vertraut und bemüht, der hellenistisch-jüdischen Tradition nach langem Schweigen wieder entsprechendes Gehör zu verschaffen.

Nach dem elften Jahrhundert hatten die Karäer ihren Höhepunkt überschritten. Doch immerhin waren sie für drei Jahrhunderte dem rabbinischen Judentum zwar keine tödliche Gefahr – sie blieben zahlenmäßig immer eine kleine Minderheit –, so doch eine ständige Herausforderung. Sie haben wesentlich dazu beigetragen, daß die Rabbinen ihren Standpunkt überdenken und vertieft begründen mußten; sie haben aber auch mitbewirkt, daß die Rabbinen sich mit der islamischen Religionsphilosophie auseinandersetzen mußten und so zu einer eigenen Philosophie fanden. Saadia Gaon, Verfasser einer Streitschrift gegen die Karäer, ist zugleich auch der erste bedeutende Vertreter dieser jüdischen Religionsphilosophie. Somit ist die karäische Opposition zu einem Ferment geworden, das zum Wachstum des rabbinischen Judentums und zu seiner völligen Durchsetzung wider Willen mitgeholfen hat.

4. Die „Kanonisierung" der rabbinischen Tradition

Im fünften Jahrhundert wurde der palästinische Talmud redigiert, im sechsten der babylonische, an dem jedoch auch in der Zeit der Saboräer und Geonim die Arbeit noch weiter ging. In den Jahrzehnten vor der islamischen Eroberung war der rabbinische Einfluß in beiden Ländern schon ziemlich stark, aber noch durchaus nicht absolut. In den Wirren dieser Zeit bestand die jüdische Selbstverwaltung in beiden Zentren, obwohl der Führung durch Patriarchen oder Exilarchen beraubt, ihre Probe; die rabbinischen Schulen erlangten immer stärkeren Einfluß: dies gilt nicht nur von der schon lange bedeutenden Akademie von Tiberias, sondern auch von den babylonischen Akademien von Sura und Pumbedita, die als feste Institutionen größerer Bedeutung vielleicht erst ins sechste Jahrhundert zurückgehen, auch wenn man nachträglich ihre Größe in die amoräische Zeit zurückprojeziert hat. Während das Amt des Exilarchen unbesetzt war, traten die Schulen in den Vordergrund und übernahmen wohl auch zahlreiche Vorrechte des Exilarchen, wie etwa die Besetzung von Richter- und Vorsteherposten in den jüdischen Gemeinden Babyloniens.

Die islamische Eroberung bedeutete dann eine Festigung der zentralen Verwaltung der jüdischen Gemeinden, da nun ein neuer und tatkräftiger Exilarch, Bustanai, die Unterstützung der Regierung genoß. Die Duldung der Juden als einer Buchreligion war in der kurzen Zeit eines einheitlichen islamischen Reiches fest mit der Anerkennung der Autorität des Exilarchen verbunden – erst im frühen neunten Jahrhundert hat die Regierung von Bagdad das Sektenwesen in Judentum und Christentum gefördert und damit die Zentralstellen geschwächt. Doch bis dorthin konnte sich der Exilarch, unterstützt (und begrenzt) durch die Schulen mit den Geonim an der Spitze, schon weithin als die anerkannte jüdische Führung durchsetzen. Ähnlich hat wohl auch der Einfluß der Schule von Tiberias, die seit Mar Zutra III. persönliche Verbindungen zum Exilarchenhaus hatte, in dieser Periode weiterhin zugenommen.

Die Einigung eines Großteils der jüdischen Siedlungen unter islamischer Herrschaft hatte somit auch zu einer Vereinheitlichung des Judentums geführt und auch außerhalb von Palästina und Babylonien die rabbinische Richtung gestärkt. Der Einfluß des rabbinischen Judentums auf Länder der Diaspora wie Ägypten, bisher weithin durch die Persönlichkeit einzelner Rabbinen und ihrer Schüler getragen, die sich in diesen Ländern niederließen, wurde nun viel mehr institutionalisiert. Dazu trug nicht nur die immer häufigere Besetzung von Gemeindeposten auch in diesen Diasporaländern durch

Absolventen der rabbinischen Schulen bei, sondern auch die rege Reisetätigkeit an den jeweiligen Hof des Kalifen, zuerst nach Damaskus, dann nach Bagdad, sei es in politischer Mission oder auch in Handelskarawanen. Diese Reisetätigkeit führte viele Juden aus den islamischen Ländern durch Palästina bzw. an die Zentren der rabbinischen Tradition in Babylonien.

Die rabbinischen Zentren kamen somit in einen viel regelmäßigeren Kontakt mit oft weit entfernten jüdischen Gemeinden. Diese lernten immer mehr das rabbinische Judentum als *die* Ausprägung ihres Glaubens kennen und richteten immer öfter an die großen Schulen Palästinas und Babyloniens Anfragen zu einzelnen Punkten des jüdischen Gesetzes. Die Antworten der Geonim, von denen in den Archiven der Schulen Abschriften aufbewahrt wurden, sind eine der wichtigsten – wenn auch weithin noch unausgenützten – Geschichtsquellen für das Judentum dieser Zeit und somit auch für das Anwachsen des rabbinischen Einflusses.

Auch in der gaonäischen Zeit läßt sich das Judentum noch in zwei Einflußzonen teilen: die ehemals zum römischen Reich gehörigen Länder standen unter dem Einfluß Palästinas – vor allem Ägypten und Nordafrika, aber auch Italien, von wo sich der palästinische Einfluß nach Frankreich und auch Deutschland ausbreitete. Babylonien stützte sich auf die Gebiete des ehemaligen Perserreiches. Doch machte es auch in Palästina seit amoräischer Zeit seinen Einfluß geltend, gab es doch in so manchen palästinischen Gemeinden zahlreiche zugewanderte Babylonier, die ihre eigenen religiösen Bräuche pflegten und ihre eigenen Synagogen hatten. In der islamischen Zeit wurde für viele dieser Babylonier Palästina nur noch eine Etappe auf ihrer Wanderung Richtung Westen; so wurden sie auch in Ägypten zahlreicher: um 750 war der Führer der bisher rein palästinisch bestimmten Gemeinde von Fustat schon ein Babylonier und etwas später gab es in Fustat und Alexandrien schon eigene babylonische Gemeinden.

Diese Tendenz verstärkte sich natürlich mit der Verlagerung des Kalifats in den Iraq. Die neue Hauptstadt Bagdad wurde bald auch der Sitz des Exilarchen und dann auch der beiden großen rabbinischen Akademien. Bagdad war somit Zentrum der jüdischen Welt geworden; von hier aus konnte sich das babylonisch geprägte rabbinische Judentum endgültig durchsetzen.

Nun war die Förderung des jüdischen Zentrums in Bagdad durch die islamische Regierung nicht nur ein Vorteil. Sie war vielmehr auch geeignet, schon vorhandene Opposition aus politischen Gründen zu stärken. Besonders das persische Judentum hat sich nicht so schnell mit der babylonisch-rabbinischen Führung abgefunden. Davon zeugen verschiedene messianische Bewegungen im persischen Judentum dieser Zeit – am bedeutendsten die des Abu Isa von Isfahan –, der Erfolg der Bibelkritik des Chiwi al-Balkh und der Anklang, den hier die karäische Bewegung fand. Die babylonischen Juden verachteten die Juden Persiens, die die rabbinische Halakha ablehnten, und diese dachten nicht daran, sich Babylonien zu unterwerfen: nur mit Unterstützung der Regierung konnte der Exilarch in Persien seine Autorität durchsetzen. Sicher hat diese weitgestreute Opposition des östlichen Judentums gegen die Führung in Babylonien dazu beigetragen, daß das babylonische Judentum noch enger unter der Leitung der Exilarchen und Geonim zusammenrückte, und wohl auch die Expansion babylonischer Tradition im Westen gefördert, wo Nordafrika ein neues jüdisches Zentrum zu werden versprach.

Die Tatsache, daß Palästina in vielen Punkten des religiösen Brauchtums und der Halakha eine eigene, von der babylonischen Tradition abweichende Überlieferung hatte, wurde von den Geonim Babyloniens in der frühen Zeit nach Möglichkeit verschwiegen, konnte das Wissen darum doch nur die angestrebte Einheitlichkeit stören. Babylonier zitieren im allgemeinen anfangs keine palästinischen Traditionen, müssen sich daher mit ihnen auch nicht auseinandersetzen. Saadia, seit 928 Gaon von Sura, ist der erste Gaon, der offiziell sich auf den palästinischen Talmud bezieht: stammt er doch aus Ägypten, also aus dem Einflußbereich Palästinas, und ist durch Palästina nach Sura gekommen.

Doch ab etwa 760 setzen Bestrebungen der Geonim ein, das palästinische Brauchtum auf Palästina selbst zu begrenzen. Jehudai Gaon von Sura knüpft mit den jüdischen Gemeinden Nordafrikas Kontakte und bemüht sich, dort den babylonischen Einfluß geltend zu machen, womit er allerdings nur mäßigen Erfolg hat. Im Jahr 771 mußte Natronai bar Chabibai, der sich vergeblich um das Exilarchenamt bemüht hatte, Babylonien verlassen; er zog nach Nordafrika oder Spanien. Nach spanisch-jüdischer Tradition hat er in Spanien eine Schule gegründet und, da er kein schriftliches Talmudexemplar besaß, den gesamten Text des babylonischen Talmud aus dem Gedächtnis niedergeschrieben.

Was immer an dieser Tradition historisch ist, sie zeigt jedenfalls, daß Talmudhandschriften damals noch eine große Seltenheit waren. Sicher waren die enormen Kosten allein des Schreibmaterials dafür maßgebend – erst ab dem elften Jahrhundert setzt sich Papier anstelle des teuren Pergaments immer mehr durch; auch die Geonim waren anfangs wohl nicht daran interessiert, den Talmud selbst zu sehr zu verbreiten, waren doch die Gemeinden viel stärker an die rabbinischen Schulen gebunden, solange sie allein dort verbindliche Auskunft in halakhischen Problemen erhalten konnten; regelmäßige halakhische Anfragen in den Schulen Babyloniens waren auch die beste Gelegenheit, zugleich Geldspenden für diese Schulen zu überweisen. Wenn eine Diasporagemeinde gleichzeitig in Babylonien und in Palästina um Auskunft anfragten, erregte dies den großen Zorn der Geonim, die dadurch die Einheitlichkeit der Lehre (und ihren ausschließlichen Einfluß) gefährdet sahen. Auf die Dauer war jedoch die Verbreitung auch des schriftlichen Talmudtextes eine Notwendigkeit, sollte sich die rabbinische Halakha in den islamischen Ländern wirksam durchsetzen. Noch lange blieben vollständige Talmudexemplare eine Seltenheit. Eines der großen Verdienste des Samuel ha-Nagid im elften Jahrhundert war es, wie Abraham Ibn Daud in seinem Buch der Tradition schreibt, daß er Schreiber anstellte, um Kopien von Mischna und Talmud herzustellen, die er dann an bedürftige Gelehrte in den rabbinischen Schulen Spaniens und Nordafrikas, Siziliens und Ägyptens, ja sogar Palästinas und Babyloniens verteilen ließ.

Im frühen neunten Jahrhundert schrieb Pirqoi ben Baboi, ein Schüler Rabas, der wiederum Schüler des Jehudai Gaon war, an die jüdischen Gemeinden Nordafrikas, wahrscheinlich an das bedeutendste Zentrum Kairowan. In diesem Brief, von dem Teile in der Geniza von Kairo gefunden wurden, schreibt er, er habe erfahren, daß in allen Städten Afrikas und Spaniens es schon Schulen gebe, in denen man sich mit der Tora beschäftigt. „Wir haben gehört, daß zu euch Schüler von Jeschibot gekommen sind, darunter solche, die zuvor in Israel waren und den Brauch Israels gelernt haben. Sie halten sich an die in der Zeit der Verfolgung eingeführten Bräuche, an die sich die Palästinenser halten. Es sind schon fünfhundert Jahre, daß gegen sie die Verfolgungsedikte erlassen wurden und sie sich nicht mit der Tora beschäftigten und wegen der Verfolgung bestimmte Bräuche eingeführt haben, und bis heute haben sie diese nicht aufgegeben." Die halakhischen Abweichungen Palästinas von denen Babyloniens sind für Pirqoi ben Baboi nicht legitim, sondern durch die römische Verfolgung der Juden Palästinas und die sich dadurch ergebende Vernachlässigung der Tora zustandegekommen. Daher dürfe sich auch das nordafrikanische Judentum nicht an die palästinischen Traditionen halten, sondern müsse allein die babylonische Tradition gelten lassen.

In den kommenden Generationen ging dieser Kampf um die Vorherrschaft der babylonischen Tradition weiter. So schrieb noch Hai Gaon (939–1038): „Wir stützen uns auf unseren Talmud. In hier getroffenen Entscheidungen beachten wir nicht, was dort (d.h. in Palästina) geschrieben worden ist. Nur wenn der palästinische Talmud Angaben macht, die im babylonischen Talmud weder klar gesagt noch durch ihn widersprochen werden, können wir uns auf den palästinischen Talmud verlassen und ihn zur Auslegung heranziehen." Diese Einstellung setzte sich weithin durch. Chananel ben Chuschiel, ein Zeitgenosse von Hai Gaon, zog in seinem Kommentar des babylonischen Talmud zwar auch sehr stark den palästinischen Talmud heran, der über diesen Kommentar auch in Europa auszugsweise bekannt wurde. Doch der gesamte Text des palästinischen Talmud war kaum verbreitet; die palästinische Tradition führte ein Schattendasein und wurde durch den schweren Einbruch, den die Kreuzzüge für das palästinische Judentum bedeuteten, dann auch in ihrem Heimatland durch die babylonische Überlieferung verdrängt.

Im elften Jahrhundert erlöschten die Institutionen des Exilarchats und des Gaonats. Doch hatten sie schon alles getan, um das talmudische Erbe über seine ursprüngliche Heimat hinaus auszubreiten. Die rabbinische Gelehrsamkeit hatte inzwischen neue Heimstätten gefunden, Nordafrika und Spanien; aber auch Italien, Frankreich und Deutschland nahmen den rabbinischen Geist willig auf. Das rabbinische Judentum war selbständig geworden, lebensfähig auch ohne die alten Institutionen, die es einst gefördert hatten, stark genug, die kommenden Jahrhunderte zu überdauern.

Bibliographie

Diese Bibliographie, die dem interessierten Leser eine Wegweisung zu ausführlicheren Darstellungen der hier skizzierten Welt des rabbinischen Judentums führen soll, ist aus Platzgründen auf das Wesentlichste beschränkt. Doch enthalten die meisten hier angeführten Werke ausführliche Spezialbibliographien. Knappe Informationen über die in diesem Buch genannten Werke der rabbinischen und sonstigen jüdischen Literatur finden sich in meiner „Geschichte der jüdischen Literatur. Eine Einführung", Beck'sche Elementarbücher, München 1977.

Abkürzungen

ANRW	Aufstieg und Niedergang der römischen Welt, Hg. *H. Temporini und W. Haase,* Berlin-New York.
HTR	Harvard Theological Review
HUCA	Hebrew Union College Annual
JJS	Journal of Jewish Studies
JQR	Jewish Quarterly Review
JSJ	Journal for the Study of Judaism
MGWJ	Monatsschrift für Geschichte und Wissenschaft des Judentums
REJ	Revue des Etudes Juives

I. Geschichtlicher Überblick

A. und B. Palästina

G. Allon, Toldot ha-Jehudim be-Erets Jisrael be-Tequfat ha-Mischna we-ha-Talmud, 2 Bände, Tel Aviv 1954–1955; *M. Avi-Yonah,* Geschichte der Juden im Zeitalter des Talmud, Berlin 1962; *S. W. Baron,* A Social and Religious History of the Jews, Band II, New York-London ²1952; *N. N. Glatzer,* Geschichte der talmudischen Zeit, Berlin 1937; *J. Juster,* Les Juifs dans l' empire romain, 2 Bände, Paris 1914; *E. M. Smallwood,* The Jews under Roman Rule. From Pompey to Diocletian, Leiden 1976; *J.-B. Frey,* Corpus Inscriptionum Judaicarum, 2 Bände, Rom, I 1936 (Nachdruck mit Prolegomenon von *B. Lifshitz* New York 1975), II 1952.

Zu Einzelfragen: *A. Schalit,* Die Erhebung Vespasians nach Flavius Josephus, Talmud und Midrasch. Zur Geschichte einer messianischen Prophetie, ANRW II, 2, Hg. H. Temporini, Berlin-New York 1975, 208–327; *J. Neusner,* A Life of Rabban Yohanan Ben Zakkai, Leiden ²1970; *L. Huteau-Dubois,* Les sursauts du nationalisme juif contre l' occupation romaine. De Massada à Bar Kokhba, REJ 127 (1968) 133–209; *M. D. Herr,* Persecutions and Martyrdom in Hadrian's Days, Scripta Hierosolymitana 23 (1972) 85–125; *S. Krauss,* Antoninus und Rabbi, Frankfurt 1910; *S. Lieberman,*

Palestine in the Third and Fourth Centuries, in: ders., Texts and Studies, New York 1974, 112–177; *G. Stemberger*, Die Beurteilung Roms in der rabbinischen Literatur, ANRW II 19, 2, Berlin-New York 1979, 338–396; *K. L. Noethlichs*, Die gesetzgeberischen Maßnahmen der christlichen Kaiser des 4. Jahrhunderts gegen Häretiker, Heiden und Juden, Diss. Köln 1971; ders., Die Judengesetzgebung der römischen Kaiser des 5. und 6. Jahrhunderts und das Problem des Antisemitismus, ANRW II, Berlin-New York 197. (im Druck); *J. Vogt*, Kaiser Julian und das Judentum, Leipzig 1939.

C. Babylonien

S. Funk, Die Juden in Babylonien, 2 Bände, Berlin 1902/1908; *J. Neusner*, A History of the Jews in Babylonia, 5 Bände, Leiden 1965–1970.

D. Die Zeit der Geonim

S. Abramson, Ba-Merkazim u-ba-Tefutsot, Jerusalem 1965; *S. Assaf*, Tequfat ha-Geonim we-Sifruta, Jerusalem 1956; *J. Mann*, The Responsa of the Babylonian Geonim as a Source of Jewish History, Tel Aviv 1970.

II. Die Organisation des rabbinischen Judentums

A. Die jüdische Selbstverwaltung in Palästina

Allgemein: H. Zucker, Studien zur jüdischen Selbstverwaltung im Altertum; *J. Juster*, Les Juifs dans l' empire romain, Paris 1914, I 391–408; *S. Safrai*, Jewish Self-government, in: *S. Safrai-S. Stern*, The Jewish People in the First Century I, Assen 1974, 377–419.

1. Der Sanhedrin: S. B. Hoenig, The Great Sanhedrin, Philadelphia 1953; *H. Mantel*, Studies in the History of the Sanhedrin, Cambridge Mass. 1961; *J. Taubes*, Ha-Nasi ba-Sanhedrin ha-Gedola, Wien 1925.

2. Der Patriarch: A. Orenstein, Ha-Nesiut be-Jisrael, Tel Aviv 1956; *J. Zuri*, Schilton ha-Nesiut we-ha-Waad, I, Paris 1921, II, Berlin 1931; *S. Krauss*, Die jüdischen Apostel, JQR 17 (1904f) 370–383; *H. Vogelstein*, The Development of the Apostolate in Judaism and its Transformation in Christianity, HUCA 2 (1925) 100–123.

3. Gerichtsbarkeit: H. P. Chajes, Les juges juifs en Palestine de l'an 70 à l'an 500, REJ 39 (1899) 39–52; *J. Juster*, Les Juifs dans l'empire romain, Paris 1914, II 94–162.

B. Die jüdische Selbstverwaltung in Babylonien

M. Beer, The Babylonian Exilarchate in the Arsacid and Sassanian Periods, Tel Aviv 1970 (hebr.); *F. Lazarus*, Die Häupter der Vertriebenen, Jahrbücher für jüdische Geschichte und Literatur 10 (1890) 1–183; *J. Neusner*, The Rabbi and the Exilarch, in: ders., Talmudic Judaism in Sasanian Babylonia, Leiden 1976, 108–135.

C. Der Rabbi

J. Neusner, Talmudic Judaism in Sasanian Babylonia, Leiden 1976, 46–135; *ders.*, „Pharisaic-Rabbinic" Judaism: A clarification, History of Religions 12 (1973) 250–270;

M. Beer, The Babylonian Amoraim. Aspects of Economic Life, Ramat-Gan 1974 (hebr.); *E. E. Urbach,* The Sages. Their Concepts and Beliefs, Jerusalem 1975, 524–648; *ders.,* Class Status and Leadership in the World of the Palestinian Sages, Proceedings of the Israel Academy of Sciences and Humanities 2 (1968) 38–74.

D. Die Synagoge

J. Gutmann, Hg., The Synagogue: Studies in Origins, Archaeology and Architecture, New York 1975; *K. Hruby,* Die Synagoge. Geschichtliche Entwicklung einer Institution, Zürich 1971; *F. Hüttenmeister-G. Reeg,* Die antiken Synagogen in Israel, 2 Bände, Wiesbaden 1977; *H. Kohl-C. Watzinger,* Antike Synagogen in Galiläa, Leipzig 1916; S. Krauss, Synagogale Altertümer, Berlin/Wien 1922 (Nachdruck Hildesheim 1966); *B. Lifshitz,* Donateurs et fondateurs dans les synagogues juives, Paris 1967; *S. Safrai,* The Synagogue, in: *S. Safrai-S. Stern,* The Jewish People in the First Century II, Assen 1976, 908–944.
Zur Liturgie: *I Elbogen,* Der jüdische Gottesdienst in seiner geschichtlichen Entwicklung, Frankfurt ³1931 (Nachdruck Hildesheim 1962); *J. Heinemann,* Prayer in the Period of the Tannaim and the Amoraim, Jerusalem ²1966 (hebr.); *ders.,* Sermons in the Talmudic Period, Jerusalem 1970 (hebr.); L. Zunz, Die gottesdienstlichen Vorträge der Juden, Frankfurt ²1892 (Nachdruck Hildesheim 1966).

E. Das Schulwesen

H. Z. Dimitrovsky, Hg., Exploring the Talmud, Volume I: Education, New York 1976; *B. Gerhardsson,* Memory and Manuscript, Lund 1961; *E. Ebner,* Elementary Education in Ancient Israel during the Tannaitic Period, New York 1956; *D. M. Goodblatt,* Rabbinic Instruction in Sasanian Babylonia, Leiden 1975; *S. Lieberman,* The Publication of the Mishnah, in: ders., Hellenism in Jewish Palestine, New York ²1962, 82–99; *J. Neusner,* The Rabbinic Traditions about the Pharisees before 70 A.D.: The Problem of Oral Tradition, Kairos 14 (1972) 57–70; *S. Safrai,* Education and the Study of the Torah, in: *S. Safrai-S. Stern* II, 945–970.

III. Die religiöse Welt der Rabbinen

A. Offenbarung von Sinai

E. E. Urbach, The Sages, Their Concepts and Beliefs, Jerusalem 1975, 286–314; *G. F. Moore,* Judaism in the First Centuries of the Christian Era, Cambridge Mass. 1927 (Nachdruck 1965), I 251–262; *B. J. Bamberger,* Revelation of Torah after Sinai, HUCA 16 (1941) 97–114; *L. Landman,* Some Aspects of Traditions Received from Moses at Sinai, JQR 67 (1976f) 111–128.

B. Die rabbinische Hermeneutik

W. Bacher, Die exegetische Terminologie der jüdischen Traditionsliteratur, Leipzig 1899/1905 (Nachdruck Hildesheim 1965); *J. Bonsirven,* Exégèse rabbinique et exégèse paulinienne, Paris 1939; *I. Heinemann,* The Methods of the Aggadah, Jerusalem ³1970 (hebr.); *S. Lieberman,* Hellenism in Jewish Palestine, New York ²1962, 47–82; *D. Patte,* Early Jewish Hermeneutic in Palestine, Missoula 1975; *B. Salomonsen,* Om rabbinsk hermeneutik, Dans teologisk Tidsskrift 36 (1973) 161–173.

C. Die Halakha

R. Brunner, Hg., Gesetz und Gnade im Alten Testament und im jüdischen Denken, Zürich 1969; *F. Böhl,* Gebotserschwerung und Rechtsverzicht als ethisch-religiöse Normen in der rabbinischen Literatur, Freiburg 1971; *A. Corré,* Hg., Understanding the Talmud, New York 1975 (besonders die Beiträge von L. Finkelstein und S. Zeitlin); *J. Heinemann,* Taame ha-Mitswot be-Sifrut Jisrael, Jeruslaem I ⁵1966, II 1956; *J. Z. Lauterbach,* Rabbinic Essays, Cincinnati, 1951, 163–296; *L. D. Stitskin,* Hg., Studies in Torah Judaism, New York 1969; *E. E. Urbach,* The Sages. Their Concepts and Beliefs, Jerusalem 1975, 315–399; *S. J. Berman,* Lifnim Mishurat Hadin, JJS 26 (1975) 86–104; 28 (1977) 181–193; *R. Goldenberg,* Commandment and Consciousness in Talmudic Thought, HTR 67 (1975) 261–271.

D. Die Haggada

J. Heinemann, Aggadah and its Development, Jerusalem 1974 (hebr.); I. Heinemann, The Methods of the Aggadah, Jerusalem ³1970; *L. Ginzberg,* The Legends of the Jews, 7 Bände, Philadelphia 1909–1938; *G. Vermes,* Scripture and Tradition in Judaism, Leiden 1961; *J. Heinemann-D. Noy,* Hg., Studies in Aggadah and Folk-Literature, Scripta Hierosolymitana XXII, Jerusalem 1971; *W. Bacher,* Die Agada der Tannaiten, 2 Bände, Straßburg I ²1903, II 1890 (Nachdruck Berlin 1965/66); Die Agada der palästinensischen Amoräer, 3 Bände, Straßburg 1891–1899 (Nachdruck Hildesheim 1965); *G. F. Moore,* Judaism in the First Centuries of the Christian Era, 3 Bände, Cambridge Mass. 1927–1930 (Nachdruck 1958/59); *E. E. Urbach,* The Sages. Their Concepts and Beliefs, Jerusalem 1975.
Zur *Geschichtsauffassung: N. Glatzer,* Untersuchungen zur Geschichtslehre der Tannaiten, Berlin 1933; *M. D. Herr,* The Conception of History among the Sages, Proceedings of the Sixth World Congress of Jewish Studies, Jerusalem 1977, III 129–142 (hebr.); *P. Schäfer,* Zur Geschichtsauffassung des rabbinischen Judentums, JSJ 6 (1975) 167–188.

E. Die Mystik

G. Scholem, Die jüdische Mystik in ihren Hauptströmungen, Frankfurt ²1967; *ders.,* Ursprung und Anfänge der Kabbala, Berlin 1962; *ders.,* Jewish Gnosticism, Merkabah Mysticism and Talmudic Tradition, New York ²1965; *ders.,* Von der mystischen Gestalt der Gottheit, Zürich 1962; *J. Maier,* Das Gefährdungsmotiv bei der Himmelsreise der jüdischen Apokalyptik und „Gnosis“, Kairos 5 (1963) 18–40; *P. S. Alexander,* The Historical Setting of the Hebrew Book of Enoch, JJS 28 (1977) 156–180; *E. E. Urbach,* The Traditions about Merkabah Mysticism in the Tannaitic Period, in: Studies in Mysticism and Religion presented to G. G. Scholem, Jerusalem 1967, hebr. Sektion 1–28.

IV. Der kulturelle Rahmen

A. Judentum und Hellenismus

I. F. Baer, Israel among the Nations, Jerusalem ²1968 (hebr.); *H. A. Fischel,* Hg., Essays in Greco-Roman and Related Talmudic Literature, New York 1977; *ders.,* Rabbinic Literature and Greco-Roman Philosophy, Leiden 1973; *E. E. Hallewy,* The Aggadah in the Light of Greek Sources, Tel Aviv 1972 (hebr.); *ders.,* Chapters in Aggadah in the Light of Greek Sources, Tel Aviv 1973 (hebr.); *M. Hengel,* Judentum und Hellenismus, Tübingen ²1973; *J. H. Levy,* Studies in Jewish Hellenism, Jerusalem ²1969; *S. Liebermann,* Hellenism in Jewish Palestine, New York ²1962; *ders.,* Greek in Jewish Palestine, New York ²1965; *ders.,* Texts and Studies, New York 1974; *R. Meyer,* Hellenistisches in der rabbinischen Anthropologie, Stuttgart 1937.

B. Iranische Einflüsse

J. Neusner, How Much Iranian in Jewish Babylonia? in: *ders.,* Talmudic Judaism in Sasanian Babylonia, Leiden 1976, 139–149; *ders.,* The Rabbi and the Magus, Talmudic Judaism ... 78–86.

C. Judentum und Christentum

B. Z. Bokser, Justin Martyr and the Jews, JQR 64 (1973f) 97–122; 204–211; *L. Ginzberg,* Die Haggada bei den Kirchenvätern und in der apokryphischen Literatur, Berlin 1900; *H. T. Herford,* Christianity in Talmud and Midrash, London 1903; *K. Hruby,* Die Stellung der jüdischen Gesetzeslehrer zur werdenden Kirche, Zürich 1971; *A. F. J. Klijn-G. J. Reinink,* Patristic Evidence for Jewish-Christian Sects, Leiden 1973; *S. Krauss,* The Jews in the Works of the Church Fathers, JQR 5 (1892f) 122–157; 6 (1893f) 82–99; *E. Lamirande,* Étude bibliographique sur les pères de l'Eglise et l' aggadah, Vigiliae Christianae 21 (1967) 1–11; *N. R. M. de Lange,* Origen and the Jews. Studies in Jewish-Christian Relations in Third Century Palestine, Cambridge 1976; *J. Maier,* Jesus von Nazareth in der talmudischen Überlieferung, Darmstadt 1978; *J. Neusner,* Aphrahat and Judaism, Leiden 1970; *A. Marmorstein,* The background of the Haggadah, HUCA 6 (1929) 141–183; *ders.,* Judaism and Christianity in the Middle of the Third Century, HUCA 10 (1935) 223–263; *J. Parkes,* The Conflict of the Church and the Synagogue, London 1934 (Nachdruck New York 1974); *H. J. Schoeps,* Theologie und Geschichte des Judenchristentums, Tübingen 1949; *M. Simon,* Verus Israel, Paris ²1964.

D. Die Rabbinen und die Gnosis

G. Scholem, Jewish Gnosticism, Merkabah Mysticism, and Talmudic Tradition, New York ²1965; *S. Lieberman,* Texts and Studies, New York 1974, 228–234; *A. Altmann,* Gnostische Motive im rabbinischen Schrifttum, MGWJ 83 (1939) 369–389; *M. Friedländer,* Der vorchristliche jüdische Gnostizismus, Göttingen 1898; *J. Maier,* Vom Kultus zur Gnosis, Salzburg 1964; *K. Rudolph,* Die Gnosis, Leipzig 1977, 292–299; *K. Schubert,* Problem und Wesen der jüdischen Gnosis, Kairos 3 (1961) 2–15; *A. F.*

Segal, Two Powers in Heaven. Early Rabbinic Reports about Christianity and Gnosticism, Leiden 1977.

E. Die frühe jüdische Kunst

E. R. Goodenough, Jewish Symbols in the Greco-roman Period, New York 1953–1968; *J. Gutmann,* Hg., No Graven Images. Studies in Art and the Hebrew Bible, New York 1971; *ders.,* Hg., The Dura-Europos Synagogue: A Re-Evaluation (1932–1972), Missoula 1973; *C. H. Kraeling,* The Synagogue, Excavations at Dura-Europos, Final Report VIII, 1, New Haven 1956; *K. Schubert,* Das Problem der Entstehung einer jüdischen Kunst im Lichte der literarischen Quellen des Judentums, Kairos 16 (1974) 1–13; *U. Schubert,* Spätantikes Judentum und frühchristliche Kunst, Wien 1974; *G. Stemberger,* Die Bedeutung des Tierkreises auf Mosaikfußböden spätantiker Synagogen, Kairos 17 (1975) 23–56; *R. Wischnitzer,* The Beth Alpha Mosaic. A New Interpretation, Jewish Social Studies 17 (1955) 133–144.

F. Unter islamischer Herrschaft

A. Geiger, Was hat Mohammed aus dem Judenthume aufgenommen?, Bonn 1833; *S. D. Goitein,* Jews and Arabs. Their Contacts through the Ages, New York [2]1964; *W. H. Hirschberg,* Israel in Arabia, Jerusalem 1947 (hebr.); *A. I. Katsh,* Judaism and the Koran, New York [2]1962; *A. Paul,* Écrits de Qumran et sectes juives aux premiers siècles de l' Islam. Recherches sur l'origine du Quaraïsme, Paris 1969; N. Wieder, Islamic Influences on Jewish Worship, Oxford 1947. Zu Pirqoi ben Baboi: *B. M. Lewin,* Geniza Fragments, Tarbiz 2 (1931) 383–405 (hebr.); *J. N. Epstein,* In the Light of the Geniza, Tarbiz 2 (1931) 411–412 (hebr.).

Abkürzungen und Quellentexte

Es gibt keine einheitliche Umschrift des Hebräischen. Die hier gewählte Transkription zielt nicht auf wissenschaftliche Genauigkeit, sondern will das Hebräische möglichst einfach und ohne diakritische Zeichen wiedergeben (z ist als stimmhaftes s zu sprechen, die anderen Buchstaben annähernd wie im Deutschen). Doch ist die Umschrift auch innerhalb dieses Buches nicht ganz einheitlich, insofern die biblischen Eigennamen nach den „Loccumer Richtlinien" (Ökumenisches Verzeichnis der biblischen Eigennamen, Stuttgart 1971) und häufig wiederkehrende Namen von Rabbinen nach gewohnter latinisierter Aussprache wiedergegeben werden (z.B. Simeon statt Schim'on).

1. Mischna, Tosefta, Talmudim

Die Abkürzungen der Traktate dieser Werke sind stets dieselben. Zur Unterscheidung der Zitate: die Mischna wird nach Kapitel (römische Zahl) und Halakha (arabische Zahl) zitiert (z.B. AZ I, 1), der babylonische Talmud nach Blatt, Seite a oder b (z.B. AZ 2b); Zitaten aus dem palästinischen (oder Jerusalemer) Talmud ist ein j vorangesetzt (z.B. jAZ I, 1, 39a: die beiden ersten Zahlen entsprechen Kapitel und Halakha wie in der Mischna, die dritte gibt Blatt und Spalte an), solchen aus der Tosefta ein T (TAZ I, 1: hier folgt jeweils gekürzt die Angabe der jeweiligen kritischen Ausgabe: L. = *S. Lieberman*, Tosefta, New York 1955ff; R. = *K.H. Rengstorf*, Hg., Die Tosephta, Stuttgart 1960ff; wo diese kritischen Neuausgaben noch nicht zur Verfügung stehen: Z. = *M. Zuckermandel*, Tosephta, Pasewalk 1880, Nachdruck Jerusalem 1963).

Abot		Jad	Jadajim	Para	
Ar	Arakhin	Jeb	Jebamot	Pea	
AZ	Aboda Zara	Joma		Pes	Pesachim
BB	Baba Batra	Kel	Kelim	Qid	Qidduschin
Bek	Bekhorot	Ker	Keritot	RH	Rosch ha-Schana
Ber	Berakhot	Ket	Ketubbot	Sanh	Sanhedrin
Betsa		Kil	Kilajim	Schab	Schabbat
Bik	Bikkurim	Maas	Maaserot	Schebi	Schebiit
BM	Baba Metsia	Mak	Makkot	Schebu	Schebuot
BQ	Baba Qamma	Meg	Megilla	Scheq	Scheqalim
Chag	Chagiga	Men	Menachot	Sota	
Chul	Chullin	Miqw	Miqwaot	Suk	Sukka
Ed	Edujot	MQ	Moed Qatan	Taan	Taanit
Er	Erubin	Naz	Nazir	Tem	Temurot
Git	Gittin	Ned	Nedarim	Ter	Terumot
Hor	Horajot	Oh	Ohalot	Zeb	Zebachim

2. Andere Texte

Abraham Ibn Daud: *G. D. Cohen,* A Critical Edition with an Introduction and Notes of the Book of Tradition (Sefer ha-Qabbalah) by Abraham Ibn Daud, Philadelphia 1967.

Ant. Antiquitates Judaicae

ARN Abot de Rabbi Natan, Text A oder B; Sch. = Ausgabe *S. Schechter,* Wien 1887, Nachdruck New York 1967.

BhM Bet ha-Midrasch, Hg. *A. Jellinek,* 6 Teile in 2 Bänden, Jerusalem ²1938.

BJ Bellum Judaicum

CJ Codex Justinianus

CTh Codex Theodosianus

DtnR Deuteronomium Rabba; neben dem üblichen Text gibt es noch die Textfassung L. = *S. Lieberman,* Midrash Debarim Rabbah, Jerusalem ²1964.

ExR Exodus Rabba

GenR Genesis Rabba; Th-A = *J. Theodor-Ch. Albeck,* Midrash Bereshit Rabba. Critical Edition with Notes and Commentary, Jerusalem ²1965.

Hekhalot Rabbati, W. = Textausgabe in *S. A. Wertheimer,* Bate Midraschot I, Jerusalem ²1968; BhM = Text nach Bet ha-Midrasch, Hg. *A. Jellinek,* Jerusalem ²1938, III.

HldR Hoheslied Rabba

KlglR Klagelieder Rabba; B. = *S. Buber,* Midrasch Echa Rabbati. Sammlung agadischer Auslegungen der Klagelieder, Wilna 1899, Nachdruck Hildesheim 1967.

KohR Kohelet Rabba

LevR Levitikus Rabba; M. = *M. Margulies,* Midrash Wayyikra Rabbah, 5 Bände, Jerusalem 1953–1960.

Mekhilta L. = *J. Z. Lauterbach,* Mekilta de Rabbi Ishmael, 3 Bände, Philadelphia 1933–1935; E.-M. = *J. N. Epstein-E. Z. Melamed,* Mekhilta d' Rabbi Sim'on b. Jochai, Jerusalem 1965.

Midrasch ha-Gadol zu Genesis; M. = Ausgabe *M. Margulies,* Jerusalem 1947.

MidrPs Midrasch Psalmen; B. = *S. Buber,* Midrasch Tehillim, Wilna 1892, Nachdruck Jerusalem 1966.

MidrSprichwörter; B. = *S. Buber,* Midrasch Mischle, Wilna 1893, Nachdruck Jerusalem 1965.

MidrTannaim; H. = *D. Hoffmann,* Midrasch Tannaim zum Deuteronomium, Berlin 1908–1909.

NumR Numeri Rabba

PesR Pesiqta Rabbati; F. = *M. Friedmann,* Pesikta Rabbati, Midrasch für den Fest-Cyclus und die ausgezeichneten Sabbathe, Wien 1880.

PRE Pirqe de Rabbi Elieser; L. = Ausgabe *D. Luria,* Warschau 1852; dort fehlende Textstellen bei *G. Friedlander,* Pirke de Rabbi Eliezer, London 1916, Nachdruck New York 1965.

PRK Pesiqta de Rab Kahana; M. = *B. Mandelbaum,* Pesiqta de Rab Kahana, 2 Bände, New York 1962.

Scherira Gaon: *B. M. Lewin,* Hg., Iggeret Rab Scherira Gaon, Frankfurt 1920, Nachdruck Jerusalem 1972.

SER	Seder Eliahu Rabba, Hg. *M. Friedmann,* Wien 1902.
Sifra	W. = *I. H. Weiss,* Sifra debei Rabh, Wien 1862.
Sifre Dtn	Sifre zu Deuteronomium; F. = *H. S. Horovitz-L. Finkelstein,* Siphre Deuteronomium, Berlin 1939, Nachdruck New York 1969.
SifreNum	Sifre zu Numeri; H. = *H. S. Horovitz,* Siphre D'be Rab. Fasciculus primus: Siphre ad Numeros adjecto Siphre zutta, Jerusalem ²1966.
SifreZutta	H. wie zu SifreNum.
Tg PsJon	Targum Pseudojonatan
Tg JI	Targum Jeruschalmi I = Pseudojonatan.

Stellenregister

3. Tosefta

4. Palästinischer Talmud

5. Babylonischer Talmud

6. Midraschim

Sach- und Personenregister

Geschichte des Jüdischen Volkes

Herausgegeben von Haim Hillel Ben-Sasson

Band I: Von den Anfängen bis zum 7. Jahrhundert

Von Abraham Malamat, Hayim Tadmor, Menahem Stern und Shmuel Safrai. Von den Autoren autorisierte Übersetzung aus dem Englischen von Siegfried Schmitz

1978. IX, 515 Seiten mit 13 Karten und 44 Abbildungen auf Tafeln. Leinen

Band II: Das Mittelalter vom 7.–17. Jahrhundert

Von Haim Hillel Ben-Sasson
Vom Autor autorisierte Übersetzung aus dem Englischen von Modeste zur Nedden-Pferdekamp

1979. Etwa 500 Seiten mit etwa 40 Abbildungen auf Tafeln und Karten. Leinen

Band III: Vom 17. Jahrhundert bis zur Gegenwart

Erscheint 1980

Seit der ‚Geschichte der Juden von den ältesten Zeiten bis auf die Gegenwart' von *Graetz* und *Bubnows* ‚Weltgeschichte des jüdischen Volkes' – beide Werke sind heute nur noch schwer zu beschaffen – ist in Deutschland keine Darstellung mehr erschienen, die sich an Umfang und Bedeutung mit dieser, von Gelehrten der Universität Jerusalem verfaßten, ‚Geschichte des jüdischen Volkes' messen könnte. Das Werk, zuerst 1969 in hebräischer Sprache in Tel Aviv erschienen, 1976 von zwei angesehenen Verlagen in Amerika und England veröffentlicht, umfaßt in der deutschen Ausgabe drei Bände.
Die ‚Geschichte des jüdischen Volkes' bietet einen um ausgewogene Darstellung bemühten, umfassenden Überblick über mehr als 3000 Jahre jüdischer Geschichte von der Entstehung des Volkes Israel bis zur Gegenwart.

„Ich weiß nicht", schrieb Gershom Scholem 1965, „ob es noch einmal zu einem produktiven Gespräch zwischen Deutschen und Juden kommen wird, über ganz oder halb ehrlich gemeinte ‚Beziehungen' und Bemühungen hinaus. Ich würde darin ein bedeutendes Ereignis sehen, einen wichtigen Neubeginn. Das setzt aber ... von beiden Seiten den Willen zur vollen Wahrheit über das Gewesene ... voraus." Die deutsche Ausgabe der ‚Geschichte des jüdischen Volkes' kann ein solches Gespräch nicht schon herbeiführen, aber es kann unter seinen mit Gewißheit zahlreichen deutschen Lesern die Voraussetzungen schaffen, die ein solches Gespräch wieder ermöglichen.

Verlag C. H. Beck München